Christoph Meiners

Historische Vergleichung der Sitten und Verfassungen, der Gesetze und Gewerbe

Christoph Meiners

Historische Vergleichung der Sitten und Verfassungen, der Gesetze und Gewerbe

ISBN/EAN: 9783741117268

Manufactured in Europe, USA, Canada, Australia, Japa

Cover: Foto ©Lupo / pixelio.de

Manufactured and distributed by brebook publishing software
(www.brebook.com)

Christoph Meiners

Historische Vergleichung der Sitten und Verfassungen, der Gesetze und Gewerbe

Historische Vergleichung

der

Sitten, und Verfassungen,

der

Gesetze, und Gewerbe,

des

Handels, und der Religion,

der

Wissenschaften, und Lehranstalten

des Mittelalters

mit denen unsers Jahrhunderts

in Rücksicht auf die

Vortheile, und Nachtheile der Aufklärung,

von

C. Meiners,

Königl. Großbritannischem Hofrath, u. ordentlichem
Lehrer der Weltweisheit in Göttingen.

Zweyter Band.

Hannover,
im Verlage der Helwingischen Hofbuchhandlung
1793.

Abschnitte dieses zweyten Bandes.

Siebenter Abschnitt: über den Handel, und die Gewerbe: über die Nahrung und Kleidung: über das häusliche und gesellige Leben der Völker des Mittelalters.

Achter Abschnitt: über den Zustand der Religion des Mittelalters.

Neunter Abschnitt: erster Absatz: über den Zustand der Gelehrsamkeit vom sechsten bis an das Ende des eilften Jahrhunderts.

Zweyter Absatz: über die Entstehung, und Fortbildung der heutigen Universitäten.

Dritter Absatz: über den Zustand der alten Literatur, und der Philosophie in den scholastischen Jahrhunderten.

Siebenter Abschnitt.

Ueber den Handel, und die Gewerbe, über die Nahrung, und Kleidung, über das häusliche und gesellige
Leben der Völker des Mittelalters.

Der Handel, und die Gewerbe, die Nahrung,
und Kleidung, das häusliche und gesellige
Leben der Völker des Mittelalters können eben so wenig, als ihre Sitten, Verfaſſungen, und Geſetze
mit denen der neuern Zeit verglichen werden; und die
Wirkungen der Aufklärung offenbaren ſich in der uner-
meßlichen Erweiterung und Verbeſſerung der erſtern
eben so auffallend, als in der Vervollkommnung der
letzteren.

Wenn man es auch nicht bemerkt, um den
Nationen des Mittelalters einen Vorwurf zu machen; so muß man es wenigſtens bemerken, um
den wahren Werth, oder die Vorzüge der neuern
Zeit zu beweiſen, daß der Europäiſche Handel der letztern Jahrhunderte unendlich ausgebreiteter iſt, als es
ie der Handel im Mittelalter war. Zwar übertraff
der Handel auf dem Mittelländiſchen und ſchwarzen

Meere, den man vom sechsten Jahrhundert an bis
zum Ausgange des funfzehnten führte, den heutigen
Handel auf eben diesen Gewässern um viele Grade,
weil die Italiänischen Staaten, und Fürstenthümer,
die Griechischen Provinzen und Inseln, und alle Ma-
homedanische Reiche, welche das Mitteuländische, oder
schwarze Meer begränzten, ungleich blühender, und
betriebsamer waren, als sie es jetzt sind: und der ganze
Ostindische Handel durch die Häfen dieser beyden Meere
getrieben wurde. Dagegen aber waren America und
die Westindischen Eylande, die westliche und östliche
Küste von Afrika, besonders die erstere, das ungeheure Sibirien, und die Ostindischen Länder und Inseln den Europäern ganz, oder größtentheils verschlossen, und alle diejenigen Waaren, welche jetzt die
Hauptgegenstände des auswärtigen Europäischen Handels ausmachen, Taback, Thee, Caffee, Zucker, Cacao,
und die vornehmsten Färbestoffe waren, den Zucker ausgenommen, nicht einmahl dem Nahmen nach bekannt.
Unter diesen bereichern allein die wichtigsten Westindischen Producte, Zucker, Caffee, Cacao, Baumwolle
und Rum die Europäischen Mutterländer jährlich um
viele Millionen, und bringen vielen Millionen von
Menschen in unserm Erdtheil Nahrung, oder Wohlstand. Die Ostindischen Gewürze, und andere Ostindische Waaren blieben, wie Seide und Baumwolle den
Völkern des Mittelalters nicht ganz unbekannt; allein
sie wurden in viel geringerer Menge, als jetzt, nach
Europa gebracht. Selbst mehrere der fruchtbarsten
Provinzen an der Ostsee wurden erst in der Mitte des
zwölf-

zwölften Jahrhunderts gleichsam entdeckt, und von
Teutschen Rittern, Kaufleuten, und Handwerkern
erobert und angebaut a).

Wenn auch nicht der Umkreis des Handels im
Mittelalter beschränkter gewesen wäre, als der des heutigen; so würde doch der erstere nie so blühend haben
werden können, als der letztere, weil sich jenem viele
große Hindernisse entgegensetzten, die jetzt wegfallen,
und viele vortreffliche Beförderungsmittel fehlten, wodurch der Handel in den letzten Jahrhunderten erleichtert worden ist. Die Hindernisse des Handels im
Mittelalter lagen nicht bloß in den verdorbenen Sitten und Verfassungen der Europäischen Völker, und
in dem daher entstehenden räuberischen Despotismus
der Fürsten, und ihrer Befehlshaber und Richter;
oder in der allgemeinen Unsicherheit aller Meere, Flüsse,
und Wege, sondern auch in dem Mangel von Geistes-
bildung, und richtigen Grundsätzen. So wie die Habsucht zügelloser Fürsten, und anderer Gewaltigen neben
einer jeden andern Art von Plackerey die Zölle über
alles Maaß und Ziel vervielfältigten, oder erhöhten;
so brachte die Ungebildheit und Kurzsichtigkeit der Regenten und Regierungen des Mittelalters die verkehr-
testen Einrichtungen von einheimischen Zöllen, die
verderblichsten Handelsgesetze, und eine allgemeine
Monopolienwuth hervor, wodurch jedes handelnde
Volk

a) Fischers Gesch. des Teutschen Handels I. 442.
u. f. S. Schmidts Gesch. der Teutschen IV.
281. u. f. S.

A 2

Volk zu einem Feinde aller übrigen, und beynahe eine jede Stadt, besonders in Teutschland eine Widersacherinn aller andern selbst verbündeten Städte, und eine Unterdrückerinn ihrer nächsten Nachbaren wurde.

Schon unter den Merovingern, und Carolingern legten Grafen und Dynasten häufig an Wegen, Brücken, und Flüssen neue Zölle an, oder erhöhten willkührlich solche, welche von alten Zeiten her Statt gefunden hatten. Diese Mißbräuche veranlaßten die trefflichen Gesetze der Fränkischen Könige über Zölle, und über die Unterhaltung von Wegen und Brücken, die aber nie beobachtet wurden b). In Teutschland erschlichen die Fürsten von schwachen, oder bedrängten, und hülfsbedürftigen Kaisern die Erlaubniß, neue Zölle anlegen zu dürfen. Weil aber die mächtigen Reichsstädte, und auch benachbarte Fürsten sich über solche neue Zölle auf das ernstlichste beschwerten; so wurden unter andern F r i e d e r i ch I. und F r i e d e = r i ch II. gezwungen, die ohne Wissen der Stände bewilligten Zölle wieder aufzuheben c). Dessen ungeachtet ertheilten mehrere der nachfolgenden Kaiser, und besonders C a r l IV. vielen Städten und Fürsten neue Zölle. Da die Handelsstädte am Rhein, und den in den Rhein fallenden grossen Flüssen gegen solche unerschwingliche Zölle bey dem Haupte des Reichs keinen Schutz fanden; so blieb ihnen weiter nichts übrig, als daß sie mit ihrem grösten Schaden den Handel

Mo=

b) Man sehe die Gesetze in L e h m a n n s Speier. Chronik S. 191.

c) F i s c h e r s Gesch. des deutschen Handels II. 79.

Monate und Jahre lang freywillig hemmten, um da=
durch die Urheber von unrechtmäſſigen Zöllen zur Ab=
ſchaffung der leßtern zu zwingen d). Es iſt notoriſch,
daß die vielen und hohen Zölle am Rhein und am Main
eine der vornehmſten Urſachen ſind, warum die Ex=
portation der fruchtbarſten Provinzen viel weniger groß
iſt, als ſie nach den Abſichten der Natur ſeyn könnte,
und ſeyn ſollte.

Beſtimmung und Mäſſigung der Zölle war eine
der erſten Bedingungen, worauf die handelnden
Italiäniſchen, Flandriſchen, und Teutſchen Städte
in allen Ländern, welche ſie beſuchten, entweder dran=
gen, oder welche ſie wenigſtens zu erhalten bemüht wa=
ren. Die feierlichſten Verträge und Verſprechungen
banden aber die Fürſten des Mittelalters nirgends ſo
ſehr, daß ſie nicht, ſo oft ſie in Geldnöthen waren,
die Zölle der Einfuhr, oder Ausfuhr willführlich er=
höht hätten. Wenn man auch gar nicht die Abſicht hatte,
Fremde oder Einheimiſche durch Zölle zu drücken; ſo
war

d) Königshofen S. 134. Und Herren, und
Stette, die ime gedienet, und geholfen hettent,
den gap er Zölle uf dem Ryne. Do wurdent
alſo vil nůwer Zölle ufgeſeßet. Das es die do
win, oder andere Koufmenſchaß den Ryn abe
furtent, nůt möchtent erliden. Dis verdroß
die von Stroßburg. Wan ſů gar vil hettent
uf dem Ryn zu ſchaffende. Und verſchlugent
und beſchloſſent den Ryn, das nieman möcht
den Ryn uf oder abe kumen. Do der Ryn al=
ſus jor beſchloſſen was, und die Herren und
Stette ſohent, das ihnen weder die alten,
noch die nůwen Zölle werden möchtent, — Do
lůſſen ſů die nůwen Zölle abe.

A 3

war man nicht aufgeklärt genug, die Zölle auf eine
solche Art einzurichten, daß sie nicht gemeinschädlich
geworden wären. In den Jahrhunderten des Mittel=
alters geschah es fast allgemein, daß man von fremden
Kaufleuten, die grosse Geschenke machten, oder be=
liebte Waaren zuführten, geringere Zölle, als von
den eigenen Unterthanen hob. Selbst zu de Witt's
Zeiten dauerten in den freyen Niederlanden mehrere
Zölle fort, wodurch Auswärtige zum Schaden der
Einheimischen begünstigt wurden e). Man muß dar=
über erstaunen, sagt dieser grosse Staatsmann, daß
die einheimischen Tücher eben so sehr, oder noch mehr,
als die fremden, beschwert sind; und schimpflich für
uns ist es, daß die rohen Englischen Tücher gar nichts
bezahlen, und die Engländer mehr, als die Hollän=
der begünstigt sind. Welchen vernünftigen Grund kann
man anführen, daß die Holländische Butter bey der
Ausfuhr mehr beschwert ist, als die Friesische: daß
alle fremde Butter und Käse bey der Einfuhr gar nichts
zahlen, und daß fremde Käse bey der Ausfuhr nicht
mehr, als die Holländischen entrichten? Kann man
etwas Widersinnigeres denken, als daß Flachs, rohe
Seide, Garn, und besonders Türkisches Garn, welche
rohe Waaren unter uns mit so grossen Vortheilen ver=
arbeitet werden, bey der Einfuhr eben so schweren
Zöllen, als die im Lande verfertigten Manafactur=
waaren bey der Ausfuhr unterworfen sind? — Schon
im sechszehnten Jahrhundert erkannte und empfahl
Bodin f) die grossen Wahrheiten der Handlungspo=
litik:

e) Memoires Ch. XIII. p. 69.
f) de rep. VI. c. 2. p. 1021.

litif: daß man rohe Materialien, die im Lande selbst
mit beträchtlichem Gewinn verarbeitet werden könnten,
und die im Lande verfertigten Fabricate mit so geringen, und fremde Manufacturwaaren hingegen, besonders solche, die bloß zur Nahrung des Luxus dienten,
mit so hohen Abgaben, als möglich, beschweren müsse.
Diese Wahrheiten setzten im folgenden Jahrhundert d e
Witt g), und andere staatskundige Männer welt-
läuftiger aus einander. Nichtsdestoweniger wurden
die ersten Grundsätze einer weisen Staatswirthschaft
langsam anerkannt und angenommen. Im J. 1552.
untersagte Heinrich II. von Frankreich die Ausfuhr
von rohen Waaren, die im Lande eben so gut, als
auswärts verarbeitet werden könnten. Dieses Verbot
wurde zehn Jahre nachher in England, und dann erst
in den Niederlanden nachgeahmt h). Die Königinn
Elisabeth legte noch unerhörte Zölle auf die Ausfuhr von Englischen Tüchern i). Im J. 1641. hingegen gab das Parlement der Committee, welche die
Zollgesetze entwerfen sollte, den Auftrag, dafür zu
sorgen, daß die Abgaben für alle Artikel der Ausfuhr
so leicht, und für alle Artikel der Einfuhr so schwer
gemacht würden, als es der Handel nur irgend leiden wolle: ein sicherer Beweis, sagt Hume, daß
man

g) Memoires Ch. 13. et 14.

h) Bodin l. c.

i) Sed illud omitti non debet, quod anno 1656.
   Angliae regina portorium incredibiliter auxit:
   ac duos coronatos in singulos pannos, qui ex
   Anglia exportarentur, imperavit. &c. Bodin l. c.

A 4

man nun anfing, die Natur des Handels zu verste=
hen k). Im J. 1652. erging zur Zeit der common-
wealth die berühmte Navigationsacte, wodurch allen
fremden Nationen untersagt wurde, andere, als ihre
eigenen Producte auf ihren Schiffen einzuführen l):
ein Gesetz, welches den Holländern den größten Ab=
bruch that, und auch gegen diese vorzüglich gerichtet
war.

Kein neueres Handlungsgesetz war der Den=
kungsart des Mittelalters mehr widersprechend, und
keins erregte selbst in der Zeit, in welcher es gegeben
wurde, ein allgemeineres Erstaunen, als die Parle=
mentsacte, welche im J. 1689. Preise auf die Ausfuhr
von Getraide setzte m). Bis dahin glaubten die mei=
sten Europäischen Völker, daß es kein unfehlbareres
Mittel gebe, einheimische Producte im größten Ueber=
fluß, oder in wohlfeilen Preisen zu erhalten, als ein
strenges Verbot aller Ausfuhr derselben. Schon die
Griechischen Kaiser untersagten den Verkauf von Oehl,
Wein, und ähnlichen Waaren, freilich nicht sowohl
in der Absicht, um dadurch einen Ueberfluß in ihrem
eigenen Lande zu bewirken, als um die tapfern Ger=
manischen Völker nicht zu Unternehmungen gegen Pro=
vinzen zu reizen, welche so verführerische Producte er=
zeugten n). Einen ähnlichen Grund hatten die Ver=
bote

k) ad a. 1640. IX. p. 151.

l) Hume X. 218.

m) Dalrymple's Memoirs Vol. I. P. II. p. 74.

n) I. 224. du Bos Histoire de la Monarchie
Francoise.

bote der Ausfuhr von Waffen und Rüstungen in die
Länder der Ungarn, Wenden, und Saracenen, welche
Verbote von den Fränkischen, und nachher von den
Teutschen Kaisern häufig wiederhohlt wurden. Nicht
auf dieselbige Art lassen sich die Gesetze rechtfertigen,
welche das Englische Parlement unter Eduard III.
gab. Dieser König suchte die Englischen Wollenmanu-
facturen durch die Beschützung und Ermunterung von
fremden Webern, und auch durch die Verordnung zu be-
günstigen: daß man in England kein anderes, als ein-
heimisches Tuch tragen dürfe. Um eben die Zeit aber,
nämlich im J. 1377. untersagte das Parlement die
Ausfuhr von Englischen Tüchern, indem es die Expor-
tation von roher Wolle auf jede Art beförderte o).
Nicht weniger unüberlegt war das Gesetz gegen die
Ausfuhr von verarbeitetem Eisen, welches p) man in
demselbigen Jahre ergehen ließ, und eine noch spätere
Parlementsacte, welche unter Heinrich VII. die
Ausfuhr von Englischen Pferden untersagte q). Unter eben diesem Könige versuchte man es noch, die
Preise aller Waaren zu bestimmen r), ein Versuch,
welchen sehr viele Könige nach Carls des Grossen
Beyspiel gemacht hatten s). Unter Heinrich VII.
erneuerte man auch das Gesetz, welches man schon
unter Heinrich IV. gegeben hatte: daß fremde
Kaufleute alles Geld, welches sie für eingebrachte

Waa-

o) Hume III. 344. 345.   p) ib.
q) ib IV. p. 437.   r) ib.
s) Schmidts Gesch. der Teutschen II. 146.

A 5

Waaren gelöst hätten, wiederum an Englische Waaren anlegen sollten t). Unter allen diesen handelstörenden Gesetzen war kaum eins so unvernünftig, als das, welches im J. 1352. unter der Regierung Eduards III. bekannt gemacht wurde u). Eduard III. errichtete in England und Irrland mehrere Stapelstädte, und untersagte allen seinen Unterthanen, einheimische Producte in diesen Stapelstädten zu kaufen. Die Freyheit, Englische Waaren zu kaufen, wurde ganz allein Fremden gestattet, welche aber schwören mußten, daß sie mit diesen Waaren jenseits des Meers keinen Stapel halten wollten.

Wenigstens so verderblich, als die unmässigen Zölle, oder die zweckwidrigen Handelsgesetze war der eiserne Monopoliengeist, von welchem die handelnden Staaten und Gesellschaften fast das ganze Mittelalter durch getrieben wurden. Nach dem Untergange des Römischen und Gothischen Reichs strebten die Italiänischen Handelsstädte, Venedig, Amalfi, Pisa, und Genua darnach, alle einheimische und fremde Nebenbuhler entweder von der ganzen Levantischen Handlung, oder doch von dem Theile, dessen eine jede Stadt sich einmahl bemächtigt hatte, auszuschliessen, und nach vielen blutigen Kriegen wurde endlich Venedig die letzte Siegerinn x). Eine gleiche Monopolien - und Prä-

t) Hume IV. 31. 437.

u) Anderson's Gesch. des Handels II. 395. 396.

x) De Guignes Memoire sur le Commerce des François dans le Levant. im 37. B. der Mem. de l' academie des Inscriptions p. 467. et sq.

II

Prärogativensucht beherrschte die Teutsche Hanse fast von ihrem ersten Anbeginn an, besonders aber im funfzehnten und sechszehnten Jahrhundert. Wo die Hanse Factoreyen errichtete, da verlangte sie meistens Vorrechte vor den Einheimischen, und noch mehr vor allen übrigen fremden Kaufleuten y). Wenn einsichtsvolle und gutdenkende Regenten die von der Hanse erschlichenen, oder ertrotzten Privilegien einschränken, oder andere Völker an solchen Handlungszweigen, welche die Hanse sich eine Zeitlang als ein ausschliessendes Eigenthum zugeeignet hatte, Theil nehmen wollten; so schrie der übermüthige Städtebund über Verletzungen des Völkerrechts, und griff unverzüglich zu den Waffen. Aus den ungerechten Anmaassungen der Hanse entstanden die kostbaren Kriege mit den Nordischen Mächten, mit den Engländern und Holländern, in welchen sie zuletzt unterlag, und unterzuliegen verdiente. So unmässig die Ansprüche der Hanse in fremden Ländern waren, so ungerecht war die Strenge, womit sie alle Fremde in den zu ihrem Bunde gehörigen Städten behandelte. Kein Mitglied des Bundes durfte Schiffe an Auswärtige verkaufen, oder seine Waaren in fremde Schiffe laden lassen. Fremde Getraideschiffe wollte die Hanse weder auf der Ostsee, noch auf der Weser und Elbe dulden. Fremde Kaufleute, welche in Hanseestädte kamen, musten ihre Geschäffte in einer Zeit von drey Monaten endigen, ihre Gewölbe schliessen, und sich wieder entfernen. Auch durften fremde Kaufleute gemeine Tücher

in

y) Fischer l. c. II. S. 127.

in Hanſeeſtädten nicht anders, als bey ganzen Frach-
ten, und Engliſche Tücher nur bey ganzen Ballen verkaufen. Allen Hanſiſchen Kaufleuten war es auf das
ſtrengſte verboten, mit Auſſerhanſiſchen in Geſellſchaft
zu ſtehen, oder ihnen andre Waaren auſſer Weinen,
Bieren und Heringen, in Commiſſion, oder auf Credit zu geben z).

 Wenn die Einführung des Stapelrechts, und die
Errichtung von Stapelſtädten gleich andern Monopolien auch anfangs dazu diente, den Teutſchen Handel, und die Teutſchen Städte ſchnell emporzubringen;
ſo wurden doch in der Folge, da die Stapelrechte immer mehr ausgedehnt, und die Stapelſtädte in's Un-
endliche vermehrt wurden, die einen und die andern
das gröſte Hinderniß des Handels, und der unerträg-
lichſte Druck für die arbeitenden Claſſen von Bürgern,
beſonders für den Landmann a). Der Zwang, Waaren in Stapelſtädten zu verkaufen, oder wenigſtens eine
beſtimmte Zeit feil zu bieten, verminderte den Gewinn
der erſten Käufer, und erhöhte die Preiſe der Waaren eben ſo ſehr, als das Monopol, welches die
Städte ſich über die Producte in einem kleinern oder
gröſſern ſie umgebenden Gebiet anmaaßten, die Betriebſamkeit des Landmanns niederſchlug. Noch im
Jahre 1487. waren die Hanſeeſtädte Hamburg, Bremen, Stade und Buxtehude unverſchämt genug, den
ausſchlieſſenden Getraidehandel auf der Weſer und
Elbe zu behaupten, und allen denjenigen, welche

Ge-

<hr>

z) ib. II. 330. u. ſ. S. de Witt Memoires p. 44. 336.
a) Fiſcher l. c. I. 261. 262. II. p. 299. 300.

Getraide anderswohin, als in ihre Häfen verkaufen,
oder anderswo, als in ihren Häfen kaufen würden,
die Strafe der Confiscation anzudrohen b).

Die Niederländischen Städte waren viel weniger selbstsüchtig und tyrannisch als die Hanseatischen,
und jene stiegen daher noch immer empor, da diese
durch ungerechte Monopole und Prärogativen, welche
sie nicht länger vertheidigen konnten, zu Boden gestürzt wurden. Die Zölle waren in den Niederländischen Städten sehr gemässigt c). Jeder Fremdling
konnte gegen eine geringe Summe das Bürger- und
Gildenrechte erlangen d); und alle Fremdlinge, welche
die Landesgesetze nicht übertraten, konnten einen freyen
Handel treiben e). Die wachsende Macht der Herzöge von Burgund that schon dem Niederländischen
Handel einigen Abbruch f). Er fiel aber, oder entfloh
fast ganz, als Philipp der Zweyte mit der Religionsfreyheit auch die bisherige politische und bürgerliche Freyheit vernichten wollte. Kein Wunder, sagt
de Witt, daß der Handel sich vorzüglich nach den
freyen Niederlanden wandte, da in den letztern vollkommne Religionsfreyheit, keine ausschliessende Bür-
ger- und Gildenrechte, und sehr mässige Abgaben
waren g).

Zu

b) **Fischer** l. c. II. 472. 473.

c) Guicciard. p. 158. 159.   d) p. 167.

e) p. 183.   f) de Witt p 332.

g) p. 336. Il n'est donc pas etonnant, que le
commerce et la navigation s'y soient etablis,
d'autant, qu'il y avoit dans ce tems -- là en
Hol-

Zu den größten Hindernissen des Handels, und der Gewerbe des Mittelalters gehört der allgemeine und schreckliche Wucher, und der hohe Zinsfuß. Die ersten Urheber, und die beständigen und vornehmsten Erhalter des Wuchers waren die Juden. Diese setzten unter den Franken, und andern Teutschen Völkern fort, was sie unter den Römern angefangen hatten. Der verzehrende Wucher, den die Juden unter der Herrschaft der Römer übten, veranlaßte schon den Rutilius, einen Dichter des fünften Jahrhunderts zu der Bemerkung: daß Titus durch die Zerstörung von Jerusalem, und durch die Zerstreuung des arbeitsscheuen und wuchernden Volks über die ganze Erde dem menschlichen Geschlecht den schlimmsten Dienst geleistet, oder den größten Schaden zugefügt habe h). Unter den Merovingern und Carolingern bemächtigten sich die Juden fast des ganzen Handels in Frankreich i). Menschen ausgenommen, welche sie aller Gesetze ungeachtet häufig kauften, verstümmelten, und dann an die Mahomedaner verhandelten, konnten sie kaufen und besitzen, was sie wollten, und selbst in der ersten Teutschen

Stadt

Hollande liberté entière de religion, point de droit de bourgeoisie, ni corps de métiers, très peu de charges fur les convois et licences pour garantir les mers, qui étoient peu incommodées par les pirates.

h) Die Stelle mit Anmerkungen begleitet findet man in du Bos Hist. de l'Etabl. de la Monarchie franç. I. p. 19.

i) Schmidt II. 141. 142. Fischer I. S. 137.

Stadt am Rhein, in Cölln, war ihnen der Zugang
ju öffentlichen Bedienungen eröffnet k). Die Anschlä-
gigkeit der Juden in der Erfindung von neuen Abgaben, ihre Dienstfertigkeit in der Einsammlung oder
Beytreibung von ungesetzlichen Steuern, und ihre
Bereitwilligkeit, die Gnade der Fürsten und Grossen
durch Geschenke, oder Vorschüsse zu vergelten, erhielten sie allenthalben, wo sie sich einmahl festgesetzt
hatten, und bahnten ihnen allenthalben, wo sie noch
nicht hingedrungen waren, den Weg, oder wenn man
sie eine Zeitlang verjagt hatte, einen baldigen Rück-
weg l). In der Mark Brandenburg und andern Teutschen Ländern gestattete man ihnen im 13. und 14. Jahrhundert, wie unter den Fränkischen Kaisern, nicht
bloß die Freyheit, unbewegliche Güter zu besitzen,
sondern man ertheilte ihnen so gar das Bürgerrecht m),
und mit diesem eine vollkommne Gleichheit mit den
übrigen Christlichen Einwohnern. An statt diese ihnen
verliehenen Rechte zu nutzen, opferten sie stets alle
übri-

k) ib. In dem merkwürdigen Freyheitsbriefe,
welchen der König Roger von Sicilien der
Stadt Messina gab, erhielten die Juden auch
gleiche Rechte mit den Christen. Supradictis
immunitatibus et gratiis gaudebunt Iudaei simul
cum Christianis. Cives eosdem volumus in re-
giis officiis majoribus et aliis promoveri. Mura-
tori Script. rer. Ital. VI. 624.

l) Mezeray III. 245. Jac. de Vitriaco p. 1096.
Letzterer sagt ausdrücklich, daß der Geiz der
Fürsten und Grossen die einzige Ursache der
Duldung der Juden sey.

m) Unter andern auch in Göttingen, Götting.
Chronik I. S. 63.

übrige nützliche Gewerbe und Handthierungen einem
verbotenen Handel, am meisten dem verbotenen
Wucher auf. Sie bauten eben so wenig den
Acker, als sie solche Handwerke ergriffen, zu
welchen eine anhaltende Arbeitsamkeit erfordert wird.
Wenn sie bisweilen durch Armuth gezwungen wurden,
auf dem Felde zu arbeiten; so sahen sie dieses als
das gröſte Elend an, in welches sie hätten gerathen
können, und wenn man ihnen wider ihren Willen
unbewegliche Güter aufdrang, so lieſſen sie dieselben
von Christen bestellen n). Bey einem solchen unüberwindlichen Abscheu gegen nützliche Betriebsamkeit,
und einem eben so unausrottlichen Hange zu einer ge-
meinschädlichen Geschäfftigkeit muſten die Gesinnungen
der Christlichen Wölfer gegen die Juden eben so gleichförmig seyn und bleiben, als das Betragen der letztern war. Schon im 11., 12. und 13. Jahrhundert
erfuhren die Juden sehr oft die Wirkungen des allgemeinen Haſſes, welchen sie gegen sich erregt hatten,
und deſſen Ausbrüche Fürsten und Obrigkeiten nicht
zurückhalten konnten. Im dreyzehnten, vierzehnten,
und funfzehnten Jahrhundert verband sich mit dem
Haſſe der Nationen die Raubsucht der Könige o) und
Für-

---

n) Annalen der Juden in der Mark Brandenburg S. 28. 29. 85. Hacquets neuſte Reisen
I. S. 199.

o) Keiner beraubte sie häufiger, als Heinrich III.
von England. Matthäus von Paris
erzählt unter andern bey dem J. 1250. In eisdem
diebus dominus rex siti avaritiae exaruit, ut a Ju-
dacis omni remota misericordia juberet pecuniam

Die traurigſte Wirkung der gerühmten Aufklärung iſt dieſe, daß der Geiſt des Menſchen dadurch viel-weniger gebildet, als das Herz verſchlimmert wird. Alle Wiſſenſchaft des Menſchen iſt doch eitel Stück-werk. Unſer Verſtand iſt zu beſchränkt, um groſ-ſe Fortgänge in der Erforſchung der Wahrheit zu machen, und unſer Herz zu voll von Leidenſchaften, als daß wir die erworbenen Kenntniſſe nicht übel anwenden ſollten. Wer wird es läugnen, daß die Wiſſenſchaften unzählige Ketzereien, Irthümer, Widerſprüche, Ungereimtheiten, bittere Satiren, elende Romane, ſchmutzige Verſe und Bücher, und in denen, welche ſie bearbeiten, eben ſo viel Stolz, Geiz, Bosheit, Ränke, Lügen, Ver-läumdungen, oder ſchimpfliche Schmeicheleien her-vorgebracht haben? Allenfalls iſt es gut, daß es einzelne Philoſophen gebe, weil man doch glaubt, daß Griechenland ſeine Geſetze und Sitten von Weltweiſen, und Geſetzgebern erhalten habe; nichts aber iſt ſchädlicher, als wenn das Volk aufgeklärt wird, oder ſich mit Philoſophie abgeben will d).

Durch dieſe und ähnliche Declamationen zog ſich **Rouſſeau** viel mehr heimliche Feinde, als

öffent-

---

d) J'ai deja dit cent fois, qu'il eſt bon, qu'il y ait des philoſophes, pourvu que le peuple ne ſe mele pas de l'être. dernière Reponſe l. c. p. 129.

B

öffentliche Gegner zu. Die letzteren widerlegten
Rousseau's Trugschlüsse meistens durch Gemein=
örter, denen er mit andern Gemeinörtern begeg=
nete; und mehrere Widersacher gaben sogar das=
jenige zu, was sie am kräftigsten hätten bestrei=
ten können, und sollen: daß nämlich die Wissen=
schaften den Sitten schaden. Man glaubte alles
gethan zu haben, wenn man sich bemühte zu be=
weisen, daß der Schade, den die Wissenschaften
etwa den Sitten zufügen, durch andere große Vor=
theile ersetzt werde.

Bey so streitenden Urtheilen über den Werth
unsers Zeitalters, und über die Wirkungen der
Aufklärung, als wodurch das lesende und denken=
de Publicum noch immer getheilt ist, wird man
es gewiß der Mühe werth finden, einmahl ernst=
lich zu erforschen, wie das menschliche Geschlecht
in den verschiedenen Zuständen, durch welche es
gegangen ist, beschaffen war, und welche Einflüsse
Unwissenheit, und Aufklärung auf das Glück und
die Sitten der vornehmsten Europäischen Völker
gehabt haben. Eine genaue und gründliche Ver=
gleichung der verschiedenen Zustände des Menschen,
und besonders der Europäischen Nationen in den
dunklen und helleren Jahrhunderten wird unwider.
sprechlich darthun, daß das gesellschaftliche Leben

dem

dem ungeselligen, oder anarchischen, und daß Auf=
klärung der Barbarey unendlich vorzuziehen sey.
Meiner Erfahrung und Ueberzeugung nach kann
man die Geschichte keines einzigen der heutigen
erleuchteten Völker lesen, ohne mit **Hume** zu be=
kennen: daß der Anblick der scheußlichen Scenen
der vergangenen Jahrhunderte uns Aufklärung,
und Verfeinerung um desto inniger lieben machen,
indem beide in der genauesten Verbindung mit der
Tugend, und mit wahrer Menschlichkeit seyen,
und als die kräftigsten Gegenmittel nicht nur ge=
gen Aberglauben, sondern auch gegen Laster, und
alle andere Arten von Unordnungen angesehen
werden könnten e).

Die wichtigsten Zustände, in welchen sich be=
trächtliche Theile des menschlichen Geschlechts ge=
funden haben, oder noch finden, sind die Zustände
der Wildheit und Barbarey, der anfangenden, oder
halben, und der vollen Aufklärung. Den Nah=
men von Wilden erhalten alle diejenigen Völker,
unter welchen Jagd oder Fischfang die vornehmsten

B 2

oder

e) Hiſt. of Engl. IV. p. 305. der Baſler Ausgabe:
If the aſpect in ſome periods ſeem horrid and
deformed, we may thence learn to cheriſh with
the greater anxiety that ſcience and civility,
which has ſo cloſe a connexion with virtue and
humanity, and which, as it is a ſovereign an-
tidote againſt ſuperſtition, is alſo the moſt effectual
remedy againſt vice and diſorders of every kind.

oder einzigen Beschäfftigungen der Männer, und
die Ausbeute der einen, oder des andern die
Hauptnahrung von allen ausmachen. Barbaren,
im engsten und eigentlichen Sinn des Worts werden
Hirtenvölker genannt, die ein unstetes Leben führen, und ihre meisten Bedürfnisse durch die Producte ihrer Heerden befriedigen. Halb aufgeklärt
hingegen kann man ackerbauende Nationen nennen,
wenn sich unter denselben ausser der ersten Beschäf-
tigung, dem Feldbau, auch schon andere Lebens-
arten, und Handthierungen finden, und wenn sie
zwar noch keine schöne Künste, und eigentliche
Wissenschaften, aber doch schon mancherley Handwerke, und mechanische Arbeiten, und zwar einige
der letzteren in grosser Vollkommenheit besitzen.
Aufgeklärt endlich kann man solche Nationen nennen, die schöne Künste, und so viele wissenschaftliche Kenntnisse haben, daß dadurch wenigstens unter den besser erzogenen und unterrichteten Volksclassen alle diejenigen beschwerlichen oder peinlichen,
sittenverderblichen und menschenfeindlichen Arten
von Aberglauben und Vorurtheilen vernichtet werden, die rohen, oder unwissenden Völkern ohne
Ausnahme eigen sind. Nähere Bestimmungen,
so wie die verschiedenen Grade der Aufklärung
wird die Folge lehren. Ich bleibe hier mit Fleiß
im

im Allgemeinen stehen, weil ich die Data noch
nicht angegeben habe, aus welchen sich bestimmte
Schlüsse ziehen lassen, und weil meine jetzige Absicht blos dahin zielt, auf die Gründe hinzuweisen,
um welcher willen ich den folgenden Gang meiner
Untersuchungen gewählt habe.

Zweyter Abschnitt.
Würdigung des Zustandes der Wildheit.

In den Dichtern aufgeklärter Völker, die das
Wahrscheinliche, und Unwahrscheinliche zu unterscheiden wußten, findet sich kaum eine mit per Erfahrung uud Geschichte so sehr streitende Fiction,
als **Rousseau's** Schilderung des Standes der Natur, und des Naturmenschen ist. Diese Schilderung würde nie eine ernstliche Widerlegung verdient
haben, wenn sie nicht für wenig unterrichtete, und
zugleich stolze, und ehrgeizige Menschen sehr ver-
führerisch wäre. Wenigstens weiß ich es aus eigener Erfahrung, daß **Rousseau's** Abhandlung über
die Ursachen der Ungleichheit unter den Menschen
mehrern hofnungsvollen jungen Leuten Jahre lang
den Kopf verdreht, und sie mit ihrer Lage, und
dem ganzen menschlichen Geschlechte unzufrieden gemacht hat.

B 3   Nach

Nach **Rouſſeau's** grundloſem Ideal iſt der Naturmenſch nicht nur ſtark und behende, ſondern auch geſund, gegen die Unbequemlichkeiten der Jahrs= zeiten, und Witterung abgehärtet, und eben deßwe= gen wenigen Krankheiten unterworfen. Die Sin= ne deſſelben ſind faſt eben ſo ſcharf, aber auch beynahe ſo grob, als die der Thiere. Er begnügt ſich daher mit den einfachſten und roheſten Nah= rungsmitteln, und iſt eben ſo wenig ein Speiſe= wähler, als er unter Weibern, und Weibern ei= nen Unterſchied macht. Ruhe, Nahrung, und zu gewiſſen Zeiten ein Weib, ſind die einzigen Gü= ter, und Hunger und Schmerzen, die einzigen Uebel, die er kennt. Um die Zukunft bekümmert er ſich gar nicht; und Neugierde alſo, Furcht, und beſonders die Schreckniſſe des Todes ſind ihm gänzlich unbekannt. Wenn er weder Hunger, noch Schmerzen leidet; ſo überläßt er ſich ganz dem Gefühl ſeines gegenwärtigen Daſeyns; und als ein freyes Weſen, deſſen Leib geſund, deſſen Herz ruhig, und deſſen Bedürfniſſe befriedigt ſind, oder ſich leicht befriedigen laſſen, kann der Natur= menſch unmöglich elend ſeyn, oder elend werden, ungeachtet er weder Hütte, oder anderes Eigen= thum, noch eine beſtändige Geſellſchaft ſeines Gleichen hat. Durch ſeine Stärke und Behendig= keit

keit verschafft er sich leicht das Nothwendige, und
durch eben diese cörperlichen Vorzüge vertheidigt
er sich gegen wilde Thiere, die dem Menschen nur
alsdann gefährlich sind, wenn sie durch Schmerzen, oder Hunger gereizt oder in Wuth gesetzt
werden. Von seines Gleichen darf, oder durfte
der Naturmensch noch weniger, als von den Thieren fürchten. Das Mitleiden ist ein natürliches
Gefühl aller Menschen, und dies angebohrne Gefühl muste nothwendig im Stande der Natur viel
lebhafter, als im gesellschaftlichen Zustande seyn.
Die Vernunft allein gebiert die Eigenliebe, und
das Nachdenken verstärkt dieselbe. Vernunft und
Nachdenken sind es, die den Menschen auf sich
selbst zurückbeugen, und ihn von allem abson-
dern, was ihn einschränken, und ihm Schmerzen
verursachen kann. Die Philosophie reißt den
Menschen vom Menschen ab, und flüstert ihren
Jüngern bey dem Anblick eines leidenden Menschen den Gedanken zu: komme immerhin um,
wenn es nicht anders ist; ich bin in Sicherheit.
Man kann einen Unschuldigen unter den Fenstern
eines Weltweisen ungestraft umbringen. Der
Weltweise braucht nur seine Ohren zu verstopfen,
und sich selbst etwas vorzuraisonniren, um die in
ihm sich empörende Natur zu verhindern, daß sie

B 4 ihn

ihn nicht mit dem Leidenden identificirt. Nicht
so der Naturmensch, oder der Wilde. Dieser
wird vermöge seines ungeschwächten Mitgefühls
mit den Leiden anderer, Kinder, Greise, Weiber,
und Schwache niemahls ohne Noth beleidigen,
oder ohne Hülfe lassen; denn ihm flößt die Natur
selbst, die ihm ein weiches und mitleidiges Herz
gab, den Grundsatz ein: befördere dein Bestes
mit dem möglichst geringen Schaden anderer.
Bey diesem wohlthätigen Gefühl der Barmherzig=
keit, und den übrigens matten, und wenig zahl=
reichen Leidenschaften war der Naturmensch mehr
roh, als bösartig, und mehr darauf bedacht, sich
gegen die Beleidigungen anderer zu schützen, als
ihnen Unrecht zu thun. Da die Naturmenschen
gar keinen Umgang mit einander hatten: da sie
weder Eitelkeit noch Ansehen, weder Achtung noch
Verachtung kannten: da sie keine Begriffe vom
Mein, und Dein besaßen, und Gewaltthätigkeiten
bloß als leicht zu ersetzende Schäden, und nicht
als Beleidigungen ansahen, die Rache verdienten;
so konnten unter solchen Menschen auch nicht leicht
gefährliche Streitigkeiten entstehen, und an Rache
dachten sie gar nicht, als etwa aus einem plötzli=
chen maschinenartigen Antriebe, wie die Hunde,
welche in Steine beissen, die nach ihnen geworfen
wer=

werden. Der Naturmensch war aber nicht bloß gegen die Bosheit anderer gesichert, sondern er war auch von den unsäglichen Uebeln frey, welche die vervielfältigten Bedürfnisse, Leidenschaften, Krankheiten, und Laster der Menschen, besonders unsere eigne Unmäßigkeit und Weichlichkeit, welche ferner Brände, Erdbeben, Schiffbrüche, und Kriege über uns gebracht haben, und immer mehr zusammenhäufen f). Es ist daher nicht zu verwundern, daß alle Wilde, die dem ursprünglichen und natürlichen Stande der Menschen am nächsten sind, einen unüberwindlichen Abscheu gegen das Leben in grossen ausgebildeten Gesellschaften haben, da hingegen die Europäer sich sehr bald an die ungebundene Lebensart der Wilden gewöhnen g). —

Ganz anders, als Rousseau's Beschreibung des natürlichen Zustandes der Menschen lauten die Nachrichten aller zuverlässigen Beobachter von dem Zustande der wilden Völker in der alten und neuen Welt h). Die wilden Fischer und Jäger

B 5 sind

f) Not. 7. zur Abh. sur l'inegalité etc.

g) Dies letztere bestätigen auch St. John's Letters from an American Farmer p. 295.

h) Man sehe meine Untersuchungen über die Natur der Neger, der Americaner, und der Völker des östlichen Asiens im 6. 7. Bande des hist. Magaz. und dann die Abh. über die Völlerey, und die Gesetze der Eßlust unter verschiedenen Völkern in den vorhergehenden Bänden.

sind allerdings wegen ihrer Gefühllosigkeit weniger
Krankheiten ausgesetzt, als die empfindlicheren
und aufgeklärteren Nationen; man irrt sich aber
sehr, wenn man glaubt, daß sie von allen cörper=
lichen Leiden frey sind. Feindliche Waffen, An=
griffe von reissenden Thieren, und allerley Unfälle
bringen ihnen oft gefährliche, oder unheilbare
Wunden bey. Fürchterliche Geschwüre, Beulen,
und Aussatz sind gemeine Uebel aller Wilden, so
wie der meisten Blödsinnigen und Wahnsinnigen;
und eben so häufig sind tödtliche Koliken, Auszeh=
rungen und Wassersuchten, welche die Wilden sich
durch ihre elende Lebensart, und vorzüglich durch
ihre Unmäßigkeit zuziehen. Wenn Wilde verletzt,
oder verwundet, oder krank werden; so finden sie
fast niemahls Tröster und Helfer. Da sie alle
Uebel, selbst Wunden, die ihnen durch feindliche
Waffen beygebracht werden, als Wirkungen von
Zauberey ansehen; so wenden sie sich zu angebli=
chen Beschwörern, um durch diese den schädlichen
Zauber zu heben, und böse oder erzürnte Götter
zu besänftigen, oder zu bändigen. Die Jongleurs,
oder Fetischirer oder Schamanen fordern entweder
mehr oder weniger kostbare Opfer, um die Urheber
von Krankheiten zu versöhnen; oder sie machen
furchtbare Gaukeleyen, und bereden den Kranken,

daß

daß sie den bösen Gott, oder Geist, der das Uebel hervorbrachte, in der Gestalt von Vögeln, oder
andern Thieren erschossen, oder erdrückt hätten:
oder sie saugen, pressen, oder blasen die leidenden
Theile der Kranken an, spucken Haare, Federn,
oder Hölzer als die Ursache des Zaubers aus, und
lassen den Kranken, wie er ist, ausgenommen,
wenn der Glaube an die Macht der Beschwörer
etwas zur Erleichterung seines Zustandes beygetra-
gen hat. Die wenigsten Zauberer brauchen neben
ihren Beschwörungen natürliche Heilmittel; und
wenn sie dergleichen anwenden, so sind es meistens
Kauterien, und Schwitzbäder, auf welche man gewöhnlich kalte Bäder unmittelbar folgen läßt.
Die schnelle Folge von heissen, und kalten Bädern
rafft noch immer unzählige Wilde, besonders in
Blatter-Epidemien dahin. Wildinnen gebähren
beynahe so leicht, als Thiermütter. Wenn aber
unter Wilden weniger Mütter und Kinder in der
Geburt sterben als in Europa; so kommen dagegen
viel mehr Kinder in dem ersten Stuffenalter durch
das Elend der Mütter, oder durch Vernachlässi-
gung um. Neugebohrne, oder unerwachsene Kinder, deren Mütter gestorben sind, werden fast
ohne Ausnahme lebendig begraben, oder ausgesetzt.

Da

Da Wilde sich mit der schlechtesten Nahrung begnügen, und die unverdaulichsten, und ekelhaftesten Dinge ohne merklichen Schaden verschlingen können; so scheint nichts leichter, und sicherer, als die Befriedigung ihres Hungers zu seyn. Diese wahrscheinliche Vermuthung wird durch die Erzählungen aller Reisenden widerlegt. Jägerhorden haben im Durchschnitt nur während, und gleich nach der Jagdzeit, und Fischervölker nur in den Monathen, wann das Meer, oder die Seen, und Flüsse mit Zügen von Fischen angefüllt sind, einen Ueberfluß von Nahrungsmitteln. In solchen Zeiten fressen Wilde nicht nur, sondern sie überfressen sich so sehr, daß viele davon erkranken, und manche durch ihre unersättliche Gefräßigkeit getödtet werden. Den übrigen Vorrath, den sie nicht auf der Stelle verzehren können, lassen sie gewöhnlich verderben, weil sie zu träge sind, um Fleisch, oder Fische durch Rösten, Trocknen, oder Einsalzen für die Zukunft aufzubewahren. Wenn einige dieses auch thun, so bereiten sie entweder für ihre künftigen Bedürfnisse nicht genug zu, oder sie fressen auf ihren Vorrath so unhaushälterisch los, daß sie lange vorher Mangel zu leiden anfangen, ehe noch Wälder, Meere und Flüsse frische Nahrung liefern. Unter allen Wilden also

bricht

bricht jährlich zu gewissen Zeiten eine fürchterliche
Hungersnoth ein, in welcher sie zuerst Rinden
von Bäumen, hingeworfene Knochen, gegerbte und
ungegerbte Häute, und andere unverdauliche Sachen verschlingen, und zuletzt haufenweise sterben,
oder Weiber und Kinder zu verzehren gezwungen
werden. In solchen Zeiten sind Alte, Kranke,
Witwen und deren Kinder die ersten Opfer der
allgemeinen Noth, indem diese zuerst verlassen,
oder verstoßen werden. So wie die Wilden mit
ihren Nahrungsmitteln verfahren; so verfahren
sie auch mit ihren geistigen Getränken. Solche
Getränke genießen sie nicht, um sich zu stärken,
oder zu erheitern, sondern bloß um sich zu betäu-
ben. Sie saufen Tage, und Wochen lang, so lange
etwas da ist, und nicht wenige berauschen sich so
oft und so viehisch, daß sie auf der Stelle sterben.

Rousseau glaubte, daß der nackte Natur-
mensch oder der träge Wilde allenthalben hohle
Bäume, und Felshöhlen finden, oder leicht ein
Obdach von Zweigen, oder einen Mantel von
Thierfellen machen, oder daß auch seine dicke Haut,
und sein abgehärteter Cörper den Abgang von
Kleidung und Wohnung ersetzen würde. Allein
Wilde finden, und entbehren Bedeckungen des Lei-
bes nicht so leicht, als Rousseau sich einbildete.
Nur

Nur wenige kleiden sich so, wie ihr Klima es
fordert; und dies kann man fast ganz allein von
den Völkerschaften des nordöstlichen Asiens, und
des nordwestlichen America sagen. Die meisten
gehen entweder ganz, oder gröstentheils nackt:
selbst in solchen Gegenden, wo Europäer im höch=
sten Sommer durch kalte Stürme und heftige
Schneegestöber getödtet wurden. Die Feuerländer,
nnd andere benachbarte Horden starren, oder zit=
tern unaufhörlich vor Kälte; denn ihr ganzer Leib
ist unbedeckt, einen kleinen Theil des Rückens aus=
genommen, über welchen ein Seehundfell herab=
hängt. Die wilden und nackten Bewohner heisser
Länder werden beständig von Muskiten, Wespen,
Hornissen und anderm giftigen Ungeziefer geplagt.
Die umherziehenden Americaner sind gewöhnlich
mit Schwärmen von giftigen Fliegen und andern
Insecten so dicht bedeckt, daß sie davon ganz blut=
rünstig werden, und es gehört eine Amerikanische
Unempfindlichkeit dazu, um unter den Bissen von
unzähligen sich stets erneuernden Peinigern nicht
in Raserey zu fallen. Was die Wilden von Klei=
dungsstücken tragen, das tragen sie so lange, bis
es ihnen vom Leibe abfault, und diese stinkenden
Lumpen sind sehr oft die Ursache, weßwegen Eu=
ropäer in der Gesellschaft von Americanern vor
                                    unträg=

unträglichem Eckel nicht ausdauren können. Mit
der Kleidung der Wilden stimmen ihre Wohnun=
gen überein. Viele Völkerschaften haben gar keine
von Menschenhänden errichtete, und von allen Sei=
ten bedeckte Hütten. Diejenigen, die sich Hütten
bauen, sind im Durchschnitt zu träge, als daß sie
dieselben geräumig und dauerhaft machen sollten.
In dem größten Theile der elenden Wohnungen
der Wilden ist man weder gegen Schnee und Re=
gen, noch gegen Wind und Kälte geschützt. Weil
sie entweder gar keine andere Rauchfänge, als die
Thüren, oder höchstens eine Oeffnung oben im
Dache haben, die zur Zeit von Regen und
Schnee verschlossen werden muß; so sind sie we=
gen des grünen Holzes, welches man brennt, stets
mit einem so dicken und beissenden Rauche ange=
füllt, daß dadurch selbst die Augen der Wilden
angegriffen werden. In den meisten Hütten der
Wilden kann man nur sitzen, und liegen, aber
nicht stehen, oder gehen; und da diese Hütten nie
gereinigt werden, und nicht allein der Aufenthalt
von Erwachsenen, sondern auch von Kindern, und
jungen Thieren sind, die ihren Bedürfnissen einen
ungehinderten Lauf lassen; so kann man sich leicht
vorstellen, was alle Reisende versichern, daß es
Menschen mit Europäischen Nasen und Europäi=
schem

schem Gefühl unmöglich ist, vor Gestank, und Ungeziefer in den Lägern der Wilden auszuhalten.

Hunger, Mangel von Hülfe in Krankheiten,
und Mangel von Schutz gegen die Unbequemlichkeiten
der Witterung sind die geringsten Uebel, von welchen das Leben der Wilden gedrückt wird. Unver-
meidliche Gefahren eines plötzlichen, oder eines
langsamen und grausamen Todes schleichen ohne
Unterlaß um die armseligen Wohnplätze der Wilden her. Fast alle wilde Völkerschaften sind mit
einer, oder einigen der benachbarten Nationen in
ewigen Rachkriegen begriffen. Man ist daher keinen Augenblick sicher, daß nicht einzelne feindliche
Krieger, oder kleinere und größere Haufen mit
unentdeckbarer Heimlichkeit herankriechen, und dann
auf einmal über die schlummernden und wehrlosen
Bewohner von Hütten herfallen, um sie entweder
ohne Unterschied des Geschlechts und Alters umzubringen, oder zu langwierigen und entsetzlichen
Martern, wenigstens zu einer schmählichen Knechtschaft in fernen Welttheilen fortzuschleppen. Die
meisten Amerikanischen Wilden wagen es nicht,
vor Anbruch des Tages sich dem Schlafe zu überlassen, weil sie von ihren Feinden gemeiniglich in
der Stille der Mitternacht überfallen werden. Alle
Negersclaven in Westindien gaben von jeher die all-
gemei-

gemeine Unſicherheit in ihrem Vaterlande, und die
beſtändige Furcht vor Menſchenjägern als den Haupt=
grund an, warum ſie in ihre Heimath nicht wieder
zurückkehren möchten. Faſt ſo gefährlich, als die
Keulen, Aexte, und Feſſeln auswärtiger Feinde,
iſt unter wilden Völkern die heimliche Rache einhei=
miſcher Widerſacher, und blödſinniger Abergläubi=
gen. Wenn ein Wilder einmahl beleidigt worden
iſt, oder nur beleidigt zu ſeyn ſich einbildet; ſo
iſt es kaum möglich, ſeiner unverſöhnlichen ſtets
lauernden Rachgier zu entrinnen. Es darf einem
nur träumen, oder ſonſt der Gedanke aufſteigen,
daß ein Nachbar, oder Nachbarinn ihm einen Un=
fall angezaubert habe, um den Träumenden zu be=
wegen, den vermeyntlichen Urheber ſeines Unglücks
aus der Welt zu ſchaffen. Meuchelmord, und heim=
liche Vergiftungen ſind nirgends häufiger, als un=
ter den Wilden in allen Erdtheilen.

Für alle dieſe Schreckniſſe findet der Wilde in
dem Schooße der Seinigen, ſo lange ſie um ihn
verſammelt ſind, nicht den geringſten Troſt, nicht
die geringſte Erleichterung. Keine Behauptung iſt
geſchichtwidriger, als daß der Wilde nicht rachgie=
rig, ſondern vielmehr barmherzig und verſöhnlich
ſey. Die Väter bekümmern ſich im Durchſchnitt
um ihre eigene Kinder eben ſo wenig, als um frem=

C   de;

de; und Wildinnen sorgen für die Kinder nur so
lange, als sie an der Brust trinken. Wilde ver=
laſſen, oder verkaufen ihre Kinder ohne Reue und
Rührung; und ſelbſt Wildinnen tödten die Frucht
ihres Leibes, oder neugebohrne Kinder ſehr oft.
Die natürliche Herzenshärtigkeit, die in Wilden
Lieblóſigkeit gegen Kinder erzeugt, bringt in den
Kindern die empörendſte Gleichgültigkeit gegen die
Eltern hervor. Erwachſene Söhne mißhandeln Vä=
ter und Mütter, und brechen ihren abgelebten und
hülfloſen Eltern mit dem kälteſten Blute den Hals.
Unter allen Wilden ſehen Männer ihre Weiber als
verächtliche oder verabſcheuungswürdige Sclavin=
nen, und Weiber ihre Männer als harte Tyran=
nen an, gegen welche jede Liſt erlaubt ſey. Wah=
re Freundſchaft, Wohlthätigkeit, und Dankbarkeit
ſind den Wilden eben ſo fremd, als elterliche, kinds
liche und eheliche Liebe, oder als die Freuden, wel=
che Natur, Kunſt, und Wiſſenſchaft dem Geiſte
und Herzen beſſerer Menſchen gewähren. Da nun
den Wilden alle wahrhaftig menſchliche Vergnügungen
verſagt ſind; ſo bleiben ihnen keine andere übrig,
als welche Gefräſſigkeit, Völlerey, und ſinnliche
Liebe verſchaffen; und dieſe groben, ſeltenen, und
meiſtens ſchädlichen Vergnügungen, wer möchte ſie
um alle die Drangſale, und Schreckniſſe einkaufen,
die

die mit dem Leben der Wilden unzertrennlich ver=
bunden sind? Daß Wilde ungern unter gebildete=
ren Völkern bleiben, beweißt wider ein geselliges
Leben eben so wenig, als daß wilde oder ungezähmte
Thiere den Aufenthalt in Wüsten und Wildnissen
der Gesellschaft, oder vielmehr der Zucht und Pfle=
ge des Menschen vorziehen. Der Wilde kann die
Vortheile und Freuden eines besseren Lebens nicht
erkennen und kosten, und zugleich scheut er jeden
Zwang und jede Arbeit, welche ein wirklich mensch=
liches Leben ihm auflegen würde, eben so sehr oder
noch mehr, als den Tod.

Dritter Abschnitt.

Von der Glückseligkeit, deren unschuldige und freye, wenn gleich unaufgeklärte Völker fähig sind.

So fest ich überzeugt bin, daß Unschuld, Tu=
gend, und wahre Glückseligkeit in dem Zustande
der eigentlichen Wildheit nicht Statt finden; so
wenig behaupte ich, daß Unschuld, Tugend und
Glückseligkeit von Künsten und Wissenschaft unzer=
trennlich sind, und daß nur aufgeklärte Völker allein
glücklich seyn können. Wenn häusliche, und öffent=
liche Glückseligkeit ausschliessend an wissenschaftliche
Aufklärung geknüpft wäre; so würde das mensch=

C 2

liche

liche Geschlecht sich mit Recht über sein Loos bekla=
gen können, indem von jeher der gröste Theil von
Völkern gar nicht zum Besitze von Künsten und Wis=
senschaften gelangte, und selbst die meisten Mitglie=
der aufgeklärter Nationen zwar nicht von dem Ge=
nuß aller ihrer Vortheile, aber doch von dem Ge=
nuß der Freuden, und Bildung, welche sie gewäh=
ren, ausgeschlossen waren und noch sind.

Auch ohne wissenschaftliche Aufklärung kann
der Mensch in einem nicht geringen, selbst in einem
beneidenswerthen Grade glücklich seyn. Wenn aber
unaufgeklärte Völker glücklich werden sollen, so müs=
sen sie das Nothwendige im Ueberfluß, oder we=
nigstens hinlänglich besitzen: sie müssen von Innen
keinen ungerechten Druck, und von Aussen keine
unaufhörliche Ueberfälle zu fürchten haben: sie müs=
sen endlich mit den Bedürfnissen, Gütern, und
Lüsten großer und reicher, oder verdorbener Völker
unbekannt bleiben. In diesen Fällen können un=
aufgeklärte Menschen glücklich werden durch die
Früchte einer segensvollen Arbeitsamkeit, durch das
Gefühl von Gesundheit und Stärke, von Freyheit
und Sicherheit, durch die Liebe und Gegeniiebe
von Eltern und Kindern, von Ehegatten und
Freunden, durch die warme Anhänglichkeit an den
Gesetzen und der Verfassung, die alle diese Güter

schen=

schenken, oder sichern, und durch den freudigen
Muth, für Weiber und Kinder, für Eigenthum,
Freyheit und Vaterland, selbst das Leben zu wagen und hinzugeben. Wo Arbeitsamkeit ohne
Nahrungssorgen, Genügsamkeit ohne Mangel,
und Unschuld, Eintracht, und häusliche Freuden
in allen Hütten, Freyheit und Gerechtigkeit im
Volke, und Friede und Sicherheit an den Gränzen wohnen; da sind Künste und Wissenschaften
nicht nothwendig, um den Menschen glücklich zu
machen.

Die Sagen von goldenen Weltaltern, oder
Zeitaltern, von Zeiten, oder Welten der Unschuld,
die unter allen grossen Völkern waren, oder noch
sind, beweisen, daß sich unter diesen Nationen
das Andenken oder der Wunsch eines frühern und
bessern Zustandes erhalten hatte, als derjenige
war, in welchen sie nachher kamen. Alle Sagen
und Dichtungen setzten die Zeiten der Unschuld und
Glückseligkeit über die Erfindung des Ackerbaus,
und der übrigen nothwendigen Künste in den ur-
alten ursprünglichen Hirtenstand hinaus; und fast
eben so allgemein erzählten diese Sagen, daß der
glückliche Unschuldsmensch alles, was er gebraucht,
aus den Händen der Natur, oder durch die Wohlthaten der Götter empfangen habe. In beiden

C 3 Stücken

Stücken werden die Sagen von golbenen Zeitaltern
durch die Geschichte und Erfahrung widerlegt.
Der Mensch konnte nie ohne Arbeit und Sorgfalt
die nothwendigsten Bedürfnisse befriedigen. Mit
Arbeitsamkeit aber, Freyheit, Sicherheit und Un=
schuld konnte er eben so gut als Ackersmann und
Fischer, als im Hirtenstande glücklich seyn i).

Die Griechen und Römer waren selbst inner=
halb des Zeitraums der zuverlässigen Geschichte
eben so gültige Beispiele, als es nachher die Teut=
schen und andere Völker wurden, daß Nationen
auch ohne Künste und Wissenschaften weise Gesetze,
gute Verfassungen, erhabene Tugenden, Sicherheit
im Innern, Ansehen bey Auswärtigen, und eine
beträchtliche Summe von häuslicher und öffentli=
cher Glückseligkeit erreichen können. Ich übergehe
mit Fleiß die Spartaner, nicht nur weil die vom
Lykurg gegründete Verfassung, und deren Wir=
kungen noch immer dunkel und ungewiß sind, son=
dern weil auch die Gesetze und Sitten der Spar=
taner, wenn sie wirklich so gewesen seyn sollten,

wie

---

i) Da die Griechen und Römer an der Wiederkehr
der alten Einfalt und Unschuld in ihr eigenes Va=
terland verzweifelten; so schilderten sie die Sitten
der guten alten Zeit mit Wohlgefallen an den
Scythen, oder Hirtenvölkern am schwarzen und
Caspischen Meer, oder an den Germanischen Na=
tionen. Man sehe Justin. II. 2. und **Tacitus** in
seinem Buche de moribus Germanorum.

wie sie von ihren Bewunderern geschildert werden,
ein höchst seltenes, und in seiner Art fast einziges
Phänomen ausmachen, aus welchem man keine
allgemeine Folgen ziehen kann. Um desto gewis=
ser ist es, daß die im Zeitalter des **Solon** in
ihrem Innersten verdorbenen, und unter dem **Pe=
rikles** wieder in Sittenverderbniß hinabsinkenden
Athenienser in dem Zwischenraume zwischen der
Austreibung der **Pisistratiden**, und der Dema=
gogie, oder dem höchsten Ansehen des **Perikles**
eine Periode von Unschuld, und Glückseligkeit hat=
ten, in welcher sie sich den idealischen Gemählden
von goldenen Weltaltern so sehr näherten, als
Menschen sich denselben nur nähern können. In
dem angegebenen Zeitpuncte legten sich die Athe=
nienser viel mehr auf den Feldbau, als auf städti=
sche Gewerbe und Handel. Die meisten und an=
gesehensten Bürger brachten den grösten Theil des
Jahrs auf dem Lande zu, wo sie geräumigera und
schönere Wohnungen, als in Athen selbst besassen.
Die Freuden, und Arbeiten des Landlebens hatten
in den unverdorbenen Gemüthern der Athenienser
ein solches Uebergewicht über die Vergnügungen
und Angelegenheiten der Stadt, daß die ersten
Bürger sich selbst an den grösten Festen kaum ent=
schliessen konnten, ihre Felder, Weinberge und

Oehl=

Oehlgärten zu verlaſſen, um ſich in der Stadt zu
ergötzen, oder zu bewerben. Arme und Dürftige
waren faſt eben ſo ſelten, als übermäſſig Reiche.
Die Geringeren fanden leicht Arbeiten bey den
Wohlhabenden, oder erhielten Ländereyen gegen
einen mäßigen Zins. Ehrenſtellen waren, und wur:
den als Laſten angeſehen, die man aus Liebe zum
Vaterlande willig übernehmen müſſe. Je weniger
Reiche und Arme ehrgeitzig und ſelbſtſüchtig waren,
deſto feuriger und allgemeiner war der Patriotis:
mus, und die Freyheitsliebe. Dieſe bewieſen die
Athenienſer zur Bewunderung der ſpäteſten Nach:
welt in den Kriegen mit den Perſern, in welchen
ſie Griechenland von dem Joche fremder Barbaren
erretteten. k) Alles dieſes änderte ſich unter der
Verwaltung des **Perikles** durch die ungerechte Herr:
ſchaft, welche dieſer über die Bundesgenoſſen erwarb,
oder befeſtigte: durch die groſſen Schätze, die er zu:
ſammenplünderte: durch die Künſte, und Kunſtwer:
ke, die glänzenden Feſte und Schauſpiele, die er ein:
führte, oder errichtete: und durch die ungemeſſene
Gewalt, die er dem beſtochenen Pöbel gab, um ſie in
in deſſen Nahmen ausüben zu können. Nun entwi:
chen Unſchuld, Arbeitſamkeit, und Gnügſamkeit aus
den Gemüthern der Athenienſer. Die Vornehmen
beraub:

k) Iſocrat. I. 326. 337. in Areopag. Ed. Beattie.

beraubten den Staat, oder die Bundesgenoſſen, und
wurden wieder von dem zügelloſen Pöbel beraubt.
Die Geringen wollten nicht mehr arbeiten, ſondern
aus dem öffentlichen Schatze ernährt, und durch
neue Schauſpiele und Feſte in einem ſteten Taumel
von Vergnügungen erhalten werden. Mit den alten
Sitten entflohen bald die Macht und der Wohlſtand,
welche die Tugenden der Vorfahren erworben, und
gegründet hatten.

Eine ähnliche Periode von Unſchuld und Wohl=
ſtand fing unter den Römern bald nach der Vernich=
tung der unrechtmäßigen Gewalt der patriciſchen
Familien an, und dauerte bis an das Ende des
zweyten Puniſchen Krieges fort. Nicht bloß alle
einheimiſche, ſondern auch gleichzeitige Griechiſche
Schriftſteller ſchildern uns die Römer in dem an=
gegebenen Zeitraum als ein Volk, das zwar mit
allen Bequemlichkeiten und Annehmlichkeiten reicher
und groſſer Nationen unbekannt, aber zugleich höchſt
arbeitſam, und durch dieſe Arbeitſamkeit unabhän=
gig war, da es in ſeinen ſorgfältig gebauten
Aeckern, und ſeinen zahlreichen Heerden alles fand,
was es zur Lebensnahrung und Nothdurft brauchte.
In dieſen Zeiten der Einfalt wohnten die vornehm=
ſten Magiſtratsperſonen in eben ſo ſchlechten und
kunſtloſen Hütten, trugen eben ſo ſchlechte Klei=

der,

der, und begnügten sich mit eben so schlechten Speisen, als die gemeinsten Bürger. Feldherren, die
das Vaterland retteten, wurden von dem Pfluge
gehohlt, mit welchem sie selbst den Acker bestellten,
und Männer, vor welchen ferne Völker und Könige zitterten, verachteten das Gold der letztern
gegen die harten Hülsenfrüchte, die sie aus irdenen Gefässen an ihrem Heerde speisten. Unter
diesen fleissigen, und genügsamen Römern waren
Ehrfurcht gegen Götter, und Eide, Gehorsam gegen Obere, unverbrüchliche Treue nicht bloß gegen
Mitbürger, sondern auch gegen Bundesgenossen und
Feinde, die heisseste Freyheits = und Vaterlands=
liebe, ein hieraus entspringender unüberwindlicher
Muth in den Gefahren der Schlacht, und eine
gleiche Standhaftigkeit in den grösten Unfällen gemeine Tugenden aller Stände und Geschlechter 1).
Es wäre Unsinn, wenn man Menschen, die so
viele und so erhabene Tugenden hatten, nicht glücklich preisen wollte, weil sie weder Gold und Silber, noch edle Steine, weder schöne Häuser, noch
schöne Gärten, weder Künste, noch Wissenschaften,
und am wenigsten die Künste des sinnlichen Wohl-
lebens kannten. Die Künste und Wissenschaften

der

---

1) Man sehe meine Gesch. des Verfalls der Sitten,
und der Staatsverfass. der Römer, 14 u. f. S. 48
und f. S.

der Griechen, und die Schätze der übrigen Völker
schmolzen vor den rohen Tugenden der Römer zu=
sammen. Die Römer wurden durch ihre Tugen=
den Herren der Erde, und hörten es auf zu seyn,
als sie die Laster der verächtlichsten unter den über=
wundenen Nationen annahmen.

Die Sieger der Römer, und die Zerstörer
des Römischen Reichs, die alten Germanier waren
vor ihren auswärtigen Eroberungen wenigstens eben
so unschuldig, und glücklich, als die Griechen und
Römer in ihren besten Zeiten waren. Die Woh=
nungen und Kleidung der Teutschen, welche Cä=
sar, Tacitus, und die Geschichtschreiber der vier
ersten Jahrhunderte unserer Zeitrechnung beschrieben,
waren einfach, aber reinlich, und vollkommen hin=
reichend, unsere Vorfahren gegen die Beschwerden
der Jahrszeiten und Witterung zu schützen. Ihre
Heerden und die Jagd gaben ihnen alle Arten von
Fleisch im Ueberfluß, und ihre Aecker verschafften
ihnen nicht bloß Brod, sondern auch starke Biere,
mit welchen sie sich laben, und erheitern konnten.
Ihre späten Ehen waren eben so fruchtbar, als
keusch; und Ehebrüche und Verführungen von
Jungfrauen waren fast unerhört. Die Geringen
bearbeiteten selbst ihre Felder, und hüteten ihre
Heerden. Die Vornehmen überliessen diese Arbei=
ten

ten ihren Knechten, oder Miethlingen, und brach=
ten ihre Zeit entweder auf der Jagd, oder auf
Feldzügen, oder in beständigen kriegerischen Uebun=
gen zu. Gesunde, aber einfache Nahrungsmittel,
lange Enthaltsamkeit, und unaufhörliche Uebungen
gewährten den alten Germaniern eine Größe,
Stärke, Dauerhaftigkeit und Schönheit des Kör=
pers, dergleichen man weder vorher, noch nachher
unter andern Völkern gefunden hat. Natürliche
Herzensgüte knüpfte Eltern und Kinder, Verwandte
und Freunde, Vorgesetzte und Untergebene, Waf=
fenbrüder und Landsleute durch die Bande der zärt=
lichsten Liebe zusammen; und wenn sich Streitig=
keiten erhoben, so wurden diese nach Gesetzen ge=
schlichtet, welche sie selbst gegeben, und von Rich=
tern und Schöpfen, welche sie selbst gewählt hat=
ten. Die Treue und Redlichkeit der Teutschen
wurde eben so früh und allgemein berühmt, als
ihre Gerechtigkeits= und Freyheitsliebe, als ihre
ausserordentliche Tapferkeit, und Großmuth, oder
Milde gegen Ueberwundene. Die muthwilligen
Angriffe der Römer zwangen sie zuerst, mächtige
Volksbünde zu errichten; und da diese errichtet
waren, reizte die immer zunehmende Schwäche
des abendländischen und Griechischen Reichs die
Teutschen Völker zu beständigen Einfällen, die sich
zuletzt

zuletzt mit Niederlassungen in den Römischen Pro=
vinzen endigten. Die Folge wird lehren, daß die
ausgewanderten Teutschen Eroberer an Freyheit und
Glückseligkeit in demselbigen Verhältnisse, wie an
Tugenden verlohren m).

Der Mensch braucht aber nicht einmahl so
viele Kenntnisse und Fertigkeiten zu besitzen, als
die alten Griechen, Römer, und Teutschen besaf=
sen, um in einem nicht geringen Grade glücklich
zu seyn. Weder Arkadien, noch die glücklichen
Inseln hatten je solche selige Bewohner, als die
entlegensten Hebridischen Eylande, und besonders
als das entferntese nnter allen, St. Kilda, nährt.
Nachdenkende Personen haben gewiß die reitzendsten
Dichtungen von goldenen Zeiten, oder einem glück=
lichen Schäferleben nicht mit dem Vergnügen gele=
sen, als womit sie, wenn ihnen die kleine Schrift
einmahl in die Hände fällt, die Voyage to St. Kilda, the remotest of all the Hebrides, or wetern
Isles of Scotland Lond. 1749. von Martin lesen
werden. St. Kilda ist eine kleine felsichte Insel
unter dem 57° der Breite, die nicht mehr als fünf
Englische Meilen im Umfang hat, die keine Bäu=

me

---

m) Man sehe über die Teutschen Völker vor ihren
auswärtigen Eroberungen die beiden Abhandlun=
gen im ersten Stück des achten Bandes des histo=
rischen Magazins S. 1:48. S. 67:124.

me und nicht einmahl Gesträuche hervorbringt, und
nach allen Seiten hin, einen einzigen Landungs=
platz ausgenommen, mit 150=200 Klafter hohen
Felswänden umgeben ist, gegen welche die unauf=
hörlich gereitzten Fluthen des Weltmeers mit unbe=
schreiblicher Gewalt hinangeschleudert werden. Auf
dieser Insel wohnt von der ganzen übrigen Welt
abgeschieden ein kleines Häuflein von Menschen,
hundert achtzig an der Zahl, wovon die meisten
nicht weiter, als auf die nächsten Felsen im Ocean
kommen, sehr wenige die etwas entferntere Insel
Sky besuchen, und noch Wenigere das feste Land
von Schottland betreten. Die Hütten der Insula=
ner sind aus rohen Steinen gebaut, mit Stroh
gedeckt, und sehr niedrig, weil sie sonst von den
fürchterlichen Südweststürmen würden weggeführt
werden. Ihre Ruhestätten sind blosse Lager von
Stroh. Ihre Kleider bestanden vormahls aus
Schaafspelzen, jetzo aus ledernen Jacken. Im
Sommer gehen beide Geschlechter barfuß: im
Winter bedecken sie die Füsse mit den Häuten von
wilden Gänsen, die drey, höchstens fünf Tage
ausdauern. Die vornehmste Nahrung der Insel=
bewohner sind die Seevögel und deren Eier, mit
welchen die benachbarten Felsen und Eylande in so
ungeheurer Menge bedeckt sind, daß, wenn man
die

die brütenden Vögel aufschreckt, die Luft dadurch
verfinstert, und das Meer weit und breit durch
ihren Unrath verunreiniget wird. Von mehrern
Vögelarten, besonders aber von Gänsen werden
jährlich auf St. Kilda viele Tausende, und von
den Eiern viele hunderttausende verzehrt. Neben
den Seevögeln sind Fische, mehrere Arten von
Kräutern, Gersten=, seltener Haberbrod, die ge=
wöhnlichsten Speisen auf St. Kilda. Das Fleisch
der Kühe und Schafe ist sehr zart und fett, wird
aber meistens nur bey feierlichen Gelegenheiten
gegessen. Salz und Gewürz kennen die Insulaner
gar nicht; und Fett von Vögeln ist das einzige
Vehikel, womit sie alle ihre Speisen zurichten.
Von Zeit zu Zeit bereiten die Männer von St.
Kilda ein gutes Bier. Ihr tägliches Getränk ist
Wasser, das so vortrefflich ist, daß eben der Rei=
sende, welcher die Insel beschrieben hat, das
sonst köstliche Wasser der übrigen Inseln lange
nicht wieder mit dem vorigen Wohlgefallen trinken
konnte. Die Luft auf St. Kilda ist eben so gesund,
als das Wasser rein ist. Wenn man einige Haus=
mittel ausnimmt, so brauchen die Einwohner kei=
ne Arzneyen, und sie bekümmerten sich bisher nicht
einmahl um die Kräfte der Heilkräuter, welche
ihre Insel erzeugt. Dem leichten, und ätherischen

Wasser,

Waſſer, und der geſunden Luft, welcher die In=
ſulaner die Befreyung von den meiſten Krankhei=
ten der übrigen Europäer ſchuldig ſind, verdanken
ſie auch ihre vorzügliche Schönheit, und Stärke.
Sie übertreffen alle übrige Völker unſers Erdtheils
durch die blendende Weiſſe und Schönheit ihrer
Farbe, und ſelbſt die Kinder von Fremdlingen,
die auf die Inſel kommen, werden weiſſer und
ſchöner, als die Väter waren. Ihre körperliche
Stärke ſoll in den letzten Jahren etwas abgenom=
men haben. Noch zu der Väter Zeiten war es
eine faſt ausnahmloſe Regel, daß ein Mann von
St. Kilda zweymal ſo ſtark war, als zwey Män=
ner aus den benachbarten Inſeln n). Die Arbei=
ten der Inſulaner beſtehen auſſer der Errichtung
ihrer Hütten, und der Verfertigung ihrer Kleider
und Geräthſchaften in der Beſtellung ihrer Felder,
die nicht gepflügt, ſondern umgegraben werden, im
Fiſchen, und in dem Fangen und Sammeln von
Vö=

n) So ſtark und geſund die Einwohner von St. Kil=
da ſind, ſo werden ſie doch bey der Ankunft von
Fremdlingen und von fremden Waaren allemahl
von einem Huſten ergriffen, der zehn bis vierzehn
Tage dauert. Martin hielt die Nachricht von die=
ſem Huſten für übertrieben, oder den Huſten ſelbſt
für eine Wirkung der Einbildung. Er fand aber,
daß nicht bloß alle Erwachſene, ſondern auch Säug=
linge davon befallen waren. p. 39. Ich ſehe nicht
ein, warum gewiſſe Dünſte nicht eben ſowohl ei=
nen epidemiſchen Huſten, wie andere epidemiſche
Krankheiten hervorbringen ſollten.

Vögeln, und Vögeleiern. Diese letztern Beschäff=
tigungen sind vielmehr gefährlich, als erschöpfend:
doch erfordern sie sehr oft eben so ausserordentliche
Anstrengungen, als Kunst und Geschicklichkeit.
Die Inseln und Felsen, auf welchen die Vögel
nisten und brüten, sind meistens eben so steil,
oder fast so steil, als die Wände von St. Kilda,
und beynahe so unanlandbar. Die gewaltigen
Brandungen, die um diese Felsen toben, die steilen
Abhänge, die man erklimmen, und die Abgründe
über dem Ocean, in welche man sich an langen
Stricken hinablassen muß, machen die Aufsuchung
des wichtigsten Nahrungsmittels zu einem bestän=
digen Kampf mit nahen Todesgefahren. Frühe
und stets fortgesetzte Uebungen geben den Einwoh=
nern von St. Kilda eine solche Fertigkeit und
Kühnheit im Schwimmen, und in der Erklette=
rung von schmaalen, und fast senkrechten Felswän=
den, und Felsspitzen, daß man zweyfeln kann, ob
sie in diesem Stücke von irgend einem wilden Vol=
ke auf der ganzen Erde übertroffen, oder erreicht
werden. Ueber unabsehliche Tiefen springen sie
von dem Rande gäher Felsen auf Leisten von senk=
rechten Wänden, an welchen bloß der grosse Zähe
des einen Fusses haften kann; und von solchen Lei=
sten erheben sie sich durch die Kraft ihres Zähen

D   auf

auf entferntere Zacken, wo sie sich mit den Armen
anklammern können o). Auf eine eben so bewundernswürdige Art brauchen sie die Ferſen, oder
Abſ̈äße der Füſſe und die Ellbogen bey dem Erſtei-
gen von abgeſchnittenen Felswänden, an welche ſie
ſich mit dem Rücken anlehnen, und dann mit den
Abſätzen und Ellbogen emporarbeiten p). Vorzügliche Geſchicklichkeit im Klettern iſt die gröſte unter den männlichen Tugenden in St. Kilda, und
von dieſer Geſchicklichkeit legen daher die Jünglinge auf dieſer Inſel ihren Geliebten zu Ehren Proben ab, die nicht weniger kühn und gefährlich
ſind, als die Liebesproben der Ritter der alten
Zeit waren q).

Die ſtarken, ſchönen, geſunden, behenden,
und durch ihre Stärke und Behendigkeit ſich ſelbſt
genügſamen Männer von St. Kilda ſind gegen
alle Anfälle von Auſſen eben ſo ſicher, als ſie es
gegen inneren Druck, oder Vergewaltigung ſind r).
Die Inſel gehört, wie mehrere benachbarte Eylande dem Laird **von Mack-leod**, der jährlich einen
Stewart, oder Vogt nach St. Kilda ſchickt, und
die übrige Zeit des Jahrs durch ſeine, oder des
Vogts Stelle durch einen ynter den Inſulanern
gewählten Meier oder Vorſteher vertreten läßt.

So

o) p. 17.　p) p. 55.　q) p. 61.　r) p. 48 et ſq.

So wohl die Zeit, während welcher der Vogt auf
der Insel bleiben darf, als die Grösse seines Ge=
folges, und die Menge dessen, was er fordern,
oder die Strafen, die er auflegen kann, sind alle
durch ein altes Herkommen auf das genaueste be=
stimmt. Während der Anwesenheit des Stewarts
ist der Meier der Vertreter des Volks, und der
Vertheidiger seiner Rechte. Wenn der Vogt etwas
fordert, oder anordnet, was wider das bisherige
Herkommen ist; so muß der Meier ihm so lange
widersprechen, bis der erstere nachgibt, oder dem
letztern drey Streiche mit dem flachen Säbel über
den Kopf versetzt. Alsdann hat der Meier seiner
Pflicht genug gethan, und wenn die Commune
nun noch Ursache zu haben glaubt, sich über den
Vogt zu beschweren; so schickt sie unter Anführung
des Meiers eine Deputation an den Laird von
Mack=leod, der die Klagen der Insulaner fast
immer erhört, weil Liebe und freywillige Unter=
werfung das einzige Band sind, wodurch die von
St. Kilda an ihren Herrn gebunden werden, und
keine äussere Gewalt ihnen auf ihrem Felsen bey=
kommen könnte. Kaum ist das mächtige Brittan=
nien mit seinen siegreichen Flotten so unüberwind=
lich, als es die kleine Insel St. Kilda mit ihren
wenigen Einwohnern ist. Ihre Felswände, und

D 2   die

die Brandungen, welche die Männer von St. Kil=
da fast allein glücklich zu bekämpfen wissen, ver=
theidigen sie nachdrücklicher, als Flotten und Fe=
stungen: und wenn auch feindliche Haufen das
Ufer der Insel ohne Unfall erreichten, so würden
sie durch Steine und Felsstücke zerschmettert wer=
den, bevor sie nur den dritten Theil des Abhan=
ges, oder der obersten Höhe der Insel erreichten.

Einfalt, oder unverschuldete Unwissenheit in
Dingen, die weder zur Lebensnothdurft, noch zum
Wohlseyn des Menschen gehören, zeigte sich gewiß
nie liebenswürdiger, als in den Einwohnern von
St. Kilda. Die Insulaner halten ihren Laird für
einen wenigstens so mächtigen Herrn, als den Kai=
ser, und glauben, daß er bloß den König von
England über sich habe. Einige Deputirte, die an
den Laird abgeschickt worden waren, bekannten,
daß es ihnen unmöglich sey, die Kleidung und den
Putz der gnädigen Dame zu beschreiben s). Eben
diese Reisenden erstaunten über den Anblick von
Glasfenstern, noch mehr aber über die Wirkung
von Ferngläsern. Hingegen schien es ihnen etwas
sehr eitles und Ueberflüssiges zu seyn, daß man
dicke Wände von Steinen und Leim noch mit Sei=
de, oder andern Stoffen überziehe. Sie erzählten
es

s) p. 64. et sq.

es mit Zeichen von grosser Bewunderung, daß der
Laird nicht, wie andere Menschen zu Fusse gehe,
sondern reite, oder fahre, weil sie Reiten für ein
Zeichen der höchsten irrdischen Grösse halten. Un=
ter den neuen Producten der Natur, welche sie
antraffen, erfüllte sie keins mit so frohem Erstau=
nen, als die Höhe und das Wachsen der Bäume.
Sie begriffen nicht, wie Bäume sich so sehr über
Pflanzen erheben könnten, und fanden die Blät=
ter und Aeste ausserordentlich schön. Einer dersel=
ben stieg auf eine Anhöhe auf der Insel Sky, wo
er sich einbildete, einen grossen Theil der ganzen
Erde zu übersehen, und als er nun vernahm, daß
alles, was er überschaue, dem Laird **von Mack=**
leod gehöre, so hob er Augen und Hände gen
Himmel, und rief voll Verwunderung aus: welch'
ein mächtiger Prinz bist du, der du so weitläuf=
tige Länder besitzest!

Ehebruch, und andere Sünden des Fleisches
sind diesen Kindern der unverdorbenen Natur eben
so unbekannt, als die Güter, wodurch die selbst=
süchtigen Leidenschaften der Menschen erweckt und
gereizt werden. Mit Recht sagt der Beschreiber
dieser Unschuldsmenschen t): „Die Einwohner von
„St. Kilda sind glücklicher, als die meisten übri=

D 3

„gen

t) p. 67. 68.

„gen Menschen. Sie sind fast das einzige Völk=
„lein auf der ganzen Erde, welches die Süssigkei=
„ten der wahren Freyheit kostet. Die Dichter der
„alten Zeit idealisirten den Zustand der Menschen
„im goldenen Zeitalter so, wie ihr Zustand wirk=
„lich ist: eine solche Unschuld und Einfalt, eine
„solche Reinheit, und gegenseitige herzliche Liebe
„und Freundschaft: frey von allen quälenden Sor=
„gen, und ängstlicher Habsucht: von Neid, Trug,
„und Verstellung: von Ehrgeitz, Stolz, und den
„Folgen dieser Leidenschaften. Nur eins fehlt den
„Bewohnern von St. Kilda, um sie zu dem
„glücklichsten Volk auf der Erde zu machen: das
„Bewußtwerden oder Erkennen ihres eigenen Glücks,
„und ihrer Erhabenheit über den Geitz, und die
„Knechtschaft der übrigen Menschenkinder. Ihre
„ganze Art zu leben flößt ihnen Verachtung gegen
„Gold und Silber ein. Sie leben durch die Frey=
„gebigkeit des Himmels, und haben keine andere
„Absichten auf einander, als die durch Gerechtig=
„keit und Wohlwollen eingeflößt werden."

Nicht weniger unschuldig, als die Bewohner
von St. Kilda, und noch glücklicher, oder wenig=
stens wohlhabender, und gebildeter sind die Ein=
wöhner der Insel Nantucket am östlichen Ufer
des nördlichen America. Diese Insel liegt unter

dem

dem 41° 10′ N. B., und gehört zur Provinz
Massachuset u). Sie wurde erst im J. 1671.
an sieben und zwanzig Eigenthümer ausgetheilt,
und enthielt im J. 1782. fünftausend Einwohner,
die größtentheils Nachkommen der ersten Besitzneh-
mer waren. Das Klima der Insel ist im Sommer äußerst angenehm, indem die Sonnenhitze durch
kühlende Seewinde gemildert wird. Im Winter
hingegen ist die Kälte, und noch mehr der heftige
und schneidende Nordwestwind sehr beschwerlich v).
Die Luft ist in allen Jahrszeiten so gesund, daß
man seit der Besetzung des Eylandes noch keine
der ansteckenden Krankheiten erfahren hat, die auf
dem festen Lande oft so verderblich werden; und
nirgends sieht man daher so viele gesunde alte Leute
von beiderley Geschlecht, als auf Nantucket w).
Die ersten Eigenthümer der Insel fanden gar
keine Wälder, und nicht einmahl große Bäume
vor, und alle Häuser mußten deswegen auf dem
festen Lande gezimmert werden. Der Boden
schien ihnen durchgehends so unfruchtbar, daß sie
sich entschlossen, einem Jeden aus ihrem Mittel
nur 40 Morgen als abgesondertes Eigenthum an-
zuweisen, und das Uebrige der Insel als gemein-

D 4   schafts-

u) Lettres from an American Planter by J. H.
St. John. Lond. 1782. 8. p. 101 - 212.
v) p. 134.   w) p. 187.

schaftliches Eigenthum zu Schafweiden zu nußen.
Man gab einem jeden Besißer das Recht, 560
Schaafe auf die Gemeinweide des Eylandes treiben
zu können, und dieses Recht der ersten Besißer ist
durch die Vermehrung der Nachkommen so getheilt
worden, daß die Mitgift eines Mädchens gewöhn=
lich nur in der Freyheit besteht, vier Schaafe,
oder an deren Statt eine Kuh auf dem gemein=
schaftlichen Eigenthum der Inselbewohner weiden
zu lassen. Wenn Jemand seinen Antheil an der
Oberfläche der Insel als ausschliessendes Eigenthum
zu besißen und anzubauen wünscht, so wird ihm
eine Stelle angewiesen. Es sind aber noch immer
nur wenige Landgüter angelegt, weil der Ertrag
des dürren Bodens sehr geringe, und der Dünger
sowohl, als die Materialien der Einzäunungen
sehr kostbar sind. Was die unüberwindliche Un=
fruchtbarkeit des Bodens den Einwohnern versagte,
das suchten sie und ihre Nachkommen in dem sie
umgebenden Weltmeer. Die meisten Einwohner
leben in der Stadt Sherborn beysammen, die ohn=
gefähr 530 Häuser enthält, und deren Hauptge=
werbe im Wallfischfange und Seehundfange be=
steht x). Die ersten Besißer fingen mit einem
einzigen kleinen Fischerboot an, das sie auf den
Seehundfang ausschickten. Der Gewinn der ersten

Unter=

x) p. 131. et sq. bes. p. 153 et sq.

Unternehmungen ſetzte ſie bald in Stand, ihre
Fahrzeuge zu vermehren, und zu vergröſſern, und
vom Fange von Seehunden, und andern Fiſchen
zum Fange von Wallfiſchen fortzugehen. Da die
Thätigkeit und Geſchicklichkeit der Seehund = und
Wallfiſchfänger von Nantucket immer mehr belohnt
wurden; ſo dehnten ſie auch ihre Seereiſen immer
weiter aus, und beſuchten nicht nur die nördlichen
und ſüdlichen Küſten von America, ſondern auch
die von Afrika. Und jetzt haben ſie es im Wall=
fiſchfange ſo weit gebracht, daß ſie ſich beynahe
das Monopol deſſelben erworben haben, indem die
Unternehmer aus andern Städten und Gegenden
von Amerika mit ihnen keine Preiſe halten können.

So wie der Fiſchfang die vornehmſte Beſchäff=
tigung der Männer von Nantucket iſt; ſo ſind auch
Fiſche ihre Hauptnahrung. Faſt alle übrige Noth=
wendigkeiten und Bequemlichkeiten des Lebens müſ=
ſen ſie entweder vom feſten Lande von America,
oder aus den Weſtindiſchen Inſeln, oder aus Eu=
ropa hohlen; wodurch der gröſte Theil ihres jähr=
lichen Gewinns verſchlungen wird, ungeachtet weder
in ihren Häuſern, noch in ihrer Kleidung, noch an
ihren Tafeln die geringſte Pracht, oder Verſchwen=
dung herrſcht y). Reiche und Unbegüterte wohnen,

D 5 nähren,

y) p. 135. 149.

nähren, und kleiden sich fast auf dieselbige Art,
und die allgemeine Kleidung besteht in einem ein=
heimischen Tuch, das aus selbstgewonnener Wolle
verfertigt wird z). Nicht weniger gleichförmig ist
die Erziehung der Kinder, die früh zur Mässig=
keit, Reinlichkeit, und Arbeitsamkeit gewöhnt, im
Lesen und Schreiben unterrichtet, und dann im
vierzehnten Jahre zu Schiffe geschickt werden. Auf=
ser einem kleinen Rest von Indianern, welche der
gütigsten Behandlung ungeachtet hier, wie allent=
halben, wo sie mit Europäern zusammenwohnen,
abnehmen, bestehen zwey Drittel der Bevölkerung
der Insel aus Quäckern, und das übrige Drittel
aus Presbyterianern, die bey aller Verschiedenheit
ihrer Meynungen und ihres Gottesdienstes sich ge=
genseitig als Brüder behandeln.

Die Sitten der Insulaner sind so rein und
unverdorben, als die Luft, welche sie einathmen;
und es ist, als wenn sittliche so wenig, als phy=
sische Ansteckung an ihnen haften könnte. Seit der
Bevölkerung der Insel hat noch kein Verbrecher
sein Leben verwirkt, und verlohren, und selbst
Geldstrafen, und geringere Züchtigungen sind äuf=
serst selten. Gebietende Befehlshaber, obrigkeitli=
cher Pomp und feierliche Gerichte sind eben so un=
erhört,

z) p. 132.

erhört, als bewaffnete Krieger, und zwingende
Gewalt; denn alle diese nothwendigen Uebel gröſ=
ſerer Geſellſchaften werden durch die Unſchuld, den
Fleiß, und die Wohlhabenheit der Bewohner von
Nantucket entbehrlich gemacht. Auf der ganzen
Inſel iſt nur ein Presbyterianiſcher Geiſtlicher,
zwey Aerzte, und in den letzten Zeiten ein An=
wald, der aber nicht würde beſtehen können,
wenn er nicht eine der reichſten Erbinnen geheira=
thet hätte. Die meiſten Einwohner haben in ih=
rem ganzen Leben keinen Proceß gehabt. Tanz,
Spiel, Muſik, und Trunkenheit werden eben ſo
allgemein, als Müſſiggang verabſcheut; und nütz=
liche Arbeiten alſo und ſtille häusliche, oder ge=
ſellſchaftliche Freuden ſind die einzigen Quellen der
Glückſeligkeit der Bewohner von Nantucket a).
Da mehr als die Hälfte der Männer einen groſ=
ſen Theil des Jahrs abweſend iſt; ſo beſorgen die
Frauen während der Zeit die Geſchäffte ihres Hau=
ſes, und ihrer Gatten: und wenn ſie dieſe ver=
richtet haben, ſo geben ſie ſich gegenſeitige Beſu=
che, in welchen geſprochen, Thee getrunken, und
zu Abend gegeſſen wird. An feſtlichen Tagen, an
welchen allein man auch Engliſche Kleider von
beſſern Stoffen tragen darf, gehen die Einwohner

der

a) p. 194. et ſq.

der Stadt, oder fahren, wenn sie reich genug sind, um ein Pferd und eine Carjole, oder leichte Chaise zu halten, auf das Land, besonders nach Pampus, wo ein geräumiges Wirthshaus ist. Auch bey diesen Lustpartien besteht das Vergnügen hauptsächlich im Hinausgehen und Hinausfahren, in muntern Unterredungen, und höchstens in einem belebenden Punsch. St. John sah nie in einer gemischten Gesellschaft mehr wahre Fröhlichkeit, und mehr Bescheidenheit und Mässigkeit, als in den Zirkeln von Pampus auf Nantucket. So bald junge Leute sich verheyrathet haben, so nehmen sie ein gesetzteres Wesen an, als der Jugend eigen ist, und von derselben verlangt wird. Auch die Einwohner von Nantucket beweisen, daß das Glück des freyen und thätigen Menschen vielmehr von ihm selbst, als von den äussern Umständen abhängt, und daß gute Sitten auch ohne wissenschaftliche Kenntnisse glücklich machen.

So wie Unschuld, Freyheit, und Betriebsamkeit die nacktesten und rauhesten Felsen in Paradiese umschaffen; so verwandeln Knechtschaft, Trägheit, und Lasterhaftigkeit die glücklichsten Gegenden der Erde gleichsam in Oerter der Quaal, oder in Wohnungen der Verdammten. Dalmatien, Illyrien, die Wallachey und Moldau, sammt den übrigen

gen

gen von den Türken beherrschten, und von Slawi-
schen Völkern bewohnten Provinzen verdienen unter den fruchtbarsten, und schönsten Ländern unsers
Erdtheils genannt zu werden. Und alle diese einst
so blühenden Länder sind durch die Sclaverey, die
Trägheit, und andere Laster ihrer jetzigen Einwohner fast ganz in undurchdringliche Wildnisse, oder
verpestende Sümpfe verkehrt worden. Unter den
angeführten Reichen ist Illyrien dasjenige, welches
seit der Rückkehr unter den Oestereichischen Scepter
am wenigsten gelitten hat, und noch leidet. Nichtsdestoweniger nehmen ungeheure Waldungen, grundlose und stinkende Sümpfe, unwegsame Gebirge,
und unbebaute Steppen den größten Theil des Kö-
nigsreichs ein: und man kann in Slavonien höchstens 203. und in Sirmien gar nur 169 Men-
auf eine Quadratmeile rechnen b). Die Gränz-
bauern ausgenommen, sind die Landleute in Illyrien Knechte der Edelleute oder der Geistlichkeit,
vor welchen sie auf die Erde niederfallen, und nicht
eher aufstehen, als bis sie den Befehl dazu erhalten c). Die Unterdückung der Landleute ist um
desto härter, da die meisten Edelleute ausser Landes
wohnen, und ihre Güter und Bauern Ungarischen

oder

b) I. 6. 8. 55. von Taube Beschr. von Slavonien
und Syrmien.
c) ib. S. 65. 69.

oder Teutſchen Verwaltern und Pächtern überlaſſen.
Durch dieſe Lage wird die natürliche Trägheit der
Illyrier ſo ſehr vermehrt, daß ſie nicht mehr bauen,
als ſie zur Nothburft brauchen: daß ſie im Som̄‐
mer ihre Felder vom Vieh abfreſſen laſſen, und im
Winter ihre Zäune verbrennen, um ſich die Mühe
zu erſparen, ihre Früchte zu erndten, und Brenn‐
holz aus dem nahen Walde zu hohlen d). Eben
dieſe Trägheit hindert die Illyrier, ihre Aecker zu
düngen, Ställe für das Vieh, und Scheuren für
ihr Getraide zu bauen, die Früchte auszudreſchen,
Futter für das Vieh zu ſammeln, und Gemüſe
und Obſtbäume zu ziehen e). Sie pflanzen ganz
allein Pflaumenbäume, um aus den Früchten der‐
ſelben Racky, oder Branntewein zu bereiten. Ihr
Getraide wird von Ochſen oder Pferde ausgetreten,
wodurch ſehr viel verlohren geht, und bis zu dieſer
Austretung liegt es unter freyem Himmel, wo es
nicht bloß von Ochſen und Schweinen, und allen
Arten von Vögeln, und Ungeziefer, ſondern auch
von der Feuchtigkeit verzehrt, oder verdorben wird f).
Die vornehmſte Nahrung in Slavonien beſteht
in Rocken‐ oder Gerſtenbrod, oder auch in Brodt
aus Hirſe, oder Türkiſchem Waizen, und Speck;
etwas beſſer nähren ſich die Einwohner von Syr‐

mien

d) S. 47. u. f.　　e) S. 12. 44.　　f) S. 44.

mien g). Viel schlechter, als die Nahrung, sind die Wohnungen der Illyrier. Selbst in den Städten, unter welchen bloß zwey, Esseck, und Peterwardein gepflasterte Strassen haben, sind die Häuser nur ein Stockwerk hoch, und mit Stroh oder Schilf gedeckt h). Noch kleiner und elender sind die leimenen Hütten des Landmanns, die entweder gar keine Fenster, oder nur Fensterchen aus Leinewand haben: und wenn man in einer Bauerhütte eine gläserne Scheibe einer Hand groß endeckt, so ist dieß ein Zeichen, daß darin ein reicher, oder besonders fleißiger Mann wohne. In den Hütten der Gränzsoldaten sieht man weder Fenster, noch Spiegel, weder Tische, noch Bänke, oder Stühle, weder Oefen, noch Betten, und das einzige Zimmer, welches die ganze Hütte ausmacht, dient den jungen Schweinen, und dem Federvieh eben so wohl, als den menschlichen Bewohnern zum beständigen Aufenthalt. Alles Küchengeschirr besteht in einem Kessel, einem einzigen Messer, und etlichen hölzernen Tellern und Löffeln; und ihre ganze Kleidung kostet kaum einen Ducaten i). In den Städten finder man weder Armen= noch Krankenhäuser, weder Zucht= und Arbeitshäuser, noch Irrhäuser, weder Gasthöfe, noch Findelhäuser, weder Hebammen noch

Feuer=

g) S. 69.　h) S. 51. 52.　i) ib. III. 76.

Feueranſtalten, weder Concerte, und Schauſpiele,
noch Mieth=Kutſchen, Sänften, Tapeten, oder an=
deres Hausgeräth, welches die Teutſchen, Franzoſen
und Engländer zu der Nothwendigkeit des Lebens
rechnen k). Den Städten und Dörfern entſprechen
die Einwohner vollkommen. Die Illyrier ſind ſtark,
gaſtfrey und kriegeriſch, zugleich aber hart, und leer
von menſchlichen und wohlwollenden Gefühlen und
Trieben, im höchſten Grade verſchmitzt, rachgierig
und räuberiſch, und der Völlerey ſo wohl, als allen
Sünden des Fleiſches ergeben. Unkeuſchheit iſt un=
ter den unverheiratheten Perſonen von beiderley Ge=
ſchlecht nicht weniger gemein, als Ehebruch unter
den verheiratheten, und gewöhnlich iſt der Vater
der ehebrecheriſche Nebenbuhler ſeiner eigenen Söh=
ne l). Noch vor nicht gar langer Zeit arteten
nicht ſelten Nonnenclöſter in H = = = häuſer, und
Mönchsklöſter in Schlupfwinkel von Räubern aus,
die eben ſo unmenſchlich, als die übrigen Illyriſchen
Räuber mordeten. Im Durchſchnitt ſind die Geiſt=
lichen dem Pöbel in Anſehung der Unwiſſenheit,
wie des Aberglaubens gleich, und daher iſt es nicht
zu verwundern, daß bey einer Kirchenviſitation
unter 3571. Pfarrkindern nur fünfe waren, die
das Vaterunſer herſagen, und richtig angeben konn=
ten,

k) II. 93.　　l) S. 66: 67.

ten, wie viel Götter seyen m). Wenn man die
trägen, üppigen, raubgierigen, argliſtigen, und
rachſüchtigen Illyrier mit den regen, keuſchen, arg=
loſen und friedfertigen Bewohnern von St. Kilda ver=
gleicht; ſo wird man ſich bey der Beantwortung
der Fragen: zu welchen von beiden man gehören
möchte, oder welche die glücklichſten ſeyen, keinen
Augenblick bedenken dürfen.

Noch viel auffallendere Beyſpiele aber, als
die Illyrier, ſind die Kaukaſiſchen Völker, daß
die höchſte Freygebigkeit der Natur nicht hinreicht,
den Menſchen glücklich zu machen, wenn dieſer
nicht den Willen und die Kunſt beſitzt, die Gaben
der Natur zu nutzen, und zu genieſſen. Georgien,
Circaſſien und Mingrelien nebſt dem angränzenden
Medien ſind die ſchönſten, und fruchtbarſten Län=
der, ſo wie die Bewohner derſelben die ſchönſten,
ſtärkſten und tapferſten Völker in Aſien ſind. Die
Thäler und Abhänge des Kaukaſus bringen alle
Arten von zahmen Thieren, von Wildprett und
Geflügel, und alle Gattungen von Obſtbäumen,
Gewächſen und Pflanzen in der höchſten Vollkom=
menheit hervor n). Es iſt alſo bloß die Schuld

der

m) I. 67.
n) Chardin I. 61. et ſq. 172. et ſq. Edit. d'Amſt. 1735.
u. p. 40. et ſq. et 120. et ſq. Edit. d'Amſt. 1711.
Georgi's Ruſſ. Völk. 135. u. f. S. beſ. Güldenſtedts
Reiſen, und Reinegg in Pallas Beytr. III. 500. u. f. S.
E

der trägen, und lasterhaften Bewohner, wenn diese Segnungen in Fluch verkehrt werden, und besonders das mit Wäldern und Sümpfen fast ganz bedeckte Mingrelien eine so verderbliche Luft erzeugt, daß Ausländer dadurch sehr bald Farbe, Fleisch, und Gesundheit verlieren. Die Mingrelier hingegen gleichen durch Schönheit und Wildheit ihrem Vaterlande. Sie sind, wie die Georgianer und Circassier besser gebildet, grösser, stärker, und kühner, als alle übrige Nationen in Asien. Nirgends aber stimmt das Aeussere mit dem Innern, die Bildung des Körpers mit den Minen und Gesichtszügen weniger, als in den Söhnen und Töchtern des Kaukasus zusammen. Die bis zur Bewunderung aller Reisenden schönen Männer und Weiber der Kaukasischen Länder sind wenigstens so träge, so üppig, so schwelgerisch, so treulos, und so unmenschlich, als sie schön sind; und diese scheußlichen und allgemeinen Laster drücken sich in ihrer Stimme, ihren Augen, und Gesichtszügen so unverkennbar aus, daß man sie nicht ohne Schrecken und Schauder ansehen kann o).

Die

o) Ils sont de plus grande taille, que les autres peuples, ayant l'air, et la voix si féroces, qu'on n'a pas de peine à remarquer, que leur coeur et leur esprit le sont pareillement. Ils font peur, quand on les regarde, et surtout, quand ou les connoit. etc. Chardin. l. c.

Die Geringen arbeiten nicht mehr, als sie müssen,
und leiden lieber Mangel an dem Nothwendigen,
als daß sie die Kräfte ihres starken Cörpers brauchen sollten. Sie liegen entweder in unterirrdischen
Höhlen, oder in engen und schlechten hölzernen
Hütten, die weder Fenster noch Rauchfänge haben,
und den Hausthieren, wie den Menschen zum Lager
dienen. Ihre Nahrung besteht fast ganz allein in
Hirsebrey, und ihre Kleidung in einem Mantel
von grobem Zeuge, der nur bis auf die Knie geht,
und bloß die eine Hälfte des Cörpers bedeckt, weßwegen sie ihn bey schlechtem Wetter nach der Wind-
und Regenseite drehen. Ihre Füsse wickeln sie in
rohe Thierhäute, und den Kopf lassen sie bey schlechtem Wetter ganz unbedeckt, indem sie die Kappen,
welche sie gewöhnlich tragen, in die Tasche stecken,
um sie zu schonen. Viele Edelleute wohnen, kleiden
und nähren sich nicht besser, als die Geringsten des
Volks. Alle ohne Ausnahme sind Räuber, und
in beständigen Fehden mit andern begriffen, aus
welchem Grunde sie auch keinen Augenblick sicher
gegen Ueberfälle sind. Wenn ihnen die Ausritte
gegen ihre Widersacher nicht gelingen, oder doch
nicht so viel Ausbeute geben, als sie erwartet haben;
so stehlen sie ihren Nachbaren, oder nehmen ihren
Unterthanen mit Gewalt Söhne, Töchter und Wei-

E 2   ber,

ber weg, um sie als Sclaven an fremde Kaufleute
zu verkaufen. Reichen alle diese Diebstähle und
Räubereien nicht hin, die erforderlichen Summen
aufzubringen, so verkaufen sie ihre eigenen Weiber,
Kinder, und selbst Mütter oder auch ganze Hau=
fen von Priestern in eine ewige Knechtschaft p).
Bey allen diesen Missethaten empfinden sie so wenig
Gewissensbisse, daß sie vielmehr, ungeachtet sie
Christen seyn wollen, Vielweiberey und zügellosen
Concubinat deswegen anpreisen, weil sie viele Kin=
der um hohe Preise verhandeln können. Eben so
unbegränzt und ehrenvoll, als die Raubsucht und
Hartherzigkeit der Mingrelier, ist ihre Völlerey
und Ueppigkeit. Nicht bloß Männer, sondern auch
Weiber, nicht bloß Layen, sondern auch Geistliche
berauschen sich bis zur äussersten Sinnlosigkeit,
besonders an Festen, weil sie Schweinefleisch essen,
und Wein trinken für die untrüglichsten Merkmah=
le von ächten Christen halten q). Noch unglaub=
licher, als diese viehische Völlerey wäre die Schaam=
losigkeit der Mingrelier in der Uebertretung aller
Gesetze von Ehrbarkeit, Ehre, und Ehrlichkeit,
wenn nicht die zuverlässigsten Schriftsteller in ih=
ren

p) Chardin l. c. u. Lamberti p. 175.

q) Als Chardin in Mingrelien war, tranken vier
Edelleute von 10 Uhr Morgens bis fünf Uhr
Nachmittags ein Gefäß Wein aus, das 450. Pf.
schwer war. Chardin l. c.

ten ungünstigen Zeugnissen zusammenstimmten.
Die Weiber, sagt **Chardin**, haben von Natur
einen feinen, und durchdringenden Geist. Sie sind
höflich, und voll von Complimenten, aber zugleich
die bösesten Weiber von der Welt: stolz, treulos,
verschmißt, grausam, und unkeusch. Keine Schand=
that ist ihnen zu groß, wenn sie Liebhaber ero=
bern, oder erhalten, oder zu Grunde richten wollen.
Die Männer haben alle diese Laster in noch hö=
hern Graden, als die Weiber. Alle werden zum
Raube erzogen; und Räubereyen machen ihre Be=
schäfftigung, ihre Ehre, und ihr vornehmstes Ver=
gnügen aus. Sie erzählen die Räubereyen, wel=
che sie begangen haben, mit ausserordentlichem
Wohlgefallen; und eben so groß ist der Ruhm,
den sie sich dadurch bey ihren Landsleuten erwerben.
Meuchelmord, Lügen, und Trügen scheinen ihnen
lobenswürdige Handlungen; und Ehebruch, Viel=
weiberey, und Blutschande ehrenvolle Tugenden.
Man entführt Frauen und Jungfrauen, und hei=
rathet ohne Bedenken Muhmen, Nichten und an=
dere Blutsverwandte. Die Männer unterhalten
so viele Beyschläferinnen als sie wollen, und neh=
men es ihren Weibern nicht übel, wenn diese eben
so viele Liebhaber an sich ziehen. Trifft ein Mann
seine Frau im Ehebruch an; so läßt er sich von

E 3   dem

dem Verführer ein Schwein geben, und dies
Schwein wird gewöhnlich in Frieden von allen
dreyen verzehrt. Die Unterredungen der Männer
betreffen nichts, als Diebstähle, Raub, Morde,
und Verkauf von Sclaven; und die mit Weibern
die schmutzigsten Dinge, an welchen diese das mei=
ste Vergnügen finden. Die Weiber scheuen sich
nicht, die unzüchtigsten Worte und Reden vorzu=
bringen; und diese Worte und Reden hören und
ahmen die Kinder nach, so bald sie die Zunge be=
wegen können. Ich fürchte, setzt **Chardin** hinzu,
daß man gegen meine Beschreibungen der Mingre=
lier Mißtrauen schöpfe. Allein ich betheure auf
das feierlichste, daß alles, was ich gesagt habe,
buchstäblich wahr ist.

Die Georgianer sind den Mingreliern durch
ihre Verdorbenheit, wie durch ihre Schönheit ähn=
lich r). Falschheit, Verrätherey, Undankbarkeit
und Stolz sind gemeine Laster dieses Volks. Die
Georgianer besitzen eine unbegreifliche Unverschämt=
heit im Läugnen von Dingen, die sie gesagt und
gethan haben, oder im Erdichten von solchen, die
nie geschehen sind, oder im Fordern von solchen,
die sie nicht mit Recht verlangen können. Dabey
sind sie unversöhnlich in ihrem Hasse und ihrer
Rache,

r) Chardin II. cc.

Rache, und in die empörendste Sinnlichkeit ver=
sunken. Keiner ärgert sich daran, daß selbst Geist=
liche sich häufig berauschen, und schöne Sclavin=
nen als Beyschläferinnen halten; und der Katho=
likos, oder Patriarch von Georgien erklärte sogar
diejenigen für Unchristen, die den Bannfluch ver=
dienten, welche sich an den grossen Festen nicht zu
Ehren der Christlichen Religion berauschen würden.
Der Adel übt über das Leben, das Vermögen und
die Freiheit der Unterthanen eine mehr, als ty=
rannische Gewalt aus. Man läßt die Bauern
ganze Monate lang arbeiten, ohne ihnen den ge=
ringsten Lohn, oder nur die nöthige Nahrung zu
geben. Besonders rauben die Edelleute die Kinder
ihrer Leibeigenen, und verkaufen sie entweder an
auswärtige Kaufleute, oder behalten sie als Scla=
ven und Sclavinnen in ihren eigenen Häusern.

Wenn Menschen auch das Nothwendige im
Ueberfluß haben, wenn sie keinen ungerechten Druck
leiden, und weder in beständiger Unsicherheit, noch
durch grobe und allgemeine Laster verdorben, aber
dabey träge, und gegen die Güter des Lebens, und
einen höhern Wohlstand wenig empfindlich, oder
sehr gleichgültig sind; so können sie zwar vergnügt
seyn, ohne daß man sie deßwegen glücklich nennen
könnte. In einem solchen Zustande finden sich die

E 4

ent=

entfernten Pflanzer am Vorgebirge der guten Hoffnung, die mehr Hirten als Ackerleute sind, und
deren größter Reichthum in Heerden von Schaafen,
Ochsen und Pferden besteht. Diese Pflanzer lassen
die meisten und schwersten Arbeiten von ihren Hot-
tentottischen Sclaven und Sclavinnen verrichten,
und außer der Aufsicht ist das Melken der Kühe
fast das einzige Geschäfft s), welches sie selbst übernehmen. Sie schlafen Morgens bis 7. 8 Uhr,
halten Mittags wieder eine oder mehrere Ruhe-
stunden, und bringen die übrige Zeit mit Rau-
chen, und Thee trinken zu. Viele sind so bequem, daß sie bey der Ankunft von Fremblingen
nicht einmahl ihre gewöhnliche Stellung verändern,
in welcher sie den obern Theil des Körpers auf
den linken Ellbogen, und diesen auf das linke überge-
schlagene Bein stützen. Einige halten es schon für zu
beschwerlich, Reisenden auf ihre Fragen zu antworten.
Ein Capscher Landmann, bey welchem sich der Pro-
fessor **Thunberg** nach dem Wege erkundigte, welchen er zu nehmen habe, blieb unauflöslich verschlossen, gab aber doch dem Fragenden durch Striche mit
dem Fuße zu erkennen, nach welchen Richtungen
er seine Wanderschaft fortsetzen müsse. Menschen,
die so träge sind, als die entfernten Kapschen Landleute,

s) Sparrmann S. 468.

leute, können auch nicht anders als gleichgültig
gegen die Bequemlichkeiten des Lebens seyn, die
den Europäern unentbehrlich scheinen. Die Häuser
dieser Colonisten sind gröffere, oder kleinere Hütten,
deren Wände von Leimen aufgeführt, und die Dä-
cher mit Riet, oder einem langen binsenartigen
Grase gedeckt sind. Wenn der innere Raum der
Häuser auch in Zimmer, Küche und Diele abgetheilt
ist; so haben doch die Wohnzimmer fast nie Glas-
fenster, sondern nur Fensterläden, keine bretterne
Böden, und noch viel weniger hölzerne und über-
tünchte Decken: weßwegen man allenthalben das
Strohdach erblickt. Die Scheuern, wenn die Pflanzer dergleichen haben, sind noch schlechter gebaut,
und die Keller bestehen in kleinen Behältern über
der Erde, die keine andere Oeffnung, als die gegen
Norden angelegte Thüre haben t). Die meisten jungen Eheleute, die sich neu anbauen, haben weder
Bettstellen, noch Tische, weder Stühle, noch
Schränke. Vier in die Erde geschlagene Pfähle
mit einem darauf genagelten Brett dienen statt des
Tisches: ein Kasten, in welchem sich die geringen
Habseligkeiten solcher Anfänger finden, statt der
Schränke und Stühle: und der Fußboden statt
des Betts, bis der Mann einiges Großwild erlegt,

E 5   und

t) Menzel II. 50. 51.

und die Häute über einigen Pfählen und Stangen mit Nägeln, oder Riemen befestigen kann u). Selbst in den Häusern von wohlhabenden Coloni=sten, die sich schon lange niedergelassen haben, fin=det man kein anderes Tischgeschirr, als eine zin=nerne Schüssel, einige zinnerne Teller, und einige Scherben von irdenen, oder porcellanenen Gefäs=sen v). Es geschieht also nicht selten, daß zwey Personen sich mit einem Teller begnügen, oder daß ein Teller während der ganzen Mahlzeit alle Ge=richte nach einander aufnehmen muß. Mit den Wohnungen, und dem Hausrath stimmt die Klei=dung überein. Der reichste Bauer wird für präch=tig gekleidet gehalten, wenn er eine Jacke von ungeschornem, oder anderm groben Tuche, lederne Hosen, wollene Strümpfe, ein gestreiftes Brust=tuch, ein baumwollenes Schnupftuch um den Hals, ein grobes baumwollenes Hemd, Feldschuhe, oder auch lederne Schuhe mit messingenen Schnallen, und einen groben Hut hat w). Meistens sind die Hirten mit den schlechtesten Lumpen bedeckt, und tragen keine andere, als Feldschuhe von rohem Rindsleder x). Außer der Capstadt gehen Frauen und Jungfrauen beständig barfuß, ausgenommen

an

n) ib. S. 173.   v) Sparrmann l. c.

w) Sparrmann l. c.   x) Menzel II. 132,

an ihren Hochzeiten, und bey andern feierlichen
Gelegenheiten. Wenn Bräute an ihren Ehrenta-
gen zuerst Schuhe und Strümpfe anziehen; so
gehen sie, wie auf Stelzen, und heben die Beine
hoch empor, weil es ihnen immer ist, als wenn
sie mit den Absätzen anstoßen sollen y). Die entfernten Pflanzer, und deren Weiber und Kinder
ertragen die Entbehrung von bequemen Häusern,
und von guten Kleidern und Hausrath viel eher,
als den Mangel von Toback, Caffee, Thee, und
Zucker. Wenn diese Dinge ausgegangen sind; so
macht sich der Mann oft auf einen Weg von vielen Meilen, um Vorkäufer von Vieh anzutreffen;
und ihm folgen Weib und Kinder, aus Furcht,
daß diese wehrlosen Geschöpfe von den Caffern
möchten überfallen werden z). Während solcher
Reisen überläßt man Haus und Hof, und Heerden den zurückbleibenden Sclaven und Sclavinnen,
ungewiß, wie man das Seinige bey der Rückkehr
wieder antreffen werde. Die Creolen, die auch in
Afrika um desto mehr ausarten, je länger ihre
Voreltern in diesem Welttheil gelebt haben, fühlen das Traurige einer fast beständigen Abgeschnit-
tenheit von vernünftigen Menschen, oder des fast
gänzlichen Mangels von Umgang und geselligen
Freu-

y) ib. S. 157.   z) ib. S. 175.

Freuden nicht. Nichtsdestoweniger darf man,
wenn man das Loos der entfernten Pflanzer schäz=
zen will, diese schreckliche Einsamkeit nicht aus der
Acht lassen, da sie eine Hauptursache ist, daß die
Hirten, ihre Weiber und Kinder sich immer mehr
zu ihren Sclaven und Sclavinnen hinneigen: daß
sie ohne allen Unterricht, selbst in der Religion,
aufwachsen und dahin leben: und also immer
mehr Hottentotten und weniger Menschen werden.
Die Creolinnen sind viel weniger verschämt, als
Europäerinnen a); zugleich aber sind sie ohne Ver=
gleichung unschuldiger von Herzen, unsträflicher
von Wandel, und reicher an Geist, als die Creo=
len selbst b). Die letztern beflecken sich häufig
durch die Umarmungen von Hottentottinnen, und
sind eben so schmutzig in ihren Reden, als in ih=
rem Leben. Es läßt sich also wohl begreifen, wie
träge und unempfindliche Ackerleute und Weinbauer
ihre Güter nahe an der Capstadt verkaufen, und
sich in den fernsten Wildnissen niederlassen können,
um ein ungebundenes und unthätiges Leben zu
führen c), in welchem sie das höchste Gut finden.

Allein

a) Eine merkwürdige Probe der schaamlosen Unschuld
der Creolischen Jungfrauen erzählt Menzel II.
S. 155.

b) ib. S. 185. 186.

c) Sparrmann S. 535. 36.

Allein auffallend iſt es, daß ein Europäiſcher Ge=
lehrter die entfernten Capſchen Pflanzer glücklich
preiſen konnte, die bey dem gröſten Reichthum
arm, aus Mangel von Gefühl vergnügt und ge=
nügſam, und in Anſehung ihrer edelſten Kräfte
roh, oder verſtümmelt ſind d).

Ich hoffe in dem gegenwärtigen Abſchnitt dar=
gethan zu haben, daß Völker zwar ohne Künſte,
und Wiſſenſchaften glücklich ſeyn können, daß ſie
aber alsdann weder Mangel des Nothwendigen,
oder ungerechten Druck leiden, noch auch von all=
gemeiner Trägheit, Völlerey, Ueppigkeit, und
Treuloſigkeit ergriffen ſeyn müſſen. Die Geſchichte
der Sitten der Europäiſchen Völker im Mittelal=
ter wird noch mehr, als alles bisherige die groſſe
Wahrheit beſtätigen: daß die Sitten bey ganzen
Nationen, wie bey einzelnen Völkern, der Haupt=
grund des Glücks oder Elendes ſeyen: daß verdor=
bene Sitten die beſte Verfaſſung, die heilſamſten
Geſetze, und die wohlthätigſte Religion zerſtören
oder unwirkſam machen: daß endlich Verderbniß
der Sitten unter andern Feinden der menſchlichen
Glückſeligkeit auch den Aberglauben erzeuge, und
begünſtige, durch deſſen eiſernen Zepter die edelſten

Natio=

d) Menzel II. 174. u. f. S. beurtheilte die Lage
der entfernten Capſchen Pflanzer richtiger, als
Sparrmann.

Nationen am tiefsten gedemüthigt, und am läng=
sten im Zustande einer schimpflichen Erniedrigung
erhalten werden.

Vierter Abschnitt.
Von den Sitten der Völker des Mittelalters.

Die bisherigen Betrachtungen, in welchen ich
das Uebertriebene und Grundlose der Lobreden auf
die Glückseligkeit von wilden Völkern zeigte, und
die falschen oder schwankenden Begriffe von der
Unschuld unaufgeklärter Nationen berichtigte, wa=
ren bloß eine Vorbereitung zu der Hauptuntersu=
chung, zu welcher ich jetzt fortgehe. Wenn man
nämlich die Vortheile und Nachtheile der wissen=
schaftlichen Aufklärung nicht bloß in allgemeinen
Räsonnements, denen man andere eben so allge=
meine und scheinbare entgegensetzen kann, sondern
überzeugend und unwiderleglich darthun will; so
muß man durchaus die Sitten, Verfassung und
Gesetze, die Beschäfftigungen und Vergnügungen,
die Religion und Denkarten der Europäischen Völ=
ker des Mittelalters mit denen der heutigen Na=
tionen vergleichen: muß beweisen, daß die erste=
ren ohne Ausnahme viel unvollkommner, als die
letztern

leßtern waren, und daß, wenn diese nicht ohne
Tadel sind, der vornehmste Grund gerade darin
liege, daß richtige und nüßliche Kenntnisse bisher
noch nicht so allgemein verbreitet waren, als sie
es seyn sollten: daß aber unsere Sitten, Verfaß=
sungen und Geseße, unsere Gewerbe und Hand=
thierungen mit den Künsten und Wissenschaften zu
immer höheren Graden der Vollkommenheit fort=
schreiten, und daß also auch Lücken und Mängel
aller Art nach und nach werden ausgefüllt und
ergänzt werden.

Die schnelle und ungeheure Sittenverderbniß,
in welche die Teutschen Völker nach ihren Nieder=
lassungen in den Römischen Provinzen versanken,
richtete ihre Verfassungen und Geseße zu Grunde,
und erzeugte allenthalben Anarchie und willkührli=
che Gewalt. Anarchie und Despotismus vermehr=
ten wieder die Verschlimmerung der Sitten, und
die Ausartung der Religion; und man muß also
nothwendig den Zustand der Sitten der Teutschen
Völker bald nach ihren auswärtigen Eroberungen
kennen lernen, wenn man über die wahren Ursa=
chen der zerrütteten oder verdorbenen Verfassungen,
Geseße, und Religion des Mittelalters urtheilen
will, weil die leßteren bloße Wirkungen der erste=
ten waren. Den grossen und plößlichen Verfall
der

der Sitten unter den Teutschen Eroberern kann
man wiederum nicht begreifen, wenn man nicht
weiß, wie die Sitten der Einwohner in den Städ=
ten und Ländern beschaffen waren, welche die Teut=
schen Völker in Besitz nahmen; denn dieser ihre
Verführungen und Beyspiele, noch mehr aber die
Verbindungen mit den lasterhaften Ueberwundenen
waren es, wodurch die Teutschen Sieger sich selbst
in kurzer Zeit so ungleich wurden.

Wenn unter einem Volk die höheren Stände,
einmahl so schwelgerisch, üppig, weichlich, und
gewaltthätig, und die niedrigeren Stände so feige,
träge, und ergötzungssüchtig geworden sind, als
es die Römer im ersten und noch mehr im zweyten
Jahrhundert nach Christi Geburt waren; so ist es
fast eben so unmöglich, daß eine solche in ihrem
Innersten verdorbene Nation sich je wieder aufrich=
tet, als daß ein in seinen edelsten Theilen gänz=
lich zerrütteter Cörper jemahls ganz wieder herge=
stellt wird. Die Schwelgerey, und Prachtliebe
der Vornehmen wurde vom dritten Jahrhundert
an durch die erschöpften Kräfte des Reichs, und
der grossen Familien etwas eingeschränkt. Ihre
Ueppigkeit hingegen, und ihre Unfähigkeit und
Unlust zu allem Guten nahm, wie die Feigheit,

und

und Nichtswürdigkeit der Geringern mit jedem
Jahrhundert zu e).

Ist wohl Jemand unter euch, ruft Salvian
den Römern zu, von Mord, oder von Sünden
des Fleisches frey f)? Seyd ihr nicht alle mit dem
Blute von Unschuldigen, und mit dem Unflathe
unnatürlicher Lüste befleckt? Welcher unter euch
sieht nicht alle seine Sclavinnen als seine Weiber,
und sein Weib nicht als seine Sclavinn an g)?
Gehen nicht in Rom selbst, das der Hauptsiz
der Religion und der guten Sitten seyn sollte,
Knaben und Jünglinge öffentlich in weiblichem
Puz und Kleidung einher, um einem jeden ihre
Unschuld feil zu bieten h), und hält man nicht
schon lange denjenigen am meisten für einen Mann,
der die meisten Personen seines Geschlechts entehrt
hat? Wer kann es läugnen, daß vor nicht gar
langer Zeit den Heeren ganze Schaaren von Un=
glücklichen folgten, die tapfern Kriegern als Preise
der

e) Man sehe die Panegyr. der Rhetoren des 3. und
4. Jahrh. und Ammians Geschichte; vorzüglich
L. XIV. c. 6.

f) Salv. c. 86. p. 62. Ed. Brem.

g) p. 61. c. 101. p. 134. c. 218.

h) c. 246. 249. p. 132. 133.

F.

der Tapferkeit ausgetheilt wurden i)? Diese schänd=
lichen Lüste üben etwa nicht bloß junge, oder rei=
che Leute. Nein! auch verarmte Alte, die ihr
Vermögen verpraßt, oder verlohren haben, die
täglich in den Gefahren des Todes, oder der Knecht=
schaft schweben, oder wirklich als Knechte unter
den Barbaren leben. Selbst diese hängen noch
immer den gewohnten Lüsten nach, von welchen
sie ihr Alter, ihre Armuth, oder ihre Knechtschaft
längst getrennt haben sollte.

Menschen, die so üppig, und durch ihre Uep=
pigkeit so entkräftet waren, als die reichen und
angesehenen Einwohner der Hauptstadt, und aller
grossen Provinzstädte k), konnten weder Muth
haben, das Vaterland zu vertheidigen, noch Fähig=
keit

i) Certe hoc apud Romanos jampridem tale existi-
matum est, ut virtus potius putaretur esse, quam
vitium, et illi se magis virilis fortitudinis esse
crederent, qui maxime viros feminei usus pro-
brositate fregissent. Unde etiam illud fuit, quod
lixis puerorum quondam exercitus prosequentibus
haec quasi bene meritis stipendia laboris decerne-
bantur, ut quia viri fortes essent, viros in mu-
lieres mutarent? et hoc Romani. Plus addo, et
hoc Romani non hujus temporis: attamen ne
veteres accusemus, Romani, sed non antiqui,
jam scilicet corrupti, jam dissoluti, jam sibi et
suis dispares, et Graecis, quam Romanis similio-
res. Ut quod saepe jam diximus, minime mirum sit, si Romana Respublica aliquando patitur,
quod jam dudum meretur. p. 155. c. 251.

k) Salvian. p. 132. et sq. u. p. 145. et sq.

keit und Begierde, die zur Führung von andern
wichtigen Aemtern und Geschäfften nöthigen Kennt:
niſſe zu erwerben.   Den Kriegsdienſt floh man
nicht bloß, ſondern man hielt ihn ſogar für ſchimpf:
lich l); und die Rechtswiſſenſchaft nannte man
eine elende Kunſt von Freygelaſſenen m).   In der
That kann man ſich nichts verabſcheuungswürdige:
res denken als das Gewerbe der ſogenannten Rechts.
gelehrten ſelbſt in Rom, und nichts verächtlicheres,
als die Unwiſſenheit der Anwälde und Richter.
Das erſtere beſtand auſſer einer ſchaamloſen Rabu:
liſterey bloß in der Kunſt, auch die ſchlechteſten
Sachen durch beſtochene Richter, und falſche Zeu:
gen entweder ſiegreich zu machen, oder wenigſtens
ſo lange hinzuziehen, bis die Gegenparthey ermü:
det wurde.   Die Anwälde waren oft ſo unwiſſend,
daß ſie nie ein Buch geleſen hatten, und die Na:
men der berühmteſten Rechtslehrer für die Benen:
nungen fremder Fiſche, oder anderer Eßwaaren
hielten n).   Da man die einzige Wiſſenſchaft ver:

F 2   ſchmähte,

---

l) Militiae labor pro ſordido habebatur. *Mamer-*
    tini Gratiar. act.: c. 19. 20. p. 296. Edit. in
    uſum Delphini. Dieſe Rede wurde im J. 362.
    gehalten.
m) Juris civilis ſcientia libertorum artificium ha-
    bebatur. ib.
n) Man leſe das merkwürdige 4. Cap. des 30. Buchs
    im Ammian. Ich führe nur folgende Worte an:
    » quibus ita ſint rudes nonnulli, ut nunquam
                                                    10

schmähte, die auch unter den roheſten Tyrannen
zu groſſen Reichthümern und Ehrenſtellen führen
konnte; ſo iſt es um deſto weniger zu verwundern,
daß man andere nützliche Kenntniſſe, beſonders
die Philoſophie und deren Lehrer verachtet, und
beiden die eitelſten und verderblichſten Künſte, und
deren Bekenner, Spieler, Wahrſager, Komödian=
ten und Muſikanten weit vorgezogen habe o).

So

ſe codices habuiſſe meminerint. Et ſi in circulo
doctorum auctoris veteris inciderit nomen, piſcis
aut edulii peregrinum eſſe vocabulum arbitran-
tur: ſi vero advena quisquam inuſitatum ſibi
antea Marcianum verbo tenus quaeſierit oratorem,
omnes confeſtim Marcianos adpellari ſe fingunt.
Man vergleiche hiemit die Klagen des Priſcus Rhe-
tor in den Excerpt. Leg. p. 60.

o) Ammian. XIV. 6. Is adhibetur, qui pro do-
mibus excubat aurigarum, aut artem teſſerariam
profitetur, aut ſcictiora quaedam ſe noſſe con-
fingit. Homines enim eruditos et ſobrios ut in-
fauſtos et inutiles vitant. — Paucae domus ſtudiorum ſeriis cultibus antea celebratae, nunc lu-
dibriis ignaviae torpentis exundant, vocali ſono,
perflabili tinnitu ſidium reſultantes. Denique pro
philoſopho cantor, et in locum oratoris doctor
artium ludicrarum accitur: et bibliothecis ſepul-
crorum ritu in perpetuum clauſis organa fabri-
cantur hydraulica, et lyrae ad ſpeciem carpen-
torum ingentes tibiaeque et hiſtrionici geſtus in-
ſtrumenta non levia. Zu Ammians Zeiten, in
der Mitte des vierten Jahrhunderts entſtand in
Rom die Furcht vor bevorſtehendem Mangel. Man
trieb daher alle Fremdlinge aus der Stadt, und
unter dieſen auch die paucos liberalium diſcipli-
narum ſectatores: hingegen dreytauſend Tänzerinnen cum choris totidemque magiſtris ließ man
unangefochten, weil man lieber Hunger leiden,
als der Vergnügungen des Theaters entbehren
wollte. ib.

So wenig eine gerechte Sache und ein gelehrter Anwald dazu gehörten, einen Rechtshandel zu gewinnen; so wenig wurden Fähigkeiten, Kenntnisse, und Tugenden erfordert, um die wichtigsten Aemter zu erhalten und zu bekleiden. Man kaufte Würden, wie Recht und Unrecht, und mit den Würden die Erlaubniß, Raub und Bedrückungen ungestraft ausüben zu können p). Man jagte die Geringeren mit offenbarer Gewalt von Haus und Hof, verzehrte das Mark und Blut von Waisen und Wittwen, und bürdete nichts destoweniger den ausgeplünderten Armen die immer steigenden öffentlichen Lasten auf q). Solcher Erpressungen machten sich die unbedeutenden, wie die vornehmsten Magistratspersonen schuldig r), und auch nicht bloß diejenigen, die wirklich in Amt und Würden standen, sondern die ehemahls dergleichen

F 3   gehabt

p) Priscus Rhet. l. c. bes. Salvian.

q) Salvian. c. 99. p. 60. Quamvis tyrannidem hanc non pauperes tantum, sed pene universitas patiatur generis humani. Quid enim est aliud dignitas sublimium, quam proscriptio civitatum?-- ad hoc enim honor a paucis emitur, ut cunctorum vastatione solvatur? Wie die Reichen sich den öffentlichen Abgaben entzogen, p. 96. 97.

r) Quae enim sunt non modo artes, sed etiam municipia atque vici, ubi non, quot curiales fuerint, tot tyranni sint? c. 147. p. 89.

gehabt hatten s). Diese allgemeinen, und unauf:
hörlichen Bedrückungen zwangen die Bedrängten
entweder sich ihren Tyrannen als Knechte zu über:
geben, oder ihnen ihr ganzes Vermögen gegen
den Nießbrauch eines Theils desselben zu verschrei:
ben t), oder endlich zu den so genannten Barba:
ren überzugehen, um Sicherheit gegen Vergewal:
tigung zu finden u); und diejenigen, die zu den
Barbaren entflohen, oder unter die Bothmäßig:
keit der Barbaren gekommen waren, verabscheu:
ten nichts so sehr, als den Gedanken, unter Rö:
mische Herrschaft zurückzukehren v). Selbst die

frucht:

s) c. 253. p. 156. Atque hoc utinam illi tantum,
qui in poteſtate ſunt poſiti, et quibus jus exer-
cendorum latrociniorum honor ipſe largitur. Illud gravius, et magis intolerabile, quod hoc
faciunt et privati, iisdem ante honoribus functi.
Tantum eis indeptus ſemel honor dat beneficii,
ut ſemper habeant jus latrocinandi etc.

t) Salvian. p. 98.

u) p. 90. 91. Inter haec vaſtantur pauperes, vi-
duae gemunt, orphani proculcantur, in tantum
ut multi eorum et non obſcuris natalibus editi
et liberaliter inſtituti ad hoſtes fugiant, ne per-
ſecutionis publicae adflictione moriantur: quae-
rentes ſcilicet apud Barbaros Romanam humanitatem, quia apud Romanos barbaram inhumani-
tatem ferre non poſſint.

v) Et quod eſſe majus teſtimonium Romanae iniquitatis poteſt, quam quod plerique et honeſti,
et nobiles, et quibus Romanus ſtatus ſummo et
ſplendori eſſe debuit et honori, ad hoc tamen
Romanae iniquitatis crudelitate compulſi ſunt,

ut

fruchtbarſten und volkreichſten Provinzen konnten
ſolchen verheerenden Laſtern nicht widerſtehen.
Schon gegen das Ende des dritten, und im An=
fange des vierten Jahrhunderts waren Thracien,
Griechenland und Gallien größtentheils verödet,
und Gallien war faſt ganz mit Moräſten, oder
Wäldern bedeckt w). Auch von Spanien und
Afrika, war, wie Salvian ſagt, faſt nichts
mehr, als der Nahme übrig.

Wenn man die Gewaltthätigkeiten der Groſ=
ſen im dritten und vierten Jahrhundert erzählen

F 3 hört,

ut nolint eſſe Romani? ib. et p. 95. Ubi enim,
aut in quibus ſunt, niſi in Romanis tantum,
haec mala? Quorum injuſtitia tanta, niſi noſtra?
Franci enim hoc ſcelus neſciunt. Chuni ab his
ſceleribus immunes ſunt. Nihil horum eſt apud
Wandalos, nihil horum apud Gothos. Tam lon=
ge enim eſt, ut haec inter Gothos barbari tolerent,
ut ne romani quidem, qui inter eos vivunt,
iſta patiantur. Itaque unum illic Romanorum
omnium votum eſt, ne unquam eos neceſſe ſit
in jus tranſire Romanorum. Una et conſentiens
illic Romanae plebis oratio, ut liceat eis vitam,
quam agunt, agere cum Barbaris.

w) Mamertini Panegyr. in Dioclet. et Maxim. hab.
a. 292. c. 6. 20. 21. ferner Paneg. VIII. Eum.
c. 6. 223. 224. et Mamert. grat. actio c. 4. p. 285.
et c. 9. p. 289. beſ. Salvian. c. 99. p. 60. Ut
pauci inluſtrentur, mundus evertitur. Unius ho=
nor, orbis excidium eſt. Denique ſciunt hoc
Hupaniae, quibus ſolum nomen relictum eſt.
Sciunt Africae, quae fuerunt. Sciunt Galliae de=
vaſtate, ſed non ab omnibus, et ideo in pau=
ciſſimis adhuc angulis vel tenuem ſpiritum agon=
tes: etc.

hört, so wird man mit dem lebhaftesten Mitleiden
gegen den leidenden großen Haufen erfüllt. Wenn
man aber liest, wie die Sitten des Pöbels in
Rom, und allen übrigen großen Städten beschaf=
fen waren; so verwandelt sich das Mitleiden in
Verachtung und Eckel, und man würde sagen müf=
fen, daß dieser schändliche Pöbel verdiente, so ge=
mißhandelt zu werden, wie er gemißhandelt wur=
de, wenn er dadurch nicht noch mehr wäre ver=
dorben worden. Der Pöbel in Rom lebte nach,
wie vor von den öffentlichen Spenden, und von
den Sporteln oder Allmosen, die in den Häusern
der Großen oder der Patronen ausgetheilt wurden.
Die ganze übrige Zeit, welche nicht die Clienten=
dienste wegnahmen x), brachte der träge städtische
Pöbel im Circus und Amphitheater, oder in Trink-

und

x) Das Unwesen von Patronen und Clienten, eine
Hauptquelle der Armseligkeit, Niederträchtigkeit,
und Trägheit des gemeinen Mannes in Rom und
andern Städten dauerte im vierten Jahrhunderte,
wie im ersten und zweyten fort, und die Großen
hatten zwar nicht so glänzende, aber nicht weni=
ger zahlreiche Gefolge, als ihre Vorfahren. Ammian. Marc. XIV. c. 6. — Familiarum agmina
tanquam praedatorios globos post se trahentes. ...
Juxta vehiculi frontem omne textrinum incedit:
huic atratum coquinae adjungitur ministerium,
deinde totum promiscue servitium, cum otiosis
plebejis de vicinitate conjunctis: postremo multitudo spadonum, a senibus in pueros desinens,
obluridi, distortaque lineamentorum compage
deformes. etc.

und Spielhäusern, oder auf den Gerichtsplätzen zu,
weil Proceſſe für ihn faſt eben ſo anziehend waren, als die blutigen, oder ſchaamloſen Schauſpiele des Theaters, und Circus y). Auſſer den ſcheuß-
lichen, und allgemeinen Laſtern, womit die Vornehmen und Geringen im vierten und fünften Jahrhundert befleckt waren, beweiſen es allein die ſtets
fortdauernden Schauſpiele, daß die herrſchende Chriſtliche Religion nicht den geringſten bemerkbaren Einfluß auf die Verbeſſerung der Sitten der Römer, und
ihrer Unterthanen gehabt habe. Gutgeſinnte chriſtliche Lehrer und Schriftſteller eiferten wider die
Vergnügungen des Circus und Theaters nicht weniger, als **Cicero** und **Seneca** gethan hatten,
und dennoch ſahen die Chriſtlichen Zeitgenoſſen des
Salvian gegen die Mitte des fünften Jahrhunderts den langſamen Zerfleiſchungen der Unglücklichen, die von wilden Thieren zerriſſen wurden,
mit ſo gierigen Augen zu, daß es ſchien, als

F 5   wenn

---

y) Ammian. Marc. Ex turba vero imae ſortis et
   paupertinae in tabernis aliqui pernoctant vina-
   riis: nonnulli velabris umbraculorum theatra-
   lium latent, — aut pugnaciter aleis certant, —
   aut quod eſt ſtudiorum omnium maximum, ab
   ortu lucis ad veſperam ſole fatiſcunt, vel plu-
   viis, per minutias aurigarum, equorumque prae-
   cipua, vel delicta ſcrutantes. Et eſt admodum
   mirum, videre plebem innumeram mentibus ardore quodam infuſo, cum dimicationum curu-
   lium eventu pendentem.

wenn sie die Sterbenden mit ihren Blicken, wie die Bestien mit ihren Zähnen verschlingen wollten z). Noch verderblicher, als diese Menschenfresserey, waren die ungeheuren theatralischen Künste und Ergötzungen des fünften und sechsten Jahrhunderts. In den Schauspielen dieser Zeiten waren Personen, und Handlungen, Geberden, Lagen und Stellungen, Reden, Gesang und Musik so schändlich, daß dadurch die Seelen, die Ohren und Augen der Zuschauer und Zuhörer in gleichem Grade befleckt wurden, und kein keuscher Mund, und keine verschämte Feder sie wiederhohlen konnte a).

So

---

z) Salvian. c. 172. p. 105. Primum, quod nihil sermo vel criminum, vel flagitiorum est, quod in spectaculis non sit; ubi summum delitiarum genus est, mori homines, aut quod est morte gravius, acerbiusque, lacerari, expleri ferarum alvos humanis carnibus, com~di homines cum circumstantium laetitia, conspicientium voluptate, hoc est, non minus pene hominum aspectibus, quam bestiarum dentibus devorari. Atque ut hoc fiat, orbis impendium est. etc.

a) ib. c. 174. 175. p. 107. Equidem quia longum est nunc dicere de omnibus, amphitheatris scilicet, odeis, lusoriis. pompis, athletis. petaminariis, pantominis, ceterisque portentis, quae piget dicere; talia enim sunt, quae illic fiunt, ut ea non solum dicere, sed etiam recordari aliquis sine pollutione non possit. — In theatris — nihil — reatu vacat: quia et concupiscentiis animus, et auditu aures, et aspectu oculi polluuntur. Quis enim integro verecundiae statu dicere queat illas rerum turpium imitationes, illas vocum ac verborum obscoenitates, illas motuum turpitudines, illas gestuum foeditates?

So wie man in Rom fortfuhr, die heiligen Hühner zu unterhalten, und Auspicia zu neh=men b), oder die Venus Coelestis nach, oder vor Christus anzubeten c); so fuhr man auch fort, die Mimen und Circensischen Spiele dem Heilande der Welt zu weihen, wie man sie vorher irgend einem Gotte, oder Göttinn geweiht hatte d).

Reiche und Arme, Vornehme und Geringe waren in Ueppigkeit, Völlerey, und den Ergötzungen des Theaters so gänzlich ersoffen, daß sie auch dann nicht einmahl aus dem Rausche der Lüste erwachten, wann mit den Schaaren roher und tapferer Bar=baren Armuth, Knechtschaft, und Tod herandran=gen e). Man taumelte dem unvermeidlichen Ver=
derben

b) c. 173. 106. Quid enim? Numquid non Con-sulibus et pulli adhuc gentilium sacrilegiorum more pascuntur, et volantis pennae auguria quae-runtur, ac pene omnia fiunt, quae etiam illi quondam pagani veteres frivola atque irridenda duxerunt.

c) c. 265. p. 164. Quis enim non eorum, qui Christiani appellabantur, Caelestem illam aut post Christum adoravit, aut, quod est pejus multo, ante quam Christum? quis non daemo-niacorum sacrificiorum nidore plenus divinae do-mus limen introiit. etc.

d) c. 180. p. 110. Christo ergo (o amentia mon-struosa!) Christo Circenses offerimus, et mimos? Christo pro beneficiis suis theatrorum obscoena reddimus. Christo ludicrorum turpissimorum hostias immolamus. etc.

e) ib. p. 120 — 124.

derben entgegen, ohne die geringsten Rettungsmittel zu versuchen f), und man war noch fröhlich und guter Dinge, wenn das würgende Schwert schon die Kehle berührte g). Carthago, Cirta, Trier, und andere grosse Städte wurden wirklich belagert, und doch tobte das Volk noch immer in den Amphitheatern, und die Reichen schwelgten, tranken und liebten, wie im sichersten Frieden fort h). Die Zerstörung der Vaterstädte, der gänzliche Verlust des Vermögens, die Trennung von den Ihrigen, welche in die Knechtschaft fortgeschleppt wurden, änderten den verstockten Sinn der Römer nicht.

Sal=

f) Praenoscebatur captivitas, nec formidabatur. — Itaque barbaris peue in conspectu omnium siris nullus erat metus hominum, nec custodia civitatum. Tanta animorum, vel tanta potius peccatorum coecitas fuit, ut cum absque dubio nullus perire vellet, nullus tamen id ageret, ne periret. Totum incuria, et segnities, totum negligentia et gula, totum ebrietas et somnolentia possidebant. etc,

g) c. 214. p. 151. Sardonicis quodammodo herbis omnem Romanum populum putes esse saturatum. Moritur et ridet.

h) Quis aestimare hoc malum possit? circumsonabant armis muros Cirtae atque Carthaginis populi barbarorum; et ecclesia Carthaginiensis insaniebat in circis, luxuriabat in theatris. Alii foris jugulabantur, alii intus fornicabantur. — Fragor, ut ita dixerim, extra muros et intra muros praeliorum et ludicrorum; confundebatur vox morientium, voxque bacchantium; ac vix discerni poterat plebis ejulatio, quae cadebat in bello, et sonus populi, qui clamabat in circo. —

Salvian verſichert, daß die vornehmſten Männer in den Galliſchen Städten durch alle erlittene Drang=ſale nicht beſſer, ſondern ſchlimmer geworden ſeyen i). Trier war zum viertenmahl eingenommen und ver=heert worden. Noch rauchten die Trümmer der zer=ſtörten Stadt: noch lagen die nackten Leichname der Erſchlagenen umher, und wurden von Hunden und Raubvögeln zerriſſen. Unter denen, welche das Schwerdt des Feindes verſchont hatte, kamen noch immer einige vor Hunger, andere durch Nacktheit und Kälte, und noch andere durch die Seuchen um, welche die verweſenden Cörper von Menſchen und Thieren erregten, und was geſchah nun, frägt Salvian, bey, und nach allen dieſem? die weni=gen Edlen, welche übrig geblieben waren, baten ſich nicht Brod zu ihrer Nahrung, nicht Kleidung

zu

Nam praeter caetera cum duobus illic (in Trier) praecipuis et generalibus malis avaritia et ebrie-tate omnia concidiſſent, ad hoc poſtremo rabida vini aviditate perventum eſt, ut principes urbis ipſius ne tunc quidem de conviviis ſurgerent, cum jam hoſtis urbem intraret. — Una erat ſcurrillitas, una levitas. Simul omnia, luxus, potationes, perditiones. Cuncta omnes pariter agebant: ludebant, ebriebantur, enecabantur, laſciviebant in conviviis vetuli, et honorati, etc. l. c.

i) Sed ego loquor de longe poſitis, et quaſi in alio orbe ſubmotis, cum ſciam etiam in ſolo patrio, atque in civitatibus Gallicanis omnes ferme prae-celſiores viros calamitatibus ſuis factos fuiſſe pe-jores. p. 121,

zu ihrer Bedeckung, nicht Hülfe zur Wiederauf=
bauung ihrer Stadt und ihrer Wohnungen, nein,
sie baten sich vom Kaiser Circensische Spiele aus k).
Mit Recht ruft **Salvian** aus: wer kann die Grösse
dieses Unsinns ermessen, wer das Unwürdige eines
solchen Betragens ausdrücken l)? Bey diesem Man=
gel von nützlichen Kenntnissen, und guten Gesinnun=
gen, und dieser Befleckheit mit allen Arten von
Lastern wunderten sich doch die Römer, daß Gott
ihnen als Rechtgläubigen nicht den Sieg über die
ketzerischen Gothen und Wandalen gebe m). Viele
Tho=

k) p. 125.

l) Et quid post haec inquam, quid post haec omnia? Quis aestimare hoc amentiae genus possit?
 Pauci nobiles, qui excidio superfuerant, quasi
 pro summo deletae urbis remedio Circenses ab
 imperatoribus postulabant. Vellem mihi hoc
 loco ad exequendam rerum indignitati parem ne-
 gotio eloquentiam dari; scilicet ut tantum vir-
 tutis esset in querimonia, quantum doloris in
 causa, etc. l. c. Das immer wachsende Elend der
 Unterthanen, und die Armuth des öffentlichen
 Schatzes erlaubten es nicht mehr, daß so oft,
 und so grosse Summen, als vormahls, auf die
 eitlen und schändlichen Ergötzungen des städtischen
 Pöbels verwendet wurden. Nunc autem ludicra
 ipsa non aguntur, quia agi jam prae miseria
 temporis, atque egestate non possunt, — Cala-
 mitas enim fisci, et mendicitas jam Romani ae-
 rarii non sinit, ut ubique in res nugatorias per-
 ditae profundantur expensae. c. 186. p. 114.

m) c. 231. p. 142. Et ideo quid prodesse nobis
 praerogativa illa religiosi nominis potest, quod
 nos Catholicos esse dicimus, quod fideles esse
 jacta-

Thoren fingen fo gar an, die göttliche Vorfehung zu bezweifeln, weil die Römer, die vormahls als Heiden gefiegt hätten, jetzt als rechtgläubige Chriften von ihren ketzerischen Feinden überwunden würden n).

Unter allen Laftern der verdorbenen Römer flößte keins den Teutschen Siegern eine fo tiefe Verachtung und einen fo groffen Abscheu ein, als ihre Arglift, und Treulofigkeit. Weder Eide, noch Wohlthaten konnten die unzuverläffigen Römer feffeln, und die härteften Strafen hielten falsche Zeugniffe und Eide nicht zurück. Die Teutschen drückten daher Lügen und Trügen durch das Wort **Römern** (romanizare) aus, fo wie der Nahme **Römer** ein Schimpfwort wurde, welches alles Unedle, und Schändliche zusammenfaßte o).

Die

---

jactamus, quod Gothos ac Wandalos haeretici nominis exprobratione defpicimus, cum ipfi haeretica pravitate vivamus.

n) c. 212. p. 230. Aehnliche Unfälle machten, daß auch die heidnischen Römer in den erften Jahrhunderten nach Chrifti Geburt zu glauben anfingen: die Götter bekümmerten fich nicht mehr um die Angelegenheiten der Menschen, oder liessen die Sachen des Römischen Reichs gehen, wie fie wolls ten, weil fie mit andern Dingen beschäfftigt feyen. Siquidem dii ipfi, quod plerumque res humanas negligant etc. Mamert. gr. act. c. 9.

o) Dreyers verm. Schriften I. 56.; Quidquid ignobilitatis, quidquid avaritiae, quidquid libidinum, quid-

Die Sittenverderbniß der Römer war zu all=
gemein, zu groß, und zu tief eingewurzelt, als
daß die Teutschen Sieger dieselbe durch ihre Bey=
spiele oder Gesetze hätten ausrotten können. An
Statt, daß die Ueberwundenen durch die Sieger
gebessert worden wären, wurden vielmehr die keu=
schen, gerechten, biedern, und tapfern Germanier
den üppigen, räuberischen, treulosen und feigen
Römern ähnlich. Die schrecklichen Folgen dieser
Ausartung offenbarten sich zuerst in den Wandalen,
und Göthen, und in dem baldigen Untergange der
von diesen mächtigen Völkern gestifteten Reiche.
Die Wandalen, sagt **Procop**, waren zu der Zeit,
als **Belisar** sie mit Krieg überzog, das weichlichste
Volk auf der ganzen Erde p). Bald nachdem sie
sich in Afrika niedergelassen hatten, fingen sie an,
gleich den Römern, warme, oder heisse Bäder zu
brauchen, und ihre Tafeln mit den ausgesuchtesten
Leckerbissen zu besetzen, welche Erde und Meer nur
darboten. Sie prangten stets in Gold und Seide,
und verbanden mit den Vergnügungen der Jagd
alle unter den Römern bekannte Ergötzungen des
Theaters und Circus. Ihr gewöhnlicher Aufent=
halt

quidquid mendacii, quidquid denique vitiorum
est hoc uno nomine se complecti arbitratos esse.
Grot. in Praef. ad Hist. Goth.

p) II. p. 79. Ed. Grotii.

halt war in Lustgärten, die mit allen Arten von
Bäumen besetzt waren. In diesen feierten sie die
schwelgerischsten Gastmähler, und überliessen sich
allen Ausschweifungen der Liebe, welche sie anfangs
so ernstlich verboten, und gestraft hatten. Mit
der Unschuld der Wandalen entfloh auch ihre alte
Tapferkeit, und mit der Tapferkeit ihr ehemaliges
Glück. Belisar landete in Afrika mit einem klei-
ben Häuflein von zusammengerafften Kriegern,
das nicht den zehnten Theil des Heeres ausmachte,
welches die Wandalen ihm entgegensetzen konnten q). Gelimer, und die übrigen Wandalen
machten so wenig Gegenanstalten zu einem muthi-
gen Empfange der Griechen, verfolgten die Vortheile, die sie gewannen, so wenig, liessen Kar-
thago so schändlich ohne Schwertstreich in die
Hände der Feinde fallen, und flohen endlich so
schändlich vor nichtswürdigen Widersachern, die
erst durch die Feigheit der Wandalen Muth erhielten, daß **Procop** sich nicht entbrechen kann,
mehr-

---

q) Ecce, sagt der König Gelimer zu den Wandalen, ut hostes non virtute tantum, sed et numero multum superamus. Si enim recte rem pu-
tamus, decupli ad illos sumus. Hist. Vand. II.
p. 69. Die Wandalen hatten 80000 streitbare
Männer Grotii Hist. Goth. p. 526. und Belisar
nur 5000 Reuter, die alles thaten. Procop. Lib.
II. p. 83.

G

mehrmahl über die ungeheure Verblendung und
Zaghaftigkeit der Wandalen und ihres Königs,
oder über die wunderbaren Fügungen der Vorse=
hung zu erstaunen, und es für das Unglaublichste
unter allen unglaublichen Dingen zu erklären, daß
der Urenkel von **Gizerich**, und dessen von Men=
schen, und Schätzen überströmendes Reich in so
kurzer Zeit durch eine Handvoll von fremden Krie=
gern vernichtet worden r). Dies war aber nicht
wunderbarer, als daß die Römer sich bey den
Einfällen der Teutschen Völker noch feiger, und
gedan=

r) I. p. 52. Heic dicere nequeo, quare motus
Gelimer promtam fibi victoriam fponte tradiderit
hoftibus, nifi forte etiam hominum imprudenter
facta ad dei confilium referenda funt, qui fuccef=
fus hominum corrupturus ab animo incipit, nec
finit in mentem venire quae ufus facto eft. Nam
fi confeftim inftitiffet fugientibus, nec ipfum Be-
lifarium fubftiturum fuiffe exiftimo, fed fecutu-
ram rebus noftris pernitiem. Tanta tunc credita
Vandalorum multitudo, tanta eorum apud Romanos formido erat. — Man lese die Beschr. der
schimpflichen Flucht des Königs Gelimer, und der
darauf erfolgenden Muthlosigkeit der Wandalen.
Lib. II. 71. 72. und dann nachfolgende Worte des
Procop. ib. p. 82. 83. Multa in omni aevo fu-
pra fpem evenere, atque evenient, quamdiu eae-
dem vices res hominum verfabunt.... An vero
pares narratis modo rebus ulla tempora attule-
rint, cunctor dicere. Gizerichine abnepotem,
regnumque divitiis et vi militum florens ab ad-
venarum quinque millibus, quo appellerent non
habentibus, tantillo tempore everfum? Neque
enim major erat equitum numerus Belifario,
quorum manibus omne hoc bellum confectum eft.

gedankenloſer betragen hatten. Da der gefangene
König **Gelimer** dem **Beliſarius** vorgeführt wur=
de, brach er in ein lautes Gelächter aus s). Ei=
nige glaubten, ſagt **Procop**, daß nagender Kum=
mer ſeinen Verſtand verkehrt habe. Diejenigen
hingegen, die ihn genau kannten, ſagten, daß er
als ein ſcharfſinniger und aufgeklärter Herr bey
der Vergleichung der ehemahligen Herrlichkeit mit
ſeiner gegenwärtigen unglücklichen Lage das Loos
der Menſchen überhaupt eines bittern Hohngeläch=
ters würdig gefunden habe.

Nicht lange nach der Zerſtörung des Wanda=
liſchen Reichs in Afrika hatte das noch viel mäch=
tigere Oſtgothiſche in Italien ein gleiches Schick=
ſal, und die Oſtgothen und Wandalen unter=
ſchieden ſich bloß darin, daß die letztern weniger
verächtlich, als ihr König, die Oſtgothiſchen Krie=
ger hingegen feiger, als der edle **Totilas** waren.
Selbſt der große **Theoderich** konnte die Raub=
ſucht und die Lüſte der vornehmen Gothen nur
kaum im Zaume halten; und nach dem Tode deſ=
ſelben brachen die Laſter der Gothen mit deſto
größerer Wuth zum Unglück der Unterthanen, und
zu ihrem eigenen baldigen Verderben aus. Die
Gothen ſchändeten oder raubten die Weiber und

G 2 Töch=

s) l. c. p. 82.

Töchter der Römer ungeſtraft, jagten ſie von ih=
ren Gütern, und nahmen denſelben alles, was ſie
zu beſitzen wünſchten t). Je gröſſer und zahlrei=
cher die Laſter der Gothen wurden, deſto entkräf=
teter wurden ihre Körper, deſto ſchwächer ihr
Geiſt, deſto geringer ihr Muth, und deſto ohn=
mächtiger und unglücklicher alle ihre Unternehmun=
gen u). Da **Beliſar** nach Italien kam, gehör=
ten alle feſte Plätze den Gothen zu. Eben dieſe
Gothen hatten über zweymahlhunderttauſend Krie=
ger, unermeßliche Schätze, und einen eben ſo
unſäglichen Vorrath von Waffen, und andern
Nothwendigkeiten des Krieges, und doch wurden
die Gothen von ſiebentauſend elenden Griechen
überwunden v). **Totilas** ſuchte die böſen Be=

gier=

t) Procop. Hiſt. Goth. III. p. 324. At poſtquam
   Theudati ſub imperium venimus, hominis juſta
   omnia poſt pecuniani habentis, deo noſtris irato
   vitiis, quo fortunae noſtrae devenerint, ſcitis
   ipſi, et quales quantulique fuerint, qui nos vi-
   cere. und p. 357. Gothi antea jus poſtremo loco
   ponentes in populares et ſubditos plurima inique
   agebant. Ob quae infenſus iis deus hoſtium armis adjutor tunc fuit. Ideo multitudine, virtute,
   belli paratu ſupra hoſtem poſiti, vi quadam la-
   tente, nobisque incognita infra eos dejecti ſumus.

u) Non ſolent, non ſolent, ſagte **Totilas** zu ſeinen
   Kriegern, l. c. qui per vim meram, atque injurias graſſantur, florere in praeliis. Sed ut cui-
   que ſunt mores, ita ſe belli dat fortuna.

v) Dico igitur nos antehac cum ducenta haberemus
   militum acerrimorum millia, pecuniae, equo-
   rum,

gierden seiner Krieger durch strenge, und unab=
bittliche Strafen zu bändigen, und die Tugenden
der Vorfahren durch sein Beyspiel und kräftige
Vorstellungen zu erwecken. Es gelang ihm auch,
die Sache der Gothen eine Zeitlang wiederherzu=
stellen. Endlich aber muste dieser eben so gute,
als grosse Mann seinem Schicksale, oder vielmehr
ten unheilbar verdorbenen Sitten seines Volks
unterliegen. Seine Reuter, denen er befohlen
hatte, bloß ihre Lanzen zu brauchen, flohen vor
den Pfeilen, welche die leichten Truppen der Grie=
chen auf sie abschossen. Sie flohen mit einem sol=
chen Panischen Schrecken, daß sie ihr eigenes Fuß=
volk niederritten. Das in Unordnung gebrachte
Fußvolk warf sich, ohne den Feind zu erwarten,
oder anzugreifen, gleichfalls in die Flucht, und
die Griechen hatten weiter nichts nöthig, als die
Früchte dieser schimpflichen Feigheit einzuerndten,
und die Fliehenden zu würgen, oder gefangen zu
nehmen w). Wenn **Totilas** bey der letzten Schlacht

G 3 einen

rum, rerumque omnium copiam, senum consi-
lio valentium, quod in periculis vel maximum
est, bonum numerum a septies mille Graeculis
victos, imperioque et rebus amari solitis omnibus derepente exutos. l. c. p. 557.

w) Procop. IV. 506. Nam qui ultro in hostes in-
cursarant Gothi, jam vim repositam non tolera-
bant, sed urgentibus cedebant primum, deinde

et

einen Fehler beging, so war es nicht, wie Pro=
cop glaubte, dieser, daß er den Gothen befahl,
die ihrem Volk eigenthümliche Waffe, die Lanze,
zu brauchen, sondern daß er den ausgearteten
Söhnen der alten Gothen Muth und Kraft genug
zutraute, die schwachen Pfeile der Griechen zu
verachten, und mit aufgehabener Lanze in die
Haufen der zwergartigen Feinde einzubrechen.

Die Franken wurden nicht so schnell, und
nicht in einem solchen Grade verdorben, als die
Wandalen und Gothen, entweder weil sie sich mit
den Ueberwundenen weniger vermischten, oder weil
sie in einer genauern Verbindung mit Teutschland
blieben, und immerfort nicht bloß ächte Teutsche
Krieger, sondern auch Frauen und Jungfrauen
aus ihrem alten Vaterlande erhielten. Wenn man
die Sitten der Franken und der übrigen Teutschen
Völ=

et terga vertebant.... usque adeo officii imme-
mores, ut monſtris agitatos aut de coelo tactos
diceres. Brevi poſtquam ad cohortes ſuas perve-
nerant, duplicatum propogatumque eſt malum.
Non enim ſervatis ordinibus ad eos retulerant
ſe, velut reſpiraturi, et cum illis pugnam itera-
turi, ne recurſum quidem, aut aliud quicquam
militaris ingenii meditantes: ſed conſternati con-
fuſique ita, ut et peditum multi ab equis eorum
obtriti interirent. Quod cum ſentiret peditatus,
non laxatis ordinibus recepit equitem, non ſaltem ut eum ſiſteret, ſubſtitit, ſed una cum eo
fugit effuſe, etc. Fruebantur tam ſtupenda Go-
thorum formidine Romani etc.

Völker bloß nach den Zeugnissen der Geschichtschrei=
ber beurtheilen wollte; so würde man fast glau=
ben müssen, daß die Franken noch verdorbener,
als die Wandalen und Gothen gewesen seyen.
Gregor von Tours schildert uns Ehebruch,
Vielweiberey und Concubinat, Raubsucht und
Meuchelmord, Treulosigkeit, Völlerey, und Schwel=
gerey als so gemeine Laster der Franken von allen
Ständen, Geschlechtern und Altern, daß es kaum
scheint, als wenn die Longobarden, die Gothen,
und selbst die Römer noch lasterhafter hätten seyn
können. Dieser Schein entsteht aber bloß daher,
daß wir von den Sitten der Franken mehrere und
genauere Nachrichten, als von denen der Gothen,
Wandalen, und Longobarden haben. Daß die
Franken bey aller ihrer Lasterhaftigkeit weniger
verdorben waren, als ihre Unterthanen, oder als
ihre Teutschen Brüder in Italien, Spanien und
Afrika, erhellt unwidersprechlich aus dem ganz
verschiedenen Betragen und Schicksale der einen,
und der andern. Die Franken behielten ihre
Mannheit und Tapferkeit noch Jahrhunderte lang
nach dem Tode des grossen **Chlodewig** unge=
schwächt, oder sehr wenig geschwächt bey, und
überwanden nicht bloß die Gothen, Burgundier,
und Longobarden, sondern auch die Alemannier,

Thü=

Thüringer und Sachsen: welches unmöglich gewe=
sen wäre, wenn sie so bald und so sehr, als die
übrigen Teutschen Eroberer, den Römern ähnlich
geworden wären.

Die Franken hatten nie einen kühnern, und
mehr unternehmenden König, als der erste **Chlo=
dewig** war; aber auch wenige, die mehr Arglist,
Treulosigkeit, und Härte des Gemüths gehabt
hätten; und er allein wäre ein überzeugender Be=
weis, wenn die Sache noch eines Beweises be=
dürfte, daß die gröste Falschheit, und ein fast
gänzlicher Mangel von Menschlichkeit in den See=
len ehrgeißiger Barbaren mit der grösten Tapfer=
keit vereinbar sind. Er brachte den Sohn seines
Vetters, des Königs **Sigebert** zu Cölln, der mit
ihm gegen die Allemannen gekämpft hatte, und in
der Schlacht schwer verwundet worden war, durch
arglistige Vorspiegelungen dahin, daß er seinen
eigenen Vater meuchelmörderischer Weise tödten ließ.
An statt dem Vatermörder auf den Thron zu hel=
fen, wie er versprochen hatte, schickte er demsel=
ben andere Meuchelmörder auf den Hals, die ihn
über den väterlichen Schätzen niederhauten; und
nach diesem doppelten Morde stellte er sich, als
wenn er um nichts gewust habe, wiewohl er gleich
die Schätze in Besitz, und das verwaiste Volk in
                                              seinen

feinen Schutz nahm x). Schrecklicher faſt, als **Chlodewigs** That, iſt die Bemerkung, womit der fromme Biſchof von Tours die Erzählung derſelben beſchließt. Gott, ſagt **Gregor**, unterwarf alle Feinde der ſiegenden Hand **Chlodewigs**, weil dieſer mit aufrichtigem Herzen vor ihm wandelte, und das that, was in den Augen Gottes wohlgefällig war y). Bald darauf, fährt der Geſchichtſchreiber fort, wandte ſich **Chlodewig** gegen den König **Chararich**, weil dieſer in der Schlacht gegen den **Siagrius** nicht willig mit gekämpft, ſondern erſt abgewartet hatte, auf welche Seite ſich der Sieg neigen würde. Er fing den Vater und die Söhne mit Liſt, und ließ ſie insgeſammt ſcheeren, um ſie dadurch des Throns unfähig zu machen. Weil aber die jungen Prinzen ihren Vater damit getröſtet hatten, daß ſie als grünende Zweige von einem lebendigen Stamm abgehauen worden, und daß ſie nicht verdorren, ſondern bald von neuem ausſchlagen würden; ſo fand **Chlodewig** es am ſicherſten, den Baum ſammt allen ſeinen Aeſten auszurotten, Vater und Söhne hin-

G 5 zurich-

x) II. c. 40.

y) Proſternebat enim deus quotidie hoſtes ejus ſub manu ipſius; et augebat regnum ejus eo, quod ambularet recto corde coram eo: et faceret, quae placita erant in oculis ejus.

zurichten, und sich ihrer Schätze und Völker zu
bemächtigen z).

Am empörendsten war das Betragen **Chlode=
wigs** gegen den König **Raradar**, der in Cam=
bray regierte a). Er bestach die Krieger dieses
Königs mit allerley vergoldetem Geschmeide und
Geschirr, welches die Verräther für ächt hielten,
und rückte dann dem unglücklichen König mit ei=
ner starken Heersmacht entgegen. Die bestochenen
Franken flohen vor dem **Chlodewig**, und mit
ihnen der verrathene König, den man ergriff, und
sammt dem Bruder desselben gebunden vor den
Chlodewig führte. Als dieser den **Raradar**
erblickte, sagte er: warum hast du mein Ge=
schlecht so beschimpft, daß du dich hast fesseln las=
sen? viel besser wäre es gewesen, zu sterben.
Indem er diese hönenden Worte vorbrachte, schlug
er den gebundenen König mit einer Streitart zu
Boden. Hierauf kehrte er sich gegen den Bruder
des Königs, warf ihm vor, daß er demselben
nicht treulich beygestanden hätte, und nahm auch
diesem mit seiner Streitart das Leben. Nach die=
sen Hinrichtungen merkten die Verkäufer ihres Kö=
nigs, daß sie betrogen worden waren, und nun
sagte **Chlodewig**, daß Menschen, die ihren ei=

genen

z) ib. II. c. 41.   a) II. c. 42.

genen Herrn dem Tode überantwortet hätten, kein besseres Gold verdienten. In der Folge brachte **Chlodewig** alle übrige Fränkische Könige und unter diesen noch einen Bruder des Königs **Rara:= char** um, um ihre Schätze und Reiche an sich zu 'reiffen: und da er alles vertilgt hatte, was aus königlichem Blut unter den Franken entsproffen war, so klagte er einst vor seinen Kriegern: daß er allein als ein Fremdling in einem fremden Lande übrig geblieben sey. Damit man diese Klage nicht für Ernst nehme, so setzt **Gregor** gleich hinzu: er sagte dieses nicht aus wahrer Theilneh= mung an dem Untergange so vieler königlichen Per= sonen, sondern um zu erfahren, ob nicht noch Menschen von erlauchtem Stamm übrig seyen, die er hinrichten könne b).

Und dieses Ungeheuer von Verrätherey und Grausamkeit duldeten etwa nicht blos die Fränki= schen Krieger, die durch seine Gewaltthätigkeiten und

b) Interfectisque et aliis multis regibus — de qui- bus zelum habebat, ne ei regnum auferrent, regnum suum per totas Gallias dilatavit. Tunc congregatis suis quadam vice dixisse fertur de parentibus, quos ipse perdiderat, vae mihi, qui tanquam peregrinus inter extraneos remansi, et non habeo de parentibus, qui me, si -venerit adversitas, possit aliquid adjuvare. Sed hoc non de morte eorum condolens, sed dolo dicebat, si forte posset adhuc aliquem reperire, ut interfi- ceret l. c.

und Eroberungen an Geld und Gütern bereichert
wurden, sondern **Gregor** von Tours stellte den
Chlodewig etwa sechszig Jahre nach dessen Tode
den Fränkischen Königen als ein Muster der Nachahmung vor. „Nicht ohne Eckel und Betrübniß,
„sagt der gelehrte, und rechtgläubige Bischof,
„verweile ich bey der Erzählung der bürgerlichen
„Kriege, wodurch die Fränkischen Völker und ih-
„re Reiche zu Grunde gerichtet werden.' Der
„Vater steht gegen den Sohn, und der Sohn
„gegen den Vater auf: der Bruder gegen den
„Bruder, und jeder Blutsverwandter gegen den
„andern. — Wollte Gott, ihr Könige, daß auch
„ihr solche Kämpfe kämpfet, als eure Vorfahren
„gekämpft haben, und daß alle übrige Völker durch
„eure Eintracht niedergedrückt würden: Erinnert
„euch, was **Chlodewig**, der Urheber eurer Größ-
„se, that. Er schaffte die übelgesinnten Könige
„aus dem Wege: vernichtete alle ihm gefährliche
„Völker, und unterwarf sich die verwandten Na-
„tionen. Und alles dieses that er, da er weder
„Silber, noch Gold hatte. Was sucht ihr hin-
„gegen, oder was fehlt euch? In euren Pallä-
„sten wachsen euch alle Arten von Vergnügungen
„zu. Eure Vorrathshäuser fließen von Getraide,
„Wein und Oel über. In euren Schatzgewölben
„wer-

„werden große Haufen von Gold und Silber auf=
„gethürmt. Nur eins fehlt euch: der Friede.
„Warum nimmt der eine dem andern das Seini=
„ge? und warum trachtet ein Jeder nach frem=
„dem Gut? Sehet zu, daß, wenn ihr euch un=
„ter einander beißet, ihr euch nicht unter einan=
„der aufzehrt" c). Chlodewig ist weniger ein
Beyspiel von dem Einflusse der Sitten der Rö=
mer auf die der Franken, (denn der Fränkische
Eroberer war durch seinen Ehrgeiß, und durch seine
angebohrne Herzenshärtigkeit böse,) als ein Beweis
von der höchsten Verdorbenheit seiner Nachfolger,
mit welchen verglichen er noch ein Tugendbild war.
Die Söhne und Nachkommen Chlodewigs hat=
ten eben so viel Ehrgeiß, und Blutgier, als ihr
Ahnherr, und waren dabey viel üppiger, schwel=
gerischer und feiger, als dieser. Dies Urtheil
gilt von keinem der Söhne Chlodewigs so sehr,
als von Chlotar, vom welchem es zweifelhaft
ist, ob er grausamer, oder wohllüstiger gewesen
sey. Er hatte von verschiedenen Weibern sie=
ben Söhne d). Unter seinen Weibern, oder
Beyschläferinnen liebte er, wie es scheint, keine
so sehr, und so lange, als die Jugunde; denn

sie

c) Praefatio lib. V.
d) Greg. Tur. IV. 2.

sie allein gebar ihm drey Söhne und eine Tochter.
In der Zeit, da er die **Jugunde** einzig, oder
am heftigsten liebte, bat diese ihren Gemahl, daß
er doch ihre Schwester **Aregunde** mit einem rei=
chen und tüchtigen Mann verbinden möchte, damit
sie, die **Jugunde**, durch eine neue Verwandschaft
erhöht, ihrem Herrn desto treuer dienen könne c).
Diese Bitte entzündete in dem unreinen Herzen
des Königs auf einmahl eine unerlaubte Liebe gegen
die ihm noch unbekannte Schwester seiner angebete=
ten Gemahlinn. **Chlotar** reiste heimlich auf das
Landgut, wo die **Aregunde** wohnte: fand Wohl=
gefallen an der Jungfrau, und heirathete sie auf
der Stelle, ohne von Seiten der Schwester Wi=
derstand zu finden. Nach der vollzogenen Vermäh=
lung sagte er zu **Jugunde**: ich habe deine Bitte
erfüllt. Da du wünschtest, daß ich für deine Schwe=
ster einen reichen und tüchtigen Mann aussuchen
möchte, so wußte ich ihr keinen bessern ausfindig
zu machen, als mich selbst. Wisse also, daß sie
meine Frau ist, und ich hoffe, daß du nichts da=
wider haben werdest. Was meinem Herrn wohl=
gefällt, sagte die schlaue **Jugunde**, das kann er
mit Recht thun. Nur bitte ich, daß deine Magd
fernerhin die Gnade des Königs geniesse.

Unter

c) unde non humiliter, sed potius exaltata fidelius
servire possum. ib.

III

Unter den drey Söhnen, welche **Chlodewig** mit der **Chlotilde** erzeugt hatte, und deren jeder einen Theil des Reiches erhielt, starb **Chlodomer** zuerst. Nach dem Tode desselben schickte **Childe-bert** einen heimlichen Gesandten an seinen Bruder **Chlotar**, und ließ ihn wissen, daß ihre Mut-ter **Chlotilde** die beiden jungen Prinzen von **Chlodomer** so ausserordentlich liebe, daß mit Recht zu fürchten sey: die Kinder würden durch die Bemühungen der Großmutter auf den Thron gehoben, und also sie beide des Reichs ihres ver-storbenen Bruders beraubt werden. **Chlotar** soll-te also eiligst nach Paris kommen, damit man gemeinschaftlich überlegen könne, ob man die Bru-dersöhne scheeren, oder umbringen wolle. **Chlo-tar** freute sich der Botschaft, und reiste, so ge-schwind als möglich, nach Paris, wo **Childebert** das Gerücht ausgebreitet hatte, daß sein Bruder kommen werde, um den jungen Prinzen huldigen zu lassen. Nach **Chlotars** Ankunft schickten die Brüder zur Mutter, und ließen sich unter dem eben erwähnten Vorwande die Söhne ihres Bru-ders ausbitten. **Chlotilde** übergab ihre Enkel ohne Bedenken, und sagte dabey: ich werde nicht mehr fühlen, daß ich einen Sohn verlohren habe, wenn ich euch in sein Reich eingesetzt sehe. Die
Prin-

Prinzen wurden gleich von ihren Trabanten und Begleitern getrennt, und in engere Verwahrung gebracht. Hierauf sandte man einen gewissen **Arcadius** an die Königinn Mutter mit einer Scheere, und einem blossen Schwerdte, und ließ sie fragen, was sie wünsche, daß man mit ihren Enkeln anfangen: ob man sie scheeren, oder tödten solle. Die edle Königinn antwortete: wenn meine Söhne ihre Neffen nicht regieren lassen wollen, so sehe ich lieber, daß sie erwürgt, als daß sie geschoren werden. So bald **Chlothar** diese Antwort hörte, so warf er den zehnjährigen Prinzen zur Erde, und durchstach ihn mit einem Messer, daß er augenblicklich starb. Auf das Schreien seines Bruders stürzte der jüngere siebenjährige Prinz seinem Oheim **Childebert** zu Füssen, umfaßte seine Kniee, und bat ihn auf das rührendste, daß er doch nicht, wie sein Bruder möchte getödtet werden. **Childebert** konnte sich der Thränen nicht enthalten, und erflehte von dem **Chlothar** das Leben des geängsteten Kindes, mit dem Anerbieten, es so theuer zu bezahlen, als der Bruder es verlangen würde. Hierüber gerieth **Chlothar** in die äusserste Wuth, und drohete den **Childebert** selbst umzubringen, wenn er nicht seinen Neffen von sich stossen würde. Nun überließ

Childe-

Childebert das unschuldige Kind dem blutgieri=
gen Chlotar, der es auch gleich wie den älteren
Neffen mit einem Dolche erstach. Nach diesen
Missethaten ritt Chlotar in sein Reich zurück,
und theilte mit dem Childebert die nachgelassenen
Länder des Bruders Chlodomer. In der Folge
behandelte Chlotar die Wittwe und Töchter von
Childebert nicht viel besser, als seine ermordeten
Neffen. Er verstieß die königliche Wittwe, und
ihre beiden Kinder aus dem Reiche, und nahm
die Länder und Schätze von Childebert in Besitz f).
Nicht lange nachher empörte sich sein Sohn Chran=
nus gegen ihn. Es kam zu einem Treffen, in
welchem der Sohn unterlag, und in die Hände
der Sieger fiel, weil er seine Gemahlinn und
Kinder retten wollte. Der unnatürliche Vater
ließ diesen Sohn, sammt dessen Frau und Töch=
tern in eine Hütte einschliessen, und mit der Hütte
verbrennen g). Chlotar glaubte alle seine Misse=
thaten durch eine Wallfahrt gut zu machen, die
er kurz vor seinem Tode zu dem Grabe des heili=
gen Martin in Tours vornahm. Er betete zu
dem Mann Gottes unter heftigen Thränen: daß
er doch für seine Sünden Gottes Barmherzigkeit
anfle=

f) IV. 19.   g) ib. c. 20.

H

anflehen, und das, was er unvernünftiger Weise
gethan habe, durch seine Verwendung tilgen möchte.
Wie groß, rief **Chlotar** in seiner letzten Krank=
heit aus, muß der himmlische König seyn, der
solche mächtige Könige, als ich bin, auf eine so
bejammernswürdige Art tödten kann h).

Die Söhne und Enkel von **Clothar** übertraf=
fen den Vater und Großvater sowohl an Grau=
samkeit, und Habsucht, als an Ueppigkeit. Drey
von **Clothars** Söhnen, **Charibert**, **Chilperich**,
und selbst der fromme, oder fromm seyn wollende
Gunthram hatten insgesammt zu gleicher Zeit
mehrere Frauen, und zwar solche Frauen, die ihres
hohen Standes unwürdig waren; und nur **Sige=
bert**, oder **Sigilbert** allein heirathete die schöne,
aber boßhafte **Brunehild**, eine Tochter des Wi=
sigothischen Königs **Athanagild** i). Vielweiberey
war unter den Franken des sechsten Jahrhunderts,
wenigstens an den Königen eben so wenig auffal=
lend, als sie es unter den verdorbenen Römern ge=
wesen war. Nach dem Tode des Königs **Chari=
bert** bot sich eine von seinen Königinnen dem
Bruder ihres verstorbenen Gemahls, dem Könige
Gunthram an, ungeachtet dieser schon ein, oder
mehrere Weiber hatte. Um die Schätze der Köni=
ginn

h) ib.   i) IV. 25. 26.

ginn in seine Gewalt zu bekommen, antwortete der
fromme **Gunthram**: die **Theodigilde** (dies war
der Nahme der Königinn) möge sich nur zu ihm
verfügen. Er wolle sie so sehr erheben, daß sie
bey ihm viel mehr Ehre, als bey seinem ehemali=
gen Bruder genießen solle. Da die Königinn auf
dies gegebene Wort an dem Hofe von **Gunthram**
anlangte, so raubte dieser ihr den grösten Theil
ihrer Schätze, weil er sie besser brauchen könne,
als ihre jetzige Besitzerinn; und steckte sie dann in
ein Closter, wo sie bald nachher mit Ruthen ge=
geisselt, und strenger, als anfangs, gehalten wur=
de, weil sie zu entfliehen versucht hatte k). **Chil=
perich** war schaamlos genug, um die Schwester
der schönen **Brunechild**, die **Glassunita**, wer=
ben zu lassen, ungeachtet er schon mehrere Weiber
hatte. Er versprach zwar, seinen bisherigen Ge=
mahlinnen zu entsagen, allein er hielt sein Wort
nicht; und da er seine neue Gemahlinn und die **Fre=
degunde** gar nicht mit einander vereinigen konnte,
so wurde die **Glassunita** bald nachher erdrosselt l).

    Gregor von Tours hatte Recht, wenn er
sagte, daß es eckelhaft, und niederschlagend sey,
die Ränke und Missethaten zu erzählen, welche
sich **Chlotars** Söhne und Enkel erlaubten, um

H 2   sich

k) l. e. c. 25.   l) IV. c. 27.

sich einander Leben und Reich zu nehmen. Die
meisten starben durch Dölche m), die von ihren
nächsten Blutsverwandten geschärft worden waren.
Manchen war es nicht genug, ihre Widersacher
schlechtweg hinzurichten, wenn sie dieselbigen nicht
auch durch die grausamsten und langwierigsten Mar=
ter die Bitterkeit des Todes, und das Gewicht
ihrer Rache recht fühlen liessen. Keiner der Wü=
teriche, die im ersten und zweyten Jahrhundert
nach Christi Geburt über das Römische Reich
herrschten, legte seinem gefährlichsten Feinde eine
so unmenschliche Strafe auf, als Chlothar an
der Königinn Brunehild vollziehen ließ n). Er
befahl, die königliche Gefangene drey Tage lang
durch die ausgesuchtesten Marter zu peinigen, dann
auf einem Kameel durch das ganze Heer der Fran=
ken umherzuführen, und endlich mit den Haaren,
einem Arme, und Bein an den Schweif eines
unbändigen Pferdes zu binden, damit sie zu To=
de geschleift werde o). Gallier, oder so genannte
Römer waren es, welche durch ihre bösen Rath=

schläge

---

m) Vom Chlodowig bis auf den Dagobert kamen
über 40 königliche Personen durch Gift, oder Döl=
che um. Hegewisch Gesch. Carls des Grossen
S. 50.

n) Schmidts Gesch. der Teutsch. I. 263.

o) Man sehe ferner die Schilderung des Königs Chil=
perich. Greg. Turonens. V. c. 46.

schläge die **Brunehild** so verhaßt gemacht hatten. Römer waren es auch, welche die Fränkischen Könige zu einem jeden Mißbrauch von willkührlicher Gewalt verführten, die zu den Zeiten der Römischen Herrschaft ausgeübt worden war p).

Die Frauen und Töchter der Fränkischen Könige waren zum Theil noch räuberischer, rachgieriger, und grausamer in ihrer Rache, als ihre Gatten, oder Väter. Vor allen übrigen Fränkischen Königinnen zeichneten sich besonders **Fredegunde**, die Gemahlinn **Chilperichs** und **Brunehild**, die von **Sigebert** aus. Beide waren stets mit Gift und Dolchen bewaffnet, und mit Meuchelmördern, Peinigern, und den Werkzeugen der Folter umgeben. Beide, besonders **Fredegunde**, brauchten Dolche, Gift, und Folter gegen Stiefsöhne, und Schwäger, gegen Nebenbuhlerinnen, gegen Geistliche und Layen, und **Fredegunde** zuletzt gegen ihren eigenen Gemahl q). **Fredegunde** schonte weder die Heiligkeit des Altars, noch die Heiligkeit der Rechte der Gastfreundschaft, wenn sie ihrer Rache Opfer bringen wollte r); und ihre Rachgier war oft so eilend und

p) Sidon. Apoll. V. 7. Schmidt l. c. u. S. 271. 272.
q) V. 39. VIII. 31.
r) Greg. Turonens. VIII. 31. X. 26.

und durstig, daß sie Vornehme geistlichen und
weltlichen Standes ,in der Kirche, oder in ihrem
eigenen Pallast umbringen ließ. Fredegunde,
deren Tochter **Rigundis**, **Brunehild** und andere
Königsfrauen, und Königstöchter waren zugleich
die schaamlosesten Weiber; und eben so leer von
allen Gefühlen von Sittsamkeit, und Wohlstand,
als von Menschlichkeit s). Fredegunde und ihre
Tochter **Rigundis** beschimpften sich unter einander auf das pöbelhafteste, und schlugen sich mit
Fäusten. Da Mutter und Tochter sich eines Tages auf eine solche Art gemißhandelt hatten; so
sagte Fredegunde zur **Rigundis**: warum quälst
du mich so unaufhörlich? Nimm von den Schätzen
deines Vaters, die in meiner Verwahrung sind,
so viel dir beliebt, und laß mich dann in Ruhe.
Mit diesen Worten führte sie ihre Tochter in das
Schatzgewölbe, schloß einen mit Kostbarkeiten an-
gefüllten Kasten auf, gab der Tochter ein Kleinod
nach dem andern, und befahl ihr zuletzt, sich selbst
auszusuchen, was ihr gefalle, weil sie, die Mutter, das Gebücktseyn nicht länger aushalten könne.
Rigundis nahm den Platz und die Stellung der
Mutter an, und neigte sich mit dem Cörper vor-
wärts,

---

s) V. 47. IX. 35. Eine Schwestertochter **Chlode-**
wigs ging mit einem Knecht durch. Greg. Turonens. III. 29.

wärts, um den Grund des tiefen Kaſtens zu un‍:
terſuchen. Dieſen Zeitpunct benutzte Fredegun‍:
de, um den ſchweren Kaſtendeckel niederzuwerfen,
und die eingeklemmte Tochter zu würgen. Frede‍:
gunde hatte durch das Niederdrücken des Kaſtens
ihre Tochter ſchon ſo weit gebracht, daß die Au‍:
gen aus ihren Kreiſen herausſpringen wollten, als
ein Cammermädchen der Rigundis die Noth der
letztern entdeckte, und Hülfe herbeyrief t). So
wie Fredegunde ihrer Tochter begegnete, ſo be‍:
gegnete in Spanien die Mutter des Königs Len‍:
nichild, mit Nahmen Goiſvintha, ihrer Schwie‍:
gertochter der Königinn Jugundis. Weil dieſe
nicht von dem rechten Glauben zur Arianiſchen
Ketzerey abfallen wollte, ſo ergriff die Schwieger‍:
mutter ſie bey den Haaren, warf ſie zur Erde,
ſchlug ſie blutrünſtig, trat ſie mit Füſſen, und
befahl, daß man ſie in einen Fiſchteich ſtürzen
ſollte u). Gleiche Unanſtändigkeiten erlaubten ſich
die Könige ſelbſt. Chilperich ſchlug einen Gra‍:
fen Ennomius mit Fäuſten, und trat ihn mit
Füſſen, weil dieſer erzählte: der Biſchof Gregor
habe geſagt, daß die Gemahlinn des Königs mit
dem Biſchofe Bertram im Ehebruch lebe v).

H 4 Der

t) ib. IX. c. 35.
u) V. c. 38.   v) V. c. 47.

Der junge **Childebert** ließ von seinem Oheim,
dem Könige **Gunthram** gewisse Städte zurück
fordern, welche ihm aus der Erbschaft seines Vaters gebürten. Wenn er sie nicht herausgebe,
sagten die Gesandten, so solle er wissen, daß die
Art, welche die Köpfe der Brüder von **Gunthram**
gespalten habe, bereit sey, auch in sein Gehirn
geworfen zu werden. Da der König **Gunthram**
dieses hörte, so befahl er, daß man die Gesandten mit Mist und Koth überschütten, und so ihres Weges ziehen lassen solle w). Bald nachher
ließ **Gunthram** die Gesandten von **Gundobald**,
der sich für einen Sohn des Königs **Clothar** ausgab, in Ketten und Banden legen, und an die
Folter spannen, um aus ihnen die wahre Geschichte des **Gundobald** heraus zu peinigen x).

Den Königen und Königinnen waren die Herzöge, Grafen, Herren, und deren Weiber ähnlich. Die Könige und Königinnen würden nicht
so oft ihre nächsten Blutsverwandten haben aus
dem Wege räumen, oder des Reichs, und der
Schätze berauben können, wenn sie nicht in ihren
Kriegern und Hofleuten so viele Mörder und Räuber gefunden hätten. Alle Regenten schwebten in
beständigen Gefahren, entweder von vornehmen

Meu-

w) VII. c. 14.   x) VII. 32.

Meuchelmördern getödtet, oder von ihren so ge=
nannten Treuen verlaffen zu werden; denn nichts
war gemeiner, als Treulosigkeit gegen rechtmäffige,
oder selbst gewählte Herren. Die Könige mutheten
den angesehensten Männern die schändlichsten Misse=
thaten mit eben der Freymüthigkeit zu, womit sie
ihnen die ehrenvollsten Aufträge hätten machen
können; und die Vornehmen schätzten sich glücklich,
die Gnade von Königen durch Meineid, Meuchel=
mord, und andere entehrende Handlungen zu ver=
dienen y). Die Hoffnung grösserer Vortheile machte
Könige und deren Frauen und Töchter zu Opfern
eben der Vornehmen, welche sie bisher als Werk=
zeuge gebraucht hatten. Als **Chilperich** und **Fre=
degunde** ihre Tochter **Riguntha** als Braut an
den König der Westgothen abschickten, so gaben
sie der Prinzeffinn so viele Schätze und Kostbar=
keiten mit, daß funfzig Wägen damit angefüllt
wurden. Zugleich ertheilten sie mehrern Herzögen
und Grafen den Befehl, daß sie die Prinzeffinn
und deren Reichthümer mit einem Heer von vier
tausend Mann ihrem königlichen Bräutigam zufüh=
ren sollten. Die Begleiter und Beschützer der
Riguntha plünderten nicht nur allenthalben die
Unterthanen so rein aus, als wenn das Ihrige

H 5   von

y) Schreckliche Beyspiele erzählt Gregor VII. c. 29.

von Heuschrecken wäre verzehrt worden, sondern
gleich während des ersten Nachtlagers gingen funf=
zig Begleiter mit hundert der schönsten Pferde,
und deren goldenen Ketten und Zäumen zum Kö=
nige Childebert durch z). Von den Gewaltthä=
tigkeiten und Erpressungen der Großen werde ich
in der Folge reden, und ich setze hier bloß die Be=
merkung hinzu, daß die Großen sich eben das Recht
anmaaßten, welches die Könige ausübten, Unter=
thanen, Vasallen und Diener nach Belieben mar=
tern und umbringen zu können a).

Wenn unter einem Volke die hohen und niedrigen Stände in ihrem Innersten verdorben sind;
so können die Diener der Gottheit einer solchen
allgemeinen Lasterhaftigkeit nicht widerstehen. So
sicher man aber von der allgemeinen Sittenverderb=
niß der weltlichen Stände auf die der Geistlichkeit
schließen kann, eben so sicher ist auch der Rückschluß
von der Verdorbenheit der Geistlichen auf die der
Layen: und wenn wir also auch von den Sitten der
letztern unter den ersten Fränkischen Königen nichts
wüßten, so würden wir doch mit der größten Zuversicht
annehmen können, daß in einem Jahrhundert, wo
Bischöfe und Priester, Mönche und Nonnen so
lebten, als Gregor meldet, die Layen noch viel
ausgelassener gewesen seyen.

Unter

z) VI. c. 45.   a) ib. V. z.

Unter der Regierung des **Chlothar** lebte ein Bischof, **Cautinus**, der sich fast bey jeder Mahlzeit so sehr betrank, daß er kaum von vier Männern weggetragen werden konnte b). Die Habsucht dieses Bischofs war eben so unersättlich, als seine Völlerey. Er hielt es für eine tödtliche Beleidigung, wenn er nicht alle Ländereyen, die ihm gelegen waren, in seine Gewalt bekam. Von Vornehmen suchte er dergleichen durch ärgerliche Processe, und Chicanen zu erhalten, und Geringeren nahm er sie geradezu weg. Unter andern Gütern, denen er nachtrachtete, war auch das eines Presbyters **Anastasius**, welches dieser von der Königinn **Chlotilde** empfangen hatte. Der Bischof versuchte alle Schmeicheleyen und Drohungen, um dem Presbyter sein Eigenthum zu entreissen. Da der Geistliche unbeweglich blieb, so ließ ihn der wüthende Bischof gefangen nehmen, und lebendig in ein großes Grabmahl einschliessen, das mit dem unerträglichsten Gestank eines verwesenden Leichnams angefüllt war. Der Bischof stellte Hüter zum Grabe, damit der unglückliche Gefangene nicht entwischen möchte. Die Völlerey und Nachlässigkeit der Hüter waren Ursache, daß sich der Presbyter retten, und dem Könige das empfangene Un-

b) IV. c. 12.

Unrecht klagen konnte. Ein Verweis war die ganze Strafe, die dem unwürdigen Seelenhirten aufgelegt wurde.

Zur Zeit des Königs Gunthram wälzten sich die beiden Bischöfe Salonius und Sagittarius in allen Arten von Meuchelmorden, Ehebrüchen, Räubereyen, und andern Verbrechen mit einer unerhörten Wuth umher c). Da einer ihrer Gegner, ein Bischof Victor einst seinen Geburtstag feierte; so überfielen sie ihn mit ihren Spießgesellen, zerrissen seine Kleider, hauten seine Bediente nieder, und schleppten alles Tafelgeschirr, welches sie vorfanden, mit sich hinweg. Der König Gunthram rief dieser Gewaltthat wegen zu Lyon eine Synode zusammen, auf welcher die geistlichen Räuber ihres Verbrechens überführt, und ihrer Würden entsetzt wurden. Die entsetzten Bischöfe, welche die Schwäche des Königs Gunthram kannten, ersuchten diesen, daß es ihnen erlaubt werden möchte, sich an den Pabst Johannes in Rom zu wenden. Der König bewilligte dieses nicht nur, sondern gab ihnen sogar Briefe mit. Nicht lange nachher kehrten die groben Sünder mit einem Schreiben des Pabstes an den König zurück,

c) V. 20.... coeperunt in pervasionibus, caedibus, homicidiis, adulteriis diversisque sceleribus insano furore graffari.

zurück, worinn diesem befohlen wurde, daß er die
Bischöfe wieder in ihre Stellen einsetzen sollte,
welches **Guntbram** auch ohne Weigerung that. d)
Weder der Ernst der Synode, noch die Strafpre:
digt des Königs brachte in den verhärteten Her:
zen der beiden Bischöfe die geringste Veränderung
hervor. Sie quälten den **Victor** nach, wie vor,
gingen wie Layen bewaffnet und gerüstet in Schlach:
ten, tödteten viele Menschen mit eigener Hand,
und mißhandelten ihre Unterthanen gleichfalls mit
eigener Hand bis auf den Tod. Die Klagen des
Volks kamen abermahls vor den König, und die:
ser ließ die Beklagten zu sich entbieten. Da die
Bischöfe ankamen, wurde ihnen der Zutritt zu
dem Könige verweigert, weil erst ihre Schuld oder
Unschuld untersucht werden müsse. Dieser Em:
pfang brachte den **Sagittarius** so heftig auf,
daß er sich in die schmachvollsten Reden gegen den
König ergoß, und unter andern sagte: Die Söh:
ne des Königs könnten ihrem Vater nicht auf dem
Throne folgen, weil sie von einer ungleichbürti:
gen Mutter erzeugt worden. Der unbesonnene
Mensch wuste nicht, setzt **Gregor** hinzu, daß
man

---

d) Illo vero, (Papa Johannes) epistolas ad regem
   dirigit, in quibus locis suis eosdem restitui jubet.
   Quod rex sine mora castigatos prius illis verbis
   multis implevit.

man sich jetzt um die Abkunft der Gemahlinnen
von Königen gar nicht bekümmert, und ohne Un=
terschied diejenigen königliche Prinzen nennt, die
einen König zum Vater haben e). Der Zweifel
an der Rechtmässigkeit der Erbfolge seiner Söhne
setzte selbst den pfaffensüchtigen **Guntbram** in
einen solchen Zorn, daß er den Bischöfen alles,
was sie bey sich hatten, wegnehmen, dann die
Strafwürdigen in entfernte Clöster stecken, und
den Grafen auf das ernstlichste anbefehlen ließ,
die Bischöfe so scharf zu bewachen, daß sie mit
Niemanden reden könnten. Gleich nach dieser
Züchtigung der Bischöfe wurde einer von den kö=
niglichen Prinzen krank, und diese Krankheit mach=
ten sich die Hofleute, welche Freunde der Bischöfe
waren, augenblicklich zu Nutze. Vielleicht, sag=
ten sie zum Könige, sind die Bischöfe doch un=
schuldig in's Elend geschickt worden; und wenn
dieses seyn sollte, so könnte die Schuld des Va=
ters leicht an dem Sohne gestraft werden, und
dein kranker Prinz sterben. Kaum hörte der Kö=
nig diese Rede, als er schon den Befehl gab,
daß

e) coepit dicere, quod filii ejus regnum capere non
possent, eo, quod mater eorum ex familia magna
Charii quondam ascita regis thorum adiisset:
ignorans, quod praetermissis generibus nunc fae-
minarum, regis vocitantur liberi, qui de regibus fuerunt procreati.

daß man die gefangenen Bischöfe befreyen, und
sie bitten solle, daß sie für seine kleinen Kinder
beten möchten. Eine Zeitlang schien es, als wenn
die erlittene Züchtigung eine Sinnesbesserung in
den Bischöfen veranlaßt hätte. Sie fasteten,
theilten Allmosen aus, lasen täglich einen Psalm
Davids, und füllten selbst die Nächte mit Ge=
sang, oder dem Lesen und Betrachten heiliger Din=
ge aus. Dies gottesfürchtige Leben hörte aber
bald auf. Sie brachten wieder die meisten Nächte
mit Trinken und Schmausen zu, und forderten
noch neue Becher, wenn die Geistlichen schon in
die Frühmette gingen. Wenn sie endlich vom
Wein, und von Müdigkeit überwältigt wurden,
so schliefen sie auf ihren weichen Betten bis an
die dritte Stunde des Tages, erfrischten sich durch
ein Bad, sezten sich gleich zu Tische, und sehn=
ten sich nach Endigung des Mittagsmahls schon
wieder nach dem Abendessen, das bis an den fol=
genden Tag verlängert wurde. Es fehlte ihnen,
sagt **Gregor**, auch nicht an Weibern, womit sie
sich befleckten; und dies unchristliche Leben führ=
ten sie so lange fort, bis sie endlich vom Zorne
Gottes übereilt wurden f).

Ohn=

f) l. c.

Ohngefähr um dieselbige Zeit entstand in einem von der Prinzessinn **Radegunde** gestifteten Frauencloster in Poitu ein Aegerniß, welches alle diejenigen weit übertraff, welche die erwähnten Bischöfe gegeben hatten. **Chrodieldis**, eine Tochter des Königs **Charibert**, und **Basina**, eine Tochter von **Chilperic**, die in dem Closter zu Poitu lebten, beklagten sich darüber, daß sie von der Aebtissinn **Leuborera** nicht als Königstöchter gehalten, sondern als Kinder von verworfenen Sclavinnen gemißhandelt würden, und sie entfernten sich daher mit vierzig andern Jungfrauen aus dem, wie sie vorgaben, ihnen unerträglichen Gefängniß. Die flüchtigen Himmelstöchter kamen zu Fuß, und in einem sehr traurigen Zustande nach Tours, und baten den Bischof, der nachher ihre Geschichte aufschrieb, daß er sie aufnehmen, und so lange unterhalten möchte, bis sie ihre Sache bey dem Könige **Gunthram** angebracht hätten. **Gregor** versuchte vergebens, die **Chrodieldis** zum Frieden zu ermahnen, oder zur Anrufung eines geistlichen Gerichts zu bewegen g), wo ihre und der Aebtissinn Klagen und Gegenklagen unparteyisch erwogen und entschieden werden sollten. **Chrodieldis** wandte sich an den König

Gun=

g) IX. c. 42.

Gunthram. Während ihrer Abwesenheit kehrten die übrigen Nonnen, zu welchen sich bald nachher auch die **Chrodieldis** gesellte, nach Poitu zurück, setzten sich in der Kirche des heiligen **Hilarius** fest, versammelten alle Diebe, Räuber, Mörder und Ehebrecher um sich, jagten Bischöfe und Geistliche, welche ihre Sache untersuchen sollten, mit vielem Blutvergießen aus einander h), brachen mit Feuer und Schwerdt in ihr ehemaliges Closter ein, verwundeten die Nonnen, mißhandelten die Aebtissinn, und führten sie fast nackt als einen Gegenstand des öffentlichen Spottes umher. In dem geistlichen Gericht, welches endlich über die wilden Empörerinnen gehalten wurde, schlossen die heiligen Väter auf das übrige Leben, welches die entwichenen Closterfrauen geführt haben müßten, aus der traurigen Entdeckung: daß viele derselben schwanger befunden wurden i). Die Ursache der Ausgelassenheit der vornehmen Geistlichen unter den ersten Fränkischen Königen könnte man allenfalls darin suchen, daß Viele derselben keine Franken, sondern Römer waren. In dem zuletzt erwähnten Fall aber waren es nicht Römische, sondern Fränkische Jungfrauen aus königlichem Stamm,

die

h) IX. c. 41. 42.   i) ib. et X. c. 15.

J

die alle Regeln der clösterlichen Zucht, und alle
Gesetze des Wohlstandes, und der Ehrbarkeit fre=
ventlich übertraten.

Die Geschichtschreiber der ersten Carolinger,
noch mehr aber ihre Anstalten und Gesetze bewei=
sen, daß besonders **Carl der Grosse** alles that,
was er in seiner Lage nur thun konnte, um den
Vornehmen Liebe der Gerechtigkeit, und guten
Ordnung, der höhern und niedern Geistlichkeit
nützliche Kenntnisse, und unverdorbene Sitten,
und allen seinen Unterthänen Sicherheit des Lebens,
des Eigenthums und der Ehre wieder zu geben.
Selbst aber die häufige Wiederhohlung der Gesetze
und Anweisungen, in welchen er den Dienern des
Staats, und den Lehrern des Volks ihre Pflich=
ten vorschrieb, noch mehr aber die Klagen und
Nachrichten, die in diesen Gesetzen enthalten sind,
lassen gar nicht zweyfeln, daß **Carl der Grosse**
für die Verbesserung der Verfassung, und der
Sitten aller Stände noch viel weniger, als für
ihre Aufklärung ausrichtete. Folgende Stellen aus
den Capitularien des grossen Regenten werden ei=
nen jeden nachdenkenden Leser in Stand setzen,
über den Zustand der Sitten in der letzten Hälfte
des achten, und im Anfange des neunten Jahr=
hunderts zu urtheilen.

Kein

Kein Richter, befiehlt **Carl der Große,**
soll anders, als nüchtern gerichtliche Klagen an=
hören, und Rechtssachen entscheiden k). Auch soll
kein Zeuge anders, als nüchtern zum Zeugnisse,
oder Eide zugelassen werden. Damit Meineidigen
und Eidbrüchigen Einhalt geschehe, soll in Zukunft
keiner einen Eid ablegen, als bis man seinen gu=
ten Nahmen und seinen Wandel untersucht hat.
Uebelberüchtigte, oder unbekannte Personen sind
alles gültigen Zeugnisses unfähig. Der Kläger
soll nicht mehr allein das Recht haben, Zeugen
beyzubringen, und den Beklagten hingegen soll es
frey stehen, verdächtige Zeugen zu verwerfen, oder
denselben glaubwürdigere Männer entgegenzustellen.
Am besten ist es zur Erforschung der Wahrheit,
daß die Zeugen einzeln vorgenommen werden.
Wer eines Meineides schuldig befunden wird, soll
die Hand verlieren, oder die verwirkte Hand durch
eine von den Gesetzen bestimmte Buße lösen. —
Ludewig der Fromme sah sich genöthigt, alle
diese Verordnungen zu erneuern l), weil sie ohne
Wirkung geblieben waren.

Es ist uns, sagt Kaiser **Carl** in einem Ca=
pitular, das im zweyten Jahr seiner Regierung

J 2   be=

k) Corp. Jur. Germ. p. 608. 1138. 1145. 1151. 1191.
    Edit. Georg.
l) II. p. 91.

bekannt gemacht wurde, eine schreckliche Nachricht zu Ohren gekommen, die wir nicht ohne Schauder und Abscheu wiederhohlen können, daß sehr viele Mönche in Unzucht, und andern Unreinigkeiten, ja sogar in unnatürlichen Sünden betroffen worden m). Wir untersagen dieses auf das ernstlichste, und machen hiemit bekannt, daß wir diejenigen Mönche, die sich solchen Fleischessünden überlassen werden, so hart strafen wollen, daß es keinem Christen in den Sinn kommen wird, sich auf eine ähnliche Art zu vergehen. Wir gebieten zugleich, daß Mönche nicht mehr, wie bisher, ausser ihren Clöstern umherschwärmen, sich nicht mehr um weltliche Angelegenheiten bekümmern, und weder in, noch ausser den Clöstern Streit anfangen sollen. Eben dieses befehlen wir den Closterfrauen, die sich nicht mehr der Unzucht, der Völlerey, und der Habsucht ergeben, sondern mäßig und gerecht leben sollen n). Unser Wille ist ferner, daß die Canonici entweder in der Wohnung der Bischöfe, oder in ihren Stiftern sorgfältig unterrichtet werden. Ferne sey von ihnen alle Zügellosigkeit, und schändliche Gewinnsucht. Wir

duldeν

m) p. 634. 635.

n) Non fornicationi deditae, non ebrietati, non cupiditati servientes, sed omnimodis juste et sobrie vivant. ib.

dulden es nicht mehr, daß sie Hurer, Diebe,
Mörder, Räuber, Zänker und Trunkenbolde seyen,
sondern wollen, daß sie keusch von Leib und Her=
zen, demüthig und sanftmüthig, friedfertig und
nüchtern einher wandeln sollen, damit sie dereinst
als ächte Kinder Gottes zu heiligen Aemtern und
Geschäfften können befördert werden o). Eben so
wenig wird es den Priestern, und den jungen
Geistlichen, welche sie bey sich haben, fernerhin
gestattet werden, eitle Spiele zu spielen, oder
schwelgerische Schmäuse zu feiern, oder unzüchtige
Gesänge zu singen p). Priester sollen nicht mehr,
wie bisher q), Bauern und Pächter werden,
nicht mehr in allen Wirthshäusern und auf allen
Märkten umherlaufen, um Weiber und Töchter
zu verführen, oder Wucher und andere niedrige
Gewerbe zu treiben. Sie sollen endlich nicht mehr
schwelgen und saufen, oder andere zum Trinken
zwingen r). Diese Klagen, und Befehle Carls
des Grossen müssen einen Jeden überzeugen, daß

J 3 die

o) Non fornicarii, non fures, non homicidae,
non raptores, non litigiosi, non iracundi, non
elati, non ebriosi. l. c. p. 637.

p) ib.   q) p. 1491.

r) l. c. Dies letztere wurde schon früher geboten:
ut nullus ex Sacerdotum numero ebrietatis vitium nutriat, nec alios cogat per suam jussio-
nem inebriari. p. 924.

die Klagen des heiligen **Bonifacius** über die
gränzenlose Ueppigkeit und Unwissenheit der ersten
Priester in Teutschland s) nicht übertrieben waren.

Unter **Ludwig dem Frommen** und dessen
Söhnen stiegen die Gewaltthätigkeiten und Laster
der Vornehmen sowohl geistlichen, als weltlichen
Standes, das Elend und die Sittenverderbniß des
übrigen Volks, und die Zerrüttung des Fränkischen Reichs auf den höchsten Grad. Meuchelmorde, und Verstümmelungen, Ehebrüche und
Verletzungen der jungfräulichen Ehre, Vielweiberey und Concubinat, Meineide, und Bundbrüchigkeit waren in Personen von der königlichen Familie eben so häufig, als unter den Hofleuten,
Kriegern, Gemeinen und deren Weibern und Töchtern t). Die Beichtväter fragten ein jedes männ-
liches Beichtkind, das zu ihnen kam: ob nicht
der Beichtende Jemanden umgebracht, oder Hände und Füsse abgehauen, oder die Augen ausgerissen, oder einen falschen Eid geschworen, oder
Ehebruch begangen habe? Und eben so allgemein
erkundigte man sich bey weiblichen Sünderinnen,
ob sie nicht ein Kind umgebracht hätten, u. s. w. u).

Unter

s) Epist. Bonifacii Ep. 78. 133.
t) Schmidts Gesch. der Teutschen S. 116. 117.
u) ib. S. 207. 8.

Unter den einzelnen Beyspielen, die auf den Zustand der Sitten unter den Söhnen **Ludwigs des Frommen** schliessen lassen, weis ich kein stärkeres auszusuchen, als die Geschichte der Trennung **Lothars** von seiner Gemahlinn **Thietberga** v). **Lothar** hatte eine so ungeduldige Sehnsucht nach der Wiedervereinigung mit der **Waldrada**, die er schon als ein junger Prinz in seinem väterlichen Hause geliebt hatte, daß er auf alle nur mögliche Arten von seiner Gemahlinn **Thietberga** los zu kommen suchte. In dieser Absicht wandte er sich an **Günthern**, Erzbischofen von Cölln, dessen Nichte er zu heirathen versprach, wenn dieser sein Canzler ihn von der **Thietberga** befreyen könne. **Günther** ließ sich willig finden, zur Erfüllung des königlichen Wunsches mit zu wirken. Um aber diesen Zweck zu erreichen, muste er nothwendig andere vornehme Geistliche in sein Interesse ziehen. Er bewies zuerst dem Erzbischofe **Thietgand** von Trier, einem unwissenden Mann, aus dem alten und neuen Testamente, daß die Ehe **Lothars** und der Königinn **Thietberga** ungültig sey. Nachdem er diesen Gehülfen auf seine Seite gebracht hatte, so rief er eine Synode nach Metz zusammen, und klagte hier die Königinn öffentlich

J 4   vieler

v) Regino ad a. 864. et sq.

vieler großen Verbrechen, und unter andern einer
mit ihren eignen Bruder begangenen, und von
ihr selbst eingestandenen Blutschande an. Auf diese
einseitige Anklage wurde die unverhörte, und un=
schuldige Königinn sogleich durch die versammelten
Bischöfe von ihrem Gemahl getrennt. Bald nach=
her rief man ein abermaliges Concilium zu Regens=
burg zusammen, und hier machte **Lothar** den
heiligen Vätern bekannt, daß er sein feuriges ju=
gendliches Blut nicht bezähmen könne, und daß
man ihm also erlauben möge, nach der Trennung
seiner ersten ungültigen Ehe wieder zu heirathen.
Die Mitglieder der Synode antworteten einstimmig,
daß sie ihrem glorreichen König wegen seiner Be=
schützung der Kirche, und der standhaften Regie=
rung des Reichs um desto weniger eine zweite Hei=
rath versagen könnten, da der Apostel selbst gesagt
habe: daß es besser sey, zu heirathen, als Brunst
zu leiden. Gleich nach diesem Kirchenschluß trat
die **Waldrada** als Königinn hervor, und da der
Erzbischof **Günther** dem Könige die versprochene
Nichte zur Gemahlinn zuschickte; so hatte **Lothar**
die Unverschämtheit, der Betrogenen ihre Ehre zu
rauben, und sie dann unter allgemeinem Gelächter
dem Oheim zurückzusenden w). Man muß es fast

als

w) Guntherii episcopi neptis ad regem accersitur, ac
semel.

als ein Glück ansehen, daß solche Könige und Kö=
nigsdiener noch einen Herrn über sich hatten, der
sie züchtigen konnte. Die Brüder der unglücklichen
Thietberga klagten den **Lothar**, die **Waldra=
da**, und deren Werkzeuge bey dem Pabst **Nico=
laus** an. Die Erzbischöfe von Cölln und Trier
wurden nach Rom gerufen, und abgesetzt. **Wald=
rada** wurde in den Bann gethan, und **Lothar**
bedroht, daß wenn er in seinem Unwesen beharre,
er mit eben dem Bannschwerdte solle gezüchtigt wer=
den, das seine Beyschläferinn getroffen habe x).

Die Sitten der Fränkischen Könige, der Frän=
kischen Grossen, und der Fränkischen Geistlichkeit
steckten nothwendig auch die Teutschen Völker dies=
seits des Rheins an, die von den Franken regiert
wurden, und belehnt werden sollten. Unter **Lu=
dewig dem Teutschen** beging der Erzbischof **Hat=
to** von Mainz an dem Grafen **Adalbert** von
Bamberg oder Barenburg eine Verätherey, die der
verdorbenste Römer nicht schwärzer hätte ersinnen,
und nicht heimtückischer ausführen können. Er ver=
fügte sich nämlich zu dem Grafen **Adalbert**, der

J 5   sich

semel, ut ajunt, ab eo constupratur, atque cum ca-
chinno atque omnium derisione ad avunculum re-
mittitur.

x) Quamobrem cavendum est, ne cum ea pari mu-
crone percellaris sententiae etc. p. 47.

sich seit langer Zeit gegen den König aufgelehnt hat=
te, und den **Ludewig** mit Gewalt nicht bezwin=
gen konnte: stellte dem arglosen Krieger das Un=
rechtmässige seines bisherigen Betragens, und die
gnädigen Gesinnungen des Königs auf das nach=
drücklichste vor, und beredete ihn endlich mit zum
Ludewig zu gehen, indem er den heiligsten Eid
schwor, daß er den Grafen eben so unversehrt auf
sein Schloß zurück bringen würde, als er ihn herab=
geführt habe. Während dieser Unterhandlungen
schlug der Erzbischof alle Erfrischungen, welche
ihm angeboten wurden, hartnäckig aus. Da er
sich aber mit dem Grafen ein wenig vom Schlosse
entfernt hatte, stellte er sich, als wenn ihn hun=
gere, und bat **Adalberten**, daß er ihm etwas
Speise und Trank reichen lassen möchte. Der Graf
freute sich, daß der Erzbischof etwas auf seinem
Schlosse geniessen wolle, kehrte bereitwillig mit sei=
nem Gaste zurück, und begleitete ihn dann, nachdem
er sich gelabt hatte, mit dem größten Zutrauen zum
Könige **Ludewig**. Sobald dieser erfuhr, daß
Adalbert angelangt sey, ließ er ihn in Verhaft
nehmen, und setzte ein Gericht nieder, welches
über den Gefangenen richten sollte. Dies Gericht
verurtheilte Adalberten zum Tode. Da der
tapfere Mann zum Blutgerüste geführt wurde,

sagte

sagte er zum Erzbischof **Hatto**: Du bist des Meineides schuldig, wenn man mir das Leben nimmt.
Nein! antwortete **Hatto**. Ich habe mein Versprechen erfüllt, dich unversehrt auf dein Schloß
zurück zu führen. Besinne dich, daß ich dieses
that, als wir dein Schloß kaum verlassen hatten.
Adalbert erkannte zu spät, daß er war hinter-
gangen worden, und seufzete, wiewohl vergeblich,
über die Arglist des Erzbischofs, der noch mehr
wegen der Hartherzigkeit, womit er den von ihm
betrogenen Mann zum Tode führen sehen konnte,
als wegen seiner Verrätherey verabscheut zu werden
verdient y).

Im Jahr 888. klagten die teutschen Bischöfe
auf einem Concilio zu Mainz unter der Regierung
des Königs **Arnulph**, daß, wenn es auch gar
keine Normänner gebe, Teutschland doch in eine
Einöde müsse verwandelt werden, weil in dem Innern des Reichs Haufen von Räubern und Schis-
matikern wütheten, die sich weder um Gott, noch
um Menschen bekümmerten, und die besonders
Arme und Geringe bis zum Tode quälten, oder wenigstens bis zum äussersten Elende ausplünderten z).
Gleiche Klagen führte **Witichind** über die Zeitgenossen **Otto des ersten,** und wenn unter diesem
grossen

y) Luitprandi Histor. II. c. 3.
z) Schmidts Gesch. der Teutschen II. S. 117.

grossen Kaiser Todtschläge, Verwüstungen, Mord=
brennereyen und Meineide häufig im Schwange
waren, und alles, was Recht und heilig war,
mit Füssen getreten wurde, so kann man leicht
denken, was unter seinen Nachfolgern geschehen
sey a).

Ungeachtet die Sitten der Teutschen im zehnten
Jahrhundert nichts weniger, als unverdorben wa=
ren; so waren sie doch in Italien ohne Vergleichung
schlimmer. Nach den Schilderungen, die **Luit=
prand** von den Ränken der Italienischen Könige,
von den Lastern des Römischen Hofes b), und
von der Schaamlosigkeit der vornehmsten Fürstinnen
in Italien macht, muß man glauben, daß die
Einwohner dieses Landes zwar nicht die Wissenschaf=

ten

a) Fiebant multa nefaria a seditiosis homicidia, depopulationes, perjuria, incendia: aequum pra-
vumque, sanctum perjuriumque parum procede-
bant. Wittichind. II. p. 24. Der Beichtspiegel des
Bischofs Burkard von Worms, Schmidts Gesch.
II. S. 449. setzt doch eine geringere Sittenverderbniß
voraus, als die Beichtfragen, die man unter den
Carolingern an alle Beichtkinder jenseits des Rheins
that. Wenn man aber auch unter den Sächsi=
schen Kaisern in Teutschland dieselbigen Fragen an
Beichtkinder gethan hätte, die man unter den über=
rheinischen Franken that; so würde ich daraus doch
nicht auf eine gleiche Sittenverderbniß in Teutsch=
land und Frankreich schliessen. Solche Formulare
wurden oft fortgepflanzt, und beybehalten, wenn
die äussern Umstände auch sehr verschieden waren.

b) Man sehe auch Murat. Antiq. Ital. V. III. p.
832.

ten und Künste, aber wohl die Sittenlosigkeit
ihrer Vorfahren beybehalten hatten. Der Pabst
Johannes, den Otto der Grosse nachher ent=
setzte, wurde durch die Künste der Theodora,
seiner Buhlschwester, einer würdigen Nacheiferinn
der Messalinen der alten Zeit, erst Erzbischof
von Ravenna, und dann das Haupt der Christen=
heit. Die beiden Töchter dieser Theodora, die
eine Zeitlang Rom beherrschte, traten ganz in die
Fußstapfen ihrer Mutter, und eine derselben zeugte
mit dem Pabst Sergius den nachherigen Pabst
Johannes d). Ganz Italien und selbst die Kar=
dinäle und übrige Geistlichkeit in Rom klagten den
Liebhaber der Theodora an: daß er den heiligen
Pallast in ein Hurenhaus verwandelt: daß er Ehe=
bruch, Blutschande, und andere Greuel der Un=
zucht getrieben: daß er geistliche Würden verkauft,
Priester in Pferdeställen ordinirt, und den feier=
lichsten seinem Wohlthäter und Retter, Kaiser
Otto geschwornen Eid böslicher Weise gebrochen
habe d): um welcher Verbrechen willen er verdiene,
in den Bann gethan zu werden. — Einige Jahre
vorher erhielt die Wittwe des Markgrafen Adel=
bert einen solchen Einfluß in ganz Italien, als
wenn sie eine unumschränkte Beherrscherinn gewe=
sen

d) II. c. 13.
d) VI. c. 6. et sq.

fen wåre, und diefen måchtigen Einfluß erwarb
fie fich dadurch, daß fie fich nicht nur allen Fürften
und Herren, fondern auch allen Gemeinen, die
nur von einiger Bedeutung waren, Preis gab e).
Der König **Hugo** hatte neben feiner Gemahlinn
eine große Menge Beyfchläferinnen, unter welchen
er drey vorzüglich liebte: nåmlich die **Bezola**,
die **Rofa**, und **Stephania**. Diefe drey Mátref=
fen belegte er mit den Nahmen von drey heidni=
fchen Göttinnen: die erfte nannte er **Venus**: die
andere **Juno**: und die dritte **Semele**. Weil
diefe drey Weibsperfonen fich nicht bloß zum **Hu=**
go, fondern auch zu andern Männern hielten;
fo waren, fagt **Luitprand**, die Våter der Kin=
der, welche fie gebahren, ungewiß f). Von einer
folchen Zügellofigkeit waren die Sáchfifchen Kaifer
und deren Gemahlinnen unendlich weit entfernt.

Weil die Fránkifchen Könige die Sachfen viel
fpåter, als andere Teutfche Völker bezwangen, und
auch wåhrend ihrer kurzen Herrfchaft nie eine fo
große Gewalt über die Sachfen, wie über andere
Teutfche

---

e) Caufa autem potentiae ejus haec erat, quoniam,
quod dictu etiam faediffimum eft, carnale cum
omnibus non folum principibus, verum etiam
cum ignobilibus commercium exercebat. III.
c. 2.

f) Et quoniam non rex folus his abutebatur, ea-
rum nati ex incertis patribus originem ducunt.
ib. IV. 6.

Teutſche ausübten; ſo wurden die Sachſen ſpäter, als ihre übrigen Teutſchen Brüder verdorben. Schon im Anfange des eilften Jahrhunderts aber war mit den übrigen Tugenden auch die Keuſchheit, welche noch der heilige **Bonifacius** ſo ſehr an den Sachſen geprieſen hatte, vom dieſem mächtigſten unter den Teutſchen Völkern gewichen. Die Kaiſerinn, erzählt **Ditmar** g), wohnte damahls in dem abendländiſchen Sachſen, welches Land deswegen mit Recht Sachſen gegen Niedergang genannt wird, weil darinn die Sonne, und alle Zucht, und brüderliche Liebe ſich zum Untergange neigen. Die Nacht iſt nichts, als ein Schatten der Erde, und alles, was die Bewohner des weſtlichen Sachſens, oder von Weſtphalen thun, iſt Sünde. Hier arbeiten heilige Lehrer vergeblich, und Könige und Fürſten gelten ſehr wenig. Räuber, und Verfolger von Unſchuldigen herrſchen allein. Zwar ruhen in dieſem Lande die Leiber von vielen Heiligen, allein die Einwohner! verachten dieſelben. Ich mag hievon weiter nichts ſagen, da ich gar nicht zweyfle, daß die weſtlichen Sachſen wegen ihrer unerlaubten Verbindungen, und ihrer unausſprechlichen Ränke dem Untergange nahe ſind. Sie haben unzählige Excommunicationen ihrer geiſtlichen Hirten verachtet, und können bloß deswegen nicht länger beſtehen.

g) IV. p. 58.

hen. Betet nur mit mir ihr treuen Anhänger **Chriſti**, daß dieſe Menſchen bald gebeſſert werden, und daß ihre Sitten nie zu uns kommen mögen. — Die Gräfinn **Chriſtina**, ſagt eben dieſer Geſchicht‐ ſchreiber, war von den übrigen Weibern unſerer Zeit ſehr verſchieden, wovon ein groſſer Theil ihren Liebhabern alles das öffentlich zeigt, was an ihnen feil iſt. Da eine ſolche unſittliche Art ſich zu kleiden dem Herrn ein Greuel iſt, und dem ganzen Zeitalter zur Schande gereicht; ſo gehen nichts deſto weniger jene ſchaamloſen Weiber dem ganzen Volke zur Schau umher: und das iſt gerade das bedauerns‐ würdigſte, daß die Laſterhaften ſich nicht verbergen, ſondern den Tugendhaften zum Hohn, und den Böſen zum Beyſpiel keck einhertreten h).

Noch trauriger, als **Ditmars** Nachrichten, iſt das Gemählde, welches **Adam** von Bremen von den Dienern des Erzbiſchofs **Adalbert**, und den Einwohnern von Bremen ſelbſt macht i). Wenn der Erzbiſchof, heißt es bey dieſem Geſchichtſchrei‐ ber,

h) IV. p. 47.48. quarum magna pars — quod venale habet in ſe, cunctus amatoribus oſtendit aperte. Cumque ſit in his abominatio domini, et dede‐ cus ſaeculi, absque omni pudore coram procedit ſpeculum totius populi. Turpe ac nimis miſera‐ bile eſt, quod peccator unusquisque non vult deliteſcere, ſed ad irriſionem bonis, et ad exem‐ plum malis praeſumit procedere.

i) III. c. 19. 20.

ber, auch bisweilen ein ganzes, oder zwey Jahr
abwesend war; so fand er doch bey seiner Rückkunft
alle seine Einkünfte eben so verschleudert, als wenn
er gegenwärtig gewesen wäre. Denn die Menschen
in diesen Gegenden sind ganz unzuverlässig, und
können weder durch Wohlthaten, noch durch Drohungen im Zaum gehalten werden. Ihr gröstes
Laster ist Völlerey, weßwegen Adalbert, der den
heftigsten Abscheu dagegen hegte, oft von ihnen
sagte: daß der Bauch ihr Gott sey. Wenn sie in
der Trunkenheit Todtschläge, Gotteslästerungen,
und andere noch grössere Verbrechen begangen haben;
so halten sie diese am folgenden Tage für blosse Kurz-
weil. Der Erzbischof klagte: daß sie Fasttage und
Festtage durch das Essen von Fleisch und durch Unzucht befleckten: daß sie Meineide für Nichts achte-
ten: daß sie sich des Blutvergiessens rühmten: und
daß Ehebrüche, Blutschande, und andere schändliche
Lüste von Niemanden getadelt würden. Die meisten, fährt Adam fort, haben zwey, drey, oder
unzählige Weiber und Beyschläferinnen, und sind
dem Herzoge getreuer als der Kirche und ihrem
Bischofe. Wenn Adalbert gegen diese Unarten in
der Kirche eiferte, so lachte man über die väterliche
Züchtigung, und erwies den Kirchen und ihren
Priestern nicht die geringste Ehrerbietung. Daher

K   beschloß

beschloß der Erzbischof, daß er eines solchen hals=
starrigen Volkes gar nicht schonen, sondern ihm
Zaum und Gebiß in den Mund legen, und seine
Ungerechtigkeiten mit einer harten Geissel züchti=
gen wolle. In dieser Absicht· nahm er einem Je=
den bey der ersten Gelegenheit sein ganzes Ver=
mögen, und sagte den Beraubten mit Hohnlachen:
daß die Züchtigung des Körpers der Seele heilsam
sey, und daß der Verlust von Gütern zur Reini=
gung von Sünden diene. Die Vögte des Bischofs
gaben den Aussprüchen ihres Herrn die äusserste
Ausdehnung, und überschritten im Rauben und
Plündern alles Maaß und Ziel. — So wie die
Vögte des Bischofes **Adalbert** mit den Untertha=
nen der Bremischen Kirche umgingen; so behandel=
ten die Sachsen im 11. und 12 Jahrhundert die
Wenden, und die Lieblinge **Heinrichs des Vier=
ten** die Sachsen und Thüringer. Der Geiß und
die Grausamkeit der Sächsischen Fürsten und Her=
ren gegen die überwundenen Slawen mußten him=
melschreyend seyn, da alle gleichzeitige Geschicht=
schreiber beide als die Ursache der Abneigung der
Heidnischen Wenden gegen die Christliche *Religion,*
oder ihres häufigen Abfalls von derselben angeben k).

Die·

k) Adam. Brem. III. 15. Audivi etiam cum vera=
cissimus rex Danorum sermocinando eadem repli=
caret,

Die Unersättlichkeit und Ungerechtigkeit der Sach
fen wurden durch eine gleiche Unersättlichkeit und
Ungerechtigkeit Heinrich des IV. und feiner Günstlinge beftraft. Diese nahmen den Sachsen und Thü-
ringern Schlösser, Ländereyen, Heerden, ja felbft
Weiber und Kinder; und wenn die Unrechtleiden-
den sich beschwerten, so wurden sie ausgelacht, oder
in Gefängnisse geworfen, und nicht eher losgelassen,
als bis sie sich mit dem Verlufte ihres ganzen,
oder des gröften Theils ihres Vermögens losgekauft
hatten l). Das Teutsche Reich, klagten die Sachfen und deren Bundesgenossen, welches Heinrich
IV. ruhig und blühend von feinen Vorfahren empfangen hat, ift durch feine Lafter im Innern mit
Raub, Brand und Mord erfüllt, und den auswärtigen Feinden zum Spott worden. Kirchen
und Clöster sind zerftört. Die Einkünfte, die zum
Dienste Gottes beftimmt waren, hat man zur

K 2   Unter-

caret, populus Slavorum jamdudum procul dubio
facile converti posse ad Christianitatem, nisi Saxo-
num obftitisset avaritia: Quibus, inquit, mens pro-
hior eft ad pensiones vectigalium, quam ad conver-
fionem gentilium. Nec attendunt miseri, quantum
fuae cupiditatis luant periculum; qui Christianitatem in Slavonia primo per avaritiam turbaverunt.
Deinde per crudelitatem subjectos ad rebellandum
coegerunt, et nunc salutem eorum, qui credere
vellent, pecuniam solam exigendo contemnunt.
Eben dieses fagen Helmold, und Arnold von
Lübeck an vielen Stellen.

l) Lambert. Schaffnab. p. 187 — 191.

Unterhaltung von Söldnern, und zur Erbauung von Schlössern angewandt, wodurch die Ruhe des Vaterlandes vernichtet, und freyen Völkern ein unerträgliches Joch aufgebürdet wird. Die beraub=ten Wittwen und Waisen finden nirgends Trost, und die Unterdrückten nirgends eine Zuflucht mehr. Gesetze, Sitten, Kirche und Vaterland haben ihr Ansehen verlohren, Recht und Gerechtigkeit werden mit Füssen getreten, und Mord, Ehebruch, Dieb=stahl, Lügen und Trügen haben das ganze Reich überschwemmt m).

Sobald sich das Gerücht von der neuen und unerhörten Sitte am Hofe **Heinrichs des vier=ten**: Clöster und Stifter zu verkaufen, ausbrei=tete; so wetteiferten die Mönche so sehr in ihren Bewerbungen, Versprechungen, und Gebothen mit einander, daß die Verkäufer nie so viel fordern konnten, als die Käufer zu geben bereit waren. So wie **Heinrich der vierte** der erste unter den Kaisern war, der geistliche Würden feil bot, so war **Meinhard**, Abt von Bamberg, der Wucherer ge=

genannt,

m) ib p. 243. 244. status reipublicae eversus est: tranquillitas ecclesiarum turbata: majestas imperii ablata: authoritas principum evacuata: mores in=versi: leges abolitae: et secundum prophetae elo=gium maledictum et mendacium, et homicidium et furtum, et adulterium inundaverunt: et san=guis sanguinem tetigit: postremo omnis justitiae, et pietatis, religionis et honestatis disciplina situ atque incultu obsolevit. p. 224.

nannt, der erste unter den geistlichen, welcher eine
Würde offenbar um 1000 Pfund Silbers kauften).
Von dieser Zeit an dachten die Mönche nicht mehr
daran, wie sie ihre Regel beobachten, sondern wie
sie durch Wucher und andere schändliche Gewerbe
sich so viel erwerben mögten, daß sie hohe Wür=
den erhandeln könnten. Die ganze Welt erstaun=
te, woher Personen, welche das Gelübde der Ar=
muth abgelegt hatten, solche unermeßliche Reich=
thümer zusammenbrächten, als sie zu ihren Be=
förderungen verschwendeten o). Selbst **Heinrich
der vierte** wurde durch die unverschämten Zu=
dringlichkeiten, und ungeheuren Versprechungen der
Mönche, die um die Abtey in Fulda buhlten, so
empört, daß er dieselbe einem anspruchlosen Mönch
Ruzelin von Heresfeld, der sich ein solches Glück
nicht einmal hatte träumen lassen, aus eigner Be=
wegung ertheilte p). Der rohe Ehrgeiz der Geist=
lichen, und ihrer Vorsteher kam im Jahr 1063
am Pfingstfeste in der Kirche zu Goslar vor den

K 3

Augen

---

n) Ita proprio hujus invento, novo atque infausto
hujus aucupio haec in ecclesiam introducta est con-
suetudo, ut abbatiae publice venales prostituantur
in palatio, nec quisquam tanti venales prostituere
queat, quin protinus emptorem inveniat, mona-
chis inter se non de observantia regulae zelo bono,
sed de quaestibus et usu zelo avaro contendentibus
p. 185.

o) p. 186. 187.

p) p. 229.

Augen des Kaisers, und seines Hofes zu einem
schrecklichen Ausbruch. Der Bischof von Hildes=
heim und der Abt von Fulda stritten schon lange
um den Vorsitz, und diesem Streit wollte jetzt der
Bischof von Hildesheim durch die Gewalt der
Waffen ein Ende machen. Er befahl dem Grafen
Ekbert, daß er sich mit seinen Kriegern hinter
dem Hochaltar verstecken, und bei dem ersten Zeichen
hervor brechen solle. So bald also der Graf hör=
te, daß die Cämmerer des Bischofes und die des
Abts in einen Wortwechsel geriethen, so kam er mit
seinen Spiesgesellen zum Vorschein, und trieb die
Fuldenser mit Faustschlägen und Prügeln zur Kir=
che hinaus. Die Fuldischen Hofbedienten riefen
sogleich die Reisigen ihres Herrn zu Hülfe, und
kehrten mit diesen in die Kirche zurück. Darauf
entstand unter beiden Parteyen ein blutiger Kampf,
der die Altäre mit Leichen bedeckte, und in den
Gängen der Kirche Ströme von Blut fliessen
machte. Der Bischof von Hildesheim stieg auf
einem erhabenen Ort, und ermunterte die Seini=
gen, daß sie sich tapfer halten möchten. Der Kai=
ser bat und befahl vergebens, daß die Streitenden
zu kämpfen aufhören sollten. Er konnte nur mit
genauer Noth zur Kirche hinauskommen, und der
Kirchenschänderische Streit hörte nicht eher auf,

als

als bis die Fuldischen Ritter und Edelknechte wi=
chen, und den beſſer vorbereiteten Kriegern des Bi=
ſchofes von Hildesheim den Sieg überließen.

Von dem traurigen Zuſtande der Sitten
unter **Heinrich dem vierten** zeugt nichts ſo
ſehr, als die häufigen, und verabſcheuungswürdi=
gen Verräthereyen, welche **Heinrich der vierte**
ſelbſt an Freunden und Feinden q), beſonders aber,
welche der Sohn des Kaiſers gegen ſeinen Vater,
die geiſtlichen und weltlichen Fürſten gegen ihren
Wohlthäter und Beherrſcher, aber auch gegen ein=
ander ausübten r). Die mächtigen Feinde des Kai=
ſers verführten ſeinen älteſten Sohn, um dem
Vater Leben und Crone zu rauben s). Der Sohn war
ſo gelehrig gegen die verderblichen Rathſchläge ſei=
ner Verführer, daß er auf dem großen Landtage
der Sachſen bey Nordhauſen das ganze verſam=
melte Volk durch die unter heuchleriſchen Thränen
ausgeſprochenen Betheurungen gewann: daß er
gar nicht daran denke, ſeinen Vater und Herrn
vom Thron zu verdrängen, ſondern nur zum Ge=
horſam gegen den heiligen **Petrus** und deſſen
Nachfolger zu bewegen, nach welcher Sinnesän=

K 4 herung

q) Lambert. Schaffnab. p. 236.

r) Man ſehe auch Voigts Geſchich. des Stifts Quedſ
linburg I. S. 241.

s) Vit. Heinr. IV. Edit. Baſ. 1532. fol.

derung er ihm so treu, als irgend ein anderer
Unterthan gehorchen wolle t). Da der unglückli=
che Vater nicht lange nachher bey der Belagerung
von Nürnberg befürchten muſte, daß seine Krieger
ihn in die Hände des Sohnes überliefern möch=
ten, und dadurch zur heimlichen Flucht gezwungen
wurde; so rief der unnatürliche Sohn alle Fürsten
des Reichs nach Mainz zusammen, um seinen
Vater förmlich von der Regierung auszuschlieſſen
Seit vielen Jahren hatte man keinen so glänzen=
den Reichstag gesehen, als derjenige war, auf
welchem **Heinrich der vierte** entsetzt werden soll=
te u); denn unter allen mächtigen Fürsten und
Herren fehlte nur allein Herzog **Magnus von
Sachsen**, der wegen seines hohen und schwächli=
chen Alters nicht kommen konnte. Nichts war
den versammelten Fürsten, und den nach der Kö=
nigscrone trachtenden **Heinrich dem V.** unerwar=
teter, als daß der Kaiser Muth genug hatte, mit
einer starken Begleitung auf den Reichstag zu kommen,
um seine und seines Sohns Sache von den Stän=
den entscheiden zu laſſen. Man rieth daher dem Sohn,
seinem Vater entgegen zu gehen, anfrichtig scheinen=
de Reue zu erheucheln, Gehorsam und Treue an=
zugeloben, und bey dieser Gelegenheit den sichern
Kaiser in das Garn zu locken. **Heinrich** V. war
nie

t) **Alb. Stad.** ad a. 1105   u) ib. ad a. 1116.

nie bereitwilliger und glücklicher, als wenn er seinen Vater hintergehen sollte. Er eilte zum Vater,
der sich noch in Coblenz aufhielt. Heinrich IV.
wurde durch die Reue und Rückkehr seines Sohnes so gerührt, daß er ihm nicht nur um den
Hals, sondern zu Füssen fiel, ihn alles vergan-
gene vergab, und kniend bat, daß er doch nicht
seine und seines Vaters Ehre durch niederträchtige
Verrätherey schmälern möchte v). Heinrich V.
betheuerte mit dem feierlichsten Eide, daß er nichts,
als die Freysprechung und Wiederherstellung seines Vaters suche, und daß er mit Freuden sein
Leben für das Leben des Vaters lassen wolle. Denselbigen Eid wiederhohlte der Verräther zu Bingen
noch zweymahl, da der Vater gerechten Argwohn
zu schöpfen anfing w). Durch diese Meineide verleitete der Sohn den Vater zuerst, den größten
Theil seines Gefolges zu entlassen, und dann in
Ingelheim so lange einzukehren, bis der Sohn
die Gemüther der Fürsten besänftigt hätte. Als
Heinrich der IV mit drey andern von seinen
Getreuen in das Thor der Feste eingeritten war,
ließ man die Fallthür nieder, und versagte den übrigen Begleitern des Kaisers den Eingang. So bald
man den Kaiser in seiner Gewalt hatte, brauchte
man

K 5

v) Heinrici IV. Ep. ad Celtarum regem p. 78. 79.
w) ib.

man die schrecklichsten Drohungen, und die unwürdigsten Mißhandlungen, um ihn zur Abtretung seiner Festungen und zur Auslieferung der kaiserlichen Insignien zu treiben x); und damit diese Entsetzung und Beraubung allen Schein von Widerrechtlichkeit verlieren möchte, so verlangte man, daß **Heinrich** IV. freywillig und in Gegenwart der Fürsten der Crone, und seinen Ländereyen entsagen möchte y). Der Kaiser erbot sich zu beiden Zumuthungen, wenn der päbstliche Legat ihn von dem Banne lossprechen wolle. Da der Legat erklärte, daß er hiezu keine Vollmacht habe, so fiel der Kaiser vor der ganzen Versammlung auf die Kniee, und beschwor alle Anwesende bey Gott und bey ihrem Gewissen, daß man ihm erlauben möchte, sich vor einem Fürstengericht zu rechtfertigen, und da, wo er gefehlt haben könne, Genugthuung zu geben. Die weltlichen Fürsten wurden durch das Unglück, und die Klagen des Kaisers bis zu Thränen erweicht. Die Bischöfe hingegen, der Legat, und besonders **Heinrich** V. blieben unerschüttert z). Nach dem **Albert** von

Stade

x) ib.

y) ib. Vit. Hein. IV. p. 67. Der Verfasser der Lebensbeschreibung sagt, daß dieses in Mainz geschehen sey Heinrich der IV. selbst aber erzählt dem Könige von Frankreich, daß man ihn in Ingelheim zur Niederlegung der Regierung gezwungen habe.

z) Heinrich der IV. war, oder glaubte sich wenigstens
auch

Stade waren es die Erzbischöfe von Mainz und
Cölln und der Bischof von Worms, welche von
dem Kaiser verlangten, daß er die Insignien der
kaiserlichen Würde abgeben solle. Da der Kaiser
nach den Ursachen seiner Entsetzung fragte, und die
Bischöfe antworteten: daß der Verkauf von Bisthümern und Abteyen ein Hauptgrund seiner Entthronung sey; so wandte sich Heinrich gegen die
beiden Erzbischöfe, und forderte sie auf, zu sagen,
was sie denn ihm für ihre hohen Würden gegeben
hätten. Auf die Antwort: nichts: setzte der Kaiser hinzu: und der Herr von Worms weiß am
besten, ob er durch Geld, oder durch meine Gunst
in seine jetzige Stelle gekommen ist a). Nach
demselbigen Geschichtschreiber ersuchte der entsetzte
Heinrich der IV. den Bischof von Speier, daß
er ihm doch eine Präbende an seiner Kirche geben
möchte. Der von dem Kaiser vormahls mit Wohlthaten überhäufte Bischof schlug die Bitte ab,
und nun brach Heinrich IV. in Thränen, und in
die Worte aus: Ihr meine Freunde solltet euch
meiner wenigstens erbarmen, da die Hand des
Herrn mich gerührt hat.

Nicht

auch nach seiner Entthronung nicht sicher. Er entfloh
aus seiner Gefangenschaft, und hatte in seinem jam-
mervollen Elende nur den einzigen Trost, daß gerade
solche Fürsten, die er am meisten beleidigt hatte, sich
seiner am kräftigsten annahmen. II. cc. auch Alb.
Stad. I. c. a) Alb. Stad. l. c.

Nicht lange vorher und nachher als dieses ge=
schah, machten sich zwey der vornehmsten Teutschen
Fürsten der gehässigsten Undankbarkeit und Verrä=
therey schuldig. Welf, ein Sohn des Markgra=
fen Azzo hatte sich mit der Tochter des Herzogs
Otto von Baiern vermählt, und hatte diese Ehe
durch einen doppelten Eid besiegelt b). Er liebte
und ehrte seine Gemahlinn, wie es sich gebührte,
und half seinem Schwiegervater aus allen Kräften,
so lange das Glück demselben günstig war. Als
er aber merkte, daß der Zorn des Kaisers immer
mehr gegen den Herzog Otto entbrenne, und daß
dieser in die Acht erklärt worden; so zog er sich
von seinem Schwiegervater zurück, trennte sich von
seiner Gemahlinn, und schonte weder Mühe, noch
Geld, um das Herzogthum seines Schwiegervaters
zu erhalten; welches er auch wirklich an sich riß.
Alle Zeitgenossen verabscheuten den Ehrgeiz des
Herzogs Welf, wodurch er seine hohe Geburt,
und sein bisheriges Leben geschändet hatte c).

Ein anderer Welfe, nämlich Herzog Hein=
rich von Baiern, ließ dem Herzoge Friederich

von

b) Lamb. Schaffnab. ad 1071. — et per jusjurandum
altera jam vice matrimonio fidem dixerat. p.
181.

c) cunctis detestantibus, quod clarissimam atque
inopinatissimam in republica dignitatem tam foe=
da ambitione polluisset. l. c.

von Schwaben den freundschaftlichen Rath geben,
daß er sich doch mit dem Kaiser **Lothar** aussöh=
nen möchte; und wenn er dieses wolle, so sey er,
Herzog **Heinrich,** zu einer gütlichen Vermittelung
bereit. Herzog **Friedrich** nahm dieses Anerbieten
an, und man machte das Kloster Zwiefalten als
den Ort der Zusammenkunft aus, wo beide benach=
barte Fürsten sich mit einander bereden wollten.
Herzog **Friedrich** erschien mit einer kleinen Beglei=
tung, besprach sich zutraulich mit dem Herzoge **Heinrich,** und legte sich ohne den geringsten Gedanken
von Nachstellung schlafen. In der Nacht ließ **Heinrich** alle Zugänge zu dem Schlafzimmer des Her=
zogs **Friedrich** besetzen, und brach dann mit Ge=
walt in die Ruhestätte seines Nachbars ein. Her=
zog **Friedrich** hörte das Geräusch der Bewaffneten
früh genug, um durch einen geheimen Gang ent=
wischen, und sich auf den Kirchthurm retten zu
können. Man durchsuchte alle Zellen und Winkel des
Klosters vergebens. Nach langem Suchen entbot Her=
zog **Friedrich** vom Thurme herab den verrätherischen
Heinrich zu sich, zeigte ihm in der Ferne herran=
nahende Krieger, welche **Friedrichen** zu Hülfe
eilten, und rieth ihm, sich so geschwind als möglich
zu entfernen, weil er ihm nicht Gleiches mit Glei=
chem vergelten wolle d).

Da

d) Otto Frif. de Geft. Fried. l. l. e. 19.

Da die Sitten selbst in Teutschland gegen das
Ende des eilften Jahrhunderts so verdorben wären,
so kann man den Erzbischof **Wilhelm** von Tyr kei=
ner Uebertreibung argwöhnen, wenn er den Zustand
der abendländischen Völker auf folgende Art schil=
dert. Die Gläubigen, sagt dieser vortreffliche Ge=
schreiber e), wurden nicht bloß im Morgenlande
von den Ungläubigen unterdrückt, sondern der wah=
re Glaube, Gerechtigkeit, und Gottesfurcht hat=
ten sich auch in Europa, und fast auf der ganzen
übrigen Erde vorzüglich unter solchen Völkern ver=
lohren, welche auf Rechtgläubigkeit Anspruch mach=
ten. Gewaltthätigkeit, Arglist, und Bosheit herrsch=
ten in allen Ländern. Das Laster hatte die Stelle
der Tugend eingenommen, und die Welt schien ih=
rem Untergange nahe zu seyn. Die größten Für=
sten, die am ehesten den Frieden hätten erhalten
sollen, befehdeten sich unter einander aus den ge=
ringfügigsten Ursachen, raubten und sengten unge=
straft, und warfen den armen Landmann ihren
Reisigen zur Beute hin. Unter so unaufhörlichen
Nachstellungen blieb keiner seines Lebens, und Ver=
mögens sicher; und es war schön genug, Jeman=
den in Ketten und Banden zu legen, und auf das
grausamste zu foltern, wenn man wußte, daß er
reich, oder vermögend war. Selbst Kirchen und
                                                    Clö=

e) l. c. s.

Clöstern halfen ihre Privilegien nichts. Man er=
brach beide, und schleppte die zum Dienste Gottes
geweihten Gefässe, Kleider, und Kleinodien, oder
auch geweihte Personen von den Stufen der Altäre
fort. Alle Wege waren mit Strassenräubern be=
setzt, und in den grössern und kleinern Städten
schlichen häufige Meuchelmörder umher, vor deren
Dolchen keine Vorsicht schützen könnte f). Keusch=
heit und Mässigkeit waren nicht weniger, als Ge=
rechtigkeit und Billigkeit von den Menschen ent=
flohen. Man übte eine jede Art von Unzucht,
Schwelgerey, und verderblichen Spielen öffentlich,
zu allen Zeiten, und ohne alle Scheu. Die Geist=
lichkeit unterschied sich von den Layen gar nicht
durch ein besseres Leben, sondern die Priester wa=
ren, wie es im Propheten heißt, wie das Volk.
Die Bischöfe glichen stummen Hunden, die ihre
Heerden verlassen, wenn die Wölfe sich nähern. Sie
dachten nicht an das Wort des Herrn: gebt umsonst,
was ihr umsonst empfangen habt, sondern sie verkauf=
ten alles, wofür sie nur einen Käufer finden konnten.

Die

---

f) Auch im eilften Jahrhundert blieb Italien vor den
übrigen Reichen des abendländischen Europa wegen
der Giftmischerey berüchtigt. Ditmar. VII. 85. Multae funt, proh dolor! in Romania atque Longo-
bardia insidiae: cunctis huc advenientibus exigua
patet charitas. Omne quod ibi hospites exigunt,
venale est, et hoc cum dolo; multique toxico hic
pereunt adhibito. Ueber den Zustand der Sitten
im 11 Jahrh. Murat. Script. rer. Ital. V. p. 588.

Die verdorbenen Sitten, welche die ersten
Kreuzfahrer gegen das Ende des eilften und im An=
fange des zwölften Jahrhunderts mit nach Palästina
brachten, waren die Hauptursache, warum sie sich
ihrer grösseren Stärke und Tapferkeit ungeachtet
in den gemachten Eroberungen nicht behaupten konn=
ten. Diejenigen, sagt der Cardinal **von Vitri** g),
welche die Eroberung des gelobten Landes, und
die darauf erfolgenden Begebenheiten genau beo=
bachtet haben, gestehen alle, daß nichts der gu=
ten Sache der Christen mehr geschadet habe, als
die verruchten Räuber, Diebe, Mörder, Ehebre=
cher, Meineidigen, Landläufer, Spieler, Huren
und Hurenwirthe, die von Anbeginn an nach Asien
zusammenflossen. Diese Ungeheuer veränderten mit
dem Himmel ihr Herz und ihr Leben nicht, und
befleckten das heilige Land mit ihren scheußlichen La=
stern. Sie sündigten um desto kühner, da sie von
ihren Verwandten und Bekannten entfernt waren,
und sich vor Menschen so wenig, als vor Gott scheu=
ten: da sie, wenn die Strafe sie verfolgte, ent=
weder zu den Saracenen übergingen, und ihren
Glauben verläugneten, oder auf die benachbarten
Inseln entflohen, oder sich in die Häuser der geist=
lichen Orden zurückzogen, von welchen sie stets auf=
genommen, und geschützt wurden. Es geschah sehr
häu=

g) Jac. de Vitriaco. c. 92. p. 1096. 1097.

häufig in allen Abendländern, daß Verbrecher, die
zum Tode, oder andern harten Leibesstrafen waren
verurtheilt worden, es durch Fürbitten oder durch
Bestechungen dahin brachten, daß man sie ihre
Missethaten durch eine Kreuzfahrt nach dem gelöb=
ten Lande büssen ließ h).

Das zwölfte Jahrhundert besserte nichts we=
der in den Sitten der Morgenländischen, noch der
Abendländischen Christen. In unsern Zeiten, heißt
es beym Wilhelm von Tyr i), sind die Men=
schen, vorzüglich im Orient so beschaffen, daß man,
wenn man ihre ungeheuren Laster, wie sie es ver=
dienen, beschreiben wollte, entweder unter der Last
des Stoffs erliegen, oder den Schein erhalten müste,
eher eine Satire, als eine Geschichte zu schreiben k).
Während daß alle übrige Völker, so klagt der Abt
von Ursperg, ihre blutigen Schwerter allmählig
in die Scheide steckten, verharrten allein die Teut=
schen

h) Eben dieses bezeugt Sanut in Secret. fidel. cru-
cis pars VIII. c. 5. Die Sitten der Pullanen und
übrigen Morgenländischen Christen schildert Jacob
von Vitri p. 1088. 1089. Sanut l. c. c. 6. bes.
Marin Histoire de Saladin l. p. 410. et sq.

i) 21. c. 7.

k) Tales sunt praesentis saeculi, et maxime orien-
talis tractus homines; quorum mores, imo vitiorum monstra si quis diligentiori stilo prosequi
tentet, materiae immensitate succumbat, et potius
satyram movere videatur, quam historiam texere.
l. c.

L

ſchen in ihrer alten Halsſtarrigkeit. Meineid, Lü=
gen, Trügen und andere Laſter überſtrömten das
ganze Volk, und das Geſchrey über die verübten
Unthaten drang nicht weniger, als vormahls von
Sodom und Gomorra zu dem Herrn empor l). In
den Streitigkeiten Friederichs des erſten mit dem
päbſtlichen Stuhl, und den Italieniſchen Städten,
in den Kriegen eben dieſes Kaiſers mit Heinrich
dem Löwen, und in den Kriegen Philipps
von Schwaben, und Otto des vierten vergaß,
oder verachtete man alle Grundſätze von Recht und
Billigkeit, ſo wie die Heiligkeit von Eiden und
Bündniſſen. Geiſtliche und weltliche Fürſten ver=
kauften ihre Stimmen und Hülfe öffentlich an den
Meiſtbietenden, und trugen kein Bedenken, von der
Partey, welcher ſie ſich verkauft hatten, zu den
Meiſtbietenden überzugehen, wenn ſie den geringſten
Vortheil von ihrer Treuloſigkeit hoffen konnten m).
Aus der Ungewißheit des oberſten Hauptes des Reichs
ent=

l) ad a. 1101.
m) Abb. Urſperg. ad a. 1192. Ortae ſiquidem ſunt
in hominibus ſimultates, doli, perfidiae, tradi-
tiones, ut ſe invicem tradant in mortem et inte-
ritum. Rapinae, depraedationes, depopulationes
terrarum vaſtationes, incendia, ſeditiones, et
bella, et rapinae, ſive in ſtratis, ſive in la-
trociniis, juſtificatae ſunt, ut omnis homo
jam ſit perjurus, et praedictis facinoribus impli-
catus, ut vix excuſari poſſit, quin ſit in his, ſicut
populus, ſit et ſacerdos: tribulatio magna prohi-
buit et hoc, ut nec quis de villa ſua poſſit procedere ſecure, ſaltem in proximam villam. etc.

entstand unter andern durch ganz Teutschland eine
gänzliche Ungewißheit der Vorsteher der Kirchen,
und der geistlichen Hirten. Es war fast kein Bis=
thum, keine Abtey, oder nur beträchtliche Pfarrey,
deren Besitz nicht streitig gewesen, und deren Be=
sitzer nicht nach Rom wären gezogen worden. Freue
dich, Rom, du unsere Mutter, so ruft der eben an=
geführte Schriftsteller aus, daß auf der ganzen Erde
die Schleusen geöffnet werden, durch welche Ströme
und Bäche von Gold in dich zusammenfliessen. Freue
dich über die Zwietracht und Verkehrtheit der Men=
schenkinder, die das viele Unrecht, welches sie dir
zugefügt haben, jetzt doch wenigstens einigermaassen
mit ihren Reichthümern ersetzen. Jetzt hast du,
wornach dich lange gedurstet hat. Du siegst nicht
durch deine Frömmigkeit, sondern durch die Bosheit
der Menschen über die ganze Erde: und weder An=
dacht, noch Gewissen ziehen die Menschen zu dir, son=
dern ihre mannigfaltigen Verbrechen, und Laster, und
die Zwistigkeiten, die dadurch verursacht werden n).
In der Mitte des zwölften Jahrhunderts bejammerte
Saxo Grammaticus den Verfall der guten alten
Sitten unter den Dänen, und gab die Nachahmung
der Teutschen als die Ursache der überhandnehmen=
den Schwelgerey, Ueppigkeit, Ergötzungssucht,
und Unzuverlässigkeit an o). **Arnold** von Lü=

beck,

L 2

n) l. c.   o) Sax. Grammat. VI. p. 172.

beck p), ift Zeuge, daß der Grammatiker Saro
den Sachsen nicht zu viel gethan hatte; fo wie
Otto von Freifingen, daß das füdliche Teutfch=
land um diefelbige Zeit nicht weniger verdorben
und zerrüttet war, als das nördliche r). Die Nach=
richten des dem Kaifer Friederich I. günftigen
Morena von den kaiferlichen Vögten in Italien
enthalten ein fchreckliches Bild von der Ungebunden=
heit der Teutfchen, welchen Friederich fein Zu=
trauen fchenkte. Die kaiferlichen Vögte in Italien,
erzählt der genannte Gefchichtfchreiber s), erpreß=
ten allenthalben fiebenmahl mehr, als fie von Rechts
wegen im Namen des Kaifers ihres Herrn fordern
konnten. Sie unterdrückten Markgrafen, und
Grafen, groffe Baronen und Städte, wie gerin=
gere Vafallen ohne Unterfchied. Den Mailändern
blieb kaum ein Drittel des dritten Theils ihrer
Einkünfte übrig, und die Cremonefer waren noch
fehr glücklich, daß man ihnen nur den dritten Theil
weg=

p) III. c. 22. p. 136.

r) de Geft. Fried. l. l. 40. Tanta, fagt er von dem
Creutzuge Conrads des dritten, und des nachher
rigen Kaifers Friedrich des erften, etiam (mirum
dictu) praedonum et latronum advolabat multitudo, ut nullus fani capitis hanc tam fubitam, quam
infolitam mutationem, ex dextra excelfi provoni-
re non cognofceret, cognofcendo attonita mente
non obftupefceret.

s) Morena res Laudenses in Leibnitz. Script. rer.
Brunfvicenf. p. 841. 842.

wegnahm. Man trieb von jedem Heerd von Edlen und Unedlen jährlich einen Gulden, und von jeder Mühle drey Gulden ein. Fischer muſten den drit= ten Theil ihres Fangs, und Jäger ihre ganze Beu= te hergeben. Die meiſten Vaſallen verlohren ſo gar ihre Güter, die ſie ſeit dreyhundert und mehr Jahren beſeſſen hatten. So unerträglich dieſe Be= drückungen ſolchen Leuten waren, die bisher frey und im Ueberfluß gelebt hatten; ſo dachte doch keiner in der Lombardey an Rache, oder an thät= liche Widerſetzlichkeit, weil ein jeder höffte, daß der Kaiſer die gerechten Beſchwerden ſeiner Italiä= niſchen Anhänger hören, und ihnen abhelfen werde. Als endlich **Friederich der erſte** im J. 1166. nach Italien kam, ſo bezeugte er zwar anfangs ſehr viele Theilnehmung an dem Unrecht, was den Einwohnern der Lombardey widerfahren ſey, allein er ſtrafte doch keinen von ſeinen Dienern, welche Unrecht angethan hatten, und nun fing man an zu glauben, daß die kaiſerlichen Vögte mit Wiſſen und Einwilligung ihres Herrn jede Art von Ge= waltthätigkeit ausgeübt hätten.

So wie die Sitten der Abendländer im Gan= zen weniger verdorben waren, als die der Mor= genländiſchen Chriſten, ſo waren die Sitten der Teutſchen im Durchſchnitt weniger verdorben, als

die

die der übrigen Europäischen Völker. In Frank=
reich, England, und Italien t) gingen im 11.
und 12. Jahrhundert noch viel größere Greuel, als
in unserm Vaterlande vor. Gegen das Ende des
eilften Jahrhunderts u) verließ **Bertrade** eine Ge=
mahlinn des **Fulko**, Grafen von Anjou und Tours,
auf einmahl ihren Gemahl, mit welchem sie drey
Kinder gezeugt hatte, und vermählte sich mit dem
Könige von Frankreich **Philipp dem ersten**, der
fälschlich vorgab, von seiner Gemahlinn geschieden
zu seyn. Der ehebrecherische **Philipp** heirathete
die ehebrecherische **Bertrade** im Angesicht der Kir=
che, und in Gegenwart, und mit Einwilligung von
mehreren Bischöfen. So wohl die **Bertrade**,
als ihr erster Gemahl **Fulko** waren mit **Philipp**
im zweyten oder dritten, und im fünften oder
sechsten Grade verwandt, und in dieser Verbindung
ward daher, wie **Mezeray** anmerkt, ein doppel=
ter Ehebruch, und doppelte Blutschande began=
gen. Die kanonischen Gesetze, wodurch man die
Ehe zwischen Personen, die im siebenten Grade,
oder gar nur geistlich mit einander verwandt wa=
ren, untersagte, brachten nirgends größere Un=
ordnun=

t) Man sehe die Schilderung der verdorbenen Sit=
ten in Italien während des 12 Jahrhunderts.
Annal. Genu. ap. Murat. V. 328 375. 588.

u) Wilhelm. Tyr. XIV. I. Mezeray II. p. 492.

ordnungen, als in Frankreich, besonders unter
den Grossen hervor. Wenn unter Eheleuten ein
Theil des andern überdrüssig war; so brauchte man
nur zu schwören, und mit Zeugen zu beweisen,
daß man in verbotenen Graden verwandt sey.
Solche Eide schwor man eben so leicht, als man
falsche Zeugen, und willige Bischöfe fand, welche
einem Jeden gegen eine gehörige Erkenntlichkeit
dienten v). Unter **Philipp dem zweyten** zeich=
neten sich im gelobten Lande die jungen Krieger,
welche die Leibwache des Königs ausmachten, noch
mehr durch ihre Ausgelassenheit, als durch ihre
Tapferkeit aus. Ihr Nahme, Ribauds oder Ri-
baldi wurde bald der Nahme aller derer, welche
sich den gröbsten und schimpflichsten Ausschweifun=
gen überliessen w). Das Haupt dieser Ribauds,
welches den Titel Roi des Ribauds erhielt, hatte
die Aufsicht und ertheilte die Erlaubniß zu allen
Arten von Spielen, die am Hofe gespielt wurden.
Er erhielt von allen Logis de bourdeaulx, et
de femmes bourdelières wöchentlich zwey Sols,
und jede Ehebrecherinn muste ihm 5 Sols zahlen.

L 4   Der

v) ib. et III. 59. 65.

w) Marin II. 291. Le libertinage outré, auquel
ils se livroient, avilit leur gloire, et rendit mê-
me dans les tems posterieurs leur nom infame,
ainsi que leur emploi.

Der Nahme dieſes Amts wurde unter **Carl dem
ſiebenten** unterdrückt. Das Amt ſelbſt aber
dauerte unter dem Titel des grand Prévôt de
l'hôtel auch in der Folge fort x).

Die Franzoſen des eilften und zwölften Jahr=
hunderts waren eben ſo grauſam, als abergläubig,
und liederlich. Bey der Eroberung von Jeruſalem
brachten die erſten Creußbrüder, die gröſtentheils
Franzoſen waren, zehntauſend Menſchen innerhalb
des Tempels um, und wenigſtens eben ſo viele
wurden in der übrigen Stadt ohne Unterſchied des
Alters, Standes und Geſchlechtes getödtet y).
Alle Straſſen und Häuſer waren mit Leichnamen,
oder verſtümmelten Gliedmaaßen der Erſchlagenen
angefüllt. Die Gänge nnd Vorhöfe des Tempels
ſtrömten von Blut, und die Sieger ſelbſt waren
von Kopf bis zu Fuß ſo mit Blut bedeckt, daß
man ſie nicht ohne Entſetzen anſehen konnte z).

Und

x) ib.,

y) Wilh. Tyr. VIII. 19. 20.

z) Horror erat denique caeſorum intueri multitudi-
nem, et humanorum artuum paſſim fragmenta
conſpicere, et effuſi ſanguinis aſpergine cunctam
redundare ſuperficiem. Nec ſolum defunctorum
corpora membris potioribus lacera, et abſciſis
mutilata capitibus, intuentibus erat anguſtia;
verum et ipſos victores a planta pedis uſque ad
verticem cruore madentes periculoſum erat conſpicere, et horrorem quendam inferebant occur-
rentibus.

Und diese von Blut dampfenden Wüteriche eilten von dem schrecklichen Menschenopfer, welches sie ihrem Erlöser gebracht hatten, zu dem Grabe eben dieses ihres Heilandes, küßten es mit der größten Inbrunst, und benetzten es mit Thränen der Freude und der Andacht a). So widersprechend, sagt **Hume** mit Recht b), ist die menschliche Natur mit sich selbst, und so leicht vereinigt sich der weibischste Aberglaube mit dem größten Heldenmuth, und mit der wildesten Grausamkeit. — Man würde den Franzosen, und andern abendländischen Völkern zu viel Ehre erweisen, wenn man glaubte, daß sie einer solchen Unmenschlichkeit, als sie bey der Eroberung von Jerusalem bewiesen, nur gegen Ungläubige fähig gewesen wären. Unter **Ludewig dem siebenten** nahm das Heer des Königs die Stadt Vitry in Champagne ein, brachte alles um, was Leben hatte, und verbrante dreyzehnhundert unschuldige Personen in einer ein-

L 5   zigen

a) Intueri erat amoenissimum, et spirituali plenum jucunditate, quanta devotione, quanto pii servore desiderii, ad loca sancta fidelis accederet populus; quanta mentis exultatione et spirituali gaudio dominicae dispensationis deosculabantur memoriam. Ubique lachrymae, ubique suspiria, non qualis moeror, et anxietas solet extorquere, sed qualia fervens devotio, et interioris hominis consummata laetitia, solet Domino in holocaustum incendere l. c.

b) Hist. of England II. p. 4.

zigen Kirche, wohin sie sich gerettet hatten. Als
der fromme König dieses hörte, weinte er bitter:
lich, und raufte sich die Haare aus c). Nichts
destoweniger wurde im Anfange des folgenden
Jahrhunderts der Krieg gegen die Albigenser mit
einer gleichen Cannibalischen Wuth geführt d).

England hatte nie mehr grosse Könige, als
im zwölften Jahrhundert, und doch waren die
Sitten in diesem Reiche nicht merklich besser, als
in dem übrigen Europa. Selbst **Heinrich der
erste** e), **Heinrich der zweyte** f) und **Richard
der erste** lebten gleich ihren übrigen fürstlichen
Zeitgenossen in einer offenbaren Vielweiberey, und
hatten mehr natürliche, als rechtmässige Söhne
und Töchter. Der eben so schwache als bösartige
Johann raubte dem Grafen **de la Marche** seine
verlobte, und schon übergebene Braut, Isabella,

und

c) Mezeray III. p. 60.

d) ib. III. 199. Die Sitten der Mönche, besonders
ihre Lederhaftigkeit und Eitelkeit schildert der heil-
lige Bernard am besten in der Apolgia ad Gui-
liehnum Abbatem Oper. Vol. I. cap. 9. et sq. p.
635. 536. 538. Mentior, saat er unter andern,
si non vidi Abbatem sexaginta equos et eo amplius in suo ducere comitatu.... Tum deinde
gestari jubentur mappulae, scyphi, bacini, can-
delabra, et manticae suffarcinatae non stramentis,
sed ornamentis lectulorum.

e) Hume II. 50. Basler Ausgabe.

f) ib. p. 212.

und vermählte sich mit ihr, ungeachtet seine eigene Gemahlinn noch lebte. Unter der Regierung des Königs **Stephan** waren alle Schlösser von Edelleuten Räuberhöhlen, aus welchen die Besitzer mit ihren Söldnern herausfielen, um Städte und Dörfer zu plündern, und wenn man sie ausgeplündert hatte, in Brand zu stecken. Wegen des allgemeinen Raubens, Brennens und Mordens blieb der gröste Theil der Ländereyen unbebaut, und daraus entstand eine Hungersnoth, welche die Räuber so gut, als die Beraubten hinraffte g). **Heinrich der zweyte** zerstörte den grösten Theil dieser Raubschlösser. Er konnte es aber durch die gröste Strenge nicht hindern, daß die vornehmsten Bürger, und Bürgerssöhne in London und andern Städten sich in einen Räuberbund vereinigten, der in die reichsten Häuser einfiel, um sie zu plündern, und die Strassen der Städte so unsicher machte, daß man nach Untergang der Sonne sich nicht aus den Häusern wagen durfte h). Die Schilderungen, welche Jo=

hann

g) The land was left untilled; the instruments of husbandry were destroyed or abandoned; and a grievous famine, the natural result of these disorders, affected equally both parties, and reduced the defenceless people, to the most extreme want and indigence ib. II. 68.

h) II. 206. 207.

hahn von Salisbury von den Sitten seiner
Landsleute, und seines Zeitalters entwirft, stim=
men genau mit denen des **Wilhelm von Tyr**
überein i). Dieselbige Zügellosigkeit dauerte unter
Richard dem ersten fort, und als dieser König
seinem Richter **Glanville** Befehl gab, die Urhe=
ber der allgemeinen Unsicherheit aufzusuchen und
zu bestrafen; so fand man die Zahl der Schuldi=
gen

i) Man sehe Metalog. III. c. 6. p. 264. et c. 15.
p. 194. 195. Dum egreditur sponsa de thalamo
suo, conjugem noli maritum credere, sed leno-
nem. Producit eam, libidinosis exponit, et si spes
dolosi nummi refulgeat, affectus callida simula-
tione prostituunt. Filia namque decentior aut si
quid aliud in familia placeat ditiori, publica
merces est, exposita quidem, si emtorem inveniat,... Sed quid filias et uxores exponi queror,
aut prostitui. In ipsam naturam quasi gigantes
alii theomacbiam novam exercentes insurgunt.
Filios offerunt Veneri, eosdemque in oblatione
papparum virgines praeire compellunt. Ueber die
Bestechlichkeit der Richter und Grossen V. II. p.
296. bei V. c. 17. p. 325. Adeo regnum pecuniae invaluit, ut desperetur de fide judicis, qui
repellit munera offerentis. Die Geistlichen waren
nicht besser als die Layen. V. c. 15. p. 316. Feli-
cissimum regem Anglorum et Normanniae et Aqui-
taniae adhuc invictissimum ducem interroga, quid
etiam de suis sentiat, quos intrudit, et dicet, ut
opinor, non est malum in clero, quod isti non
faciant. Episcopi... diligerentur ut patres.... si
exactionibus parcerent, et projicerent ex animo
quidquid provenit ex calumnia, et omnem quaestum minimo crederent pietatem. Auch VIII. 17.
652. et VIII. c. 18. Ministros dei tamen tyran-
nos esse non abnego. Johann von Salisbury
war selbst Bischof.

gen so groß, und mächtig, daß man es für beß-
ser hielt, die Inquisition abzubrechen, als fortzu-
setzen k). Diese Nachsicht vermehrte das Uebel
so sehr, daß es im Jahr 1196. schien, als wenn
ganz London dadurch vertilgt werden würde. Das
Haupt der Rotten, welche sich gegen die öffentliche Sicherheit verschworen hatten, war ein Rechts-
gelehrter, **William Fitz-Osbert,** den der Londner Pöbel als seinen Beschützer ansah, weil er
denselben vor Gericht, und auch bey andern Gelegenheiten vertheidigte. Täglich wurden in den
Straßen von London durch die Spießgesellen dieses Fitz-Osbert Mordthaten ausgeübt, und Häuser bey hellem Tage aufgebrochen, und ausgeplündert. Man rechnete, oder erzählte wenigstens,
daß über 50000 Menschen sich mit diesem gefährlichen Bösewicht verbunden, und versprochen hätten, allen seinen Befehlen zu gehorchen. Als der
damahlige oberste Richter, der Erzbischof **Hubert**
den **Fitz-Osbert** vor sein Tribunal forderte; so
erschien der Beklagte mit einem so zahlreichen
Gefolge, daß keiner das Herz hatte, ihn anzuklagen. Endlich aber wurde doch der Störer der
öffentlichen Ruhe ergriffen, und hingerichtet. Der
Londner Pöbel betrachtete seinen gehenkten Beschützer

k) p. 216. 217.

schützer als einen Heiligen, und Märtyrer, erwies dem Galgen, an welchem er gestorben war, glei: che Ehre, wie dem heiligen Creutze, und erzählte eine Menge von Wundern, die dadurch bewirkt worden seyen l).

Mord, Raub, Ehebruch und andere grosse Verbrechen wurden von den Geistlichen fast eben so oft, als von den Weltlichen ausgeübt, weil die Geistlichen vor dem weltlichen Richter sicher waren, und keine andere als geistliche Strafen zu fürchten hatten. Unter andern entdeckte man im J. 1163., daß seit der Thronbesteigung **Heinrichs des zwey: ten** nicht weniger, als hundert Mordthaten von Geistlichen waren begangen worden m). Als **Heinrich der zweite** verlangte, daß ein Geistli: cher, der die Tochter eines Edelmanns geschändet, und den Vater ermordet hatte, dem weltlichen Arm ausgeliefert werden sollte; so weigerte sich der Erzbischof **Bekket**, dieses zu thun, weil er den Verbrecher schon durch Entsetzung gestraft habe, und ein Schuldiger wegen desselbigen Vergehens nicht zweymahl gestraft werden könne n). — Meine Leser werden sich der berühmten Antwort erinnern, welche **Richard der erste** im J. 1189. einem ei: frigen Creutzfahrtprediger **Fulco** gab, der dem

Könige

l) l. c. p. 260.　　m) ib. p. 107.　　n) ib.

Könige rieth, sich vor dem Anfange des Creuzzü=
ges von seinen drey Lieblingstöchtern, dem Stol=
ze, dem Geize, und der Ueppigkeit loszumachen.
Du hast Recht, erwiederte **Richard.** Ich ver=
mache daher den ersten den Tempelherren, den
zweyten den Benedictinern, und den dritten den
Prälaten o).

Nie verdiente ein Vater durch ein gütigeres
Betragen mehr die Liebe seiner Kinder, und nie
ein König durch alle königliche Tugenden mehr die
Ehrfurcht seiner Unterthanen, als **Heinrich der**
zweite, und doch hatte dieser gütige Vater, und
dieser grosse König das Unglück, daß alle seine
rechtmässige Söhne sich gegen ihn empörten, daß
diese Söhne von seiner eigenen Gemahlinn aufge=
hetzt, daß sie von dem Könige von Frankreich
heimlich und öffentlich unterstützt, und daß sie
von vielen seiner Vasallen, denen er die wichtig=
sten Wohlthaten erwiesen hatte, aufgenommen,
und gehegt wurden p). Als der gebeugte Vater

er=

o) l. c. p. 220. Fulco hätte in dem Sündenregister
des Königs Richard nicht die wilde Grausamkeit
vergessen sollen, wodurch er seine ganze Regierung
schändete, und besonders den Christlichen Nahmen
im ganzen Morgenlande verhaßt machte, als er
fünf tausend unschuldige Einwohner von Ptolemais
niederhauen ließ, und selbst niederhauen sah. Marin Vie de Saladin II. p. 306. 507.

p) Hume II. 167. 197. 202.

erfuhr, daß selbst sein Liebling, der Prinz Jo=
hann, ein Mitverschworner der übrigen Söhne
gewesen sey; so brach er in Aeusserungen der
höchsten Verzweyflung aus, verwünschte den Tag,
an welchem er gebohren worden, und sprach über
seine undankbaren Kinder einen fürchterlichen Fluch
aus, den man ihn nie bewegen konnte zurückzu=
nehmen. Je mehr, sagt **Hume**, das Herz des
Königs zur Freundschaft und Liebe geneigt war,
desto mehr kränkte ihn die lieblose Undankbarkeit,
womit seine vier Söhne nach einander die väterli=
che Güte vergolten hatten. Die Entdeckung der
Verrätherey des Prinzen **Johann** raubte Hein=
rich dem zweyten alle Freuden, und zog ihm eine
auszehrende Krankheit zu, an welcher er bald
nachher starb. —

In der Mitte des zwölften Jahrhunderts
brannten, oder entzündeten sich wenigstens in Ita=
lien die Fackeln aller der Furien, von welchen
dies schöne Land mehrere Jahrhunderte hinter ein=
ander verheert, und wodurch es als der Hauptsitz
von Verrätherey, und treuloser Arglist verschrieen
wurde. Die Städte hatten schon lange gegen
den Adel gestritten, und den Adel ausser den
Städten fast ganz zu Grunde gerichtet. Eben
so lange hatten die grösseren Städte darnach ge=
trach=

trachtet, die kleineren zu unterjochen, und beide
hatten kein Mittel unversucht gelassen, ihre un=
gerechten Absichten durchzusetzen, oder die Absich=
ten ihrer ehrgeißigen Nachbaren zu vereiteln. In
den Städten kämpften die Vornehmen und Ge=
ringen um die Oberherrschaft, und nach dem er=
sten Zuge **Friederichs des ersten** nach Italien
fingen auch die Anhänger des Kaisers und Pabstes
an, sich tödtlich zu hassen und zu verfolgen. Die
Teutschen Krieger, die mit **Friederich** I. nach Ita=
lien kamen, erschracken über die Feindseligkeit,
welche die Cremoneser und Pavienser gegen die
Einwohner von Mailand ausübten, und welche
man, wie **Radevic** sich ausdrückt, nicht einmahl
gegen Barbaren ausüben sollte q). Die Bürger
von Pavia und Cremona zerstörten die Gärten,
und Weinberge, die Oehl = und Feigenbäume der
Mailänder von Grund aus: und wenn sie einen
Mailänder gefangen nahmen, so brachten sie ihn
auf der Stelle um, und diejenigen, die an den
Martern und der Hinrichtung der Gefangenen kei=
nen Theil hatten nehmen können, büßten ihre

Rach=

q) de gestis Frid. I. I. 39. Itaque non ut cognatus
populus, non ut domesticus inimicus, sed velut
in externos hostes, in alienigenas tanta in sese
invicem sui gentiles crudelitate saeviunt, quanta
nec in barbaros deceret.

M

Rachgier dadurch, daß sie die Erschlagenen zerstük: felten, und die zerrissenen Gebeine den Mailän: dern entgegen warfen.

Das dreyzehnte Jahrhundert war eins der trau: rigsten, welche Teutschland erfahren hat r). Frie: derichs des zweyten unselige Streitigkeiten mit dem päbstlichen Stuhl, und eben dieses Kaisers un: selige Feldzüge nach Italien schadeten den Sitten und der Verfassung unsers Vaterlandes nicht we: niger, als der auf seinen Tod erfolgende Zeitraum von Anarchie, welchen man das lange Zwischen: reich zu nennen pflegt. Alle Berge und Hügel wurden mit Raubschlössern angefüllt, und der un: aufhörliche Raub, der aus diesen Schlössern auf allen Wegen, und Flüssen getrieben wurde, ver: anlaßte die ersten Bündnisse von Städten, welche die einzigen Rettungsmittel gegen die ungestraft wüthende Gewalt von Fürsten und Edlen waren s). Selbst in den grossen Städten war es fast eben so unsicher, als auf den Landstrassen, und grossen Flüssen. Als der Kaiser Rudolph im J. 1278. nach der Ueberwindung Ottochars von Böhmen nach Wien kam, wurden seine Krieger, wenn sie Abends und in der Nacht die Weinhäuser besuch:

ten,

r) Voigts Gesch. von Quedlinburg I. S. 382.
s) Man sehe der Kürze wegen Schmidt IV. 378. u. f. S.

ten, oder daraus zurückkehrten, häufig beraubt, und wenn sie sich widersetzten, verwundet, oder niedergemacht. Dies bewegte den Grafen Friederich von Leiningen, daß er eine Nacht dazu bestimmte, die Ribaldos, oder Strassenräuber in Wien abzustrafen. Er ging nämlich gerüstet und bewaffnet, mit einem seiner Knechte Kranich genannt durch die Strassen der Stadt, tödtete die Räuber, die ihn angriffen, und befahl seinem Knecht, daß er den Erschlagenen die Köpfe auf den Bauch legen sollte. Am folgenden Morgen erhoben die Bürger von Wien, die ihre Söhne verlohren hatten, ein heftiges Klagegeschrey vor dem Kaiser über den blutigen Frevel, ohne jedoch die Thäter angeben zu können. Als Rudolph bald darauf in die Messe ging, und einen Erschlagenen fand, dessen Kopf neben dem verstümmelten Rumpfe lag; so hörte er, daß der Graf Friederich zu seinem Kranich sagte: diesem hast du nicht sein Recht widerfahren lassen. Der Kaiser schloß sehr richtig aus diesen Worten, daß Graf Friederich um die Abentheuer der vergangenen Nacht wisse, welches der Graf auch ohne Zögern seinem Herrn gestand t). Nicht lange nachher nothzüchtigte einer der tapfersten Krieger des Kaisers,

M 2

t) Alb. Argent. Chron. p. 103.

fers, **Heinrich Schörlin** die schöne Tochter eines reichen Bürgers von Nürnberg, bey welchem
er wohnte. Die ganze Bürgerschaft verlangte,
daß der Kaiser den Jungfrauschänder nach den Gesetzen bestrafen sollte. **Rudolph** antwortete mit
kaiserlichem Ernst: er wolle die Sache schon
richten, gab das entehrte Mädchen seinem Günstlinge **Schörlin** zur Frau, und schenkte dem neuen
Ehepaar zweyhundert Mark Silbers zum Hei-
rathsgut u).

Frankreich erhohlte sich im dreyzehnten Jahrhundert ein wenig von den ausgestandenen Drangsalen unter der beynahe funfzigjährigen Regierung **Ludewigs des neunten**, des besten Königs, den dieses Reich je gehabt hat, und der
den Nahmen des Heiligen mehr durch seine Tugenden, als durch seine Frömmigkeit verdiente.
Vor diesem grossen und guten Könige wurden,
wie nach ihm, alle Aemter, und unter diesen
auch das des höchsten Richters an den Meistbietenden verkauft, und eine natürliche Folge davon
war, daß die Käufer wieder verhandelten, was
sie

---

a) ib. 1998 waren in dem Heer des Kaisers Albrecht,
wie Königshofen sagt, S. 122. seiner Chronik,
ouch uf ahte hundert frowen, do jegliche alle
wuche gap I. Ofen. eine Umbahtmann, der
darüber gesetzt was, das er sü beschirmen
solte für Gewalte.

sie selbst durch Bestechungen erhalten hatten v).
Raub, Mord, und andere todeswürdige Verbre=
chen wurden ungescheut begangen, weil man wu=
ste, daß man die verdiente Strafe abkaufen könne.
Diejenigen, die Unrecht gelitten hatten, beklagten
sich nicht einmahl, weil sie wusten, daß sie keine
Genugthuung als durch überwiegende Geschenke
erhalten würden, und daher geschah es oft, daß
wenn der Prevot de Paris seine Sitzungen hielt,
nicht zehn Personen da waren, welche Recht for=
derten.   Geringe Personen, die sich selbst nicht
vertheidigen konnten, wagten es nicht, in Frank=
reich zu bleiben, und das Reich war daher gros=
sentheils verödet w). **Ludewig der Heilige**
strafte nicht nur die bestechlichen Richter ohne
Nachsicht, sondern er suchte auch in seinem gan=
zen Königreich die weisesten und rechtschaffensten
Männer auf, um ihnen die Richterstühle anzu=
vertrauen; und dadurch brachte er es endlich da=
hin, daß Mörder, Diebe und andere Missethäter
ausgerottet, oder abgeschreckt, Friede und Sicher=
heit verbreitet, Ackerbau, Gewerbe und Handel

M 3 belebt,

---

v) Joinville Hist. de St. Louis p. 123 — 125.

w) et estoit totallement justice corrompue par Fa=
veurs d'amys, et par dons et promesses. Dont
le commun ne ouzoit habiter ou Royaume de
France, estoit lors presque vaque. ib.

belebt, und die königlichen Einkünfte mit der stei=
genden Bevölkerung und dem öffentlichen Wohlstän=
de jährlich beynahe um die Hälfte vermehrt wurden.

Ludewig der Fromme konnte zwar durch
eine heilsame Strenge die Laster und Verbrechen
unter seinen Unterthanen eine Zeitlang im Zaume
halten. Auch er aber konnte die Sitten seiner
Zeitgenossen weder durch Beyspiel, noch durch Stra=
fen merklich, und von Grund aus bessern. So
bald der eben so strenge als gute König sich eine
Zeitlang von seinem Reiche entfernte, so fiel der
größte Theil seiner Bedienten über die königlichen
und nicht=königlichen Unterthanen als über eine
ihnen mit Unrecht entzogene Beute her. **Lude=
wig der Heilige** bat seinen geliebten Joinville
auf das dringendste, auch den zweyten Creutzzug
mit ihm zu machen. Der Herr von Joinville,
der seinen König zärtlich liebte, weigerte sich mit=
zugehen; denn, sagte er, während daß ich im
Dienste Gottes jenseit des Meers war, haben die
königlichen Bedienten meine Unterthanen so nie=
dergetreten, daß sie an den Bettelstab gekommen
sind, und ich sowohl, als meine Unterthanen wer=
den dieses, so lange wir leben, empfinden. Ich
sehe ganz gewiß voraus, daß, wenn ich wieder
das Creuz annähme, dies der gänzliche Unter=

gang

gang meiner armen Unterthanen feyn würde. —
Auch hörte ich nachher, feßt der Geschichtschreiber
hinzu, viele vernünftige Perfonen fagen, daß diejenigen, die dem Könige den Rath eines aber-
mahligen Creußzuges gegeben, eine Todfünde begangen, und viel Uebels geftiftet hätten.   So
lange der König im Lande war, hatte das Reich
Friede, und allenthalben herrfchte Recht, und Gerechtigkeit.   So bald er aber verreißt war, fing
alles an zu finken, und fich zu verfchlimmern x).
Ludewig der Heilige beobachtete keine Tugend
mehr, und fchäßte keine Tugend höher, als Keufch-
heit.   Er unterfagte feinen Kriegern und Beamten
bey Verluft ihrer Stellen, oder auch noch höheren
Strafen, Bordelle und Spielhäufer zu befuchen,
und gebot, daß man öffentliche Weibsperfonen
nicht mehr in Privathäufer aufnehmen, und zur
Fortfeßung ihres fündlichen Lebens unterhalten
follte y).   Und eben diefer keufche König erfuhr
auf feinem Creußzuge die Kränkung, daß mehrere
von feinen Hofleuten nahe an dem königlichen

M 4   Zelte

x) l. c.

y) Joinville p. 121. 123.: Nous voulons à fem-
blable, que toutes les folles femmes de leur
corps, et communes foient mifes hors des maifons privées, et feparées d'avecques les autres
perfonnes: et que on ne leur louera ne afferme-
ra quelques maifons, ne habitacions, pour faire
et entretenir leur vice et pechié de luxure.

Zelte Bordelle anlegten, und daß Geringe und
Vornehme Weiber und Töchter schändeten z).
Die Hofleute und Krieger des heiligen **Ludewigs**
ahmten die Nüchternheit, die Mäſſigkeit, und die
prachtloſe Einfalt ihres Herrn eben ſo wenig, als
ſeine Keuſchheit nach a).

In Italien nahm im dreyzehnten Jahrhundert die Erbitterung der Welfen und Gibellinen,
und der ſtreitenden Parteyen in den Städten immer mehr und mehr zu, und mit dieſer Erbitte-

rung

---

z) Car ainſi que le bon roi me diſt, il trouva juſ-
   ques à ung gect de pierre près, et à l'entour
   de ſon paveillon pluſieurs bordeaux, que ſes
   gens tenoient. p. 32,

a) ib. So fromm Ludewig der Heilige war, ſo
   ließ er ſich doch von der Geiſtlichkeit nicht blind-
   lings leiten, oder zu Dingen verführen, die mit
   den Rechten der Crone, oder der Wohlfahrt ſeines Volks ſtritten. Seine Mutter aber, die verwittwete Königinn Blanche übte über ihn, und
   ſeine Gemahlinn Marguerite eine tyranniſche Gewalt aus. Wenn der König mit ſeiner Gemahlinn
   und Mutter im Reiche umherreiste; ſo befahl die
   Königinn Mutter gemeiniglich, daß ihr Sohn,
   und ihre Schwiegertochter von einander entfernt
   würden, weil ſie fürchtete, daß die regierende
   Königinn ihren Einfluß ſchwächen möchte. Um
   aber doch ſeine Gemahlinn unbemerkt beſuchen zu
   können, ließ Ludewig die Hunde peitſchen, damit
   die Mutter ſein Hingehen nicht hören könne. Eines Tages hatte die regierende Königinn ein falſches Wochenbett gehabt, und war dadurch in
   groſſe Lebensgefahr gerathen. Ludewig der Heilige war bey ſeiner kranken Gemahlinn, um ſie
   durch

rung vervielfältigten sich auch die bösen Künste, und Missethaten, wodurch man sich gegenseitig zu vernichten suchte. Nie waren die Päbste räuberischer, und ihre Hofleute verdorbener, als **Innzcenz IV. Alexander IV.**, und deren Vertrauten waren b). England ward dies ganze Jahrhundert entweder durch innere Kriege des Adels mit den Königen, oder durch auswärtige Kriege mit Frankreich und Schottland zerrüttet; und in allen diesen Kriegen verletzte man Treu und Glau-

M 5   ben,

durch seine Gegenwart zu trösten. Als er hörte, daß seine Mutter komme, so verkroch er sich hinter seine Gemahlinn, um nicht gesehen zu werden. Die Königinn-Mutter nahm ihn aber doch wahr, faßte ihn bey der Hand, und führte ihn zum Zimmer hinaus, weil er da nichts zu thun habe. Da die kranke Königinn dieses sah, rief sie mit lauter Stimme aus: Mein Gott! wollt ihr mich denn meinen Gemahl und Herrn weder im Leben, noch im Tode sehen lassen. Als sie dieses gesagt hatte, fiel sie in eine Ohnmacht, die man für tödtlich hielt. Der König kehrte gleich zurück, und that sein Möglichstes, um sie aus der Ohnmacht zurückzurufen. Man sehe die Erzählung eines gleichzeitigen Schriftstellers beym dů Cange Observations sur l'histoire de St. Louis p. 98. 99. Das Betragen der Königinn Blanche gegen ihren Sohn und ihre Schwiegertochter setzt eine in unsern Zeiten beynahe unglaubliche Rohheit der Sitten voraus.

b) Man sehe die ganze Historia maj. Matthaei Parisiensis. Ich hatte diese lehrreiche Geschichte noch nicht gelesen, als ich mein Urtheil über die Sitten des dreyzehnten Jahrh. niederschrieb. Vielleicht hohle ich das Wichtigste von dem, was Matthäus von Paris liefert, in dem folgenden Abschnitt nach.

ben, Eide und Bündniſſe auf die ſchaamloſeſte Art. Nie aber bot man der Wahrheit ſo unverſchämt Trotz, als unter Eduard I. bey dem Beweiſe der Anſprüche der Engliſchen Könige auf die Crone von Schottland.. Es ſey, ſagte Eduard in ſeiner Antwort an den Pabſt, notoriſch, und durch die Denkmähler des Alterthums dargethan, daß die Engliſchen Monarchen das Königreich Schottland oft an ihre Unterthanen verſchenkt, untreue Vaſallenkönige abgeſetzt, und andere an ihre Stelle eingeſetzt hätten. In dem Eingange dieſer Deduction rief Eduard den allmächtigen Gott, als den Forſcher der Herzen zum Zeugen, daß er von der Gerechtigkeit ſeiner Sache auf das vollkommenſte überzeugt ſey, und hundert und vier Baronen unterſchrieben und beſiegelten die Gültigkeit der Anmaaſſungen des Königs c).

Die Lobredner der vermeyntlich guten alten Zeit nehmen die Beyſpiele von Edelmuth, von Redlichkeit, von Uneigennützigkeit, von Vaterlands=

c) Hume III. 101. 102.: So, ſetzt Hume hinzu, never were the principles of equity violated with leſs ſcruple and reſerve. etc. Ich kenne keinen Geſchichtſchreiber des Mittelalters, aus welchen man die Sitten der Könige, des Adels und der Geiſtlichkeit, ſo wie das Elend des Volks im dreyzehnten Jahrhundert ſo vollſtändig, und anſchaulich kennen lernen kann, als aus dem Matthäus von Paris.

landsliebe, und andern erhabenen Tugenden, wel=
che sie sich als herrschende Sitten denken, am
häufigsten aus dem vierzehnten Jahrhundert her.
Man nennt zuerst **Friederichen** von Oesterreich,
der sich freywillig wieder zu München als Gefan=
genen darstellte, als er **Ludewigen** von Bayern
nicht leisten konnte, was er ihm versprochen hatte:
wodurch **Ludewig** so gerührt wurde, daß er mit
Friederichen als mit seinem besten Freunde um=
ging, mit ihm an einer Tafel speiste, und in
einem Bette schlief d). Man nennt ferner **Jo=
hann** den ersten von Frankreich, der gleichfalls
als Gefangener nach England zurückkehrte, da sein
zweyter Sohn der Herzog von Anjou, den er als
Geissel für sich gestellt hatte, aus der Gefangen=
schaft entwischt war: bey welcher Gelegenheit
Johann den vortrefflichen Spruch sagte: daß,
wenn Treu und Glauben auch von der ganzen
übrigen Erde verschwunden wären, sie sich doch
in dem Munde der Könige finden müsten e).
Man beruft sich endlich auf den edelmüthigen
Prinzen **von Wales,** welcher den König **Johann**
von Frankreich gefangen nahm, und den man,
wie **Froissart** an mehrern Stellen sagt, die
Blume

d) Schmidts Gesch. der Teutsch. V. S. 193.
e) Mezeray IV. 144. 146.

Blume der Fürsten und Ritter seiner Zeit kannte:
auf den Connetable du Guesclin, die Marschälle
Boucicaut, Chandos, und andere mit diesen
innig verbundene Ritter: welchen Männern man
den Grafen von Foix zuzählen kann, den Froissart beynahe über alle Fürsten und Herren seiner
Zeit erhebt f). Diese Beyspiele von Heldentu-
genden beweisen weiter nichts, als daß unter solchen Völkern, dergleichen die Europäischen sind,
in allen, auch den verdorbensten Zeiten, Männer
gebohren werden, welche die Natur selbst schon so
vollendet, und zum Guten gestärkt hat, daß keine
Verführung sie mißbilden, kein herrschendes Laster
an ihnen haften kann, sondern vielmehr die allgemeinste und gröste Sittenverderbniß für sie ein
Bewegungsgrund wird, sich in allen Stücken un-
sträflich zu erhalten. Diejenigen Schriftsteller,
welche die Tugendmuster des vierzehnten Jahrhunderts zu sammeln pflegen, vergessen zu erinnern,
daß der vollkommenen, oder untadelichen Männer
und Frauen sehr wenige, und hingegen in keinem
andern Jahrhundert des Mittelalters unter Königen, Fürsten, und Herren, und deren Gattinnen
und Töchtern so viele Ungeheuer von Grausamkeit,
Treulosigkeit, Ueppigkeit und viehischer Schwelgerey

f) III. Ch. 8.

rey waren, als im vierzehnten: daß auswärtige
und bürgerliche Kriege nie mit einer solchen bar-
barischen Wuth geführt: daß alle Stände, Geschlechter, und Alter nie allgemeiner durch ungerechte und gewaltthätige Habsucht, durch verräthe-
rische Treulosigkeit bey Contracten, Bündnissen,
und Zeugnissen, durch unsinnige Prachtliebe,
Spielsucht und Verschwendung, durch Schwelgerey und Sünden des Fleisches, selbst durch Giftmischerey und andere Arten von Meuchelmord ent-
stellt: und daß fast alle Europäische Völker nie
mehr durch Fürsten, Adel und Geistlichkeit, durch
Söldner und Wucherer unterdrückt, und durch
Hungersnoth, und verheerende Seuchen aufgerieben wurden, als im vierzehnten Jahrhundert.
Frankreich, Italien, und die Niederlande litten
in diesem Jahrhundert am meisten. Teutschland,
England, Spanien, und Portugal hatten vor den
zuerst genannten Ländern bloß den traurigen Vor-
zug, daß in denselben alle Uebel, welche besonders Frankreich beynahe ganz zu Grunde richteten,
in etwas geringeren Graden vorhanden waren.
Bey der Kürze, die ich mir vorgeschrieben habe,
ist es unmöglich, von den Lastern des vierzehnten
Jahrhunderts, und dem daraus entstehenden Elende eine nur einigermaassen vollständige Schilderung

zu entwerfen.   Ich ſchränke mich alſo bloß auf
einige mit Sorgfalt ausgehobene Züge ein, die aber
gewiß an der Wahrheit meines Urtheils über die
Sitten und den Zuſtand des vierzehnten Jahrhunderts nicht den geringſten Zweyfel übrig laſſen
werden.

• In der Abſetzungsurkunde des Kaiſers Wenzel g) ſagen die Teutſchen Churfürſten unter andern: Der ehemalige Kaiſer Wenzel hat ſich um
die Fehden und Kriege, die Teutſchland vernichtet
haben, und noch immer verwüſten, im geringſten
nicht bekümmert und bekümmert ſich auch jetzt
nicht darum.   Daher entſtanden ſolche Räubereyen
und Mordbrennereyen, daß weder Geiſtliche noch
Weltliche, weder Landleute, noch Kaufleute, weder Männer noch Frauen zu Waſſer uud zu Lande ſicher wohnen und reiſen können.   Selbſt Kirchen, Clöſter, und andere Gotteshäuſer, welche
das Teutſche Reich kräftig ſchützen ſollte, werden
ungeſtraft ausgeplündert und in Brand geſteckt.
Die Sache iſt dahin gediehen, daß ein Jeder den
andern nach Willkühr behandelt, ohne auf Recht
und

g) ap. Urſtiſium T. II. p. 181.   Kaiſer Wenzel
    gab an geiſtliche und weltliche Fürſten offene
    Briefe bey Hunderten, in welche man ſetzen
    konnte, was man wollte. von Königshofens
    Chronik S. 757.   Ein kräftiger Beweis für die
    Gültigkeit von kaiſerlichen Briefen!

und Billigkeit zu achten, und daß man gar nicht
mehr weiß, wohin man sich wenden soll, um we=
gen empfangenen oder zu befürchtenden Unrechts
Genugthuung und Schutz zu erhalten. Ja, was
sich ohne Schauder kaum sagen und denken läßt:
der Kaiser Wenzel hat so wohl mit eigener Hand,
als durch die Faust von Bösewichtern, mit wel=
chen er umgeben ist, ehrwürdige Priester, und
andere unschuldige weltliche und geistliche Perso=
nen ohne Urtheil und Recht hingerichtet, oder auf
eine grausame Art ersäufen und verbrennen lassen.
Diese und viele andere Missethaten und Beschädi=
gungen sind so bekannt, daß sie weder entschul=
digt noch verhehlt werden können h).

In Frankreich waren alle Könige, etwa den
unglücklichen Johann und Carl V. ausgenommen,
erklärte Feinde ihres armen Volks, und wenig=
stens eben der Strafe würdig, welche die Teut=
schen Fürsten an dem Kaiser Wenzel vollzogen.
Schändliche Juden und Lombarden waren ihre ge=
heimsten Räthe; und Abentheuer und Bösewich=
ter, die Galgen und Rad eher, als das Ver=
trauen

---

h) Mehrere Kaiser des 14ten Jahrhunderts befreyten
Fürsten und Länder von der Verbindlichkeit, den
Juden die gemachten Schulden zu bezahlen. Voigts
Geschichte von Quedlinburg II. S. 202. Ueber die
Sitten der Geistlichkeit. ib. III. 64. 65. 66.

trauen von Regenten verdient hätten, ihre vornehmſten Gehülfen und Werkzeuge. Mit Hülfe
ſolcher Menſchen ſogen ſie das Volk durch die
härteſten Abgaben und durch falſches Münzen aus.
Wenn man ſich vor dem zur Verzweyflung, und
Empörung gebrachten Volk fürchtete; ſo gab man
die Juden, Lombarden und Finanziers Preis,
beraubte die bisherigen Räuber, und ließ ſie entweder ſelbſt hinrichten, oder vom Volke zerreiſ-
ſen i). Man mochte aber die Werkzeuge der Tyranney ſo oft wechſeln, und ſo hart ſtrafen, als
man wollte; ſo traff man immer eben ſo harte
und gierige Räuber wieder, als man verjagt hatte k); und die Juden nahmentlich kehrten zum
fünften Mahle wieder, ungeachtet ſie viermahl
waren vertrieben und ausgeplündert worden l).
Wenn man ſich mächtig genug fühlte; ſo freute
man ſich über nichts ſo ſehr, als über Empörungen beſonders in den Städten, weil man dann

einen

i) Mezeray III. 558. 608. 649. IV. 159. 222.

k) IV. 110.

l) Ceux, qui levoint les impoſts et la gabelle ne
tourmentoint pas moins les peuples, que les autres voleurs. La vexation fut ſi horrible, qu'une
infinité de familles quitterent la France, et allerent chercher ailleurs une meilleure patrie....
Aveo cela les Juifs pour la cinquième fois furent
rappellez en France: autre fléau pour adjouſter
impoſts, à la poſte, et à la famine. L. c. p. 159.

einen Vorwand hatte, willkührlich morden und
plündern zu können. Man warf Schuldige und
Unschuldige ohne ordentliches Verhör bey Hunder=
ten in Flüsse m), bemächtigte sich ihres Vermö=
gens, und nahm denen, welchen man das Leben
ließ, wenigstens die Hälfte ihrer Güter; und
dieser ungerechte Raub wurde von den Königen,
den Prinzen vom Geblüt, und dem übrigen A el
in kurzer Zeit durch eine thörichte und gehässige
Verschwendung wieder herdurch gebracht n). E.ne

der

m) IV. 234. 248.

n) Carl VI. saß im J. 1383. zu Gericht, um die
unruhigen Pariser zu strafen. Er redete in so
schrecklichen Ausdrücken, daß es schien, als wenn
er alle Einwohner der Hauptstadt mit der Schärfe
des Schwerdts strafen wollte. Männer und Wei=
ber warfen sich zur Erde, die Weiber mit aufge=
löstem Haar, die Männer heftig an ihre Brust
schlagend. Die Herzöge von Berry und Bour=
gogne fielen gleichfalls vor dem Könige auf die
Kniee nieder, um für die Pariser zu bitten. End=
lich sagte der König, als wenn er durch ihre Bit=
ten gerührt würde: daß er den Schuldigen ver=
zeihen, und die Strafe, welche sie verdient hätten,
in eine Geldstrafe verwandeln wolle. C'eſtoit là
le vray ſujet de cette piece de theatre. On exi-
gea des Pariſiens plus de la moitié de leurs biens;
puis dans cette terreur on reſtablit les impoſts, et
on les leva avec des extortions indicibles. On
traitta les autres villes de meme; et ces grandes
ſommes tournerent presque toutes au proſit de la
nobleſſe; qui les diſſipant auſſitot en folles et
odieuſes depenſes juſtiſioit en quelque ſorte les
eſmotions, qu'on chaſtioit ſi horriblement. l. c
p. 250.

N

der gröſten Greuelthaten des vierzehnten Jahrhun=
derts war die Verurtheilung und Hinrichtung der
Tempelherren, von welcher ich aber hier ſchweige,
da ich unten an einem bequemen Orte davon zu
reden Gelegenheit haben werde.

Mit ungerechter Gewalt gingen Meuchelmord,
Meineid, Ehebruch, und andere ſcheußliche Verbre=
chen in gleichen Schritten fort. Falſche Zeugen
waren im vierzehnten Jahrhundert in Frankreich
ſo häufig, daß man alles, was man wollte, be=
weiſen und umſtoſſen, und ſolche Meineidige bey
halben Hunderten mit leichter Mühe zuſammen=
bringen konnte o). Noch zahlreicher war die Rot=
te von Giftmiſchern, deren Künſte die Könige
ſtets auf ihren Thronen zittern machten p). Ehe=
brecher ſchändeten das Bett von Königen oder Kö=
nigsſöhnen eben ſo oft, als das von geringern
Perſonen. Im J. 1314. wurden die drey Ge=
mahlinnen der drey Söhne **Philipps des Schö=
nen**

---

o) Hiſtoire des Templiers II. p. 154. 155.

p) Mezeray III. 611. ad a. 1315. l'execrable uſage
du poiſon s'eſtoit rendu fort commun en Fran=
ce, etc. p. 628 ces deteſtables empoiſonnements
eſtoint ſi frequens, que Philippe ne voyoit point
d'aſſiette ſorme, ny de ſeureté pour les ſiens,
ſil venoit à manquer. Philipp der Lange mach=
te an ſeinem Hoſe allerley Auſtalten, um ſich
und die Seinigen gegen Gift zu verwahren. ib.
p. 656.

nen auf einmahl Ehebruchs wegen angeklagt.
Zwey derselben wurden öffentlich vor dem Parla=
mente ihres Verbrechens überführt, und zu einem
beständigen Gefängnisse verdammt. Die dritte er=
klärte zwar ihr Gemahl **Philipp der Lange** für
unschuldig; allein die Nation glaubte, daß Gna=
de für Recht ergangen sey q). Auch **Carls des VI.**
Gemahlinn ärgerte das ganze Volk durch ihre sträf=
liche Vertraulichkeit mit dem Herzoge **von Or=
leans** r). Dieser Ehebruch war um desto empö=
render, da die Königinn die erpreßten Schätze lie=
derlich verschwendete, die Kinder ihres Gemahls
darben, und ihren Gemahl in dem eckelhaftesten
Schmutze beynahe verfaulen ließ s).

In eben dem Jahrhundert, in welchem Frank=
reich am meisten litt, und am tiefsten sank, leb=

N 2   ten

q) Mezeray III. 563. 564.

r) IV. 319.

s) ... et qu'on laissoit sa personne mesme pourrir
dans l'ordure, sans avoir soin de le deshabiller
ny de le changer de linge. Zu Froissarts Zeiten
wurden die Bräute von Königinnen, und andern
vornehmen Personen vor der Vermählung auf das
genaueste besichtigt, um durch den Augenschein
von Kennerinnen zu erfahren, ob die Jungfrauen
auch fruchtbar, und ohne Gebrechen seyen. T. II.
ch. 162. p. 285. Il est d'usage en France, (quel=
que Dame ou fille de haut seigneur, que ce soit)
qu'il convient, qu'elle soit regardee et avisee
toute

ten **Carl der Böſe** von Navarra, und **Peter
der Grauſame** von Caſtilien, welche Gift und
Dolche nicht nur gegen ihre Groſſen, und übrigen
Unterthanen, ſondern auch gegen ihre nächſten
Blutsverwandten brauchten, und dieſe ihre meu=
chelmörderiſche Grauſamkeit und Rachſucht gar
nicht abláugneten t). In demſelbigen Jahrhundert

lebte

toute nue par les Dames, pour ſavoir s'elle eſt
propre, et formée pour porter enfans. Wahr=
ſcheinlich war dieſes eine Nachahmung einer Grie=
chiſchen Sitte. Die Geſandten des Griechiſchen
Kaiſers, welche um die Tochter des Grafen von
Tripoli warben, fragten auf das genaueſte de oc-
cultarum corporis partium diſpoſitione Wilhelm.
Tyr. XVIII. 31.

t) Man ſehe über dieſe Könige Froiſſart T. I. ch.
154. III. 8. p. 30 Hume III p. 283. 315. und
Mezeray III. 563 Carl von Navarre gab unter
andern dem noch unmündigen Sohn des Grafen
von Foix einen Beutel mit Gift als ein unfehl-
bares Mittel, den Vater der von ihm entwiche=
nen Mutter, einer Schweſter des böſen Königs
wieder geneigt zu machen. Der junge Graf trug
den Beutel lange auf ſeiner Bruſt herum, ohne
ihn zu brauchen Endlich gab es einer ſeiner Ge=
ſpielen an, daß er ein ſolches Beutelchen mit ſich
herum führe. Die Sache ward unterſucht. Man
fand, daß das Säckchen Gift enthielt. Der junge
Graf wurde eingeſperrt, und ſtarb im Gefängniſſe,
weil er ſich aus Angſt und Verzweiflung von aller Nahrung enthalten hatte. Zu einer andern
Zeit ließ Carl der Böſe den Connetable von
Frankreich, d'Espagne durch ausgeſchickte Edelleute
im Bette ermorden. Der Mord wurde gerichtlich
bewieſen, der König von Navarre als Vaſall
von Frankreich vorgeladen, und auf bezeigte Reue
frey geſprochen. Froiſſ. l. c. Carl hielt nie einen
Eid oder Bündniß, und er betrog um deſto un=
fehlbarer, je feſter er ſich verpflichtet hatte.

lebte die ehebrecherische **Jsabella**, die sich mit ih=
rem Buhlen **Mortimer** gegen ihren Gemahl,
Eduard II. verschwor, ihren Gemahl vom Thro=
ne verdrängte, diesen unglücklichen Gemahl öffent=
lich beweinte, und dann durch ein glühendes in
den Leib gestossenes Eisen auf das grausamste hin=
richten ließ u). In eben diesem Jahrhundert
wurde **Richard** II. auf die gesetzwidrigste Art ab=
gesetzt, und eben die Grossen und Gemeinen,
welche ein Jahr vorher auf das Creutz von Can=
terbury geschworen hatten, daß sie alle zur Si=
cherheit des Königs und der königlichen Familie
gemachten Satzungen halten wollten, schworen dem
Heinrich von Lancaster, daß die ein Jahr vor=
her gegebenen Acten abgethan seyn, und die frü=
her und gleichfalls beschwornen gültig seyn sollten v).
Die ältere Geschichte von England, merkt **Hume**
bey dieser Gelegenheit an, ist weiter nichts, als
ein Verzeichniß von umgeworfenen Schlüssen und
Einrichtungen. Alles ist in beständigem Schwan=
ken und Bewegung. Die eine Partey zerstört
beständig wieder, was die andere gemacht hatte,
und die vervielfältigten Eide, welche jede Partey
zur Sicherheit ihrer Satzungen und Einrichtungen

N 3 for=

u) Hume III. p. 157 — 166.
v) ib. p. 423. 424. 443.

forderte, verrathen ein beständiges Bewußtseyn
ihrer Unsicherheit. — **Eduard der Dritte** zwang
die Englischen Baronen zu dem Versprechen: daß
sie keine Räuber mehr hegen, und brauchen wollten w). Dies Versprechen wurde so wenig, als
die übrigen gehalten. Edelleute schützten und führten nach wie vor, ganze Banden von Räubern
an, und selbst die Edelsten unter diesen Räubern
hatten keine Spur von Redlichkeit und wahrer
Ehrliebe. Nachdem man unter **Richard** II.
den Herzog **von Glocester** gestürzt hatte, so
entstanden unter den Häuptern der siegenden Partey die heftigsten Zwistigkeiten. Der Herzog **von
Hereford** erschien im Parlement, und klagte den
Herzog **von Norfolk** an, daß dieser in vertrau-
lichen Gesprächen mit ihm ehrenrührige Dinge vom
König gesagt, und ihm unter andern den Vorsatz
zur Last gelegt habe, die Vornehmsten des Adels
aus dem Wege zu räumen x). Der Herzog **von
Norfolk** läugnete diese Beschuldigungen ab, und
erbot sich zum Zweykampf, um seinen Gegner
durch dies Gottesurtheil zu widerlegen. Zu gleicher Zeit hatte er, der selbst von der Partey des
Herzogs **von Glocester** gewesen war, die Unver-
schämt-

---

w) ib. III. 194.
x) Hume III. 425. 426.

schämtheit, gegen die ehemahligen Genossen von Verbrechen, die er gemeinschaftlich mit begangen hatte, als Kläger aufzustehen, und diejenigen als Missethäter anzugeben, welche eine gleiche Schuld mit ihm auf sich geladen hatten. So waren, ruft **Hume** aus, die Grundsätze und Handlungsart der alten Ritter und Barone in den Zeiten des aristokratischen Despotismus beschaffen.

So verdorben die Teutschen, Franzosen und Engländer im 14. Jahrhundert auch waren; so sahen doch alle diese Völker die Italiäner als noch viel verdorbener, und als die Erfinder und Lehrer von Giftmischerey, Meuchelmord, und Bundbrüchigkeit an y). Die Zeugnisse einheimischer Schriftsteller beweisen, daß man den Italiänern kein Unrecht gethan habe. Die allgemeine Verderbniß aller Städte in Italien, läßt **Machiävell** einen Redner der Bürger von Florenz sagen z), hat auch unsere Stadt angesteckt, und steckt sie noch immer mehr an. Seitdem die Italiänischen Städte

y) Mezeray an den oben angeführten Stellen, wo von der Giftmischerey in Frankreich die Rede ist. Eine Warnung gegen die Giftmischerey in Italien enthält der merkwürdige Brief des Bischofs Johann von Göttingen an den König Johann von Böhmen vom J. 1344. Schannat Vind. Litt. Syll. I. p. 213.

z) I. p. 216. der Londner Ausgabe.

Städte sich dem Reiche entzogen, und dadurch den
heilsamen Zaum, der sie in Ordnung hielt, weg=
genommen haben; seit dieser Zeit haben sie ihre
Verfassung nicht als freye Städte, sondern als
Staaten eingerichtet, die unaufhörlich durch innere
und äussere Factionen zerrissen sind. Daher ent=
standen alle andere Unordnungen, die wir in ihnen
wahrnehmen. Zuerst herrscht unter den Bürgern
keine Einigkeit, ausgenommen unter solchen, die
sich zu boshaften Unternehmungen gegen das Va=
terland, oder gegen angefeindete Bürger verbinden.
Weil die Religion und die Furcht vor Gott al=
lenthalben vernichtet ist, so hält man Treu und
Glauben, und selbst Eide nur so lange, als sie
nützlich scheinen. Man bedient sich des Eides
nicht, um ihn zu beobachten, sondern um andere
dadurch desto eher betrügen zu können; und je
glücklicher ein solcher Betrug ausgeht, desto mehr
Ruhm und Ehre erwirbt man sich, so daß man
die Bösewichter als kluge Leute bewundert, und
redliche als Thoren verachtet. In der That ist in
den Italiänischen Städten alles vereinigt, was
verderben, oder verdorben werden kann. Die jun=
gen Leute sind träge, die Alten ausschweifend,
und jedes Alter und Geschlecht ist durch schändli=
che Laster verunstaltet: weßwegen auch die guten
Gesetze

Gesetze gegen die bösen Sitten nichts helfen.
Daher entspringt die allgemeine Habsucht, und die
Begierde nicht nach wahrem Ruhm, sondern nach
unverdienten Titeln und Ehrenstellen, welche wie=
derum Feindschaften und Parteyen erzeugen, wo=
durch endlich Morde, Verweisungen und Berau=
bungen von Unschuldigen hervorgebracht werden.
Die Guten streben nicht mit solchem Eifer, wie
die Bösen, darnach, Beschützer und Beförderer
zu erhalten, und sie sterben daher meistens unge=
ehrt, und unbeschützt dahin, oder werden gezwun=
gen, gleich den Bösen sich in gewisse Parteyen zu
begeben, um nicht ganz zertreten zu werden.
Die Häupter solcher Parteyen beschönigen ihre Ab=
sichten stets durch scheinbare Titel, und geben
vor, die Freyheit, welche sie alle hassen und un=
terdrücken wollen, unter dem Nahmen von Ari=
stokratie, oder Demokratie zu vertheidigen. Die
Belohnung ihres Sieges ist nicht der Ruhm, das
Vaterland befreyt, sondern die Genugthuung, ihre
Gegner überwunden, und die höchste Gewalt an
sich gerissen zu haben. Um diese zu erlangen und
zu behaupten, wagen sie alles, es mag so unge=
recht, so grausam, und niederträchtig seyn, als
es will. Alle Gesetze und Einrichtungen, welche
sie machen, zielen nicht auf das gemeine Beste,

son=

sondern auf ihren Privatnutzen ab; und eben so
verhält es sich mit Krieg und Frieden und Bünd=
nissen.... Wenn eine Partey verjagt, eine Spal=
tung gehoben ist; so entsteht gleich eine andere.
Bleibt auch eine Faction ohne alle Gegner die ob=
siegende; so theilt sie sich unter einander wieder.
Dies beweist selbst die ältere und neuere Geschichte
unserer Stadt. Ein jeder glaubte, daß die Guel=
fen lange in Ruhe und Ehre leben würden. Al=
lein bald nachher entstanden die Factionen der
Schwarzen und Weissen, und da die Weissen
überwunden wurden, so war doch die Stadt nie
ohne Parteyen, entweder durch den Einfluß der
Verjagten, oder durch die Eifersucht und Anmaaß=
sungen der Vornehmen, und des Volks, u. s. w.

Um die Sitten der Europäischen Völker im
vierzehnten Jahrhundert zu beurtheilen, muß man
das Betragen nicht unbemerkt lassen, welches Sie=
ger gegen Ueberwundene beobachteten. In den
Kriegen zwischen den Engländern, und Schottlän=
dern, oder den Franzosen, geschah es nicht selten,
daß man Städte und Schlösser, die man erobert
hatte, ganz abbrannte, und alles ohne Unter=
schied, selbst wehrlose Greise, Weiber und Kinder
umbrachte a). So gar der edle, und sonst milde
Prinz

a) Man sehe unter andern Froissart T. I. ch. 76. 97.

Prinz **von Wales** ließ in der Stadt Limoges
alles, was Othem hatte, wenigſtens vier tauſend
Menſchen niederhauen b). Die Spanier und
Teutſchen warfen die vornehmſten Kriegsgefangenen
in Ketten c), und die Franzöſiſchen Edelleute woll=
ten deßwegen nicht mit ihrem Könige gegen den
Herzog **von Geldern** ziehen, weil die Teutſchen
ihre Kriegsgefangenen auf eine grauſame Art in
feſten Thürmen mißhandelten, um deſto gröſſere
Ranzionsgelder von ihnen zu erzwingen d). In dem
Kriege, welchen die Genter mit dem Grafen von
Flandern führten, ließ ein Herr von **Jeumond**,
Grand Baillif de Flandres allen Gentern, die er
in ſeine Gewalt bekam, die Augen ausreiſſen, und
                                              Ohren

b) Mezeray IV. 181.

c) Froiſſart I. c. 306. p. 420, beſ. III. c. 109. p. 296.

d) Car, ſo läßt Froiſſart an dem zuletzt angeführten
Ort die Franzöſiſchen von Adel reden, ils (les Al-
lemans, ſont moult convoiteux, et plus, que nul-
les autres gens: et n'ont point pitié de nulluy,
puis qu'ils en ſont ſeigneurs: mais les mettent en
priſons eſtroites, et en ſeps fort merveilleux, et
fort greſillons, et en autres attournemens de priſons: dont ils ſont de ce faire ſubtils, pour attrai-
re plus grand' rançon: et quand ils ſentent, qu'ils
ont à priſonnier un grand Seigneur, ou un noble
et vaillant homme, ils en ſont grandement rejouis:
et les emmeinent avecques eux en Boeſme, ou en
Auſtriche, ou en Saxoingne, ou autre part: et les
tiendront en lieux ou en chaſteaux inhabitables.
Allez les querre là. Telles gens valent pis, que
Sarrazins ne Payens.

Ohren und Nafe abfchneiden, oder die Fuͤſſe ab⸗
hauen e). Ein Herzog **von Bretagne** ſchaͤmte ſich
nicht, unter andern Baronen auch den Connetable
de Cliſſon, dem er feind war, zu einem groſſen
Gaſtmahl einzuladen, dann ſelbſt zu einem andern
Gaſtmahl zu gehen, welches der Connetable dem
verſammelten Adel von Bretagne gab, und nach
dieſem Gaſtmahl den Connetable, unter dem Vor⸗
wande, ihm einen feſten Thurm auf einem neu
erbauten Schloſſe zu zeigen, feſt zu halten. Der
Herzog wollte den durch Verraͤtherey herbey ge⸗
lockten Connetable durchaus hinrichten laſſen, von
welchem Vorhaben er nur mit groſſer Muͤhe durch
die ſtets erneuerte Vorſtellung zuruͤck gebracht wur⸗
de: daß eine ſolche That ihn aller ritterlichen und
fuͤrſtlichen Ehre berauben, und den Koͤnig von
Frankreich zu ſeinem unverſoͤhnlichen Feinde ma⸗
chen wuͤrde f).

Auch im funfzehnten Jahrhundert verdiente
Teutſchland den Ruhm, daß es wuͤrdigere Beherr⸗
ſcher,

e) ib. T. II. Ch. 157. p. 277.

f) III. ch. 65. p. 197. Et qu'en penſe le duc à fai⸗
re? Il eſt entierement infame: et ne fut jamais
homme plus deshonoré. On n'aura jamais fiance
en nul haut Prince; puisque le duc a ainſi receu
et par voyes obliques et fallaces amen ces preud-
hommes et vaillans hommes veoir ſon chaſtel, et
puis les a ainſi deceus. Que dira le Roy de France etc.

ſcher, tapferere und edelmüthigere Fürſten und Für=
ſtenſöhne, eine größere Zahl von Reichen und mäch=
tigen Städten, einen ausgebreiteteren Handel, und
blühendere Gewerbe und Künſte hatte, als irgend
ein anderes großes Land in Europa g). Deſſen
ungeachtet waren die Sitten auch der Teutſchen
Höfe und Städte, der Vornehmen und Geringen,
der Layen und Geiſtlichen in einem ſolchen Grade
verdorben, daß, wenn wir nicht gewiß wüſten,
daß die Laſterhaftigkeit anderer Völker in demſelbigen
Zeitraum noch gröſſer geweſen wäre, man es kaum
für möglich halten ſollte, daß das Sittenverderben
irgendwo einen noch höheren Grad hätte erreichen
können.

Die Stände von Pohlen und Böhmen boten
im funfzehnten Jahrhundert ihre Königscronen mit
Uebergehung der nächſten Erben mehreren Teutſchen
Fürſten an. Dieſe Teutſchen Fürſten aber lehnten
dieſe verführeriſchen Geſchenke mit der Erklärung
ab: daß ſie auch ſelbſt Cronen nicht annehmen
möchten, wenn ſie rechtmäſſigen Erben entzogen
wür=

g) Man ſehe beſ. Aen. Sylv. Epiſt. ad Martinum.
Meyer in Op. p. 838. audacter dicimus, nunquam
Germaniam ditiorem fuiſſe, quam hodie: nunquam ornatiorem, nunquam armis potentiorem...
Quid memoremus nobiliſſimas urbes veſtras, et
ſplendidiſſimas: ditiſſima templa, opulentiſſi-
mos principes ac praelatos, etc.

würden. In der That, ruft **Aeneas Sylvius** aus, ein grosser Ruhm unsers Zeitalters, und besonders der Teutschen Nation, wiewohl, setzt der Italiänische Staatsmann hinzu, Manche die Enthaltung von fremden Königreichen nicht so wohl als eine Wirkung von Gerechtigkeitsliebe, oder Biederkeit loben, denn als Thorheit, oder Trägheit tadeln werden h). Eben dieser Staatsmann erzählt vom **Albert von Brandenburg** i), daß, als dieser Fürst mit 3000 Reisigen in Wien war, sein oberster Marschall, oder Anführer ihn eines Tages gefragt habe: ob er ihn zum Herrn von Wien und Oestreich machen solle, weil es ein leichtes sey, den Kaiser **Friederich** gefangen zu nehmen. Auf diese Frage habe sich **Albert von Brandenburg** ein wenig bedacht, dann aber entschlossen geantwortet: ich hätte das, was du sagst, verzeihen können, wenn du es ohne mich zu fragen gethan hättest. Allein ich selbst kann dir nichts Schlechtes befehlen.

Wenn

---

h) Hiſtoria Europ. I. c. 25. Ingens laus noſtrae aetatis, et magnum decus Germanici nominis, quamvis non ambigo eſſe aliquos, qui non tam juſtitiae, quam ignaviae tradunt, alienis regnis abſtinere. Ego quod boni ſpeciem habet, non laudare non poſſum. Dem verſchmitzten Italiäner ſchien das Ausſchlagen von Cronen, die man nicht mit Recht anbieten und annehmen könne, nur ſpeciem boni zu haben.

i) ib. I. c. 22.

Wenn solche Beyspiele von Treue und Red=
lichkeit im funfzehnten Jahrhundert nur in Teutsch=
land gefunden wurden; so waren sie auch in un=
serm Vaterlande äusserst selten, und beweisen über=
dem im geringsten nicht, daß Fürsten, die in ein=
zelnen Fällen Edelmuth bewiesen, oder die Schan=
de von verrätherischer Treulosigkeit fürchteten, deß=
wegen würdige Hirten und Väter ihrer Völker ge=
wesen seyen. Vielmehr erhellt aus der merkwür=
digen Schilderung des Hoflebens, welche **Aeneas
Sylvius** entwarf, daß Raubsucht, Mord, grobe
Schwelgerey, und Ueppigkeit, endlich eine verächt=
liche Niederträchtigkeit im Unrechtthun, und Un=
rechtleiden an den Höfen der Teutschen wie anderer
Fürsten geherrscht haben. Wenn man auch sagen
wollte, daß die erwähnte Schilderung von **Aeneas
Sylvius** eine bloße Declamation, oder satirische
Redeübung sey; so kann man doch deßwegen die ein=
zelnen charakterischen Züge, die darin vorkommen,
nicht abläugnen; denn eben diese charakterischen Züge
tragen das Gepräge der Wahrheit so unverkennbar
an sich, daß man sie nicht verwerfen dürfte, wenn
sie sich auch in der hämischsten persönlichen Satire
fänden. Der unverschämteste Pasquillant von Für=
sten und Höfen würde jetzt beide ganz anders mah=
len.

len, als **Aeneas Sylvius** die Fürſten und Höfe
ſeiner Zeit gemahlt hat k).

Nicht Wenige, ſagt **Aeneas Sylvius**, werden zum Hofleben durch das groſſe Glück verführt,
welches einzelne Perſonen durch die Gnade von Fürſten gemacht haben. Welche, frägt er ſich ſelbſt,
waren aber dieſe? Faſt immer nur ſolche, welche
ſie mit ihren Sitten und Geſinnungen übereinſtimmend fanden. Geizige Fürſten haben Wohlgefallen
an Perſonen, die ihnen Schätze zuſammenſcharren
helfen: wohllüſtige an ſolchen, die ihnen Mädchen
und Frauen verkuppeln: Trunkenbolde an Sauf-
geſellen, und grauſame an blutgierigen Dienern,
welche ihrer Grauſamkeit fröhnen. Keiner findet
Gnade, und beſonders ſteigt keiner aus einem nie-
derm Stande zu hoher Gunſt empor, als welcher
ſich derſelben durch irgend eine groſſe Unthat würdig
gemacht hat. Und wie gefahrvoll iſt dieſe Gunſt,
wie gefahrvoll die Reichthümer, die dadurch erworben werden! Vergebens hoffen Günſtlinge, ſich
mit ihren Schätzen zu rechter Zeit zu retten, und
den Hof zu verlaſſen. So bald man dieſe Abſicht
merkt, ſo ſchickt man einem ſolchen Flüchtlinge
einen Ankläger auf den Hals, läßt ihn durch par-
teyiſche

k) Man ſehe den Brief an **Johann Aich**. Ep. 166.
in op. p. 710. et ſq.

teyiſche Richter verurtheilen, nimmt ihm ſein un=
rechtmäſſig erworbenes Gut, und gemeiniglich auch
das Leben, damit er nicht über empfangenes Un=
recht klagen könne. Bleibt Jemand aus Furcht vor
ſolchen Unfällen am Hofe; ſo kann er das Seini=
ge nicht genieſſen, und kann es nicht ein mahl nach
ſeinem Tode denjenigen Perſonen zuwenden, die ihm
am theuerſten ſind, indem ſich die Fürſten zu Er=
ben faſt aller Reichen aufwerfen, die in ihrem
Gebiethe ſterben 1). Weiſe Männer finden zu den
Fürſten und ihren Höfen keinen Zugang, ausge=
nommen, wenn ſie den Ruhm ihrer Weisheit und
Tugend durch niedrige Schmeicheleyen ſchänden wol=
len. Dagegen ſind die Palläſte der Großen mit
Sängern, Muſikanten, Schalksnarren und Poſſen=
reiſſer angefüllt, welche ihre Eitelkeit kitzeln, und
ihnen die Zeit vertreiben können. Dieſe allein haben
die Freiheit zu ſagen und zu thun, was ſie wollen.
Treue Diener werden an den Höfen des gröſten
Theils von Fürſten auf die unwürdigſte Art ge=
mißhandelt. Wenn die Fürſten ſelbſt die köſtlich=
ſten Weine aus goldenen, oder ſilbernen, oder chry=
ſtallenen Pocalen trinken; ſo laſſen ſie ihren Hof=
leuten ſauren Wein, oder gar nur verdorbenes

Bier

1) p. 734. Vix enim hodie dives aliquis moritur,
qui principes non succedant.

Bier in schmutzigen hölzernen Kannen reichen m).
So wie es sich mit den Getränken verhält, so verhält
es sich mit den Speisen, dem Geräthe, den Wohnungen, und den versprochenen Belohnungen.
Die fürstlichen Tafeln werden stets mit den man-
nichfaltigsten, und ausgesuchtesten Arten von Fleisch,
den seltesten Fischen, Gemüsen, und Früchten
besetzt. Die Hofleute hingegen erhalten kein anderes Fleisch, als von alten, oder stinkenden Kü-
hen, Ziegen, Schweinen oder Bären n): keine
andere, als übel riechende, oder übel schmeckende
Fische aus trüben oder sumpfigen Wassern: kein
anderes, als schwarzes kaum genießbares Brod:
kein anderes, als schlechtes Oehl aus den Lampen,
und kein anderes Gemüse, als harte halb gekochte
Erbsen, Bohnen, Linsen, oder Kohlarten, die noch
häufig mit Asche, oder Sand vermischt sind. Die

Herren

m) p. 728. Taceo illos principes, qui tantum cere-
visiam in potu praebent, quae cum ubique amara
sit, in curiis tamen et amarissima est. Neque
tibi aut in argento, aut in vitro dari pocula
credas, namque in uno furtum timetur, in alte-
ro fractura. Potabis igitur ex ligneo cipho, ni-
gro, antiquo, foetido, in cujus fundo faex con-
creta est, in quibus minxisse domini consue-
verunt.

n) nulla tibi alia mactantur animalia, quam boves,
caprae, porci, *vel urfi*, nec ista recentia, vel
paululum trita, sed postquam foetere coeperunt,
dispensatores emere solent, nam quo minoris
emunt, eo magis furantur.

Herren speisen täglich an Tafeln, die mit fri=
scher und feiner Wäsche überzogen werden. Die
schlechten Tische der Hofleute sind mit Tüchern
überlegt, die man von den Tischen selbst nicht un=
terscheiden kann; und die Servietten sind so zer=
rissen, und schmutzig, daß sie an den Fingern
hängen bleiben, welche man damit abtrocknen will:
und wegen dieses eckelhaften Schmutzes ist es fast
besser, in Schweineställen, als an den Höfen von
vornehmen Herren zu essen o). Der Nahrung
der Hofleute entspricht ihre Wohnung vollkommen.
Sehr oft erhalten die Hofleute nicht ein mahl be=
sondere Schlafzimmer und Betten, sondern es
müssen ihrer zehn, oder zwanzig in einem Gemach
liegen, wo die Völlerey, die Unreinlichkeit, oder
die Geschwätzigkeit und der Muthwille gar keinen
Schlaf erlauben. Wenn man den Hofbedienten
auch Betten anweist, so sind diese abschreckend
unsauber, und mit allen Arten von scheußlichem
Ungeziefer angefüllt: und was diese noch von Ru=
he gestatten, das wird von einem widerlichen,

O 2   oder

o) Quid tibi de mappis dicam? nigris, laceris,
unctis, quae... te sequuntur, si quando te vo-
lueris tergere.... tua mensalia truncis affixa tam
diu, ut discerni a mensa non possint.... ut sa-
tius sit in stabulis porcorum, quam in curiis
comedere dominorum l. c.

oder unbändigen Beyschläfer gestört p). Alle diese Beschwerden des Hoflebens nehmen im Kriege, und auf Reisen um viele Grade zu. Dann müssen die Diener der Könige und Fürsten Frost und Hitze, Regen und Wind, Hunger und Durst, Gefahren der Wege, und Gefahren vom Feinde über sich ergehen lassen. Weil die meisten Fürsten es gar nicht dulden können, daß andere Menschen auch froh und glücklich sind, sondern vielmehr an den Unfällen ihrer Mitgeschöpfe Vergnügen finden; so bleiben sie selten lange, wo alles im Ueberflusse vorhanden ist, und eilen in Gegenden, wo nur sie alles voll auf haben, und bequem wohnen können. Sie hören es gern, wenn man ihnen erzählt, daß der eine ein Pferd verlohren habe, der andere in ein Wasser gestürzt, oder vor Kälte erstarrt, oder vor Hitze verschmachtet sey q). Auch im tiefsten Frieden ist es am Hofe nicht möglich, sich zu sammeln, seinen Geist durch den stillen Umgang mit den Weisen längst verflossener Jahrhunderte, und sein Herz durch die Gesellschaft

und

p) Si plumas fueris assecutus, ad pediculos, pulices, culices, et alias infinitas, vel mordentes, vel teterrime foetentes bestiolas te praepara. — Linteamina immunda, foetida, lacerata, et quibus nuperrime pestilentia sunt mortui, tibi dabuntur. etc. p. 732.

q) P. 733.

und Lehren von tugendhaften, und unterrichteten Männern zu bilden. Die Wohnungen der Könige und Fürsten erschallen unaufhörlich von dem Geschrey und Geräusch von trunkenen, oder muthwilligen oder eigensinnigen Menschen, oder von den schändlichen Reden lasterhafter Buben, die sich rühmen, Jungfrauen geschändet, Weiber entehrt, Widersacher umgebracht, oder Unschuldige beraubt zu haben. Wie sehr irren sich die Eltern, welche ihre Söhne an die Höfe schicken, um feine Sitten zu lernen: da wo Schwelgerey, Geiß, Wohllust, Neid und Ehrsucht gemeinschaftlich ihren Sitz aufgeschlagen haben!

Im 15. Jahrhundert lebte kein Teutscher Kaiser, und vielleicht kein anderer Fürst, welcher für die Wiederherstellung des Reichs, und die Verbesserung der Kirche einen so grossen Eifer bewiesen hätte, als der Kaiser **Sigismund**. Wahrscheinlich aber war auch in demselbigen Jahrhundert kein anderer Teutscher Hof so verdorben, als der des Kaisers **Sigismund**, und seiner Gemahlinn **Barbara**, aus dem Hause **Cilley**. So wohl der Kaiser, als die Kaiserinn übertraten ohne Scheu alle Gesetze der Ehrbarkeit, und des Wohlstandes. **Sigismund** buhlte mit allen schönen Mädchen und Weibern, die er antraff, und scheint

D 3 auf

auf eine gewiſſe Art das ganze heilige Römiſche
Reich als ſeinen Harem angeſehen zu haben.
Auch begegneten ihm ausgelaſſene Weiber als ei=
nem luſtigen Bruder, oder wie die Zeitgenoſſen
ſagten, als einem fröhlichen ſchimpflichen Herrn.
Als der Kaiſer im J. 1414. nach Strasburg kam,
ſo beſuchten ihn, wie **Herzog** in ſeiner Chronik
meldet r), am Morgen nach ſeiner Ankunft einige
luſtige Weiber, um ſich mit dem Kaiſer zu erlu=
ſtigen.   **Sigismund** wurde durch den Muthwil=
len ſeiner ſchönen Freundinnen dieſen ſo gleich ge=
ſtimmt, daß er einen Mantel umwarf, und mit
ihnen am hellen Tage durch die Straſſen der Stadt
tanzte. Als der tanzende Kaiſer, und die Stras=
burgiſchen Tänzerinnen in die Kürbergäſſe kamen,
ſo kauften die letztern dem Beherrſcher des Teut=
ſchen Reichs ein Paar Schuh für ſieben Creutzer,
und nachdem der Kaiſer die ihm geſchenkten Schu=
he angethan hatte, tanzte er ſo lange fort, bis
er ganz ermüdet in ſeine Wohnung zurück kehrte.
Sigismund erlaubte der Kaiſerinn **Barbara,**
ihren unerſättlichen Lüſten eben ſo ungehindert zu
fol=

---

r) **Herzog** beruft ſich auf die Chronik des von Kö=
niqshofen, der nichts davon ſagt. Man ſehe
Schilter zu Königshof. Chronik S. 145. Auch
Lehmann Speier. Chr. S. 872. nannte daher den
von Königshofen unrichtig als den Gewährs=
mann der berührten Anekdote.

folgen, als er den seinigen folgte. Er betraff sie
sehr oft im Ehebruch, ohne den ihm angethanen
Schimpf zu ahnden s). Barbara erklärte, daß
es gar kein anderes Gut für den Menschen gebe,
als sinnliches Vergnügen, und besonders das Vergnügen der thierischen Liebe, und daß es höchst
thöricht sey, nach diesem Leben noch Vergnügungen oder Schmerzen zu erwarten, weil mit dem
Tode des Leibes alles aus sey. Sie spottete der
heiligen Jungfrauen, die freywillig den Freuden
entsagt hatten, in welchen sie allein die höchste
Glückseligkeit fand. Sie wartete gar nicht einmahl, bis Jünglinge und Männer ihr Anträge
machten, sondern sie lockte dieselben, oder nöthig-
te sie zu ihren Umarmungen. Nach dem Tode
ihres Gemahls ging sie nach Königsgräß, wo sie
sich bis in ihr hohes Alter einen männlichen Harem versammelte, und in den schändlichsten Lüsten
öffentlich umherwälzte t).

Unendlich empörender, als diese Ausgelassenheit königlicher Personen, war das Betragen des

D 4 jungen

s) Aen. Sylv. in vita Frid. III, p. 43. ap. Schilter.
in Script. rer. Germ. Barbara, . . . nobili genere,
infamis vita mulier, quam saepe in adulterio
Sigismundus comprehendit: sed adulter ignovit
adulterae. Nam et sibi nihil levius quam vio-
lare matrimonia fuit.

t) l. c.

jungen Herzogs **Adolph von Geldern** u). Her:
zog **Adolph** konnte es seinem Vater nicht verzei:
hen, daß er schon über vierzig Jahre regiert hat:
te, und ihm noch immer den Zutritt zur Herzog:
lichen Würde, und zu allen damit verbundenen
Vortheilen verschloß. Er nahm ihn also eines
Tages gefangen, und ließ ihn bey kalter Witte:
rung fünf Teutsche Meilen weit barfuß in einen
finstern Thurm führen, der nur durch eine kleine
Oeffnung einige schwache Strahlen des Tageslichts
empfing. In diesem dunkeln Kerker lag der hülf:
lose Vater über 6 Monate, ohne daß das harte
Herz des unnatürlichen Sohnes dadurch gerührt
worden wäre. Da endlich der junge Herzog den
Drohungen des Kaisers, des Pabstes, und des
Herzogs **von Burgund** nicht länger widerstehen
konnte, und seinen Vater aus dem Gefängnisse
entlassen muste; so wollte er dennoch auch die
vortheilhaftesten Bedingungen nicht annehmen, die
ihm von den Friedensstiftern angeboten wurden.
Comines war selbst einer von denen, welche dem
Herzog **Adolph** antragen musten: daß er das
ganze Herzogthum Geldern behalten, und seinem
Vater bloß die kleine Stadt Grave mit ihren Ein:
künften, und drey tausend Gulden Pension über:

lassen

u) Memoir. de Comines IV. I. ad. a. 1474. p. 194.

laſſen ſolle. Der raſende Jüngling antwortete: daß er lieber ſeinen Vater in einen tiefen Brunnen werfen, und ſich ſelbſt nachſtürzen, als einen ſolchen Vertrag eingehen wolle. Sein Vater ſey vier und vierzig Jahre Herzog geweſen, und es ſey einmahl Zeit, daß er es gleichfalls werde. Er wolle ihm gern 3000 Gulden Penſion bezahlen, aber mit der Bedingung, daß der Vater nie wieder die Gränzen des Herzogthums betrete. Der empörte Vater wollte ſeine letzten Kräfte zuſammenraffen, um das Ungeheuer ſeines Sohnes in einem Zweykampf zu vertilgen; aber auch dieſe Anerbietung wies Herzog Adolph mit Hohn von ſich. — Scenen dieſer Art ſchildern nicht bloß die handelnden Perſonen, ſondern das ganze Zeitalter. Auch die ruchloſeſten, und undankbarſten Fürſtenſöhne würden jetzt nicht ſo handeln, und ſo reden, als Herzog Adolph von Geldern that v).

O 5   Die

---

v) Herr Schloſſer in ſeiner Schrift über Geſetzgebung S. 59. hält den Fürſten und Sitten des Mittelalters eine unverdiente Lobrede, und führt unter andern ein Teſtament eines Markgrafen von Baaden vom J. 1453. an, worin dieſer befahl, daß man alles Unrecht, was er etwa angethan habe, wieder gut machen ſolle. — Es gab allerdings in jedem Jahrhundert des Mittelalters gute Fürſten. Allein die Güte ihres Charakters, und die Unſträflichkeit ihres Lebens läßt ſich am wenigſten aus ihren Teſtamenten beweiſen. Schadenerſetzung, die man den Erben auftrug, war ein
                                      Com

Die Sitten der Bürger in den Residenzstädten
grosser Teutscher Fürsten waren wenig oder gar
nichts besser, als die Sitten der Höfe. Nachdem
Aeneas Sylvius in seiner Beschreibung der Stadt
Wien w) die Grösse der Festungswerke, die Höhe
und Schönheit der Häuser, das herrliche Pflaster
der Strassen, die unglaubliche Menge von Lebens-
mitteln, und besonders von Wein, die nach Wien
gebracht würden, und andere Vorzüge dieser Hauptstadt von Oesterreich gepriesen hat; so setzt er hinzu,
daß in dieser grossen und edeln Stadt noch viele
gräuliche Dinge geschähen. Tag und Nacht, sagt
Aeneas Sylvius, kämpft man in den Strassen,
wie in der Schlacht, indem bald die Handwerker
gegen die Studierenden, bald die Hofleute gegen
die Bürger, und bald die Bürger gegen einander
die Waffen ergreifen. Selten geht eine Feierlichkeit

ohne

Compliment, welches gute und schlechte Fürsten,
und die letztern mehr, als die erstern, ihrem Gewissen, oder dem lieben Gott in ihren Testamen-
ten machten, das aber auch das Schicksal aller
Complimente hatte, nämlich nicht erfüllt zu werden. Die Nachkommen hielten sich nicht verpflichtet, Unrecht gut zu machen, welches sie nicht
zugefügt hatten, und es wäre, wie Mezeray
mehrmahl in der Geschichte des 14ten und 15ten
Jahrhunderts anmerkt, besser gewesen, kein Unrecht zu thun, oder angethanes Unrecht selbst zu
vergüten, als auf dem Sterbebette die Genugthuung andern aufzutragen.

w) **Aeneae** Sylvii Oper. p. 718. et sq.

ohne Blutvergießen vorbey. Todtschläge sind sehr häufig, und Streitende werden nie von einander gerissen, indem weder der Fürst, noch die Stadt- obrigkeit sich darum bekümmern. Wein zu schen- ken, gereicht Niemanden zur Schande. Fast alle Bürger halten Trinkstuben, wo sie Trinkbrüder und liederliche Mädchen hinrufen, auch umsonst etwas zu essen geben, damit man um desto mehr trinken möge. Der Pöbel ist gefräßig und der Völlerey ergeben, und verzehrt am Sonntage, was er in der Woche verdient hat. Die Zahl der öffentlichen Mädchen ist ungeheuer, und wenige Frauen sind mit einem Mann zufrieden. Die Edel- leute machen häufig Besuche bei schönen Bürger- frauen. Dann bringt der Mann Wein, um sei- nen vornehmen Gast zu bewirthen, und läßt ihn nachher mit der Frau allein. Die meisten Mäd- chen wählen sich Männer ohne Vorwissen ihrer Eltern, und Wittwen heirathen nach Belieben in der Trauerzeit. In der ganzen Stadt sind nur Wenige, deren Voreltern die Nachbarschaft kennt: die meisten Einwohner bestehen aus fremden An- kömmlingen. Reiche Kaufleute heirathen noch im hohen Alter junge Mädchen, und lassen sie nach wenigen Jahren als Wittwen nach. Diese heirathen wieder junge Leute, mit welchen sie meistens im

Ehe-

Ehebruch gelebt haben, und so werden in Wien
sehr oft Personen heute sehr reich und angesehen,
die noch gestern arm, und unbedeutend waren. —
Ein jeder kann nach Belieben über sein Vermögen
schalten, und daher finden sich sehr viele Testaments=
Erschleicher, welche reichen Alten nachstellen. Der
Sage nach räumen viele Weiber ihre Männer,
wenn sie ihnen zu lange leben, durch Gift aus
dem Wege. Ganz bekannt aber ist es, daß Bürger
häufig von Edelleuten umgebracht werden, wenn
sie die letztern in dem vertrauten Umgange mit ihren
Weibern und Töchtern stören wollen. Die Wiener
leben ohne geschriebene Gesetze nach einem alten
Herkommen, das sie drehen, und auslegen, wie
sie wollen. Recht und Gerechtigkeit sind öffentlich
feil. Wer Geld hat, kann thun, was er will,
und nur die Armen ergreift die Hand des strafenden
Richters. Eide und Verträge, die man vor Ge=
richt abgelegt, und geschlossen hat, werden strenge
gehalten. Was aber abgeleugnet werden kann,
darauf darf Niemand sicher rechnen. Bannflüche
fürchtet man nur, in so ferne sie zeitlichen Schaden
bringen. Gestohlne Sachen, die man bey Dieben
findet, fallen dem Richter anheim. Feste feiert
man mit wenig Andacht. Man verkauft die ganze
Woche

Woche durch alle Arten von Fleisch, und die Kut=
scher sind in beständiger Bewegung x).

Gerichtsverfassung und Polizey waren in den
städtischen Republiken, die sich selbst regierten,
besser, als in den fürstlichen Städten. Uebrigens
aber waren die Sitten der Einwohner eben so aus=
gelassen, als die der fürstlichen Unterthanen. In
Strasburg mishandelten die von Adel die gemeinen
Bürger mit Schlägen, und selbst mit scharfen
Waffen ungestraft, schändeten ihre Weiber und
Töchter, stiegen oder brachen in ihre Häuser und
Gärten ein, und stahlen ihnen ihr Geld oder ihre
Fische y). In allen grossen Reichsstädten des süd=
lichen und nördlichen Teutschlands waren bis in
die letzte Hälfte des 16ten Jahrhunderts privilegirte
Häuser des öffentlichen Vergnügens, und allent=
halben machten öffentliche Weibspersonen eine ge=
duldete und von der Obrigkeit geschützte Classe von
Menschen aus z). In Genf, Nürnberg und an=
dern Städten wählten die Dienerinnen der gemei=
nen

x) Dieselbe Schilderung der Sitten von Wien wie=
derhohlte Aeneas Sylvius im Leben Friederichs
III. p. 4. 5.

y) Königshofen 817. u. f. S.

z) Beckers Gesch. von Lübeck II. 207. des Proto=
Syndikus Kraut Geschichte der Policey in den
Teutschen Städten, im Hannöv. Mag. vom J.
1786. 155. u. f. S. Voigts Gesch. von Quedlin=
burg III. 64. u. f. S.

Männer, unter die üppigen Kinder der Welt c).
Die große Zahl von öffentlichen Weibern brachte
reiche und fromme Perſonen auf den Gedanken,
Stiftungen zu machen, in welche liederliche Mädchen, wenn ſie ihren ſträflichen Wandel verlaſſen
wollten, aufgenommen würden, und Buſſe thun
könnten; und daher entſtanden die ſo genannten
Beguinenhäuſer, deren Mitglieder aber ſehr häufig ihr altes Gewerbe fortſetzten, oder wenn ſie
dazu zu häßlich waren, das Handwerk von Kupplerinnen ergriffen d). Man trug lange Zeit auch

in

---

c) Hic quoque virgines veſtales, vel ut verius loquar
florales. Hic abbates, monachi, fratres, et ſacerdotes majori licentia quam caeteri vivunt, et
ſimul quandoque cum mulieribus lavantes, ſeri-
cis quoque comas ornantes, omni religione adjecta.
In Quedlinburg unterſagte man den Mönchen,
Bäder auſſer dem Cloſter zu beſuchen, Voigt l. c.
Schon im 15 Jahrhundert war man auch in Teutſchland gegen die verdorbene Geiſtlichkeit ſo aufgebracht, daß der freymüthige Cardinal Julian mehrmahl verſichert, man werde über ſie herfallen, und
ſie ausrotten, wenn man ſie nicht bald ernſtlich re-
formire. Ep. ad Eugen. IV. in Op. Aeneae Sylvii pag. 66. 67. Incitavit me etiam huc venire
deformitas et diſſolutio cleri Alemanniae, ex qua
Laici ſupra modum irritantur adverſus ſtatum ec-
cleſiaſticum. Propter quod valde timendum eſt,
ne Laici more Huſſitarum in totum clerum irru-
ant, ut publice dicunt. — Animi hominum prae-
gnantes ſunt. Jam incipiunt evomere venenum,
quo nos perimant. Putabunt ſe ſacrificium prae-
ſtare deo, qui clericos aut trucidabunt, aut ſpo-
liabunt. etc.

d) Lehmann Speierſche Chron. S. 724. 725. Matth.
Pariſ. p. 413. 414.

in Teutſchland zerbauene Hoſen, die alles ſehen
ließen, wovon wir jetzt glauben, daß nur die
verworfenſten unter den Schaamloſen es abſichtlich
entblöſſen können. Nichts war gewöhnlicher, als
daß man auf feierlichen Hochzeiten alle Kleider ab,
warf, und dann tanzte, oder Jungfrauen mit
Fleiß ſo fallen ließ, daß ſie ganz entblößt
wurden e).

Auch das funfzehnte Jahrhundert beweist,
daß die Lobreden auf die alte Treu und Redlichkeit
eben ſo grundlos, als die auf die Keuſchheit un=
ſerer Vorfahren ſind. Man hat kurz vorher gele=
ſen, was **Aeneas Sylvius** von den Einwohnern
von Wien erzählt. **Conrad Celtes** rühmt zwar
die auſſerordentliche Strenge, womit die Obrigkeit
in Nürnberg gegen die Verfälſcher von Waaren
verfuhr. Zu gleicher Zeit aber bedauert er, daß
man nicht einen ähnlichen Ernſt gegen die Urheber
der Vergiftung des Weins übe, welche Weinver=
fälſchung er als eine neuerfundene böſe Kunſt ver=
abſcheut f). Die Strafgeſetze gegen gewiſſenloſe
Vor=

e) Kraut l. c. S. 157.

f) c. 15. de ſitu etc. Norimb. Vinorum etiam cor-
ruptores utinam graviore ſupplicio afficerent!
cujus corruptelam, ut multa alia noſtra ſaecula
excogitavere, ita illa quoque adulteratio, et exe-
cran-

P

Vormünder, und bestechliche Magistratspersonen
wurden im funfzehnten und sechszehnten Jahrhun=
dert in den Teutschen und Schweizerischen Städ=
ten eben so oft, als die gegen übermäffige Pracht=
liebe, und verderbliche Verschwendung und Er=
pressungen bey Kindtaufen, Mahlzeiten, und an=
dern Lustbarkeiten wiederhohlt und geschärft; und
doch konnte man durch die strengsten Gesetze, und
die härtesten Strafen weder die Beraubung von
Wittwen und Waisen, noch die Bestechungen von
Magistratspersonen, oder die Verschwendung und
Schwel=

orandum malum inventum est. . . . Inventum illud Druidae esse ferunt. Martino Bavaro nomen
illi erat, in Franciae oppido, quod a nigra quer-
cu dicunt. Dignus profecto aeternis suppliciis etc.
Conrad Celtes führt so viele und so bestimmte
böse Wirkungen des verfälschten Weins an, daß
man fast glauben sollte, daß die gefährlichste Art
von Verfälschung damahls erfunden worden, und
allgemein auch in Teutschland gebraucht worden
sey. Ille — (der Erfinder der bösen Kunst,) mulieribus sterilitatem inducit, abortus facit. . . .
nutricibus lac inficit, aut detrahit, arthriticos
dolores corpori immittit: in viris autem intesti-
norum, renumque tormina . . . et corrosiones visce-
rum inducit: et ut plura paucis dicam, venenum inflammat, mordicat, adurit, extenuat,
exsiccat, nec sitim aufert, sed auget, ut natura
sulphuris est, cujus magnam vim priusquam
deferbuerint vina, commixtis aliis noxiis, et ve-
nenosis rebus, quae hic docere pudet, addunt . . .
Hoc nos sub dulci melle venenum amicis nostris,
uxoribus, liberis et nobismet ipsis magnis pecu-
niis emimus etc. Allein diese schreckliche Erfin=
dung ist viel jünger S. Beckmann's Beyträge
zur Gesch. der Erf. B. III. 435. u. f. S.

Schwelgerey der Bürger sammt den damit ver=
bundenen Mißbräuchen zurückhalten g).

Die Teutschen und Schweizer des 15. Jahr=
hunderts waren im Kriege eben so grausam, als
sie im Frieden nichtswürdig waren. Nach einem
allgemeinen Kriegsrecht plünderte man Städte,
Flecken, und Dörfer in feindlichen Landen aus,
und zündete sie dann an. Besatzungen von er=
berten Städten mochten ihre Pflicht so vollkom=
men, als möglich erfüllt, und mit der bewun=
dernswürdigsten Tapferkeit gefochten haben; so
wurden sie doch entweder gleich nach der Einnahme
von Städten, oder gar erst am folgenden Tage
mit kaltem Blute hingerichtet h). Nur selten
wurden Standespersonen entweder zur Auswechs=
lung, oder um eines hohen Lösegeldes willen auf=
gespart, und es war so gar den Ordonnanzen
der Schweizer zuwider, der Kriegsgefangenen zu
schonen i). **Johann von Bayern,** Bischof von

P 2 Lüt=

g) Man sehe die häufigen Verordnungen über die
Vormünder im Schweizerischen Museo, bes. im
4 Jahrgange S. 767. Bullingers Brief über die
verdorbenen Sitten im Anfange des 16. Jahrh.
ib. S. 795. Ueber die Badenfahrten, und die
damit verbundenen Ausschweifungen und Excess=
sungen. Helvet. Calend. vom J. 1786. S. 42. u. f.

h) Füßli's Gesch. des Burg. Krieges, im Helv. Ca=
lend. von 1782. S. 214.

i) ib.

Lüttich ließ nicht nur die Häupter der Aufrührer, welche ihn vertrieben hatten, sondern so gar Weiber und Kinder, Mönche und andere Geistliche auf das unmenschlichste hinrichten k). Man sah um Lüttich und die übrigen Oerter des Bisthums nichts, als Wälder von Rädern, und Galgen, und die Maas wurde mit den Leichnamen von Unglücklichen angefüllt, die man zwey und zwey zusammengebunden hinein warf.

Auf meinem Marsche in das Engadin, erzählt Pirkheimer l), traff ich eines Tages an dem Ende eines großen abgebrannten Fleckens zwey alte Frauen an, die einen Haufen von etwa vierzig kleinen Knaben und Mädchen wie eine Heerde Schweine vor sich her trieben. Alle waren durch Hunger so ausgemerzelt, daß ihr Anblick Entsetzen erregte. Ich fragte die Alten, wohin sie dieses bejammernswürdige Häuflein von Kindern führen wollten. Die Führerinnen, welche kaum vor Hunger und Betrübniß den Mund öffnen konnten, antworteten: ihr werdet es bald selbst sehen, wohin diese unglücklichen Geschöpfe getrieben werden. Kaum hatten sie dieses gesagt, als die Kinder auf einer nahen Wiese niederfielen, die

k) Mezeray IV. p. 334. 335. ad a. 1408.
l) Oper. p. 82.

die Gräser ausriffen, und fie begierig verfchluckten.
Die Kinder hatten es fchon gelernt, welche Grä=
fer und Kräuter fchmackhaft, und welche widerlich
waren. Dies fchreckliche Schaufpiel fetzte mich
ganz auffer mir, und ich blieb lange wie verftei=
nert ftehen. Sehet ihr nun, riefen die alten
Frauen, wohin wir diefe armen Verlaffenen füh=
ten wollten, denen es beffer gewefen wäre, nicht
gebohren, als zu einem folchen Elende aufbewahrt
zu werden. Die Väter diefer Kinder find getöd=
tet, die Mütter durch Hunger und Noth vertrie=
ben, ihre Häufer verbrannt, und ihr Vermögen
geplündert worden. Und wir bedaurernswürdigen
Alten find übrig geblieben, daß wir die Kinder,
wie das Vieh, auf die Weide treiben, und fo
lange als möglich durch das Effen von Kräutern
und Gräfern erhalten. Wir hoffen aber, daß der
Tod uns bald von unferm Elende befreyen werde.
Es waren der Kinder vor kurzem zweymahl fo viel,
als ihr jetzt feht. Täglich hat der gräßliche Hun=
gertod einige davon weggenommen, und denen,
die noch übrig find, fteht bald ein ähnliches Schick=
fal bevor. Als ich dies fah und hörte, fo fchließt
Pirkheimer feine traurige Erzählung; fo konnte
ich meine Thränen nicht halten, und konnte nicht

um=

umhin, die Wuth des Krieges zu verabscheuen, welche solche Unfälle hervor bringt.

Auf dem Rückzuge aus dem Engadin litt **Pirkheimer** selbst mit seinen Kriegern eine solche Hungersnoth, daß Viele gleich den eben erwähnten Kindern die Gräser und Kräuter, welche sie am Wege antraffen, verzehrten, und einige in Raserey fielen m). In dieser Noth traffen die wilden Soldaten einen Bauern an, der ein großes Faß Wein auf dem Wagen hatte. Man durchborte das Faß mit den Lanzen, und fing den Wein mit den Helmen auf. Dies dauerte andern zu lange, und diese schlugen dem Fasse den Boden aus, daß der Wein verschüttet wurde. Hierüber entstand ein Streit, in welchem funfzig getödtet, und über hundert verwundet wurden. Keiner konnte unterscheiden, ob er einen Freund oder einen Feind vor sich habe, und doch hieb ein Jeder auf einen Jeden los, den er vor sich hatte. **Pirkheimer** verließ den rasenden Haufen von Kriegern, die sich auf die blutenden Leichname ihrer Cameraden hinsetzten, und den Wein austranken, der nach der Verschüttung hatte gerettet werden können. — So waren die Kriege und
Krie-

m) p. 84. 85.

Krieger der tapfern Teutschen und Schweizer im
funfzehnten Jahrhundert beschaffen.

Dieser Sitten und der daraus entstehenden
Unordnungen ungeachtet waren die Teutschen das
reichste, mächtigste, und am wenigsten verdorbene
Volk des funfzehnten Jahrhunderts. In Frankreich, England, und Italien war die Lasterhaftigkeit und das daraus entspringende Unglück aller
Stände viel grösser, als in unserm Vaterlande.
Comines, der zwar ganz Europa, am genauesten
aber doch Frankreich, Burgund und Flandern
kannte, leitet an mehrern Stellen seiner Memoires die innern und auswärtigen Kriege, wodurch
alle Länder unsers Erdtheils zerrüttet worden seyen,
oder noch zerrüttet würden, aus der Verdorbenheit der Völker, am meisten aus der Verdorbenheit, oder wie er sich ausdrückt, der Bestialität,
und Unwissenheit der Fürsten ab n). Wenn ein
Fürst, sagt dieser Geschichtschreiber, durchaus eine
grosse Zahl von Kriegsvölkern unterhalten, und
ohne alle Noth die Schätze des Landes daran ver-

P 4   schwen-

---

n) Liv. V. ch, 18. et 20. p. 330. et sq. et p. 346.
347.... Dieu est presque forcé ... de nous battre
de plusieurs verges, pour nostre bestialité, et pour
nostre mauvaistie, que je croys mieux: mais la
bestialité des Princes, et leur ignorance est bien
dangereuse, et à craindre: car d'eux depart le
bien et le mal de leurs Seigneuries.

schwenden will: wenn Niemand sich seinen Leiden=
schaften widersetzt, und diejenigen, die etwa Ge=
genvorstellungen machen, seinen Zorn auf sich la=
den; wer kann da helfen, wenn Gott nicht hilft?
Gegen ihre eigenen Unterthanen und Vasallen,
mit welchen sie unzufrieden sind, hetzen die Für=
sten falsche Ankläger, und bestochene Richter auf,
und berauben sie dadurch ihres Lebens, oder ihrer
Freyheit und ihres Vermögens. Gegen Mächti=
gere verfahren sie mit offenbarer Gewalt, unter
dem Vorwande, daß man die schuldigen Lehns=
pflichten versäumt, und keinen Gehorsam geleistet
habe. Vornehme Geistliche hetzen sie gegen ein=
ander auf, oder werfen ihnen grundlose Streitig=
keiten an den Hals, um auf ihre Kosten Günst=
linge bereichern zu können. Den Adel setzen sie
durch ihre Kriege in beständige Gefahren und Auf=
wand, ohne denselben, und die übrigen Stände
zu Rathe zu ziehen, und doch sollten sie es thun,
weil sie es sind, die ihr Leben, und ihr Vermö=
gen aufopfern müssen. Ihren Völkern endlich las=
sen sie gar nichts übrig, und wenn sie dieselben
durch übermässige Steuern ausgesogen haben; so
geben sie ihnen nicht einmahl gegen ihre besolde=
ten Krieger Schutz, die den armen Unterthanen
alles nehmen, und sie dennoch auf das unmensch=
lichste

lichste mißhandeln. Dies gilt besonders von unserm Königreich, das mehr als irgend ein anderes mir bekanntes Christliches Land, unterdrückt und vernichtet ist o).

Nirgends urtheilte **Comines** richtiger, als an dieser Stelle. Kein anderes Reich wurde im funfzehnten Jahrhundert durch die Laster seiner Könige und Großen, durch äussere und innere Kriege, und selbst durch so viele und so grosse natürliche Uebel, durch Hungersnoth und Seuchen, die meistens Folgen der sittlichen und politischen Uebel waren, so verödet, als Frankreich. Unter dem verrückten **Carl** VI., dem wohllüstigen und sorglosen **Carl** VII., dem grausamen und verschmißten **Ludewig** XI., und dem abentheuerlichen **Carl** VIII. war der Französische Hof ununterbrochen ein Schauplatz der verabscheuungswürdigsten Greuel, und der verruchtesten Buben, welche nie mit einander überein stimmten, als wenn sie sich zur Beraubung des leidenden Volks verschworen, und die sich alsdann die gewonnene Beute mit Gift, Feuer und Schwerdt zu entreissen suchten. Könige oder königliche Prinzen übten Ehebruch, Meuchelmord, Raub, Meineid, falsches Münzen, und andere Verbrechen, welche die Gesetze mit den härtesten

P 5   testen

o) l. c. p. 332.

teſten Todesſtrafen belegten, beynahe öffentlich und ohne Scheu aus. Die einzigen nicht ganz verdor: benen Glieder des Staats waren die Lehrer der Univerſität Paris, und die guten Bürger von Paris p). Dieſe ſtellten die Nothwendigkeit ei: ner gründlichen Verbeſſerung des Staats q) auf das dringendſte vor, aber ohne alle Wirkung; denn weder die Prinzen, noch die übrigen, welche Macht und Anſehen in Händen hatten, würden bey einer Verbeſſerung des Stagts ihre Rechnung gefunden haben, und beide, ſagt **Mezeray**, konn: ten es nicht dulden, daß man ſie nöthigen wollte, nützliche, oder wenigſtens unſträfliche Bürger zu werden r).

Warum anders, ſagt der patriotiſche **Nico: laus von Clemanges** s), ſind wir von der Höhe des Ruhms, auf welcher Frankreich vor: mahls ſtand, in den Abgrund unſers gegenwärti: gen Elendes herabgefallen, als weil wir von un: ſern alten Tugenden ausgeartet ſind: weil wir Fleiß und Thätigkeit mit Trägheit und Sorglo: ſigkeit,

---

p) Mezeray IV. 352.

q) Man ſehe beſ. des Nicolai de Clemangiis Auf: ſaß de lapſu et reparatione juſtitiae in deſſen Werken p. 41. et ſq.

r) l. c. p. 553.

s) l. c. p. 45.

ſigkeit, Edelmuth und Standhaftigkeit mit ſchimpflicher Niederträchtigkeit, und Leichtſinn, Mäſſigkeit mit Schwelgerey, ächte Ruhmbegierde und
Freygebizkeit, mit prahlendem Stolz und Verſchwendung, Redlichkeit mit Falſchheit, Frömmigkeit mit Unglauben, Ordnung mit Verwirrung,
Vaterlandsliebe mit ſelbſtſüchtiger Zügelloſigkeit,
mit einem Worte Gerechtigkeit mit Ungerechtigkeit
vertauſcht haben? Die Hauptquelle aller dieſer
Uebel war ein unaufhaltſamer Hang, beſonders
der höheren Stände, ſich nicht mit dem zu begnügen, was ſie nach den Geſetzen thun und fordern konnten, und die Rechte anderer willkührlich anzugreifen, und zu verletzen. Hieraus ent-
ſprangen zuerſt die drückenden Auflagen, die man
auf das ganze Volk legte. Aus den Strömen
von Gold und Silber, welche dieſe Exactionen
flieſſen machten, entſtanden Vernachläſſigung der
bisherigen rechtmäſſigen Hülfsquellen, tiefe Verachtung der niedrigeren Stände, die man beraubte, und endlich eine gränzenloſe Verſchwendung,
welche wiederum eine unerſättliche Habſucht erzeugte t). Der hungrige Hofadel theilt gewöhnlich

---

t) l. c. c. 12. p. 51. 52. Ex illo pullulavit germi-
ne antiqui regii dominii contemtus, ac negligentia: juriumque ac proventuum ad coronam
perti-

lich die Summen, die man von dem Volke er-
preßt, noch ehe sie gehoben werden u). Der königliche Schatz empfängt wenig von dem ungerechten Raube, und was er empfängt, das wirft er
unmittelbar wieder von sich v). Weil die Verschwendung immer grösser, als die gewonnene
Beute ist; so sah man die öffentlichen Cassen nie
so sehr erschöpft, und mit so schweren Schulden
belastet, als seit der Einführung der unmässigen
Abgaben w). So wie der öffentliche Schatz ohne
Geld ist, so ist die Kirche und das Volk ohne
Schutz, indem diejenigen, welche beide vertheidigen sollten, ihre grausamsten Feinde sind x).
In dem Rathe des Königs denkt keiner an das
allgemeine Beste, sondern ein jeder nur an seine
eige-

pertinentium corruptio et deperditio. Tanta etenim ex novis tributis impositis auri atque argenti manabant flumina, ut jam ordinarii redi-
tus, quasi pro nihilo habiti vilescerent. Ex
hoc fonte domesticae seditiones, intestinaeque
procésserunt discordiae : ex illo intoleranda no-
bilitatis arrogantia profluxit, quae caeteros ex
tunc ordines sive status coepit contemnere, ac
vili pendere, illorumque pro arbitrio bona diripere.

u) cum saepe tota indictio ex aulicorum sententia
prius esso consueverit distributa, quam recepta.
c. 20. p. 57.

v) Pertusus itaque jam pridem est regius fiscus,
et nihil retinet, sed omnia effundit etc. ib.

w) ib. p. 58.   x) p. 52.

rigenen Vortheile. Schmeichler, Wucherer, und
falsche Münzer regieren alles, und eben diese
Verruchten sind es, welche durch Laster und Ver=
brechen zu den größten Reichthümern und Würden
gelangen y). Nichts ist mehr zu verwundern,
ruft **Nicolaus von Clemanges** aus, als daß
ein solcher Zusammenfluß von Verbrechen und La=
stern, dergleichen unser Reich überschwemmt, sich
nicht schon lange gegenseitig aufgerieben hat z).
Ein so allgemeines Verderben kann nur durch den
gemeinschaftlichen Rath, und den gemeinschaftlichen
Ernst aller Stände des Königreichs abgewandt
werden a).

Die

---

y) Taceo, qnod ex annis illis nulla cura reipublicae, aut publici commodi fuit: nullus status
regius, nulla in consiliis gravitas, in bellicis
rebus strenuitas, in agendis constantia, in exe-
quendis diligentia; sed privatae cupiditatis ex-
plendae desiderium, omnia, quae publica erant,
aut exstinxit aut exsorbuit. — Quod per assen-
tatores, et nummularios, ut turpiora sileam,
omnia reguntur: qui dominorum lateribus inde-
sinenter assistentes cuncta pro libito disponunt:
publica consilia privatis dissipant, publica com-
moda privatis subvertunt, novas exactiones sug-
gerunt, nova numismata fabricant, novas rapinas meditantur, et nihil plerumque, nisi in reipublicae excogitant perniciem. ib.

z) Epist. p. 193. Illud potius mirum debet videri,
quemadmodum se tanta scelerum colluvio tanto
potuerit tempore absque incredibili contritione
sustinere.

a) p. 58.

Die Sitten der Geistlichkeit waren nicht weniger verdorben, als die Sitten des Hofes, und die Kirche wurde von ihren Obern, wo möglich, noch schaamloser beraubt, als das übrige Volk. Die päbstliche Cammer in Avignon zog unter allerley Nahmen eine grössere Summe aus Frankreich, als die rechtmässigen Einkünfte der Könige betrugen b); und die vornehmsten Mitglieder des päbstlichen Hofes, die Cardinäle vereinigten in ihren Personen mehrere hundert, bisweilen gegen fünfhundert Pfründen c). Alles, was der päbstliche Hof zu entscheiden und zu vergeben hatte, wurde ohne Rücksicht auf Recht und Würdigkeit an den Meistbietenden verkauft d). Wenn die Käufer nicht zur bestimmten Zeit zahlten, oder die ungerechten Forderungen der päbstlichen Sammler (collectores) nicht willig befriedigten; so wurden sie von diesen sogleich entsetzt, oder in den Bann gethan. Viele Kirchen und Clöster verfielen, weil man das Geld, was man zu ihrer Ausbesserung hätte anwenden sollen, an die Agenten der päbstlichen Cammer zahlen muste.

Andere

b) wenigstens 1400,000 Franken. Nic. de Clemang. p. 93.

c) id. de corrupt. Eccles. statu p. 11.

d) ib. p. 8. et sq.

Andere Kirchen und Clöster wurden verlaſſen, weil diejenigen, denen ſie übergeben waren, nicht beſtehen konnten. Manchen Aebten und Prälaten verſagte man nach ihrem Tode die ihnen zukom: mende Beſtattung, weil ſie ihre Schulden an die päbſtliche Cammer noch nicht abgetragen hatten e). Um dieſen Beſchimpfungen im Tode, und den Entſetzungen und Verbannungen im Leben zu ent: gehen, übten die Biſchöfe und Prälaten eben die böſen Künſte, welche der päbſtliche Hof gegen ſie geübt hatte, und noch immer fortſetzte. Sie plünderten ihre Unterthanen durch Exactionen, durch falſche Anklagen, und ungerechte Urtheils: ſprüche f), und verhandelten alle Stellen, und Pfründen, welche ſie zu ertheilen hatten, ſelbſt die Erlaubniß, ſündigen zu dürfen, öffentlich um Geld g). Die Biſchöfe waren faſt nie in ihren Sprengeln gegenwärtig, ſondern zogen an die Höfe der Fürſten, wo ſie eben ſo lebten, wie die übrigen Hofleute h). Weil man bey der Beſet: zung von geiſtlichen Stellen nicht auf Fähigkeiten,

Kennt:

e) ib. c. 8. p. 9. 10.

f) ib. p. 6. 15 — 17.

g) Es war allgemein gewöhnlich, daß Pfarrer we: gen der Erlaubniß, Beyſchläferinnen halten zu dürfen, mit den Biſchöfen abhandelten.

h) ib. p. 16. 17.

Kenntniſſe und Tugenden, ſondern nur auf Geld,
oder Empfehlungen ſah; ſo wurden faſt alle Aem=
ter und Würden der Kirche mit unwiſſenden und
ſittenloſen Menſchen angefüllt, die zum Theil vom
Pfluge, oder aus den ſchmutzigſten Werkſtätten
entflohen waren, bevor ſie in den geiſtlichen Stand
traten i). Viele Biſchöfe und Pfarrer konnten
kaum leſen, und noch mehrere verſtanden das
nicht, was ſie ablaſen, oder abſangen k). Die
geringere Geiſtlichkeit wetteiferte mit der höhern
nicht nur in Unwiſſenheit, ſondern auch in Un=
ſittlichkeit. Wirthshäuſer halten, und beſuchen,
ſaufen, huren, ehebrechen, ſpielen, fluchen,
ſchreien, und ſchlagen machten das gewöhnliche
Leben und Thun der Seelenhirten aus l). Manche

Pfar=

i) ib. p. 8. c. 6. Non tamen a ſtudiis aut ſchola,
ſed ab aratro etiam et ſervilibus artibus ad pa-
rochias regendas, caeteraque beneficia paſſim pro-
ficiſcebantur, qui paulo plus Latinae linguae,
quam Arabicae intelligerent, imo qui et nihil
legere, et quod referre pudet, alpha vix noſce-
rent a betha diſcernere.

k) l. c. p. 13. et p. 165. de praeſulibus ſimonicis.

l) l. c. p. 16. Si quis hodie deſidioſus eſt, ſi quis
a labore abhorrens, ſi quis in ocio luxuriari vo-
lens, ad ſacerdotium convolet, quo adepto, ſta-
tim ſe caeteris ſacerdotibus voluptatum ſectatori-
bus adjungit, qui magis ſecundum Epicurum,
quam ſecundum Chriſtum viventes, et cauponu-
las ſeduli frequentantes potando, comeſſando,
pranſitando, convivando, cum teſſeris et pila lu-
dendo

Pfarrer waren Köche, oder Verwalter, oder an=
dere Bediente von vornehmen Herren und Frauen:
und wenn einer oder der andere nicht alles mit
machen wollte, was seine übrigen Amtsbrüder
thaten, so verspottete man solche als Verschnitte=
ne, oder Sodomiten m). Die Sitten der Or=
densgeistlichen, und vorzüglich der Bettelmönche
waren nicht besser, als die Weltgeistlichen n);
und auch unter jenen wurden alle diejenigen, wel=
che fromm, keusch, und mässig leben wollten,
Heuchler gescholten o). Nonnenclöster hielt man

so

dendo tempora tota confumunt. Crapulati vero,
et inebriati pugnant, clamant, tumultuantur,
nomen dei et fanctorum pollutiffimis labiis exe-
crantur. Sicque tantum compofiti ex meretricum
fuarum complexibus ad divinum altare veniunt.
Man sehe auch p. 165. de praef. Simon.

m) Alii cocorum funguntur officio, alii pincerna-
rum, alii oeconomi funt, ac difpenfatores, alii
menfarum affeclae, alii dominarum, nolo turpiora dicere, pediffequi. Taceo de fornicationibus,
et adulteriis, a quibus qui alieni funt, probro
caeteris, ac ludibrio effe folent, fpadonefque ac
fodomitae appellantur. l. c. p. 165

n) p. 21. Annon lupi rapaces funt fub ovili ima-
gine latitantes, qui more facerdotum Beli in fuis
penetralibus oblata devorant, mero fe ac lautis
epulis cum non fuis uxoribus, licet faepe cum
fuis parvulis, avide fatiantes, cunctaque libidi-
nibus, quarum torrentur ardore, polluentes?

o) p. 23. Quin etiam fi fimplex aliquis, fi caftus
aut frugalis in collegio aliquo, vel conventu la-
tam et lubricam perditorum viam non fectetur,
fabu-

Ω

ſo allgemein für Bordelle, daß eine Jungfrau ein⸗
kleiden, und ihre Ehre öffentlich Preis geben,
als eine und eben dieſelbe Handlung betrachtet
wurde p).

Eine nothwendige Folge ſolcher Sitten war
die tiefſte Verachtung des ganzen geiſtlichen Stan⸗
des q). Eben ſo allgemein war der Gedanke,
daß die Kirche einer gründlichen Verbeſſerung be⸗
dürfe, daß aber dieſe Verbeſſerung entweder gar
nicht, oder äuſſerſt ſchwer durch die Mitglieder
der Kirche, und kaum durch allgemeine Kirchen⸗
verſammlungen bewirkt werden könne r). Die
meiſten Mitglieder von Concilien, ſagt **Nicolaus
von Clemanges,** trachten nur nach Beförderun⸗
gen,

fabula ridicula caeteris efficitur, inſolenſque et
ſingularis inſanus aut hypocrita continuo appel⸗
latur etc.

p) p. 22. Nam quid, obſecro, aliud ſunt hoc
tempore puellarum monaſteria, niſi quaedam,
non dico dei ſanctuaria, ſed Veneris execranda
proſtibula? ſed laſcivorum, et impudicorum ju⸗
venum ad libidines explendas receptacula, ut
idem ſit hodie puellam velare, quod et publice
ad ſcortandum exponere.

q) p. 8. Inde in ore vulgus tantus ſacerdotum
contemtus, tanta vilipenſio: inde totius ordinis
eccleſiaſtici dedecus, ignominia, opprobrium, et
nimis erubeſcenda, ſi erubeſcere ſcirent, ſed frons
multorum attrita erubeſcere neſcit. etc.

r) Nic. de Clemang. Super materia Concilii gener.
in Op. p. 62. et ſq.

gen, und reichen Pfründen, nicht nach dem Wohl
der Kirche, und wie kann man von solchen fleisch=
lich gesinnten Menschen erwarten, daß sie von
dem Geiste Gottes regiert werden? s). Die Welt,
fährt eben dieser vortrefliche Schriftsteller an einer
andern Stelle fort t), erträgt aber die in der
Kirche herrschenden Greuel nicht länger mehr.
Wer nicht ganz blind, oder verblendet ist, der
muß nothwendig das Ungewitter wahrnehmen,
was sich schon seit geraumer Zeit gegen die Kirche
zusammengezogen hat. Viele Zeichen seines Aus=
bruchs sind vorhergegangen, welche aber die in
Sünden versunkene und verstockte Geistlichkeit nicht
gesehen hat, oder nicht sehen wollte. Was bleibt
dir also, o du Weltheiland übrig; wenn du dei=
ne Kirche von ihren Schlacken reinigen willst, als
daß du sie in den Feuerofen des Trübsals und
der Verfolgung werfest? und wenn du deinen
Weinberg von dem Unkraute säubern willst, wo=
mit er ganz überdeckt ist, daß du alle Bäume
und Pflanzen, die sich darin finden, mit der

Q 2 Wur=

---

s) p. 70. 72. Ista non dico astruendo, sed inqui-
rendo potius, ut per te possim certior fieri,
quomodo putes Spiritum sanctum in Concilio
praesidere, atque ad ea, quae salutis sunt hominum minime spiritualium mentes inflectere, atque traducere?

t) de corrupt. ecclef. stat. p. 27. 28.

Wurzel ausreiſſeſt, und ihn ganz von neuem mit
guten und fruchtbaren Sprößlingen beſetzeſt? —
Nicht bloß **Nicolaus von Clemanges** u), ſondern auch andere gleichzeitige Schriftſteller verſi-
chern und beklagen es, daß die Verſetzung des
päbſtlichen Stuhls nach Avignon auſſer allen Arten von Erpreſſungen auch alle Arten von Laſtern,
und beſonders eine ungeheure Prachtliebe und Ueppigkeit in Frankreich eingeführt habe v).

Die Begierde allein zu herrſchen, und willkührlich zu rauben, war es, welche unter der
ſchwachen Regierung **Carls** VI. die Prinzen von
Geblüt, und vorzüglich die Herzöge **von Orleans,**
und von **Bourgogne,** und deren Anhänger ge-

gen

u) p. 25.

v) Ex illo plane ſuam cladem imminere praenoſſe
debuit, ex quo propter ſuas fornicationes odibi-
les Romuli urbe relicta Avinionem confugit, ubi
quanto liberius, tanto apertius et impudentius
vias ſuae Simoniae et proſtitutionis expoſuit
peregrinosque et perverſos mores, calamitatum
inductores in noſtram Galliam invexit, rectisque
usque ad illa tempora moribus frugalibus diſci-
plina inſtante, nunc vero luxu prodigioſo usque
adeo ſolutam, ut merito ambigere poſſis, utrum
res auditu mirabilior ſit, an viſu miſerabilior.
l. c. Zu den ausländiſchen Laſtern gehörte unter
andern die Giftmiſcherey, vor deren Nachſtelluu-
gen kein König mehr ſicher war. Traditus ſaepius
a ſuis Carolus quintus, ſaepe etiam potionibus
appetitus: ut magna ex parte temporis non niſi
arte medicorum atque ſubſidiis viveret. Nicol. de
Clemang. de lapſu ac reparat. juſt. p. 51.

gen einander aufbrachte, und die beiden Parteyen der **Bourgignons**, und **Armagnacs** erzeugte, die sich lange mit Tigerwuth verfolgten. Die Häupter dieser Parteyen hatten sich im J. 1405. dem Scheine nach mit einander ausgesöhnt, und von diesem Zeitpuncte an that der Herzog **von Burgund** alles, was er konnte, um den Herzog **von Orleans** durch jede ersinnliche Bezeugung von Zutrauen und Freundschaft einzuschläfern, und die Liebe der Einwohner von Paris zu gewinnen. Da er beide Zwecke erreicht zu haben glaubte; so miethete er gegen das Ende des J. 1407. einen Haufen von Meuchelmördern, die seinem Feinde auflauern, und ihn mit einem Beile niederhauen musten. Bey dem ersten Gerücht von diesem Meuchelmorde stellte er sich, als wenn er gar keinen Antheil daran hätte. Er begleitete so gar den Leichenzug des erschlagenen Herzogs, und beweinte ihn nicht weniger, als die treuen Freunde des Orleanischen Hauses. Als man aber in dem geheimen Conseil davon zu reden anfing, daß man die Hotels der Prinzen durchsuchen wolle, um die Mörder zu entdecken; so verlohr der Herzog **von Burgund** alles Besinnen auf einmahl so sehr, daß er den Dûc **de Bourbon** auf die Seite nahm, und ihm gestand, daß er der Urhe-

ber

ber des Mordes sey. Auch entfloh er mit seinen
Mördern am folgenden Tage nach Flandern, aus
Furcht gefangen genommen zu werden.

Der Meuchelmörder war zu mächtig, als
daß man ihn hätte strafen, oder nicht hätte wieder zu gewinnen suchen sollen. Nach langen Unterhandlungen kam er mit 800 Reisigen nach Paris zurück; und man konnte es nicht von ihm
erhalten, daß er sich nicht öffentlich für den Mörder des Herzogs **von Orleans** erklärt hätte.
Er ließ bey der feierlichen Audienz, welche man
ihm ertheilte, durch einen Ordensgeistlichen, einen
Doctor der Theologie beweisen, daß der Herzog
von Orleans ein Tyrann und Feind des Königs
gewesen, und daß daher seine Hinrichtung gerecht
und verdienstlich sey. Nicht die Stärke der Beweise, merkt **Mezeray** an w), sondern die Noth
und unwiderstehliche Gewalt waren es, welche
machten, daß man dem Herzoge **von Burgund**
einen Freybrief gab, und ihn dem Scheine nach
mit der Königinn aussöhnte. Wenn nicht der
Herzog **von Orleans** sich durch seinen verdächtigen Umgang mit der Königinn, und die Königinn durch die härtesten Erpressungen, durch die
ärgerlichste Verschwendung der erpreßten Gelder,
am

w) IV. 331.

am meisten aber durch die gewissenloseste Vernach=
läſſigung ihres kranken Gemahls und ihrer eigenen
Kinder, so allgemein verhaßt gemacht hätten x);
so müſte man darüber erstaunen, daß in diesen
meuchelmörderiſchen Zeiten die Rache den Herzog
von Burgund nicht früher ereilte. Die Rache
blieb aber deßwegen nicht aus, und man fing und
vernichtete den Meuchelmörder durch eben die
Künste, die er gegen den Herzog **von Orleans**
gebraucht hatte. Im J. 1419. ſchworen sich der
damahlige Dauphin von Frankreich, nachheriger
König **Carl** VII., und der Herzog **von Burgund**
ewige Treue und Freundſchaft, und verabredeten
sich, daß sie an einem bestimmten Tage zu Mon=
tereau wieder zusammen kommen, und alle noch
nicht beygelegten Streitigkeiten gütlich abthun
wollten. Der Herzog, den sein böses Gewiſſen,
und der Rath seiner Freunde zurückhielten, ließ
vierzehn Tage auf sich warten. Endlich aber zog
ihn doch sein Verhängniß und die Verrätherey sei=
ner Maitreſſe auf die Schlachtbank nach Monte=
reau hin. Um allen Verdacht von Ueberfall und
Gewaltthätigkeit zu entfernen, hatte man ihm
das Schloß Montereau übergeben, und queer über
eine dabey gelegene Brücke ein eisernes Gitter ge=

Q 4　　　　　baut,

x) Mezer. IV. p. 318. 519.

baut, an welchem die fürstlichen Personen von wenigen Treuen begleitet mit einander sprechen könnten. Kaum aber war der Herzog auf die Brücke gekommen, als zwey Diener des Herzogs **von Orleans, Taneguy du Chastel,** und **Jean Louret** über das Gitter sprangen, und den Herzog **von Burgund** niederstiessen. Man muß glauben, sagt **Mezeray,** daß der Dauphin, der nur siebenzehn Jahre alt war, um diese schwarze That nicht gewußt, und der Himmel es nicht zugelassen habe, daß ein Prinz, welcher die Französische Crone tragen sollte, eines so entsetzlichen Meineids, und eines so niederträchtigen Meuchelmordes fähig gewesen sey y) Die Folge aber lehrte, daß dieser Streich seine Ehre im höchsten Grade verletzt habe, und beynahe dem ganzen Königreiche tödtlich geworden sey. Die ganze Christenheit wurde durch diesen Meuchelmord

) Bodin erzählt, und urtheilt viel freyer, als Mezeray. de rep. V. p. 5. Quanquam Carolus VII. — pacem multo foediorem petierat a Philippo II. Burgundionum duce regis fiduciario ac subdito, et quidem per legatos, quos omnium illustrissimos ad hoc negotium adhibuerat, scilicet magistrum equitum, Cancellarium, ac Tribunum militum, legationis comitibus additis, qui circumstante magna principum, ac illustrium virorum corona, regis ipsius nomine paternae caedis veniam a duce petierunt, cum id factum a rege pravis quorundam consiliis confiterentur.
Dux

mord empört, und alle Städte in Frankreich verbanden sich mit einander, um denselben zu rächen z).

Nicht lange vorher wurde der Dauphin, und der nächste auf ihn folgende Bruder durch Gift hingerichtet, wie man allgemein vermuthete, auf Anstiften des Herzoges von Anjou, der seinen Schwiegersohn, den dritten Prinzen Carl gern zum Dauphin machen wollte, und ihm auch wirklich in der Folge die Crone verschaffte a). Aehnliche Vergiftungen dauerten, wie andere Meuchelmorde unter den folgenden Regierungen fort. Man vergiftete die geliebte Mätresse Carls VII. die berüchtigte Agnes Sorel b), und etwas später den Bruder Ludewigs XI. der von einem Mönche eine vergiftete Pfirsche erhielt c). Selbst Carl der Kühne von Burgund wollte Gift brauchen, um Ludewig XI. aus dem Wege zu räumen d).

Q 5   Um

Dux ad extremum duris conditionibus, quas dixerat, perfuafus, aegre tamen declaravit, fe pontificis maximi, et principum Chriftianorum rogationibus impulfum regi Francorum paternam caedem ignofcere. Nihil abjectius, nihil humilius a fervo fieri potuit, quam quod a rege Francorum maximo factum eft, ut Anglos de regni poffeffione dejiceret. Romani prius rem publicam cum omnibus fortunis in extremum difcrimen adduxiffent, quam iis legibus pacem acciperent, etc.

z) Mezéray IV. p. 399. 400.
a) ib. p. 382.   b) ib. p. 513.
c) ib. p. 612.   d) ib. p. 621.

Um sich von dem gänzlichen Verschwinden von Treu und Glauben in Frankreich und den benachbarten Ländern zu überzeugen, darf man nur die Memoiren **von Comines**, und das Betragen von **Ludewig XI.** und **Carl dem Kühnen** gegen einander, oder gegen ihre Vasallen, oder gegen andere Bundesgenossen, und Feinde lesen. Die Fürsten der damahligen Zeit brachen nicht nur Eide und Bündnisse, und liessen nicht nur ihre Widersacher durch Gift, Dolche, und Verrätherey aus der Welt schaffen, sondern sie erklärten es auch ausdrücklich in Worten, oder durch ihr Betragen, daß sie sich unter einander alle diese Verbrechen zutrauten. **Ludewig XI.** hielt sich durch keinen Eid gebunden, ausser durch einen solchen, den er auf das wahre Creutz des heiligen **Lupus** geschworen hatte: denn von diesem Eide glaubte er gewiß, daß er, wenn man ihn breche, innerhalb eines Jahrs den Tod bringe. **Ludewig XI.** mußte unter andern auf das Creutz des heiligen **Lupus** schwören: daß er seinen Neffen den Herzog **Franz von Bretagne** weder selbst gefangen nehmen, oder tödten, noch durch andere gefangen nehmen, oder tödten lassen wolle, u. s. w. e). Als der Connetable von **Montmoren-cy**

e) Die Eidesformel steht in der Preface der Memoires de Comines p. 72. Je jure sur la vraie croix de

ey zu seiner Sicherheit von dem Könige den Eid
auf das Creuß des heiligen **Lupus** verlangte, so
weigerte sich **Ludewig** schlechterdings, diesen Eid
zu schwören, erbot sich aber zu einem jeden an=
dern, den der Connetable vorschreiben würde,
weil er jeden andern ohne Lebensgefahr übertreten
zu können wähnte f).

So wenig man **Ludewig** XI. Gutes zu=
traute, so wenig traute er andern zu. Als er
im Sommer 1475. mit dem Könige von Eng.
land, **Eduard** IV. eine Zusammenkunft halten
wollte; so fürchtete er, daß ihm so etwas wi=
derfahren könne, was dem Herzoge von **Bour=
gogne** geschehen war. Er ließ daher sorgfältig
einen sichern Plaß zur Zusammenkunft aufsuchen,
und wählte endlich eine Brücke über die Somme,
wo der Fluß so tief war, daß man nicht hin=
durch waten könnte. Man errichtete queer über
die Brücke ein hohes Pfahlwerk, in welchem die
Pfähle so nahe an einander befestigt wurden,
daß man durch die Zwischenräume nur einen Arm
durchstecken konnte. An den beiden Seiten die=
ses

de St. Lo, que je ne prendrai, ne tuerai, ni
ne ferai prendre, ne tuer, ni ne consentirai qu'on
pregne, ou qu'on tuè mon beau neveu François,
à present duc de Bretagne etc.

f) Comines IV. 6. p. 216.

ses Pfahlwerks kamen die Könige zusammen, die
sich nicht anders als durch die Oeffnungen oder
Zwischenräume desselben küssen konnten g). Aller
dieser Anstalten ungeachtet empfing **Ludewig** XI.
den König von England mit den Worten:...
Es ist kein Mensch auf der Welt, den ich so sehr
zu sehen gewünscht habe, als euch, und Gott sey
gelobt, daß wir hier in einer so guten Absicht
beysammen sind. An der Seite des Flusses, von
welcher der König von England auf die Brücke
gelangte, war ein Sumpf, über welchen ein ge=
machter Weg führte. Wenn man hier nicht ehr=
lich zu Werke gegangen wäre, sagt **Comines**,
so wäre dies ein gefährlicher Weg gewesen. Die
Engländer aber bemerkten dies nicht einmahl, und
auch daraus sah ich, daß sie lange nicht so fein,
als wir sind h).

Von dem grausamen und räuberischen Despo=
tismus, welchen die Französischen Könige und
Fürsten im 15. Jahrhundert gegen ihre geringeren
Unter=

---

g) **Comines** IV. ch. 9. 10. p. 232. 234. 234.

h) Et sans point de doute, comme j'ay dit ailleurs,
les Anglois ne sont pas si subtils en traitez, et en
appointemens, comme les François: et quelque
chose, que l'on en die, ils vont assez grossement
en besongne: mais il faut avoir un peu de pa-
tience, et ne debattre point coleriquement avec
eux p. 232.

Unterthanen durch unerſchwingliche Auflagen, und
gegen die Vornehmen durch ungerechte und un=
menſchliche Einkerkerungen, Folter, und Hinrich=
tungen übten, werde ich in der Folge reden,
wann ich von der Verfaſſung und den Geſetzen
des Mittelalters handeln werde. Hier, wo von
den Sitten der Franzöſiſchen Könige, und Prin=
zen die Rede iſt, erwähne ich nur noch der Art
zu kriegen, welche man beobachtete, und der
Kühnheit, womit man alle Regeln des Wohlſtan=
des und der Ehrbarkeit mit Füſſen trat. Unge=
achtet die Franzoſen und Burgunder ſich feiner
und gebildeter zu ſeyn dünkten, als ihre Teutſchen
und Engliſchen Nachbaren; ſo hatten doch beide
Völker die Gewohnheit, eroberte feindliche Städte
auszuplündern und zu verbrennen, die Beſatzun=
gen hinzurichten, und nicht ſelten auch einen
Theil der Bürgerſchaft, beſonders die Reichen
würgen zu laſſen, um ſich ihres Vermögens zu
bemächtigen. Im J. 1477. ſchonte **Ludewig**
XI. zwar die Stadt Arras, die er bis auf den
Grund zerſtören wollte. Hingegen ſtrafte er die
reichſten Bürger am Leben, und in ſolchen Fällen,
merkt **Mezeray** an, waren die reichſten immer
die ſchuldigſten i) Im J. 1468. ließ **Carl der**
Küh=

i) IV. 642.

Kühne zu drey wiederhohlten Mahlen die Stadt Lüttich anzünden, und verschonte nur allein die Kirchen, und die Wohnungen der Geistlichkeit. Die Einwohner, vorzüglich die aus dem Lande Franchemont wurden Haufenweise in die Maas geworfen k). Nicht weniger grausam verfuhr Carl von Burgund mit den Einwohnern und der Besatzung der Stadt Nesle: denn diese ließ er entweder aufhenken, oder denen, welchen er das Leben schenkte, den Daumen abhauen l). Carl war eben so treulos, als grausam. Er überlieferte wider sein gegebenes Wort den Connetable von Montmorency dem Könige Ludewig XI., um die grossen Reichthümer des Verrathenen in seine Gewalt zu bekommen; und diese Reichthümer machten am Ende doch nicht mehr, als 8booo Thlr. aus: in der That ein geringfügiger Anlaß, um einen so grossen Fehler zu begehen m).

Die Gemahlinn Carls VI. und der König Carl VII. von Frankreich überliessen sich ihren Lüsten mit eben derselbigen Zügellosigkeit, womit

es

---

k) Comines II. Ch. 14. p. 129.

l) ib. III. 9. p. 177. Die tapfere Besatzung in Granson ließ er unter dem Vorwande aufhenken, daß er ihr nur mündlich das Leben versprochen habe. Süßli l. c.

m) Ainsi l'occasion fut bien petite, pour faire une si grande faute, ib.

es in Teutschland **Sigismund** und **Barbara**
thaten. Auf Anstiften des Connetable **von Ar-**
magnac ließ der am Gemüth kranke **Carl** VI.
seine ehebrecherische Gemahlinn nach Tours bringen, und unter der Aufsicht von drey sichern Leuten in enger Verwahrung halten n). Ungeachtet
die vorher genannte **Agnes Sorel**, und die Gemahlinn **Carls** VII. in dem besten Vernehmen
lebten; so war es doch ein Aergerniß für ganz
Frankreich, daß die königliche Beyschläferinn sich
unterstand, mit den ersten Prinzessinnen gleich zu
gehen o). Nachdem man die bezaubernde **Agnes**
vergiftet hatte; so trat eine Nichte derselben an
ihre Stelle. Diese blieb aber p) nicht die einzige, indem das Unvermögen des Alters die Be-
gierden des wohllüstigen Königs nur um desto
stärker entflammte. Er unterhielt eine große
Menge von schönen Mädchen, um wenigstens
durch den Anblick zu geniessen, wenn ihm auch
die Schwäche des Alters den wirklichen Genuß
verbot. Unter einem solchen Könige glaubte ein
Graf **von Armagnac**, daß auch er seinen Be-
gierden nichts versagen dürfe, und er behielt daher aller Excommunicationen ungeachtet seine eigene Schwester öffentlich als Gemahlinn bey q).

Das

---

n) Mezeray IV. 382.   o) ib. p. 512.
p) ib. 523. 524.   q) ib. 538.

Das Herz des Menschenfreundes strömt vor
Entzücken über, wenn er in der Geschichte eines
grossen Volks nach den erlauchten Räubern, Mördern, oder Wahnsinnigen eines ganzen Jahrhunderts endlich einen wahren Vater des Volks erblickt, wie **Ludewig der Zwölfte** wirklich war,
und von seinen Unterthanen genannt wurde. In
einem Jahrhundert, in welchem es gewöhnlich war,
jedes Unrecht mit Feuer und Schwert, oder mit
Gift und Dolch zu rächen, erklärte **Ludewig XII.**
bey seiner Thronbesteigung, daß der König von
Frankreich die Beleidigungen nicht rächen werde,
die man dem Herzoge *von Orleans* zugefügt habe,
und dieses königliche Wort hielt er auch wirklich r).
In einem Jahrhundert, wo die Staatskunst der
Fürsten vorzüglich darin bestand, daß sie neue
Auflagen erdenken, und einführen möchten, minderte er die öffentlichen Lasten des Volks mit jedem Jahre, und vergoß Thränen des Mitleids,
wenn er eine kleine Hülfe von seinem Volke fordern
muste s). In einem Jahrhundert, in welchem
die Söldner der Fürsten zu den grösten Landesplagen
gehörten, bezahlte **Ludewig XII.** seine Truppen
so richtig, und hielt sie in einer so scharfen Zucht,
daß die Provinzen es sich oft von ihm als eine
Gna-

---

r) **Meseray** V. 120.   s) ib. p. 225. 226.

Gnade ausbaten, daß er ihnen doch einen Theil seiner Truppen zuschicken möchte. In einem Jahrhundert endlich, wo man die Gerichtsbarkeit als eine Hauptquelle von Einkünften, und als das kräftigste Werkzeug der willführlichen Gewalt betrachtete, ließ **Ludewig** XII. die Gerechtigkeit auf seine Kosten handhaben, und seinen Unterthanen selbst von den höchsten Gerichtshöfen umsonst, oder fast umsonst Recht sprechen. Wie könnte man, ruft **Mezeray** aus, seine wahrhaft königliche Güte und Milde genug loben t)? Nie wurde ein Fürst so innig geliebt, als er. Allenthalben, wo er sich zeigte, hörte er nichts, als Freudengeschrey, das im Herzen gebildet war, ehe es durch den Mund ging: nichts als aufrichtiges Lob ohne Schmeicheley, nichts als Segnungen, welche die liebste Musik für die Ohren eines weisen und edelmüthigen Fürsten sind u).

In eben dem Jahrhundert, in welchem Frankreich durch auswärtige Feinde am tiefsten gedemüthigt wurde, ergriff das Feuer bürgerlicher Kriege

das

t) p. 224. 225.

u) Auch Ludewig XII. konnte die Sitten seiner Zeit und selbst seiner nähern Diener nicht beffern. Er klagte es dem Himmel laut, daß er durch die Untreue und Nachläffigkeit seiner Diener das Königreich Neapel verlohren habe. **Guicciard.** L. VI. fol. 174.

R

das benachbarte England am allerheftesten. Wäh=
rend des funfzehnten Jahrhunderts waren in kei=
nem andern Reiche unsers Erdtheils so häufige
und grosse Revolutionen, als in England. Diese
Revolutionen traffen diejenigen am stärksten, wel=
che sie stets am stärksten hätten treffen sollen, die
ehrgeizigen Fürsten, und deren feile Diener und
Werkzeuge. In dem Kampfe der beiden Rosen,
oder der Häuser **Lancaster** und **York** kamen
achtzig Prinzen von Geblüt durch Gift, oder
Schwerdt um, und beynahe der ganze Englische
Adel wurde vernichtet v). So bald aber die
glücklichen Usurpatoren sich auf dem Throne fest=
gesetzt hatten; so regierten sie das Volk mit
mehr Schonung, als wahrscheinlich die rechtmäs=
sigen Könige und Thronerben gethan hätten, um
dadurch die Nation sich selbst, und ihrer Fami=
lie geneigt zu machen. Kein Prinz aus dem
Hause **Lancaster** wagte es, ohne Einwilligung
des Parlements Steuern zu heben w), und das
Parlement wurde im funfzehnten Jahrhundert
wichtiger, als vorher x), ungeachtet es noch sehr
oft mit knechtischer Nachgiebigkeit die gewalthätig=
sten Maaßregeln der Könige beförderte y).

Man

v) Comines I. 7. p. 44. Hume Hist. of Engl. IV.
180. 261.

w) Hume IV. 80.   x) ib. 181.

y) ib. p. 260. 261.

Man wird es in einer kurzen Schilderung der Sitten des Englischen Volks im 15. Jahrhundert nicht erwarten, daß ich alle die Personen aus königlichem Stamm aufzähle, die von Usurpatoren öffentlich, oder heimlich hingerichtet wurden. Leider glaubte man fast in allen Jahrhunderten Cronen mit dem Leben von einem, oder einigen Nebenbuhlern nicht zu theuer zu kaufen. Viel empörender, als das Vergießen von erlauchtem Blut, war die Treulosigkeit, womit sich alle Parteyen gegen ihre besten Freunde, und nächsten Blutsverwandten, die Undankbarkeit, womit sie sich gegen ihre größten Wohlthäter, die Niederträchtigkeit, womit sie sich gegen ihre bittersten Feinde betrugen, und endlich die unerhörte Schaamlosigkeit, womit sie alle diese Verbrechen vor den Augen der ganzen Welt ausübten, und sich ihrer sehr oft noch als der verdienstvollsten Handlungen rühmten. Alles, sagt **Hume** z), was wir durch den dicken Nebel, der die Geschichte der Kriege der beiden Rosen bedeckt, mit Gewißheit unterscheiden können, ist ein Schauplatz von Greueln und Blutvergießen, von verwilderten Sitten, und willkührlichen Hinrichtungen, von verrätherischem und ehrlosen Betragen in allen Parteyen. Der einzige

R 2   wahr=

---

z) l. c. p. 228.

wahrscheinliche Grund, den man von den häufigen
Treulosigkeiten der vornehmsten Personen, selbst
aus der Familie Nevil angeben kann, ist der Geist
der Faction, den man, wenn er sich einmahl ein=
gewurzelt hat, schwerlich jemahls ganz ablegen
kann a).

Im J. 1400. entwarfen mehrere Englische
Lords, unter welchen der Graf Rutland der thä=
tigste war, eine Verschwörung gegen Heinrich
den IV. dessen sie sich in Windsor bemächtigen
wollten. Da die Verschwörung ausgeführt werden
sollte, so verrieth der Graf von Rutland seine
Mitgenossen, welche er am meisten dazu verleitet
hatte, und wurde einer ihrer heftigsten Verfolger.
Er brachte das Haupt seines Schwagers, des Lord
Spencer, auf einer Stange, und legte es tri=
umphirend als ein Zeichen seiner Treue zu den
Füssen Heinrichs IV. nieder. Dieser ehrlose
Mann, sagt Hume b), der bald nachher durch
den Tod seines Vaters Herzog von York, und
erster Prinz von Geblüt wurde, hatte zu dem
Tode seines Oheims des Herzogs von Glocester
mitgewirkt: hatte dann Richarden, der in ihn
Zutrauen setzte, verlassen: hatte sich gegen Hein=
rich IV. dem er eidlich Treue gelobt, verschworen:
hatte

a) ib. p. 240.   b) IV. p. 4. 5.

hatte seine Mitverschwornen verführt, und dann verrathen, und trug nun die Zeichen seiner gehäuften Schande vor der ganzen Welt zur Schau.

Nichts war häufiger in den bürgerlichen Kriegen, als daß kurz vor, oder in den Schlachten ganze Haufen auf einmal zu den Feinden übergingen, und daß man die vornehmsten Gefangenen gleich nach erhaltenem Siege hinrichten ließ c). In der Schlacht bey Wakefield wurde der Herzog von York getödtet, und sein Sohn, der Graf von Rutland, ein liebenswürdiger Jüngling von siebenzehn Jahren fiel in die Hände der Sieger. Diesen unschuldigen Prinzen brachte Lord Clifford mit kaltem Blute, und eigener Hand um, um den Tod seines Vaters zu rächen, der in der Schlacht bey St. Albans gefallen war. Unter Heinrich IV. geschah es oft, daß man Personen, an welchen man sich rächen wollte, die Zunge abschnitt, oder die Augen ausstach, weßwegen diese gemeinen Verbrechen für felony erklärt wurden d).

Unter allen Usurpatoren hatte keiner so entschiedene Anlagen zu einem Tyrannen, oder unrechtmässigen Beherrscher, als der Herzog von Glocester, und nachherige König Richard III. e).

R 3   Seine

c) ib. p. 191. 192.   d) ib. p. 30. 31.
e) Hume IV. p. 275. et sq.

Seine geringste Tyrannengabe war die Fähigkeit,
die grausamsten Meuchelmorde mit kaltem Blute
zu begehen, und selbst mit einem undurchdringli=
chen Schleier von unbefangenem Zutrauen, und
heiterem Scherze zu bedecken. Viel seltener war
die höchste Unverschämtheit, womit er den erha=
bensten und ehrwürdigsten Personen die unglaub=
lichsten Schandthaten andichtete, womit er den
Bürgern der Hauptstadt Treulosigkeit gegen ihren
rechtmässigen Beherrscher zumuthete, und ihr un=
überwindliches Stillschweigen für einen lauten und
zwingenden Ruf zum königlichen Thron ausgab,
den er nicht einnehmen konnte, ohne zwey un=
schuldige Prinzen aus dem Wege zu räumen.
Nachdem der Protector f) um seine Ansprüche auf
die Crone geltend zu machen, vergeblich versucht
hatte, die Ehe Eduards IV. und der Königinn
für ungültig zu erklären; so ließ er aussprengen,
daß seine lebende und tugendhafte Mutter die
Herzoginn von York mehrere Liebhaber in ihr
Bett aufgenommen habe: daß Eduard IV. so
wohl, als der Herzog von York Bastarde gewe=
sen, und daß er allein ein ächter Sohn des Her=
zogs von York sey, wie man aus der grossen
Aehnlichkeit zwischen ihm und seinem Vater sehen
könne.

f) l. c. p. 279.

könne. Um das Maaß von Unverſchämtheit recht
voll zu machen, muſte ein Geiſtlicher, Doctor
Shaw dieſe kränkende Beſchuldigung gegen die
Mutter des Protectors von der Canzel vor einer
Verſammlung vortragen, in welche der Protector
ſelbſt kommen wollte. Es war zwiſchen dem
ſchändlichen Schwäßer, und dem Protector verab=
redet, daß leßterer gerade alsdann in die Kirche
treten ſolle, wann der Redner folgende Ausrufun=
gen zum Lobe des Protectors machen würde:
Betrachtet dieſen vortrefflichen Prinzen, den genauen
Abdruck ſeines edeln Vaters, und den ächten Ab=
kömmling des Hauſes York: der nicht weniger
in den Tugenden ſeiner Seele, als in ſeinen Mi=
nen und Bildung den Charakter des tapfern Ri=
chard zeigt, welcher einſt euer Held und Liebling
war. Er allein iſt zu eurer Ergebenheit und
Treue berechtigt. Er allein muß euch von dem
Druck unrechtmäſſiger Uſurpatoren befreyen. Er
allein kann den verlohrnen Ruhm der Nation wie=
der herſtellen. — Man hoffte gewiß, daß, wenn
der Herzog bey dieſen Worten ſich dem Volke zeig=
te, die entzückte Menge in die Worte ausbrechen
würde: Es lebe König Richard! — Unglückli=
cherweiſe erſchien der Herzog nicht eher, als bis
der beſtochene Doctor ſeine Lobrede auf den Pro=

R 4 tector

tector schon herabdeclamirt hatte, und es erfolgte
also nicht, was der Voraussetzung nach erfolgen
sollte. Der Protector war aber keinen Augenblick wegen des Entschlusses, den er zu fassen habe, verlegen, und fand auch gleich Leute, welche
ihm zu dienen bereit waren. Der Bruder des
Dr. **Shaw** rief als Lordmayor von London die
Bürger der Stadt zusammen, und vor diesen
versammelten Bürgern trat der Herzog **von**
Buckingham auf, um den Protector zum Könige zu empfehlen. Nachdem er die Lobeserhe-
bungen auf denselbigen geendigt hatte; so fragte
er, ob sie den Herzog zum Könige haben wollten.
Zu seinem größten Erstaunen schwieg die Bürgerschaft stille. Er fragte hierauf den Lordmayor um
die Ursache des Stillschweigens, und dieser antwortete, daß die Bürger ihre Herrlichkeit vielleicht
nicht verstanden hätten. Der Herzog wiederhohlte
also kürzlich, was er gesagt hatte, und fragte
die Bürger abermahls: ob sie den Herzog zum
Könige verlangten, und die Bürger antworteten
wieder nicht. Nun sehe ich es, fiel der Lordmayor ein, warum die Bürger nichts sagen.
Sie sind nicht gewöhnt, sich von andern, als
ihren Repräsentanten anreden zu lassen, und wissen nicht, wie sie einer Person von Ew. Herr-

lich-

lichkeit Stande antworten sollen. Der Recorder
Fiz Williams muſte daher den Bürgern von
London nochmals vorſagen, was der Herzog ſchon
zweymahl geſagt hatte, und auch da noch behaup=
teten die Londoner ein hartnäckiges Stillſchweigen.
Das iſt ein wunderbarer Starrſinn, rief der Her=
zog aus. Erklärt euch, meine Freunde, auf die
eine oder die andere Art. Wenn wir uns an euch
wenden, ſo geſchieht dieſes bloß aus Achtung ge=
gen euch: denn die Lords und Gemeinen haben
Anſehen genug, der Nation einen König zu geben. —
Nach allen dieſen Zumuthungen riefen endlich ei=
nige von den Bedienten des Herzogs angetriebene
Lehrjungen aus: es lebe König **Richard**! Durch
dieſe ſchwachen und ſeltenen Stimmen war nun
der Wille der Nation hinlänglich erklärt. Die
Stimme des Volks war die Stimme Gottes.
Man eilte nach dem Pallaſt des Protectors, um
ihm die Crone anzubieten, und da ſtellte ſich der
ſchaamloſe Mann, als wenn er von allem, was
vorgegangen war, nichts wiſſe, und auf das, was
man ihm antrug, ganz unvorbereitet ſey. Gleich
nach ſeiner Thronbeſteigung ließ er ſeine beiden
Neffen umbringen, welche ſtets lebende Vorwürfe
ſeiner Ungerechtigkeit geweſen wären.

R 5 Der

Der Herzog *von* **Buckingham** hatte Recht,
wenn er sagte, daß das Parlement bereit sey,
der Nation einen König zu geben. Das Parle=
ment ließ sich zu den schreyendsten und blutigsten
Gewaltthätigkeiten als Werkzeug der Tyranney
brauchen, und versagte dagegen sehr oft auf die
ungroßmüthigste Art die kleinsten und nothwendig=
sten Subsidien, welche die Könige verlangten g).
Das Parlement widersprach sich in seinen Ent=
schliessungen eben so unverschämt, als seine Ty=
rannen die Gesetze beleidigten. Unter **Heinrich
dem** VII. rief es nicht nur alle Acten gegen die
Anhänger des Hauses **Lancaster** zurück, sondern
erklärte auch die Anhänger des Hauses **York** des
Hochverraths schuldig: ungeachtet es einleuchtend
war, daß diejenigen unmöglich des Hochverraths schul=
dig seyn könnten, welche den regierenden König gegen
den Grafen *von* **Richmond** vertheidigt hatten h).
Das Parlement war sclavisch genug, das Haupt=
werkzeug der Unterdrückungen **Heinrichs** VII. zum
Sprecher zu erwählen i), und die Jurys hatten
das Herz nicht, Unschuldige frey zu sprechen, wel=
che von den durch das ganze Reich zerstreuten An=
gebern fälschlich angeklagt wurden. Nothwendig
mußten

g) Hume IV. 261.   h) l. c. p. 331.
i) p. 421.

muſten die Sitten einer Nation in hohem Grade
verdorben ſeyn, unter welcher ſolche Regenten,
ſolche Diener von Fürſten, ſolche Stellvertreter
des Volks, und ſolche Handhaber der Gerechtig=
keit waren, als ſich im funfzehnten Jahrhundert
in England fanden.

In Völkern und Zeitaltern, in welchen das
Gefühl von Recht und Unrecht, von Schicklichkeit
und Unſchicklichkeit faſt ganz erſtorben iſt, ver=
ſchwinden auch faſt unfehlbar Unſchuld, Sittſam=
keit und eheliche Treue. Dies beſtätigt ſich an
den Engländern nicht weniger, als an den übri=
gen Nationen des funfzehnten Jahrhunderts.
Eduard IV. k) lebte auf die vertraulichſte Art
mit ſeinen Unterthanen, beſonders mit den Land=
nern. Seine Schönheit und Galanterie, die ihn
auch ohne die königliche Würde dem ſchönen Ge=
ſchlecht empfohlen haben würden, erleichterten ſei=
ne Bewerbungen um die Gunſt von Frauen und
Jungfrauen. Er wurde der Liebling aller jungen
und munteren Perſonen von beiderley Geſchlecht:
und ſein freyes, in ſteten Vergnügungen verflieſſen=
des Leben wurde ohne ſeine Abſicht eine Stütze und
Sicherheit ſeines Regiments, indem die Stim=
mung der Engländer, die nach **Humens** Urtheil

zur

k) Hume IV. p. 213.

zür Eiferſucht wenig geneigt ſind, die Männer
abhielt, wegen der Freyheiten, welche der König
ſich nahm, Verdacht zu ſchöpfen 1).

Alle einheimiſche und auswärtige Denkmähler
von weltlichen ſowohl, als geiſtlichen Angelegenhei:
ten, und die Klagen aller übrigen Europäiſchen
Nationen ſtimmen, ſo wie die Forderungen einer
gänzlichen Reformation darin überein, daß die
Habſucht und willkührliche Verfahrungsart des
Römiſchen Hofes, die Grauſamkeit der kleinen
und groſſen Tyrannen, die Erbitterung der Städ:
te, und der Parteyen gegen einander, die Treu:
loſigkeit und Bundbrüchigkeit von Fürſten, Frey:
ſtaaten und Factionen, und die freche Ausgelaſ:
ſenheit aller Stände, Alter und Geſchlechter im
funfzehnten Jahrhundert in Italien eher zugenom:
men, als abgenommen haben m). Die Laſter:
haftigkeit der Italiener unterſchied ſich von der
Verdorbenheit der übrigen Völker unſers Erdtheils
nicht bloß dadurch, daß ſie gröſſer, und allgemei:
ner, ſondern daß ſie häufig mit dem kalten Un:
glau:

1) The diſpoſition of the Engliſh, little addicted
   to jealouſey, kept them from taking umbrage
   at theſe liberties: etc. Hume l. c.

m) Ueber die faſt unglaubliche Zahl von Meuchel:
   morden in Rom Murat. V. III. P. II. p. 1242.
   1244.

glauben verbunden, und auf Grundsätze gebaut
war: daß die Kunst zu morden, zu rauben, und
zu betrügen als die ächte Staatskunst bewundert,
und als die Königinn aller Wissenschaften gelehrt
und gelernt wurde: und daß man die verruchtesten Bösewichter als weise Menschen zur Nachahmung aufstellte, wenn sie durch Meuchelmorde,
Meineide, und andere Arten des Betrugs ihre
bösen Absichten glücklich erreicht, und ihre Widersacher und Nebenbuhler aus dem Wege geräumt
hatten. Um die Sitten der Italiäner im funfzehnten Jahrhundert zu beurtheilen, darf man
nur wissen, oder sich besinnen, daß in demselben
der Herzog **Ludewig Sforza** von Mailand, der
Mohr genannt n), der Pabst **Alexander der
sechste**, dessen Bastard **Cäsar Borgia**, und die
beiden Könige von Neapel, **Ferdinand** und **Alphonsus** lebten: Ungeheuer, die mehr als ein
Volk, und ein Jahrhundert zum Gegenstande des
Fluchs und Abscheus aller nachfolgenden Genera-
tionen hätten machen können. Die Missethaten
der drey ersten sind so bekannt, daß ich mich darauf

---

n) Guicciard. III, f. 78.... il cognome del Moro,
il quale cognome impostogli infino da gioventu,
perche era dicoloro bruno et per l'opinione, che
giäsi divulgava della sua astutia, ritenne volon-
tieri mentre duro l'imperio suo.

auf beziehen kann, ohne ihrer ausdrücklich zu er=
wähnen o). Nicht so notorisch sind die Ver=
brechen der beiden Arragonesen, des **Ferdinand**
und **Alphonsus** von Neapel. Beide wurden
wegen ihrer Erpressungen, ihrer Monopole,
und ihrer blutigen Grausamkeiten von den Un=
terthanen im höchsten Grade verabscheut, und
der Sohn übertraff selbst seinen Vater an Bos=
heit eben so sehr, als dieser alle seine übrigen fürst=
lichen Zeitgenossen übertraff. Beide hatten eben
so wenig Religion, als **Alexander** VI., oder
Cäsar Borgia, oder **Sforza der Mohr**. Viel=
mehr verkündigten sie in ihren Reden und Hand=
lungen den gröbsten Atheismus, und doch rühm=
ten sie sich einer tiefen Weisheit und einer feinen
Staatskunde p). Beide brachten in Spanien und
Italien unzählige unschuldige Personen, und selbst

die

o) **Alexander den Sechsten** schilbert **Guicciardini**
so: L. I. fol. 5. der Venetian. Ausgabe von 1574.
4. costumi oscenissimi, non sincerità, non ver-
gogna, non verità, non fede, non religione,
avaritia insatiabile, ambitione immoderata, cru-
deltà piu che barbara, et ardentissima cupidità
di esaltare, in qualunque modo, i figliuoli, i
quali erano molti: et tra questi qualch'uno...
non meno detestabile in parte alcuna del padre,
vid. et p. 146. Andere Päbste nannten ihre Kin=
der Nepoten: **Alexander VI.** zeigte sie der ganzen
Welt als seine Söhne. ib. fol. V. Ueber den Tod
dieses Pabstes ib. L. VI. fol. 161,

p) Mezeray V. p. 54.

die Vornehmsten des Landes durch Dolch, oder
Gift, oder durch die unmenschlichsten Martern
um q). Comines hörte es von ihren nächsten
Freunden und Blutsverwandten, daß weder der
Vater noch der Sohn jemahls bey den empörend=
sten Grausamkeiten das geringste Mitleiden, noch
bey den unmässigsten Bedrückungen der Untertha=
nen die geringste Nachsicht bewiesen hätten. Fer=
dinand riß den ganzen Handel seiner Länder an
sich, und theilte sogar Schweine zum Mästen an
seine Unterthanen aus: welche den Schaden er=
setzen mußten, wenn die Thiere auch ohne ihre
Schuld starben. Vater und Sohn kauften alles
Oehl, und alles Getreide zu beliebigen Preisen auf,
und verkauften diese Waare so hoch, als sie wollten.
Wenn ein Grosser eine schöne Race von Pferden hatte,
so baten sie sich dieselben aus, oder nahmen sie mit
Gewalt, und liessen sie dann wieder von ihren
ehemahligen Herren futtern und behandeln. Die
Vasallen und Unterthanen der beiden Wüteriche
hätten sich noch glücklich schätzen können, wenn
ihnen bloß Pferde, oder andere Sachen von
Werth wären geraubt worden. Die gecrönten Räu=
ber bemächtigten sich auch der Weiber und Töchter
ihrer Unterthanen zur Büssung ihrer viehischen Lüste.
Beide spotteten der Religion eben so öffentlich, als
der

q) Comines VII. ch. 13. p. 463—465.

der Gerechtigkeit, und der übrigen Tugenden.
Ferdinand verkaufte das Bisthum von Tarent
für dreyzehntausend Ducaten an einen Juden, der
seinen Sohn für einen Christen ausgab: und eben
so überließ er Abteyen an Jäger oder andere Layen,
damit sie ihm eine gewisse Zahl von Jagdhunden
oder Stoßvögeln unterhalten möchten. — Nichts
war unvermeiblicher, als daß die Italiänischen
Fürsten und Staaten mit solchen Sitten und
Grundsätzen sich unter einander aufrieben, und daß
alle Städte und Länder häufigen Revolutionen
ausgesetzt waren. Das Königreich Neapel erhielt
in Zeit von zwey Jahren fünf Könige: **Ferdinand, Alphonsus,** und dessen Sohn **Ferdinand: Carl** VIII. von Frankreich, und **Friederich,** den Bruder von **Alphonsus. Als Carl**
VIII. sich den Neapolitanischen Gränzen näherte,
so gerieth, wie **Comines** sich ausdrückte, der
grausame und schreckliche **Alphonsus** in eine solche Furcht, daß er alle Nächte laut schriee: er
höre die Franzosen: alle Steine und Bäume riefen ihm das Wort Frankreich entgegen. Auf die
Bitte seiner Schwiegermutter: daß er seine Flucht
nach Sicilien noch um drey Tage aufschieben
möchte: erklärte er, daß, wenn man ihn nur
einen

z) ib. eh. p. 469.

einen Augenblick aufhalten wolle, er sich zum Fenster hinauswerfen würde. Er ließ sich nicht die Zeit, seine Schätze in Sicherheit zu bringen, sondern nahm bloß alle Arten von Weinen, und vielerley seltene Gewächse mit sich, und ging dann in ein Closter zu Messina, wo er in den ernstlichsten Büssungen bald vom Tode überrascht wurde s). Möchten alle Tyrannen selbst in dieser Welt auf eine für ihre Brüder so warnende Art, wie Alphonsus von Neapel gestraft werden!

Im Anfange des sechszehnten Jahrhunderts waren die Sitten der Höfe und Städte, die Sitten der Layen und Geistlichen noch immer eben so sehr verdorben, als in den vorhergehenden Jahrhunderten. Ungeachtet kein anderes grosses Volk so viele Fürsten hatte, denen die Wohlfahrt des Reichs, und besonders das Wohl ihrer Unterthanen, und die Sache der Religion so ernstlich am Herzen lag, als den Teutschen, und ungeachtet **Luther** die besten Fürsten seiner Zeit genau kannte, und nach Verdienst ehrte; so kann man doch von Fürsten überhaupt kaum geringere Begriffe haben, als **Luther** hatte. Wahrhaft christliche Fürsten, die alle ihre Pflichten erfüllen, sind, sagt **Luther**, so selten, daß man sie fast

für

s) Man sehe auch Guicciard. l. fol. 35. 36.

für ein Wunder halten muß; und es befremdet
mich gar nicht, daß die Fürsten sich der Wahrheit
am heftigsten widersetzen, weil sie dieses von je:
her gethan haben t). Herrschen, und tugendhaft
seyn, schienen **Luthern** nach den Erfahrungen
seiner Zeit beynahe unvereinbar, und daher sein
Spruch: daß gewöhnlich nur Schelme, oder Bö:
sewichter, und Tyrannen regieren u). Am mei:
sten klagte **Luther** über die Prachtliebe und Ver:
schwendung der Fürsten. Alles, sagte er, ist
heut zu Tage anders und prächtiger, als vor:
mahls: Wohnungen, Kleidung, und Tafel. Die
Fürsten bauen und verschönern ihre Höfe von dem
Blute ihrer Unterthanen, welche sie durch neue
und sonst unerhörte Erpressungen aussaugen. Vor
Zeiten lebten sie sparsam, und hatten dann bey
öffentlichen Nöthen und Gefahren stets eine Zu:
flucht zu dem Vermögen ihrer Unterthanen. Nun
bleibt ihnen dergleichen nicht übrig, und sie ent:
fernen noch dazu die Gemüther der Völker von
sich,

t) Mirandum vero non esse, quod principes adver-
sus deum et evangelia saeviant, id enim iis con-
suetum ab initio mundi fuisse, nihilque rarius,
quam pium principem, imo pro miraculo ha-
bendum esse. ap. Seckendorf Hist. Luth. I. p. 212.
Ein Fürst, pflegte Luther zu sagen, ist Wildpret
im Himmel. ib.

u) Nequam esse oportet, qui princeps esse debet,
et tyrannum decet regnare. ib. II. p. 80.

sich, wodurch der Grund zu Aufrühren gelegt
wird v). Wegen der Rohheit w) und Verdorbenheit der meisten Teutschen Fürsten herrschten
an ihren Höfen noch immer die gröbste Völlerey,
Ueppigkeit, und alle daraus entstehende Laster.
Weil das Verbot des Trinkens zu gleichen,
vollen und halben, welches im J. 1495. auf
dem Reichstage ergangen war, nichts gefruchtet
hatte; so vereinigten sich im J. 1524. mehrere
weltliche und geistliche Fürsten, daß sie sich für
ihre Personen der Gotteslästerungen und des Zu-
trinkens enthalten, und diese Sünden auch ihrem
Hofgesinde untersagen wollten: doch mit ausdrück-
licher Ausnahme, daß sie an diese Verpflichtung
nicht gebunden seyn wollten, wenn sie in Länder
kämen, wo das Zutrinken noch Sitte sey, wie in
den Niederlanden, in Sachsen, in der Mark, in
Mecklenburg, und in Pommern x). Diesen Vorwurf wälzten die Protestantischen Fürsten einige
Jahre nachher von sich. Im J. 1526. machten
auf Antrag des großmüthigen Landgrafen von Hes-

S 2 sen

---

v) Seckendorf III. 406.

w) Ueber die Art, wie Heinrich von Braunschweig
seine Widersacher, und diese wieder ihn, und besonders wie Luther diesen Fürsten behandelte, sehe
man Seckendorf III. 377.

x) Pütters Entwickelung der Teutschen Staatsverf.
1. S. 337.

fen der Churfürst von Sachsen, und andere Pro=
testantische Fürsten die strengsten Verordnungen
gegen das Uebertrinken, die Hurerey und an=
dere gotteslästerliche Dinge, damit die Sitten
ihres Hofgesindes auf dem bevorstehenden Reichs=
tage der Sache des Evangeliums keine Schande
und Schaden brächten y). Auf dem Reichstage
zu Worms im J. 1521. tranken sich noch viele
Fürsten und Herren zu Tode, und es verging kei=
ne Nacht, wo nicht drey bis vier Menschen er=
mordert wurden, ungeachtet der kaiserliche Profos
Missethäter bey Dutzenden hinrichtete. Es ging,
wie ein Augenzeuge berichtet, in Worms mit Mor=
den und Stehlen auf Römisch zu, und alle Stras=
sen waren mit schönen Frauen, oder feilen Dirnen
angefüllt z).

In den Städten dauerten Bordelle und ge=
meinschaftliche Bäder beider Geschlechter, wil=
de Völlerey und Schwelgerey bey Hochzeiten,
Kindtaufen, und andern Gesellschaftsschmäusen,
unehrbare Kleidungen und Tänze, Todtschläge und
blutige Raufereyen zum Theil noch lange nach der
Reformation, und länger in einzelnen protestan=
tischen, als katholischen Ländern fort. Bordelle
und

y) Seckendorf Histor. Lutheranismi II. 45. 46.
z) Pütter l. c. S. 549.

und gemeinschaftliche Bäder wurden in Lübeck erst
im J. 1580. verboten a), da sie in Frankreich
schon zwanzig Jahre früher waren aufgehoben worden b). Die große Veränderung, die im Anfange des sechszehnten Jahrhunderts in der Religion,
der Denkungsart, und Verfassung eines grossen
Theils der Europäischen Völker vorging, konnte
das lebende, und größtentheils verdorbene Geschlecht
nicht auf einmahl umschaffen. Selbst in Wittenberg war noch kurz vor **Luthers** Tode die Prachtliebe der Weiber so ausschweifend, die Kleidung
derselben so unehrbar, und die Zudringlichkeit von
Mädchen so schaamlos, daß der schon etwas gräm-
liche Reformator diesem Unfug nicht länger zusehen
konnte, sondern plötzlich von Wittenberg wegging,
und auch seiner Frau befahl, das neue Sodom
zu verlassen c). Die Wiedersacher der Protestan-

S 3 ten

a) Beckers Gesch. von Lübeck II. 207. In Obersach-
sen geschah dies im Anfange der Reformation.
1540. war die Rede davon, Bordelle wieder in
Freyberg einzuführen. Luther widersetzte sich aus
allen Kräften. Seckend. l. c. III. 313. Ueber die
Bordelle in Frankf. Lersner B. II. Th. I. 680.
683. bes. 689. 1545. waren sie abgeschafft. 694.
696.

b) St. Foix Memoires sur Paris I. 156.

c) Seckendorf III. 581.... procaces fieri puellas,
et ultro in hospitia juvenum irrumpere, amores-
que suos illis offerre.... Male ominatur urbi ob
pravam disciplinam, inter alia ob foeminarum
lasciviam in denudando collo et pectore. Abire
itaque veluti ex Sodoma jubet uxorem.

ten warfen diesen beständig die verdorbenen Sitten
ihrer Anhänger vor d), und selbst **Luther** wußte
hierauf weiter nichts als Folgendes zu antwor=
ten: Auch unter uns ist Fleisch und Blut,
und der Teufel unter den Kindern **Hiobs**. Die
Bauern sind roh und ausgelassen: die Bürger
dichten und trachten auf Gewinn, und der Adel
raubt, wie anderswo. Wir rufen und warnen,
soviel wir können, und mit Gottes Hülfe nicht
ganz vergebens. Diejenigen, welche die wahre
Lehre annehmen, und beherzigen, werden sehr
gut, und leisten fast mehr, als man von ihnen
verlangt. Solcher sind freylich wenige; allein Gott
erwies dem ganzen Lande Syrien Wohlthaten um
des einzigen **Namans** willen e).

Den Schweizerischen Reformatoren wurde es
nicht weniger schwer, die allgemeine Verderbniß
der Sitten ihrer Zeitgenossen zu bekämpfen. Als
Calvin und **Farel** 1538 anfingen, die herrschen=
den Laster zu rügen, und die Hülfe der Obrigkeit
dagegen aufzufordern; so mußten sie eine Zeitlang
das

Um dieselbige Zeit hatte Luther einen Kampf mit
den Rechtsgelehrten, welche heimliche ohne Wissen
der Eltern geschlossene Ehen von jungen Leuten in
Schutz nahmen. Luther sah solche heimliche Ehen
als gefährliche Ueberbleibsel des Pabstthums an. ib.
d) ib. III. 376. 378.
e) l. c. Man sehe noch Epist. Reformat. Tigur.
1742. p. 196. 200.

das undankbare Genf meiden, aus welchem sie von ihren Feinden vertrieben wurden f). Nach ihrer Rückkehr gelang es ihnen zwar, eine strenge Sitten= und Kirchenzucht einzuführen g), allein auch diese besserte anfangs so wenig, daß **Calvin** es für nöthig hielt, noch schärfer zu verfahren h), und die härtern Strafgesetze auch an den vornehm= sten Bürgern, und ihren Frauen vollziehen zu las= sen i). Alle diese Gesetze gegen Unzucht, Ehe= bruch, und andere Sünden würden nichts geholfen haben, wenn nicht durch die Reformation die Denkart, die Erziehung, und der Unterricht des Volks und der Jugend verbessert worden wäre.

Die Sitten der Geistlichkeit waren im Anfan= ge des sechszehnten Jahrhundert nicht mehr ver= dorben, als sie in den vorhergehenden Zeitaltern gewesen waren. Die Laster, die man der Geist= lichkeit vorwarf, und die Mißbräuche, über wel= che man sich beklagte, waren eben diejenigen, welche man ihr schon Jahrhunderte lang vorgewor= fen, und worüber man sich eben so lange beklagt hatte. Dieselben Laster wurden aber bey der all= mählich steigenden Aufklärung der Nationen im=

S 4

mer

f) Senebier Hist. liter. de Genève I. p. 185 et sqr
g) ib. p. 191.   h) p. 198.
i) p. 200 Epist. Reform. p. 159.

mer auffallender, und die Mißbräuche selbst durch
ihre längere Dauer drückender. Einsichtsvolle
geistliche Fürsten erkannten es schon, lange vor der
Reformation, daß die Laster und Ungerechtigkeiten
der Geistlichkeit die allgemeinste und tiefste Verach;
tung und den höchsten Haß gegen die ganze Cleri;
sey hervorgebracht hätten, und daß man von die;
ser Verachtung und diesem Hasse das Aeusserste
fürchten müsse, wenn die Geistlichen nicht bald ihr
Leben änderten k). Da aber der Römische Hof
zu verdorben war, als daß er sich selbst hätte
bessern, und die übrige Geistlichkeit zu lasterhaft,
als daß ihre Vorsteher sie durch Strafgesetze hät;
ten umschaffen können; so war eine solche Um;
wälzung, als die Reformation hervorbrachte,
durchaus nothwendig, um ein schon lange unleib;
liches

k) Man sehe unter andern die Synodalschlüsse des
Bischofs Philipp von Speier vom J. 1505. und
den folgenden Jahren in Würdtweinii nov. subl.
diplomat. ad selecta juris eccles. germ. cap. elu-
cid. T. VIII. p. 363. non ignari, quod ex his
querelis suis ex predictis detractionibus et pre-
sumtuosis judiciis multa inter laicos malorum
femina, et inexterminabilia contra clericos odia
suborta sunt, et quotidie suboriantur, und S.
305. ne denique non sibi tantum, sed omni quoque clero et nobis inextricabiles nodos, odia, et
justas laicorum querelas exuscitent, quos sua
sponte, et toto nunc terrarum orbe clamante opi-
do nobis esse infestos, et tradit antiquitas, et
proch dolor continuat, et renovat tota eorum
posteritas etc.

liches, und sonst unausrottliches Uebel aus
dem Grunde zu heben.

Um die Verdorbenheit und Zügellosigkeit des
geistlichen Standes im Anfange des sechszehnten
Jahrhunderts zu beweisen, braucht man sich gar
nicht auf die Schriften der Reformatoren und
ihrer Anhänger zu berufen. Die Synodalschlüsse
und Verordnungen von Bischöfen, und die Kla=
gen von weltlichen katholischen Fürsten, und deren
Abgeordneten so wohl auf den Reichsversammlun=
gen, als auf dem Concilio zu Tribent setzten es
auser Zweyfel, daß die Laster der Geistlichen nur
kaum eines Zuwachses fähig waren. Der Bischof
Philipp von Speier wiederholte vom J. 1504
an seine ganze Regierung durch jährlich die Straf=
gesetze l) wider das Unterhalten von Beyschläfe=
rinnen, und das Tragen von unehrbaren, oder
unanständigen Kleidern m): gegen die Ausbreitung
der Geheimnisse des Beichtstuhls, die oft selbst
von den Canzeln verkündigt wurden n): gegen die
mit Wettkämpfen im Trinken, mit Geschrey,
Zank, und Schlägereien verbundenen Schmäuse o):

S 5   gegen

l) Wurdtwein l. c. p. 301. et sq. p. 334. 335. 365. 366.
m) Die Geistlichen verrichteten oft die ehrwürdigsten
   gottesdienstlichen Handlungen ohne Beinkleider,
   und in so kurzen Röcken, daß man, wenn sie
   sich bückten, die nackten Schenkel sah. p. 307.
n) ib. p. 302.   o) p. 303.

gegen das Besuchen von öffentlichen Häusern, und
Schenken., und das Spielen und Tanzen in denselben p): gegen die Stellvertretungen der Pfarrer
durch herumziehende Taugenichtse, und den Gebrauch von unrichtigen Missalien q): gegen das
Erzwingen, oder Erschleichen von Legaten bey der
Verfertigung des letzten Willens von Sterbenden r):
gegen das Schelten und Schmähen in der Kirche s):
endlich gegen die gotteslästerlichen Schwänke bey den
heiligsten Verrichtungen t). Alle diese Strafgesetze

und

p) ib. et p. 315.

q) ib. p. 329. 334.

r) p. 335.　　　　s) ib.

t) p. 365. 366.... multas negligencias committi —
— in intonando juxta chororum ordinem et ob-
servanciam: nullam diligenciam adhiberi caudas
in cantorum finibus quam longissimo protrahi
nulla sin medio versuum pausas aut suspiria ser-
vari inter psallendum verba obtruncari dictiones
et syllabas aut nimis festinanter precipitari aut
penitus omitti. Versum ab uno choro nondum
finitum mox ab alio quasi ex ore eripi et novum inchoari Capitula ad horas canonicas non
que ex institucione ecclesie signanter sed pro li-
bidine cujusque assumi. Et quod intolerabilius
est: dum tales negligencie committuntur tam a
delinquente quam a reliquis varios per manus
visus et irrisiones agitari qumque eciam conten-
ciones et injurias excitari ita ut plerumque re-
prehensibilior sit subsequens importunus eorum
clamor et mutua vexacio quam fuerat commissa
procedens confusio Praeterea... in choro et processionibus multas levitates, jurgia et rixas com-
moveri quosdam etiam in processionibus et sub
divinis de secularibus et lascivia rebus colloqui

es

und Warnugen richteten so wenig aus, daß der
Nachfolger des Bischofs **Philipp** u) dieselbigen
Klagen und Drohungen zu wiederhohlen gezwun=
gen wurde. Geistliche, sagt der Bischof **Georg**
im J. 1515, unterhalten Beyschläferinnen, und
Kinder von Beschläferinnen so öffentlich, und ohne
alle Schaam vor Gott und der Welt, daß sie,
wenn sie auch wollten, ihre Schuld unmöglich ab=
leugnen können. Dem Bischofe **Philipp** machten
die Geistlichen den Vorwurf, daß Uenthaltsamkeit,
die geringste unter den Todsünden, das einzige
Laster und Verbrechen sey, welches im Bisthum be=
straft, und unverhältnißmässig hart bestraft
werde v).

Gleichen Inhalts mit den Synodalschlüssen
der Speierischen Bischöfe ist der Hirtenbrief, oder
das Edict, welches der Bischof **Conrad** von Wirz=
burg im J. 1521. zur Reformation der Geistlich=
keit ergehen ließ w). Wir haben, heißt es in
diesem Edict, mit inniger Betrübniß vernom=
men, daß die meisten Mitglieder des geistlichen
Standes

---

et in risum et cachinnos resolvi. Alios in lita-
niis et stacionibus sine verecundia ad offas, ova,
et vina concurrere et tandem rubentibus buccis
impudenter denuo processioni se intrudere etc.

u) p. 379. et sq.   v) l. c. p. 299.

w) Wirzburg. Chronik S. 369.

Standes ſich und andere durch ein unreines Leben
beflecken: daß ſie an Feſttagen mehr ihren Lüſten,
als dem wahren Gotte opfern: ſich auf Wettkäm=
pfe im Saufen heraus fordern, und dann eben ſo
ſchändlich den Wein wieder von ſich geben, als
ſie ihn hinein geſchüttet haben. Aus dieſen Trink=
und Spielgelagen entſtehen Lügen und Betrügereyen,
Zank und Streit, Gottesläſterungen, Schlägereyen
und ſelbſt Todtſchläge. Dieſe Säufer und Wohl=
lüſtlinge, (potatores et hircones) trachten nur
nach Schmäuſen, Almoſen und Geſchenken, und
halten alles für erlaubt, was ihnen Vortheile bringt.
Wir unterſagen daher bey Strafe des Banns,
und der Suspenſion von Amt und Einkünften,
alles Nöthigen und Zwingen zum Trinken. Wir
verbieten bey gleicher Strafe alles Spielen in Brett
und Charten um Geld, oder das Dulden ſolcher
Spiele in geiſtlichen, oder Gott geweihten Häuſern:
alles Sehen oder Aufführen von unehrbaren Schau=
ſpielen: und noch mehr das Unterhalten oder Be=
ſuchen von Beyſchläferinnen, und öffentlichen Wei=
bern, ſo wie das Mitnehmen von unächten Kin=
dern an den Altar, oder in Bäder, oder in
Schenken, oder andere öffentliche Häuſer x).

Im

---

x) Similiter prohibemus vobis quodlibet publicum
  hiſtrionicum ſeu alias inhoneſtum ſpectaculum vel
  agere,

Im J. 1530. wurde auf dem Reichstage in Augsburg verordnet: daß Domherren nicht mehr auf öffentlichen Trinkstuben spielen, oder sich einander zum Saufen herausfordern: daß sie sich des Schwörens und Gotteslästerns enthalten: keine Vögel mit in die Kirche nehmen: und nicht mehr Räuberey treiben, oder durch ihre Knechte treiben lassen sollten a). Im J. 1562. setzte ein Gesandter des Bairischen Hofes durch seine freymüthigen Urtheile über den geistlichen Stand die in Trident versammelten Väter in die gröste Verlegenheit, und die fremden Abgeordneten in die gröste Verwunderung b). Unser Land, sagt der offenherzige Baier, ist mit lauter Ketzern umgeben, und selbst schon damit angefüllt. Die Bischöfe haben dies Uebel nicht ausrotten können, da es von dem gemeinen Mann bis zu den Vornehmen hinaufgestiegen ist. Alles dieses rührt von dem bösen Leben

der

agere, vel spectandi gratia venire. Nemo denique sub promissis poenis mulieri de incontinentia suspectae, et a sacris canonibus prohibitae ad carnis libidinem explendam cohabitet, seu fornicariam, vel etiam prolem ex damnato coitu procreatam secum in publicum ad altaris ministerium balnea et tabernas vel alia communia adducat, seu adesse permittat.

a) Schmidt VIII. 270.

b) Sarpi Hist. du concile de Trente. Die Uebers. von Amelot de la Houssaye Liv. VI. p. 511.

der Geiſtlichen her, deren Schändlichkeiten ich nicht
erzählen kann, ohne die keuſchen Ohren meiner
Zuhörer zu beleidigen. Alle Verbeſſerungen der
Lehre, fuhr er fort, werden unnütz ſeyn, wenn
man nicht vorher die Sitten der Geiſtlichkeit beſſert,
welche ſich durch ihre Unkeuſchheit ganz infam ge=
macht hat. Unter hundert Prieſtern findet man
kaum drey oder vier, die nicht in einem öffent=
lichen oder heimlichen Concubinat leben. [Dieſe
Ausgelaſſenheit wird unter der Geiſtlichkeit gedul=
det, da die weltliche Obrigkeit es an den Layen
auf das ſtrengſte ſtraft. Ich bitte daher im Nah=
men meines Herrn um die Errichtung von guten
Schulen und Akademien, auf welchen tüchtige
Pfarrer gebildet werden, und um die Aufhebung
des Coelibats, der keine göttliche Einrichtung iſt.
Ohne die Prieſterehe wird die Beſſerung der Geiſt=
lichkeit unmöglich bleiben, und ſelbſt gute Katho=
liken in Teutſchland ziehen eine keuſche Ehe einem
unreinen Coelibat vor c).

So verdorben die Teutſchen des ſechszehnten
Jahrhunders waren; ſo waren ſie es doch ohne
Ver=

---

c) Il demanda le mariage de prettes, comme une
chose, sans quoi la reformation du clergé présent
etoit impossible, aléguant, que le Célibat n'est
point de droit divin, et que d'ailleurs les bons
Catholiques en Alemagne préféroient un mariage
chaste à un Célibat impur.

Vergleichung weniger, als die Franzosen. In Frank=
reich herrschten nicht nur Schwelgerey, Ehebruch,
Unzucht, Prachtliebe, gränzenlose Verschwendung,
und Spielsucht allgemeiner, und in viel höhern
Graden, als in Teutschland, sondern es waren
auch Meuchelmord, meineidige Treulosigkeit, un=
ersättliche Raubgier, und feile Bestechlichkeit un=
ter alle Stände und streitende Parteyen verbreitet;
und diese scheußlichen Verbrechen und Laster waren
mit dem verächtlichsten Aberglauben, dem blutig=
sten Verfolgungsgeiste, und sehr oft die schreck=
lichsten Ausbrüche des Verfolgungsgeistes mit got=
teslästerlichen Entweihungen heiliger Dinge, oder
den gottlosesten Gewaltthätigkeiten verbunden.

Von der Regierung **Carls** IX an bis an das
Ende der Regierung **Heinrichs** IV war in Frank=
reich fast kein König, oder Königinn, kein Prinz,
oder Prinzeffinn, fast keine berühmte Person von
hohem Adel, die ihre Hände nicht durch Meuchel=
mord, und ihre Ehre und Gewissen durch Wort=
oder Bundbrüchigkeit befleckt hätte; und manche
Personen des höchsten, oder hohen Adels waren
so gar stolz auf die Meuchelmorde und Verräthe=
teyen, deren sie sich schuldig gemacht hatten.

Catharine von Medicis ließ viele unschul=
dige Personen im Gefängnisse erwürgen, um ihre

. Güter

Güter an Günstlinge verschenken zu können d).
Carl IX. schoß am Tage der Bluthochzeit auf
seine eigne Unterthanen, und schrie unaufhör=
lich: tüe tüe e). Eben dieser junge Tyrann rief
einst den Herzog von Guise, und fünf andere
Hofleute zu sich, theilte ihnen Stricke aus, und
befahl ihnen auf ihr Leben, daß sie denjenigen,
welchen er ihnen zeigen würde, erdrosseln sollten.
Er stand eine Zeitlang selbst mit einem brennen=
den Licht auf der Wache, und ein bloßer Zufall,
der den La Mole einen andern Weg geführt
hatte, rettete diesem Gegenstande des königlichen
Hasses das Leben f). Heinrich der III brauchte
den Dolch gegen viele vornehme Personen, gegen
keine andere aber mit einer so tiefen Verstellung,
und einer solchen verruchten Treulosigkeit, als gegen
den Herzog von Guise g). Auch dieser Duc de
Guise bestellte, wie der Duc d'Anjou Meu=

chel=

d) Journat de Henri III. T. I. p. 59. Bodin. de
 rep. V. c. 3. p. 846. Sed serò sit in unius domi-
 natu, ut canes aulici bonorum ac fortium virorum
 praemia ferant, et quidem summa gratia, non
 virtute, sed flore aetatis aut turpissimis obsequiis
 collecta. Quis non meminit, quamquam memi-
 nisse doleo, innocentium civium priusquam dam-
 narentur, imo priusquam accusarentur, sanguinem precio specie religionis effusum, ut aulicae
 hirudines saginarentur.

e) ib. p. 65.

f) ib. p. 67.

chelmörder, um ihre Feinde aus dem Wege zu
räumen h). Alle Lieblinge **Heinrigs** III waren
Meuchelmörder i), und dieser ausgeartete Wol=
lüftling fand ein Vergnügen daran, wenn er den
einen gegen den andern aufhetzen konnte k). Wenn
Könige es befahlen, so liessen sich die erften Prin=
zen, und auf dieser ihren Befehl die angesehenften
Edelleute zu meuchelmörderischen Ueberfällen brau=
chen l). Unzählige Meuchelmorde wurden von
adelichen Fäuften vollzogen, und eine grosse Men=
ge von Edelleuten wurden als Meuchelmörder hin=
gerichtet m). Die meiften Meuchelmorde aber,
felbft folche, die im königlichen Schloffe, oder
im Angeficht des Königs begangen wurden, blie=
ben ungeftraft n). Ein Gasconischer Edelmann
tödtete einen Courier, der einen großen Schatz
in Perlen bey sich hatte, auf öffentlicher Land=
straffe, um ihn zu berauben. Der edle Mörder
und Straffenräuber wurde zum Rade verurtheilt o).
Allein

g) Mezeray VI. 589. u. Journ. de Henri III. T. II.
  p. 281.

k) Journal etc. l. c. l p. 247. 287.

i) I. 224. 226.   'k) II. 281.   l) ll. co.

m) Journal I. 141. 237. 281. Hiftoire de la Noblef=
  fe p. 211—218. 226.

n) Journ. de Henri III. I. 197. 214. 215.

o) ib. I. 407.

T

Allein der König schickte ihn in die Bastille, mit
dem Befehl, ihn gut zu behandeln. Wahrscheinlich
werden viele von meinen Lesern glauben, daß ich
der angeführten Beyspiele und Zeugnisse von erlauchten oder edlen Meuchelmördern hätte überhoben
seyn, und sie bloß an den allgemeinen Meuchelmord hätte erinnern dürfen, der unter dem
Nahmen der Bluthochzeit von Paris bekannt ist,
und an welchem nicht nur der ganze Hof, sondern
fast alles, was in Frankreich vornehm, und edel
war, Theil nahm. Die Königinnmutter war so
ungeduldig, daß sie das Zeichen zum Blutbade eine
Stunde früher geben ließ, als man mit den Verschwor-
nen verabredet hatte. Der Dúc de Guise fing die
Würgerey mit dem Amiral Coligny an. Als der
große Mann ermordet war, so befahl der Herzog,
daß man den Leichnam zum Fenster herauswerfen
sollte. Eben dieser Herzog wischte das blutige Ant-
litz seines Feindes mit einem Schnupftuch ab, und
sagte, indem er den zerfleischten Körper noch einen
Stoß mit dem Fuße gab: Ja er ist es p).
Nachdem man den Leichnam in einem Galgen
aufgehenkt hatte, so führte die Königinn ihre
Söhne, ihre Töchter und ihren Schwiegersohn
hin, damit sie ihre Augen an diesem Schauspiel
wei-

p) Journ. de Henri III. I. 52.

weiben möchten q). Während der acht Tage, welche diese Mordscenen dauerten, wurden gegen sie-
benzig tausend Menschen, die meisten durch die
grausamsten, und vervielfältigten Todesarten umgebracht. Unter denen, welchen man Mordbefeh-
le zugeschickt hatte, war der Vicomte d'orte einer
von den wenigen, die nicht gehorcht hatten; dieser edle Mann bat nachher den König, daß er seine und seiner Untergebenen Arme und Leben zu
thunlichen Dingen anwenden möchte r). Der Römische und Spanische Hof äusserten bey der Nachricht von der Bluthochzeit eine unbeschreibliche Freude s). Der Pabst ging in Procession nach der
Kirche des heiligen Ludewig, um ihn für einen
so glücklichen Erfolg zu danken, und Philipp
der Zweite ließ auf die Bartheleminacht unter
dem Titel des Triumphs der streitenden Kirche eine
Lobrede halten t). In diesen meuchelmörderischen

T 3 Zei-

q] ib. p. 57.

r) d'employer nos bras, et nos vies à choses faisables,
Histoire de Templiers II. 156. Gilbert nennt die Uebrigen, welche den königlichen Mordbefehlen nicht ge-
horchten. Ein Comte de Tendé antwortete: qu'il
avoit trouvé des Capitaines, et des soldats prêts à
périr pour son service, mais pas un bourreau.

s) Mezeray VI. 288. La cour de Rome et le conseil d'Espagne eurent une joye indicible de la saint Barthelemy.

t) unter den Gemählden des Vaticans soll eins die Bluthochzeit von Paris vorstellen, und die Inschrift haben:
Der Pabst billigt den Tod von Coligny, und Misson
ver-

Zeiten waren die Könige eben so wenig, als die gemeinſten Leute, und Damen eben ſo wenig, als Männer vor rächenden Dolchen ſicher. **Hein:rich** III. **Heinrich** IV. und der große Prinz **von Oranien** fielen durch Meuchelmörder. **Hein:rich** III. ließ auch Damen durch Dolchſtiche aus der Welt ſchaffen u). Unter den Banditen gab es eine beſondere Claſſe, welche Weibern die Naſen abſchnitten, oder ihnen durch ſcharfe und tief ver:wundende Inſtrumente das Geſicht ſchändeten v).

Wenn Meuchelmord ſo allgemein iſt, als er im 16. Jahrhundert in Frankreich war; ſo ſind es Treuloſigkeit und Meineid nicht weniger. Wa es Sitte iſt, oder keine Schande bringt, andere heimlich zu ermorden, da iſt es auch nicht enteh,rend, wenn man ſie durch Eide oder Verſprechun:gen hinterliſtiger Weiſe ins Garn lockt, oder an ihre Feinde verräth und ſie ihnen überliefert. Gleich:zeitige Geſchichtſchreiber beweiſen es durch viele Beyſpiele, und merken es auch im allgemeinen an, daß Verräthereyen der Glaube der Zeit, und alles

ver=

verſichert, eine Medaille geſehen zu haben, welche auf der einen Seite die Worte hatte: Ugonotorum ſtrages 1572. und auf der andern: Gregorius XIII. Pont. Max. An. I. Journal de Henri III. T. I. p. 53.

u) Journal II. p. 281.   v) ib. I. p. 316.

verſprechen, und nichts halten, herrſchende Sitte
war w).

In einem Jahrhundert, wo man das Leben
und die Freyheit unſchuldiger Menſchen mit Dől=
chen, und Meineiden angriff, ſchonte man auch
ihres Eigenthums nicht. Die Mächtigen raubten
geradezu, und die weniger Mächtigen ſuchten durch
Betrug, Veruntreuungen, und Beſtechungen zu
erreichen, was ſie nicht mit Gewalt nehmen
konnten. Wenn der König, oder ſeine Lieblinge
Geld brauchten; ſo ſchätzten ſie die Reichen der
Hauptſtadt und der übrigen Städte nach Gutdün=
ken, und jeder Geſchätzte mußte die von ihm ver=
langte Summe in einer beſtimmten Zeit bey Strafe
des Gefängniſſes abliefern x). Im J. 1573. lie=
ſen **Heinrich** II., deſſen Bruder, der nachherige
König Heinrich III. und der König **von Na=
varra**, den Prevoſt de Paris, **Nantouillet** wiſſen,
daß ſie bey ihm frühſtücken wollten. Nach dem
Frühſtück nahm man dem Prevoſt alles Silberzeug,

T 3 und

w) Ein Herr von **Vaſſé** verrieth den Grafen von
Montgommeri an die Königinn, qui heißt es
von dem erſten, *uſant de la foi du tems,* lui mit
entre les mains ce pauvre Gentilhomme. I. p. 89.
u. p. 205. Cette capitulation ne fut pas bien
gardée, c'étoit le ſtile du tems de tout promet=
tre, et de ne rien tenir.

x) Journal l. p. 166. 571.

und leerte seine Geldkasten und Geldschränke aus y).
Alle einträgliche, oder ehrenvolle Aemter und Würden verkaufte man an den Meistbietenden, und
dies war die Ursache, daß die Diener der Gerechtigkeit das, was sie im Grossen gekauft hatten,
so theuer als möglich im Kleinen wieder verkauften z).
Am verabscheuungswürdigsten war von der Regierung Franz des ersten an bis auf die von Ludewig XIII. der Handel mit den geistlichen Würden und Pfründen.   Die meisten Würden und
Pfründen der Kirche waren in den Händen von
Weibern und Edelleuten, und waren nicht bloß
den gegenwärtigen Besitzern, sondern auch ihren
Kindern überlassen, so daß manche Knaben schon
mit Infuln und Bischofsmützen, und manche Mädchen mit Heuraths Gütern von Bisthümern und
Prälaturen gebohren wurden: und diese fürchterlichen Mißbräuche machten keinen andern Eindruck,
als daß man Spottgedichte darauf verfertigte a).

Was

y) Journ. de Henr, III. T. I. p. 61.

z) l. 250. En ce tems tous les Etats de France se
   vendoient au plus offrant, principalement de la
   justice, qui étoit la cause, qu'on revendoit en
   detail ce, qu'on avoit acheté en gros, et qu'on
   epiçoit si bien les sentences des pauvres parties,
   qu'elles n'avoient garde depourrir.

a) Journal I. p. 251. et p. 289. Mais ce, qui
   étoit le plus abominable, étoit la caballe des
   matières bénéficiales, la plûpart des bénéfices
                                               étant

Was die Könige raubten, wurde ihnen größtentheils
von ihren Lieblingen, oder Bedienten wieder ab=
gelockt, oder gestohlen, ungeachtet man von Zeit
zu Zeit selbst Edelleute wegen untreuer Verwaltung
öffentlicher Gelder henkte b). Wer nicht rauben,
oder stehlen konnte, der suchte sich dadurch geltend
zu machen, daß er sich irgend einer Faction ver=
kaufte. Unter **Heinrich dem dritten**, sagt **Me=
zeray**, waren nur wenige Menschen in Frank=
reich, die man nicht hätte kaufen können. Allein
da das Gold aus beiden Indien nicht hinreichend
gewesen wäre, alle feile Seelen zu befriedigen; so
schlugen sich viele, die sich den **Guisen** und Spa=
niern angeboten hatten, zur Gegenpartey, aus
Verdruß, daß man sie vernachlässigt hatte c).

Alle diese Räubereyen, Betrügereyen, und
Seelenverkäufe reichten in Frankreich, wie unter
andern verdorbenen Völkern nicht hin, um die
Forderungen der Prachtliebe, der Spielsucht, der
Verschwendung, und den Aufwand der Ueppigkeit

T 4   und

étant tenus par femmes, et gentilshommes ma-
riés, auxquels ils étoint conferés pour récompense,
jusqu'aux enfans, auxquels lesdits bénéfices se trou-
voient de plus souvent affectés avant, qu'ils fussent
nés, ensorte qu'ils venoient au monde crossés et
mitrés: sur quoi ces vers: etc.

b) l. c. I. 512.

c) VI. 500.

und Schwelgerey zu bestreiten. Die Könige und
ihre Lieblinge verschleuderten Hunderttausende und
selbst Millionen fast eben so schnell, als sie dieselben zusammengeplündert hatten. Unter **Heinrich** III. und dem IV. verging fast kein Tag,
wo nicht zwanzig Tausend Pistolen am Hofe verlohren wurden, und der geringste Satz war von
funfzig Pistolen d). **Heinrich dem dritten**
kosteten allein seine Schooßhunde jährlich über eine
Tonne Goldes, und seine Affen und Papageyen
nicht weniger e). In den letzten Jahren seines
Lebens trug **Heinrich** III. beständig an einer
Scherpe einen runden Korb, der mit kleinen Hunden angefüllt war f). Was dieser weibische König, und seine weibischen Lieblinge in Kleidern
und Schmuck verschwendeten, kann man schon
daraus vermuthen, daß der Marschall **von Baß-
sompiere** ohne Geld sich ein Kleid verfertigen
ließ, wovon der Stoff, und die funfzig Pfund
Perlen, die hinein gestickt worden, 14000 Thlr.
und die Arbeit oder Façon allein 700 Thlr. kosteten g).

Die

---

d) Mezeray VI. 405. n. Memoires du Marechal de
  Baſſompiere I. 163.

e) VI. 532. 535.   f) ib.

g) Memoires du Marechal de Baſſomp. I. 163.

Die Meuchelmörder, Verräther, und Räu=
ber von beiderley Geschlecht waren zugleich die
schaamlosesten Menschen, welche Frankreich bis
dahin gesehen hatte. Das Neue und Unerhörte
der üppigen Ausschweifungen des Französischen
Hofes unter den Regierungen **Heinrichs** II. h),
Carls IX., **Heinrichs** III. und **Heinrichs** IV.
bestand gar nicht darin, daß alle Königinnen,
Prinzeßinnen, und andere vornehme Damen öf=
fentlich ihre Liebhaber hatten, und so oft sie woll=
ten, wechselten: daß sie öffentlichen Ehebruch und
Unzucht für ehrenvoll, oder wie ein gleichzeitiger
Schriftsteller sagt, für eine Tugend hielten i):
und daß Ehemänner von dem Könige an bis auf
den gemeinsten Hofbedienten ihren Frauen aus Ei=
gennuß und Liebe zur Ungebundenheit gern eben
die Freyheiten erlaubten, welche sie sich selbst
nahmen k). Das Unterscheidende der Französischen

T 5 Lie=

h) Heinrich II. ließ nach dem Beyspiel der Italiäner
bisweilen eine grosse Menge von öffentlichen Weibs=
personen an den Hof kommen, dann ganz entkleis
den, und auf Ochsen setzen. H. Etienne I. Ch.
XII. p. 151.

i) Journal I. 215.: ... en la cour, ou la paillardise
est publiquement pratiquée entre les dames, qui
la tiennent pour vertu.

k) Mezeray VI. 328. Leurs maris leur laschoient
la bride par complaisance et par interest: et d'ailleurs ceux, qui aimoient le changement, trou-
voient

Liederlichkeit im 16. Jahrhunderte bestand vielmehr
darin, daß die Weiber die Männer aufsuchten und
angriffen 1), daß Königinnen die ersten und all=
gemeinen Kupplerinnen waren, und daß die vor=
nehmsten Hofdamen es für eine grosse Gnade schätz=
ten, wenn ihre Gebieterinnen sie als feile Metzen
zur Verführung von diesem oder jenem wichtigen
Mann brauchen wollten. **Catharine von Me=**
dicis hatte stets, besonders wenn sie auf wichtige
Negotiationen ausging, eine Schaar von gefälli=
gen, und schönen Frauen und Mädchen bey sich,
um durch die Reitze ihrer vornehmen Buhldirnen
die

voient leur satisfaction dans cette liberté, qui au
lieu d'une femme leur en donnoit cent.   Im
J. 1579. wurde ein Edelmann aus Anjou hinge=
richtet, weil er seine Frau und ihren Liebhaber
ermordet hatte.   Als man ihm sein Todesurtheil
vorgelesen hatte, sagte er ganz laut: que tous
ses Juges portoient des cornes, et qu'ils ne le
faisoient mourir, que parcequ'il n'en vouloit
porter, comme eux.   Auf dem Gerüste wollte er
sich die Augen nicht verbinden lassen. Er versuchte
die Schärfe des Schwerdts, und sagte dann zum
Nachrichter: Mon amy, dépêche moi vitement,
il ne tiendra, qu'à toy, car ton epée coupe bien.
Journal etc. I. 280.

1) Mezeray VI. 398. Avant ce regne (de Charles
IX.) c'estoient les hommes, qui... attiroient les
femmes dans la galanterie: mais depuis que les
amourettes firent la plus grande partie des intri=
gues, et des mysteres d'Estat, c'estoient les fem=
mes, qui alloient au devant des hommes.

die Herzen der Männer zu gewinnen m). Dieses
erhabene Beyspiel der Mutter ahmte nachher ihre
Tochter, die Königinn **Margarete von Navar:
re**, Gemahlinn **Heinrichs** IV. nach n). Die
Hofdamen der Königinn **Catharine von Medicis**
und ihrer Tochter liessen sich in jeder Rücksicht
als Buhlschwestern brauchen. Wenn der König
es verlangte, so warteten sie in männlicher Klei:
dung, halb nackt und mit fliegenden Haaren bey
Tische auf o). An den unaufhörlichen Festen,
die auch in den unruhigsten Zeiten nicht unterbro:
chen wurden p), gingen Dinge vor, welche ein

Vor:

m) ... un escadron de femmes, comme le marque
   un auteur du tems. Journ. de Henri III. I. 164.
   En quelque endroit, qu'elle allast; elle traisnoit
   toujours avec elle tout l'attirail des plus volup-
   tueux divertissements, et particulierement une
   centaine des plus belles femmes de la cour etc.
   VI. p. 243. auch p. 139.

n) Mezeray VI. p. 432. Pour cet effet se servant
   des mesmes moyens, qu'elle avoit souvent veu
   pratiquer à sa mere elle instruisit les dames de
   sa suite à envelopper tous les braves d'auprès de
   son mary dans leurs filets et fit en sorte, que
   luy-mesme se prit aux appasts de la belle Fos-
   seuse, qui ne pratiqua que trop bien les leçons
   de sa maistresse. Ce furent-là les vrais boute-
   feux des sixiesmes troubles, aussi les nomma-t-on
   la guerre des amoureux. Mezeray VI. 432.

o) Journ. I. 205. les dames vestües de verd en
   habit d'hommes à moitié nües, et ayant leurs
   cheveux épars comme épousées, furent employées
   à faire le service.

p) il faloit, comme dit Montluc, que dans le plus
                       grand

Borbel hätten in bösen Ruf bringen können q).
Heinrich III. warf nicht aus Liebe für Zucht und
Ehrbarkeit, sondern aus Rache, seiner Schwester
der Königinn Margarete ihre Ausschweifungen
öffentlich vor, und verwies sie vom Hofe, und
zu ihrem Gemahl. Nach dieser Beschimpfung
wollte Heinrich IV. seine Gemahlinn nicht wieder
nehmen: welches er aber doch zu thun gezwungen wurde r).

So beyspiellos, als die Frechheit der Weiber,
war die öffentliche Zärtlichkeit Heinrichs III gegen seine Lieblinge, die man weniger wegen ihrer
schändlichen Lüste s), als wegen ihres empörenden
Stol-

grand embarras de la guerre, et des affaires le
bal marchast toujours. Mezer. VI. p. 243.

q) Journal de Henri III. I. 222. Car la confusion
de monde y apporta tel desordre et vilainies,
que si les murailles et tapisseries eussent pû par-
ler, elles auroient dit beaucoup de belles choses.

r) Journal I. 403. et Mezeray VI p. 481. Als dies
geschah, war die Königinn Margarete in den jungen Chanvalon verliebt. Nicht lange vorher waren sie und die Herzoginn von Nevers so sehr in
den La Mole, und Coconnas verliebt, daß, da
diese beiden Edelleute umgebracht wurden, sie die
Köpfe derselben einbalsamieren ließen, und unter
den Denkmählern ihrer Liebe aufbewahrten. Journal I. 65.

s) Der Hang zu diesen Lüsten kam aus Italien H.
Etienne Apol. pour Herodote I. Ch. X. p. 115.
In der letzten Hälfte des 16. Jahrh. gab ein Car-
dinal de la Casa ein Lobgedicht auf die unatürliche
Liebe heraus. ib. Ch. 13. p. 157.

Stolzes, ihrer Verschwendung, und weibischen Weichlichkeit verabscheuete t). Der König sowohl als seine mignons waren gewöhnlich, oder doch sehr oft, wie Weiber gekleidet und geputzt u). Der eine und die andern trieben in den Fasten gewöhnlich die kindischsten Possen oder Bübereyen, liefen oder ritten unter allerley Masken Tag und Nacht durch die Straßen von Paris, drangen in alle Häuser und Gesellschaften ein, und mißhandelten alles, was ihnen vorkam; und einige Tage nachher gingen sie zehn Stunden lang als eine Brüderschaft von Büssenden und in der Kleidung

von

t) le Nom de mignons commença alors (1567.) à trotter par la bouche du peuple, à qui ils etoient fort odieux, tant pour leur façons de faire badines et hautaines, que par leurs acconstremens efieminoz, et les dons immenses, qu'il recevoient du roi. Journal I. 176.

u) ib. I. 203... Tournois, où il se trouvoit ordinairement habillé en femme, ouvrant son pour point, et decouvrant sa gorge, y portant un collier de perles, et trois colets de toille, deux à fraizes, et un renversé, ainsi que le portoient les dames de la cour. il. p. 176. ces beaux mignons portoient les cheveux longuets frisés, et refrisés, remontans par dessus leurs petits bonnets de velours, comme font les femmes, etc. Man wird sich erinnern, daß die Damen Mannskleider trugen. Unter Heinrich III. lebte eine schöne Wittwe, Magdelaine de saint Nectaire, welche in die Schlacht ging, und stets sechszig Edelleute in ihrem Gefolge hatte, qui faisoient des efforts de valeur incroyable pour meriter ses bonne graces. Mezeray VI. 360.

von Büssenden in allen Kirchen umher v). Ein
gleicher Widerspruch fand sich in den wilden Krie=
gern der Ligue. Diese übten die entsetzlichsten
Grausamkeiten an den Hugenotten aus, die ihnen
in die Hände fielen, und dabey assen sie öffentlich
Fleisch an Fasttagen, und zwangen Priester mit
dem Dolche in der Faust, daß sie Kälber, Schaa=
fe und Schweine taufen, und diesen Thieren den
Nahmen von Fischen geben musten w). Als man
sich deswegen bey den Herzog von Maine beklag=
te, antwortete er: man muß Gebuld haben;
denn ich habe alle meine Machinen nöthig, um
den Tyrannen zu überwinden. Das Lustspiel, und
besonders die Italiänische Komödie war nichts,
als eine Schule von Unzucht und Ehebrüchen x).
Das Parlament untersagte diese Schauspiele als
Sittenverderbend. Der König hingegen befahl
aus:

v) Journal I. 414. 415., und Mezeray VI. 476.

w) II. 197.

x) Journal I. 209. 211. et Bod. VI. p. 987. Quis
item hiſtrionicas ſaltationes, comoedias, ſpecta-
cula, — coercere niſi cenſura poteſt? Neque
enim peſtis in republica ulla major eſſe poteſt, ..
propter imitationem vocis, vultus, geſtus, ora-
tionis ac turpiſſimarum actionum perniciem ....
denique theatra definire poſſumus turpitudinis
vitiorumque omnium ſentinam ac ſcholam. Man
ſehe auch noch p. 988.

ausdrücklich, daß sie in dem Hôtel de Bourbon
fortgegeben werden sollten y).

Es ist allgemein bekannt, daß man in den
Religionskriegen des 16 Jahrhunderts von beiden
Seiten, mehr aber doch von Seiten der Altgläu-
bigen, als der Hugenotten weder Stand, noch
Alter und Geschlecht schonte, und die Strafen des
Todes durch die grausamsten Marter erhöhete z).

Auch

y) Par la jussion expresse du roy: la corruption
de ce tems étant telle, que les Farceurs, Bouf-
fons, Put.... et Mignons avoient tout credit au-
prés du roy. l. c. et Mezeray VI. p. 407. Zu
den charakteristischen Zügen jener verdorbenen Zeiten gehört auch folgender. Der Duc de Maine
kam eines Tages vor einem liederlichen Hause vorbey, wo vier bis fünf von seinen Bekannten sich
lustig machten. Einer derselben sprang heraus,
und zog den Herzog mit Gewalt hinein. Ungeachtet dieser wegen seiner wichtigen Geschäffte nur
eine halbe Stunde bleiben konnte; so richtete er
sich doch so übel zu, daß er mehrere Wochen das
Zimmer hüten mußte, und sich lange nachher nicht
wieder erholen konnte: welches seiner ganzen Sache einen unersetzlichen Schaden that. Mezeray VI.
606. Quam multae, sagt Bodin L. VI. de rep.
p. 986., puellae etiamnum a parentibus ipsis pro-
stituuntur? quam multae corpore quaestum facere,
quam nubere, infantes exponere, aut necare,
quam alere praestabilius ducunt! Auch H. Etienne
Apol. pour I. Herod. ch. 12. 13. 21.

z) Nicht bloß Gefühl von Menschlichkeit, sondern
auch von Ehre war in Frankreich fast ganz erstor-
ben. Der Gardecapitain Montesquieu schoß den
gefangenen und verwundeten Prinzen von Condé
mit kaltem Blute todt. Mezeray VI. 209. Der
Duc d'Anjou erkannte die That nicht, bestrafte
sie aber auch nicht, und ließ den Leichnam aus
grausamen Spott auf einem Esel nach Jarnac
tragen.

Auch die auswärtigen Kriege wurden noch immer mit barbarischer Wuth geführt. Als der Prinz von Naſſau 1521 in Frankreich einfiel, verheer= te er alles mit Feuer und Schwerdt, und ließ in mehreren Städten, beſonders in Daubenton Män= ner, Weiber und Kinder über die Klinge ſprin= gen: ein Beyſpiel, welches die Franzoſen bald und leicht nachahmten a). Nach dem Siege, welchen der Marquis von Santacruz über die franzöſiſche Flotte erhalten hatte, befahl dieſer vornehme Spanier, daß man den Franzöſiſchen Anführer mit Hellebarden todtſtechen, und in's Meer werfen, die Edelleute ſchlechtweg erdroſſeln, und die übrigen Soldaten auf eine ſchimpfliche Art aufhenken ſolle. Der Geiſtliche hatte ein glei= ches Schickſal, nachdem er die Beichte der übrigen angehört und ſie von ihren Sünden freygeſprochen hatte b).

Der Unterſchied der Altgläubigen, und der Hugenotten war in Frankreich nicht gröſſer, als der Katholiken und der erſten Proteſtanten in Teutſchland. Ich war ſicher, ſagte Heinrich IV. zu dem redlichen d'Aubigné c), daß auf eurer

letzten

a) Mezeray V. 289.
b) VI. p. 461.
c) Memoires de la vie de T. A. d'Aubigné p. 150.

leßten Verſammlung nichts wider meinen Willen
geſchehen würde. Eurer waren nur wenige, wel=
che für das allgemeine Beſte arbeiteten. Ich hatte
die wichtigſten Perſonen unter euch gewonnen,
und die meiſten dachten an ihr Intereſſe, und wie
ſie meine Gunſt auf euré Koſten gewinnen ſollten.
Dies iſt ſo wahr, daß eins eurer Häupter, ein
Mann aus einem der beſten Häuſer in Frankreich
mir nicht mehr, als fünfhundert Thaler gekoſtet
hat, damit er mir als Spion alles berichtete,
was bey euch vorging. — Bald nachher, erzählt
d'Augbigné d) geriethen die Sachen der Reli=
gion in Verfall, weil die Häupter der Hugenotten,
und ſelbſt die angeſehenſten Prediger ſich vom Hofe
hatten beſtechen laſſen. Auf der Synode zu Thou=
ars ſtand der Prediger La Sorcade oft auf, und
rief: meine Herren, laſſen ſie uns doch Vorſiche
brauchen, um die Königinn nicht zu beleidigen;
und ein anderer ſchriee den redenden Perſonen oft
die Worte zu: pricipibus placuiſſe viris non ul-
tima laus eſt.

An dem Hofe Heinrichs IV., ſo lange er
noch bloß König von Navarra war, wurden
Ehebruch, Meuchelmord, Verrätherey, verderb=
liches Spiel und Verſchwendung, und bübiſcher
Muth=

d) ib. S. 170.

H

Muthwille eben so öffentlich, – als am Hofe Heinrichs III. ausgeübt; und diese Sittenlosigkeit
dauerte auch nachher fort, da Heinrich IV. den
Französischen Thron bestiegen hatte. Heinrich IV.
selbst war von diesen herrschenden Lastern seiner
Zeit vielmehr angesteckt, als Ludewig der Heilige, und Ludewig XII. von dem Verderben
der ihrigen. Ich beurtheile den ersten hier nicht,
als Regenten, von welcher Seite man ihm viele
und gerechte Vorwürfe machen kann e), sondern
als Menschen. So sehr Heinrich IV. das Geld
liebte, so war doch nie ein König von Fraankreich
ein so wüthender Spieler, als er, und sein Beyspiel veranlaßte eine schreckliche Menge von Spiel-
akademien, und durch diese den Untergang von
unzähligen reichen Familien f). Kein anderer König war in einem höhern Grade Verführer der
Unschuld, und Zerstöhrer von ehelicher Treue und
Glückseligkeit g). Er war unverschämt genug, von
seinen treusten und besten Dienern zu verlangen,
daß sie ihm ihre Geliebten überlassen h), oder ihm
in seinen verbotenen Liebesangelegenheiten beyste-
hen

e) Man sehe das vortreffliche Urtheil über ihn beym
Mezeray VIII. p. 686. et sq.
f) ib.   g) ib.
h) So verlangte er von dem Mareschall von Bassom-
pierre, daß er ihm die Mademoiselle de Montmorency überlassen solle. Mem. I. 187.

ben sollten i): und wenn sie sich weigerten, sei=
ne Wünsche zu erfüllen, so warf er einen tödtli=
chen Haß auf sie, und hetzte entweder Klopffechter
oder Meuchelmörder gegen sie auf k). Er schenkte
sein Zutrauen oft den unwürdigsten Bösewichtern l),
und entzog es den tapfersten und redlichsten Die=
nern, weil er auf den Ruhm ihrer Thaten eifer=
süchtig war m). Eben so oft ließ er aus Eifer=
sucht, oder Undankbarkeit die verdienstvollsten Män=
ner unbelohnt, und überhäufte hingegen diejenigen
mit Wohlthaten, die alles gethan hatten, was
in ihrer Macht war, um seine Feinde zu seyn n).
Er fand ein boshaftes Vergnügen darin, den un=
bescholtensten Männern, die sich nicht in allen Stü=
cken nach seinem Willen bequemten, einen bösen

U 2 Nah=

---

i) Mem. d'Aubigné p. 53. et sq.

k) Das erste geschah sowohl dem Marschall de Bassom=
 pierre I. 139. als dem d'Aubigné, dessen Mem.
 pag. 64. welchen letztern er einmahl ermorden lassen
 wollte. Mon maitre, à qui j'avois eu l'imprudence,
 ou plutôt l'audace de dire, qu'il y avoit des trai-
 tres parmi nous, et qu'il les connoissoit bien, for-
 ma la résolution de me faire poignarder, et jetter
 ensuite dans la riviére, pour en ôter la connois-
 sance: ce, qu'ayant appris, je le fus trouver, et
 lui tins ce langage en bonne compagnie: Quoi,
 Sire, vous avez pu penser à la mort d'un servi-
 teur, que dieu a choisi pour être l'instrument de
 la conservation de votre vie etc. p. 62. 63.

l) ib. p. 48. 53.   m) p. 61. et sq.

n) ib. 70. 71. et Mezeray l, o.

Nahmen zu machen, oder ihnen sonst Schaden, oder andere Unahnnehmlichkeiten zuzuziehen o).

Die willkührliche Gewalt, welche **Heinrich** VII, **Heinrich** VIII und die Königinnen **Maria** und **Elisabeth** im sechszehnten Jahrhundert in England nicht nur über das Vermögen, das Leben und die Freyheit, sondern selbst über den Glauben ihrer Unterthanen ausübten, ist ein unwiderleglicher Beweis von der grossen Sittenverderbniß, in welche die Engländer, und mit ihnen die Schotten versunken waren; denn nur ein höchst verdorbenes Volk duldet einen solchen Despotismus, als sich besonders **Heinrich** VIII und **Elisabeth** von England anmaaßten. Wenn **Heinrich** VIII seine Gemahlinnen, **Elisabeth** ihre königliche Nebenbuhlerinn, und beide die edelsten, oder berühmtesten Männer des Reichs umbringen wollten, so fanden sie die Ersten und Angesehensten der Nation nicht nur bereit, den königlichen Willen zu

erfül=

o) ib. p. 58. 59. Enfin comme c'étoit le plus rufé et madré Prince, qu'il y eû au monde, il n'y eut fortes de malices, qu'il ne mît en ufage, pour, en me fufcitant de mauvaises affaires, me forcer à dévenir fon confident: jusques-la, qu'il fe mit à me retrancher de mes apointemens, et à prendre plaifir à me gâter mes habits, pour me mettre en dépenfe, afin que la nécessité me rendit plus complaifant, et qu'il put par là m'amener à fon but. Ueber die bübischen Streiche, welche die vornehmsten jungen Hofleute ausführten, fehe man noch S. 42. 43. C'etoit là mode en ce tems-la, de fe diftinguer par des actions folles et determinées. etc.

erfüllen, ſondern dieſes auch unter dem Scheine Rechtens zu thun, und den unſchuldigen Opfern des königlichen Zorns auſſer dem Leben auch noch, ſo viel an ihnen war, die Ehre zu nehmen p). Die Beherrſcher von England brauchten weniger Meucheln:örder, als die von Frankreich, weil ſie Henker genug in ihren Parlementen und höchſten Gerichten fanden. Die Engländer waren nach Humens richtigem Urtheil ſo unter den Fuß ge= bracht, daß ſie, gleich den Morgenländiſchen Sclaven geneigt waren, [die Gewaltthätigkeiten, welche gegen ſie ſelbſt und auf ihre Koſten ausge= übt wurden, zu bewundern q). Nicht weniger gefällig, als ihre Nachbaren, waren die Schott= länder gegen die Königinn Maria r). Die Vor= nehmſten des Adels erſuchten die königliche Witwe, daß ſie ſich doch mit dem Mörder ihres Gemahls, dem Bothwell vermählen möchte, und ſprachen

U 3   eben

----

p) Hume V. 383. und VIII. 12. Sir Edward Coke, the famous lawyer, then attorney general, mana-ged the cauſe for the crown, and threw out on Raleigh ſuch groſs abuſe, as may be deemed a great reflection, not only on his own memory, but even in ſome degree, on the manners of the age. Traitor, monſter, viper and ſpider of hell are the terms, which he employs againſt one of the moſt illuſtrious men of the Kingdom, who was under trial for life and fortune, and who defen-ded himſelf with temper, eloquence and courage.

q) ib. p. 388.   r) ib. VI. 358.

Dienste nehmen wollte y). Der grossen Menge von Strafen und Verhaftnehmungen ungeachtet, fährt der Friedensrichter fort, wurde nicht der fünfte Theil von Felonieverbrechen zur Klage gebracht: entweder wegen der Verschmitztheit der Schuldigen, oder wegen der Nachsicht der Obrigkeiten, oder wegen der thörichten Begünstigung des Pöbels. Die Diebereyen und Räubereyen von zahllosen Vagabonden zwangen den Landmann, seine Heerden, seine Felder, und Waldungen stets zu bewachen. In anderen Grafschaften war es nicht besser, in einigen noch viel schlimmer. In jeder Grafschaft fanden sich wenigstens drey bis vierhundert Taugenichtse, die bloß von Diebstahl und Raub lebten. Diese vereinigten sich oft in Banden von fünfzig bis sechszig, und wenn sie aus dem ganzen Reiche vereinigt wären, so würden sie dem mächtigsten feindlichen Heer eine Schlacht anbieten können. — Manche Magistratspersonen wagten es nicht, die schon gefällten Urtheile an überführten Bösewichtern vollstrecken zu lassen, aus Furcht vor der Rache der Genossen solcher Verbrecher, von welchen sie das Aeusserste besorgen musten.

Die Art, wie die Königinn **Elisabeth** die Herren und Damen ihres Hofes behandelte, und

von

y) VII. 414.

von ihnen bedient wurde, die Schmeicheleyen, wel=
che man der Königinn sagte, und welche die Köni=
ginn sich sagen ließ, sind lauter Denkmähler der
Unaufgeklärtheit, der Knechtschaft, und der Roh=
heit der Engländer in der letzten Hälfte des sechs=
zehnten Jahrhunderts. Elisabeth gab ihren grö=
ßten Lieblingen nicht selten Ohrfeigen, und prügelte
ihre Kammerfrauen mit eigner hoher Hand z).
Keiner sprach mit ihr anders, als knieend, und
wohin sie sah, fiel alles auf die Kniee: welches
Merkmahl von Knechtschaft ihr Nachfolger seinen
Hofleuten erließ. Diejenigen, welche die Tafel
der Königinn deckten, näherten sich derselben nie,
und verließen sie niemahls, ohne zu knieen, selbst
alsdann, wann die Königinn nicht gegenwärtig
war; und bisweilen wiederhohlte man das Knieen
dreymahl a). Als Sir **Walter Raleigh** in Un=
gnade gefallen war, schrieb selbst dieser edle, und
unerschrockne Mann einen zeigbaren Brief an **Sir**
Robert Cecil, in welchem er die Königinn bald
mit der **Diana**, bald mit der **Venus**, bald mit
Engeln verglich: und diese Göttinn, oder dieser
Engel, merkt **Hume** an, war ohngefähr sechszig
Jahre alt b). Aehnliche oder stärkere Dinge ließ
sich **Elisabeth** noch fünf bis sechs Jahre später
sagen.

U 5

z) Hume VII. p. 448. 449.
a) ib. p. 379.   b) p. 470

ſagen. **Henry Unton**, ihr Geſandter in Frankreich meldete ihr, daß **Heinrich** IV. ihn zur ſchönen **Gabriele** geführt, und ihn nachher gefragt
habe, wie die Dame ihn gefalle: daß er die Geliebte des Königs ſehr mäſſig gelobt, und dann
hinzugeſetzt habe: er beſitze das Gemählde einer
viel vortrefflicheren Gebieterinn (Miſtreſs): und
doch bleibe das Gemählde ſehr weit unter ihrer
wahren Schönheit zurück. Durch dieſe Aeuſſerung
ſey der König höchſt neugierig geworden, und habe
um die Mittheilung des Porträts gebeten: nach
deſſen Betrachtung der König geantwortet: ich er-
gebe mich: deßgleichen habe ich nie geſehen. Auch
habe der König das Gemählde behalten, und auſſer manchen andern lebhaften Aeuſſerungen verſichert,
daß, wenn er die Gunſt der gemahlten Schönen erlangen könnte, er gern die ganze übrige
Welt verlaſſen wolle, und ſich dennoch glücklich
ſchätzen würde.

Die Sitten der Regenten, der Höfe, und
der übrigen Stände in Spanien und Italien waren wenigſtens eben ſo verdorben, als in Frankreich und England. **Ferdinand** von Caſtilien rühmte ſich der Betrügereyen, womit er andere hinter's
Licht geführt hatte, und als **Ludewig** XII. ſich
beſchwerte, daß **Ferdinand** ihn einmahl hinter-

gangen habe; so rief er aus: er lügt der Trun=
kenbold! ich habe ihn nicht einmahl, ich habe
ihn wohl zwanzigmahl betrogen c). **Carl V.**
rühmte sich zwar seiner Betrügereyen nicht;
er übte sie aber nach dem Muster seines Groß=
vaters sowohl gegen **Franz den ersten,** als
gegen Teutsche Fürsten aus d); und seine er=
sten Heerführer in Italien ahmten ihrem Herrn
in allen schändlichen und schwarzen Künsten nach e).
Noch geübter und kühner, als **Carl** und **Ferdi=
nand,** war **Philipp der zweite** in den Geheim=
nissen der Bosheit, und der unrechtmässigen will=
kührlichen Gewalt: welche verruchte Staatskunst
er aber durch den Verlust von blühenden Provinzen,
und die Entkräftung der ganzen Monarchie büssen
muste.

In Italien dauerten die Erbitterung, und
Feindseligkeiten der Städte, und der Parteyen
in den Städten, der Ehrgeiz, und die zerstörende
Herrschaft unzähliger kleinen Tyrannen, die Ero=
berungssucht der grössern Staaten und Fürsten,
die

c) Hume V. p. 16. Unter andern schlechten Streichen
 nahm Ferdinand widerrechtlich das Königreich Na=
 varra weg, und berief sich auf eine päbstliche Bul=
 le, die erst nachher erschienen war. Mezeray V.
 308. u. Roberts. Hist. of Charles V. Vol. II. p.
 26. der Bas. Ausgabe.

d) Rober. l. c. III. 202. IV. 14. 24.
e) ib. II. 348. III. 253.

die Unerſättlichkeit und unheilbare Verdorbenheit
des Römiſchen Hofes, und der übrigen Geiſtlich=
keit immer fort, und zu den groſſen Uebeln, wel=
che aus dieſen Urſachen entſtanden, geſellte ſich noch
das Verderben, welches die Heerszüge. **Carls** VIII.
Ludewig XII. und **Franz des erſten**, und ihrer
kaiſerlichen, oder königlichen Gegner über Italien
brachten. Erpreſſungen und Raub f), Meuchel=
mord, und Verrätherey wurden allenthalben als
erlaubte Staatskünſte, oder als nothwendige Ret=
tungsmittel gebraucht; und jede verbotene, ſowohl
natürliche, als unnatürliche Luſt wurde im Vatican,
und in den Palläſten der Cardinäle eben ſo offen=
bar, oder noch öffentlicher, als an den Höfen von
weltlichen Fürſten geübt. Das ungeſtüme und all=
gemeine Geſchrey der Europäiſchen Völker, und
die Furcht vor unerbittlichen Concilien veranlaßten,
oder zwangen die meiſten Päbſte des ſechzehnten
Jahrhunderts zu dem Gedanken, die Reformation
der Kirche mit der Reformation des Hauptes g)
derſelben, und ſeines Hofes anzufangen; allein
                                                    alle

f) **Guicciardini** lib. VI. F. 175. beſchuldigt die Spa=
   niſchen Soldaten im Anfange des ſechzehnten Jahr=
   hunderts, daß ſie unter dem Vorwande ihren Sold
   nicht erhalten zu haben, zuerſt ganz von dem Ver=
   mögen des Volks zu leben angefangen, und daß an=
   dere dieſes Beyſpiel nachgeahmt hätten.

g) Man ſehe unter andern **Guicciard.** L. IX. fol. 275.

alle Päbſte, und ſelbſt **Hadrian der ſechſte,** der
es am ernſtlichſten meynte, und der die Verdor:
benheit des Römiſchen Hofes mit einer den Römern
höchſt ärgerlichen Offenherzigkeit eingeſtand, fan:
den in der höchſten Laſterhaftigkeit der Glieder und
Diener der Kirche, und in der höchſten Uebertrie:
benheit aller ſeit Jahrhunderten eingeſchlichenen Miß:
bräuche unüberſteigliche Hinderniſſe h).

Wenn mein Zweck es verlangte, die nachher
entworfenen Sittengemählde der Europäiſchen Völ:
ker über das ſechszehnte Jahrhundert hinaus zu
führen; ſo würde ich in Teutſchland in den Jam:
merſcenen und Zügelloſigkeiten des dreyſſigjährigen
Krieges, und in dem Maitreſſen: und Vizirregi:
ment zu unſrer Väter Zeiten: in Frankreich in der
Miniſterſchaft des Cardinals **Richelieu,** in der
Geſchichte der Fronde, und der Regierung **Lude:**
wigs des XIV., des XV, und des Herzogs **von**
Orleans: in England in der Regierung **Carls**
II., und in Spanien faſt in den Regierungen aller
Könige Data genug zu dem Beweiſe finden: daß
auch die Sitten im letzten Jahrhundert, und in
der erſten Hälfte des gegenwärtigen noch viel ver:
dorbener, als jetzo waren. Allein ich gehe nicht
über

h) beſ. p. 21. der Hiſt. du Concile de Trente p. P.
Sarpi.

über das Ziel hinaus, welches ich mir selbst vor-
gesteckt hatte, theils weil der Zustand der Sitten
im siebenzehnten und achtzehnten Jahrhundert aus
allgemein gelesenen Schriften einen jeden unterrichteten Leser bekannt ist, am meisten aber deswegen,
weil es mir genug ist, auf eine, wie ich glaube,
überzeugende Art dargethan zu haben, daß die Unwissenheit und der Aberglaube des Mittelalters
der Tugend und Glückseligkeit der Europäischen
Völker nicht günstig, und daß keine Lobsprüche
jemahls ungegründeter waren, als diejenigen, welche man den Sitten der Europäischen Völker in
den Jahrhunderten der Barbarey gegeben hat.

Wer die Reihe der von mir aufgestellten Schilderungen mit einiger Aufmerksamkeit betrachtet hat,
der kann unmöglich läugnen: daß unter den Fürsten
unserer Zeit keiner den Willen, und noch viel weniger
das Herz hat, mit dem Vermögen, und Leben, mit
der Freyheit und Ehre seiner Unterthanen so frevent-
lich zu spielen, als der bei weitem größte Theil ihrer
erlauchten Vorfahren that: daß Meuchelmord, unsinnige Spielsucht, bübischer oder grausamer Muthwille, schaamlose Ueppigkeit, und knechtische Schmeicheley und Unterwürfigkeit ganz oder fast ganz von
allen Höfen verschwunden sind: daß weder Richter,
noch Hofleute sich jetzt zu solchen Beraubungen
und

und Morden brauchen laſſen, wie noch im 16.
Jahrhundert geſchah: daß die hohe und niedre
Geiſtlichkeit ſelbſt in katholiſchen Ländern nicht nur
ohne Vergleichung aufgeklärter als vor der Refor‑
mation, ſondern auch faſt allgemein untadelich
von Wandel iſt: daß in den Städten ſowohl, als
auf dem Lande mehr Sicherheit, Reinlichkeit und
Ordnung herrſcht: daß Kriege mit mehr Menſch‑
lichkeit geführt, und ſelbſt Feinde, die man mit den
Waffen in der Hand gefangen nimmt, großmü‑
thiger behandelt werden: daß die Geringern nicht
mehr von den Mächtigen willkührlich gedrückt, Weiber
und Töchter nicht mehr ungeſtraft geſchändet, die
Güter von Wittwen und Waiſen, ſo wie von
Gemeinheiten gewiſſenhafter verwaltet: daß end‑
lich alle öffentliche und häusliche Luſtbarkeiten mit
viel mehr Mäſſigkeit, und Anſtand gefeiert, und
in Kleidung und Putz viel mehr Ehrbarkeit und
Einfalt beobachtet werden, als in den Zeiten un‑
ſerer Vorfahren, wo Bordelle und gemeinſchaftli‑
che Bäder beider Geſchlechter in allen Städten ge‑
duldet waren, und viehiſche Völlerey und Gefräſſig‑
keit, rohe und ſehr oft tödliche Zänkereyen und
Schlägereyen, und die frechſten Beleidigungen
von Zucht und Ehrbarkeit die gewöhnlichen Begleite‑
tinnen von öffentlichen, und häuslichen Feſten waren.

So

So unläugbar es ist, daß die Sitten der Europäischen Völker sich seit dem sechszehnten Jahrhundert gebessert haben; eben so unwidersprechlich ist es, daß die wachsende Aufklärung, und vorzüglich die durch die Reformation hervorgebrachte Vermehrung und Ausbreitung nützlicher Kenntnisse die wahre Ursache der im sechszehnten Jahrhundert vorgegangenen günstigen und grossen Revolution in den Sitten war. Die übermässige Gewalt, welche der Römische Hof an sich gerissen hatte, und aller Klagen und Warnungen ungeachtet auszuüben fortfuhr, und die höchste Sittenverderbniß und die unerträglichen Erpressungen der Geistlichkeit zwangen nicht bloß Männer, dergleichen die Reformatoren waren, sondern Menschen von aller Ständen, Geschlechtern, und Altern, über die wahre Bestimmung der Geistlichkeit, über das wahre Wesen der Religion, und über die Mittel, die Ausartung der einen, und der andern zu heben, nachzudenken. Als **Luther**, **Zwingli**, und **Calvin** sich gegen den schändlichen Ablaßwucher, und gegen das Ansehen des Römischen Hofes zu erheben anfingen, da waren die Gemüther der Europäischen Völker, und besonders der Teutschen schon über ein ganzes Jahrhundert mit ähnlichen Vorstellungen schwanger, und eben deswegen machten

die

Reden und Schriften der Reformatoren des sechs=
zehnten Jahrhunderts einen viel allgemeinern und
tiefern Eindruck, als ähnliche Reden und Schrif=
ten von frühern Wahrheitsfreunden gemacht hatten i).
Auf eine gleiche Art fanden die Rormatoren die Ge=
müther der Zeitgenossen wenigstens in den Ländern,
wo die Reformation durchbrang, vorbereitet, als
sie zu lehren anfingen, daß die ungeheure Men=
ge, und die ungeheuern Reichthümer einer müssi=
gen und Sittenlosen Geistlichkeit der Religion nicht
weniger, als dem Staate geschadet hätten: daß
die Güter dieser müssigen und sittenlosen Geist=
lichkeit zur Errichtung von niedern und hohen
Schulen, zur Belohnung der Lehrer des Volks
und der Jugend, und zur Unterstützung von Ar=
men und Kranken viel zweckmäßiger, als zur fer=
neren Nahrung von sonst unausrottlichen Lastern

ange=

i) Man sehe die oben angef. Zeugnisse des Carbinals
Julian, und des Bischofs Philipp von Speier.
Man sehe ferner die Schilderung der Kirche vor
der Reformation aus einer Schutzschrift von Me=
lanchton, in Seckendorfs Hist. Luth. III. p. 439.
Si quis negat, talem fuisse ecclesiarum statum,
non solum testimoniis optimorum virorum refutari
potest, sed etiam libris monachorum, qui adhuc
exstant, et perspicuum signum est, quod nunquam
tot Jones et graves viri in Germania favissent ini-
tiis renascentis doctrinae purioris, nisi judicassent,
ecclesiae opus esse emendatione. Favebant autem
omnes, qui non erant palam Epicurei.

X

angewendet werden könnten: daß eine erzwungene
Ehelosigkeit wider alle göttliche und menschliche
Gesetze, und daß eine keusche Ehe viel gottgefälli-
ger sey, als die unerfüllten Gelübde der bisherigen
Geistlichkeit, welche alle Städte und Länder mit
Ehebrüchen, mit Hurerey und selbst mit unnatürlichen Sünden befleckt und erfüllt hätten k): daß
die ächte Frömmigkeit und Tugend nicht in den
so genannten guten Werken, das heißt, in einem
sinnlosen Herplappern oder Absingen von Gebeten,
in Fasten, und Wallfahrten, in Berührungen oder
Verehrungen von Bildern und Heiligen, oder deren
Reliquien, nicht in der Beschenkung von Clöstern
und Kirchen, sondern in einer richtigen Erkenntniß Gottes und der Religion, und in einem unsträflichen und gemeinnützigen Wandel bestehe; daß
man weder das Verdienst von wahrhaft guten
Werken einkaufen, noch die Schuld der einzig bösen Werke abkaufen, und daß den Sünder nichts
gegen die angedrohten göttlichen Strafen, oder
die unvermeidlichen Folgen seiner bösen Handlungen schützen könne, als aufrichtige Reue, und
Besserung des Lebens: daß endlich der gütige und

gerech-

k) Man sehe ausser dem vorher angef. Gemählde
Melanchtons die treffliche Schilderung des My-
conius im Seckendorf I. p. 4.

gerechte Gott allen seinen vernünftigen Geschöpfen
zugänglich, aber auch zugleich unbestechlich sey:
daß es gar keine Fürsprecher brauche, um seine
Wünsche und Gebete vor den Thron Gottes zu
bringen: daß Gott aber auch einem Jeden nach
seinen Werken vergelte, und daß man also aller
Andachtsübungen, aller Seelmessen, und frommen
Stiftungen oder Schenkungen ungeachtet gar nicht
hoffen dürfe, in diesem oder einem andern Leben
den Lohn der Frömmigkeit und Tugend zu erhal=
ten, wenn man nicht fromm und tugendhaft ge=
wesen sey. — Diese Grundlehren der reinen Got=
teserkenntniß und Moral waren es, welche die
Reformatoren, und deren würdige Nachfolger durch
die Uebersetzungen der heiligen Schriften, durch
Katechismen, Predigten, Postillen, und andere
Lehr= und Andachtsbücher, durch den Unterricht
der Jugend und des Volks in Kirchen und Schu=
len, und selbst durch ihre Streitschriften über alle
Stände, Geschlechter und Alter in einem grossen
Theile von Europa verbreiteten, und womit sie so=
wohl die charakteristische Aufklärung der letzten Jahr=
hunderte anfingen, als bewundernswürdige Verän=
derungen in den Verfassungen und in den Sitten
der Europäischen Völker hervorbrachten, oder we=
nigstens vorbereiteten.

X 2 Durch

Durch die Aufhebung der Stifter und Clöster, und ihres ganzen Gefolges von Seelmessen, und Opfern, von Gnadenörtern, Wallfahrten und Um= gängen, von Heiligen, Bildern, Reliquien, und unzähligen andern geweihten Dingen, von Brüder= schaften, Schwesterschaften, und häufigen aus= gelassenen Festen, von Ohrenbeichte, Ablaß, und Fasten, von Kauf und Verkauf guter Werke räum= te man nicht bloß die vornehmsten Urheber und Ursachen des bisherigen Aberglaubens, sondern auch der bisherigen Sittenverderbniß weg, indem die zahllose in Unwissenheit, Schwelgerey, Ueppigkeit und betrügerische Ränke versunkene Geistlichkeit die Layen von der Erkenntniß und Verehrung des wahren Gottes ableitete, zu falschen Göttern hin= führte, alle Begriffe von Tugend und Laster ver= wirrte, alle Laster und Verbrechen unter leichten Bedingungen erlaubte, und unter eben so leichten Bedingungen von allen Pflichten und Tugenden loszählte, das Gewissen der Lasterhaften einschlä= ferte, und überdem der Unschuld und ehelichen Treue allenthalben nachstellte, Hohe und Niedere durch tausendfältige Kunstgriffe beraubte, und besonders die untern Volksclassen in Armuth, Liederlichkeit, und Müssiggang stürzte. Mit eben der Hand, wo= mit die Reformatoren die Wurzel des Bösen aus=

rif=

riſſen, ſtreuten ſie reichen Saamen des Guten, oder
der Wahrheit und Tugend aus. Auf ihre Bitten
und Vorſtellungen wendeten Fürſten und Staaten
die eingezogenen Güter von Stiftern und Clöſtern
zur Errichtung von hohen und niedern Schulen,
und zur Belohnung von Volkslehrern an 1). Die
meiſten Reformatoren hatten die Freude, einen
Theil der ſegenvollen Wirkungen der verbeſſerten
alten, (oder der ganz neu angelegten Schulen zu
ſehen. Ew. Fürſtl. Gnaden, ſchrieb **Luther** an
den Churfürſten von Sachſen, können ſich rühmen,
mehr und beſſere Jugend= und Volkslehrer in ih=
ren Ländern zu haben, als irgend ein anderes
Reich aufweiſen kann. Das zarte Alter von Kna=
ben und Mädchen wird jetzt in der Kenntniß der
heiligen Schrift und im Katechismus ſo vortrefflich
unterrichtet, daß ich die innigſte Seelenwonne em=
pfinde, wenn ich wahrnehme, daß kleine Kinder
jetzt mehr von Gott und **Chriſtus** wiſſen, als
zur Zeit des Pabſtthums ganze Clöſter und Schu=
len m). Auf den höhern Schulen, ſowohl den

X 3 Gym=

1) Seckendorf l. c. II. 154 III. 263. 454. 501. 578.
m) Seckendorf II. 154. Adoleſcit nunc tenera aetas
  puerorum et puellarum in Catecheſi et Sacrae Scrip-
  turae cognitione adeo bene inſtructa, ut ſingulari
  voluptate in meo corde afficiar, cum video, jam
  teneros puellos plus diſcere, credere, et loqui
  poſſe

Gymnaſien als Akademien unterrichtete man die
Jugend nicht nur in dem Leſen und Auslegen der
heiligen Schrift, ſondern auch in Sprachen und
in der alten Litteratur, welche' von den meiſten
Schulen der Altgläubigen verbannt waren n).
Man hielt die Schüler in einer beſſern Zucht, als
welcher die ſogenannten groſſen Bacchanten oder die
fahrenden Schüler unterworfen waren, die im Lande
umherzogen, und bey dem ſchändlichſten Leben das
arme Volk durch Teufelsbannen, und andere magi=
ſche Künſte hintergingen o). Vor der Reformation
erhielt das Volk eben ſo wenig, als die geringere
Jugend einen bildenden Unterricht. Die Biſchöfe
beſorgten ihre weltlichen Geſchäffte, oder verzehr=
ten ihre Einkünfte, oder ſegneten höchſtens Kirchen
und Capellen, Glocken und Geiſtliche ein, allein
ſie lehrten nicht, nachdem die Mönche durch päbſt=

liche

poſſe de deo et chriſto, quam olim et adhuc omnia collegia, monaſteria, ac ſcholae in papatu
ſciverunt, et adhuc ſciunt.

n) III. 501.

o) Circumvagari enim ſolitos eſſe teſtatur ſcholares,
(magnos bacchantes vocat) . . . qui veritas for-
mulas exorciſandi diabolum et ſerpentes, item
ſalis conſecrationem, vecturas in pallio, alias-
que incantationes homines docuerint, practeres
turpiſſime vixerint, donec tandem ſacerdotes miſ-
ſatici facti, licet non niſi ciſiojanum, (faſtos ec-
cleſiaſticos) didicerint, Miſſasque legere, et hym-
nos cantare utcunque noverint, interim in impie-
tate illa ſua . . . perſtiterint. ib.

liche Vergünstigungen sich des Lehramts fast aus=
schliessend bemächtigt hatten p). Fahrende Mönche,
denen es allein um Almosen zu thun war, unter=
hielten ihre Zuhörer entweder mit den Wundern
von Heiligen, oder mit lustigen oder gottesläster=
lichen Schwänken q). Nach der Reformation ord=
nete man allenthalben Volkslehrer an, die ihre
Gemeinen in den vornehmsten Wahrheiten der Re=
ligion durch Predigten und Katechisationen unterrich=
ten musten: und wenn die ersten Protestantischen
Pfarrer auch nicht alle gelehrte und unsträfliche
Männer waren, welches man wegen der Beschaf=
fenheit der vorhergehenden Zeiten unmöglich erwar=
ten kann; so waren sie doch den fahrenden Geist=
lichen, in deren Stelle sie eintraten, unendlich
vorzuziehen.

Außer der Abschaffung von vielen verderblichen
Mißbräuchen, und dem verbesserten Unterricht der
Jugend und des Volks wirkte zuletzt noch die stren=
ge Sitten= und Kirchenzucht, welche die Reforma=
toren einführten, sehr mächtig auf die Reinigung

X 4　　　der

---

p) Seckend. l. c. und Sarpi I. 154.

q) ib. Proben der Scheusale mönchischer Albernheiten,
Possen und Blasphemien, welche berühmte Canzel=
redner des Mittelalters von heiliger Stätte vortru=
gen, findet man in Henry Etienne Apologie pour
Herodote gesammelt.

entfagten r), und an den zur Ruhe und Erhoh:
lung beſtimmten Tagen ihre einzige Freude in den
öffentlichen, oder häuslichen Andachtsübungen fan:
den. Die verbeſſerten Kenntniſſe und Sitten
vermehrten in den Proteſtantiſchen Ländern den
Fleiß, und die Betriebſamkeit: der vermehrte
Fleiß erhöhte den allgemeinen Wohlſtand, und der
wachſende Wohlſtand wirkte wieder auf die ſtets
fortſchreitende Aufklärung, und Milderung oder
Reinigung der Sitten zurück. Die Schriften,
Geſeße, und Einrichtungen der Proteſtantiſchen
Länder wurden allmählig Muſter für die Katholi:
ſchen, und die Reformation trug alſo auch ſehr
viel zur Aufklärung und Sittenbeſſerung ſolcher
Völker bey, unter welchen geiſtliche, oder weltli:
che Fürſten die Annahme der reinern Lehre mit
Gewalt gehindert hatten.

Eine der wohlthätigſten Wirkungen der durch
die angefangene Aufklärung veranlaßten Reforma:
tion, und der durch die Reformation wiederum
vermehrten Aufklärung iſt die Veredelung, und
günſtigere Richtung der Tugend der Mildthätigkeit.
Vor der Kirchenverbeſſerung gehörte Mildthätigkeit

freV:

r) Man ſehe unter andern über die ſtrengen Sitten:
mandate, die in der Schweiz gegeben wurden, die
Schriften des Herrn von Bonſtetten. Zürch 1793.
S. 108.

freylich auch zu den guten Werken von Christen.
Man setzte sie aber vorzüglich in reiche Vergabun=
gen oder Vermächtnisse an Kirchen und Clöster,
weil man glaubte, daß dadurch Sünden am kräf=
tigsten gebüßt, und die Gnade der Gottheit, oder
der Schutz von Heiligen am sichersten erkauft werde.
Durch solche Vergabungen und Vermächtnisse wur=
den meistens nicht nur die natürlichen Erben ge=
kränkt, sondern zugleich die Sittenverderbniß der
ausgearteten Geistlichkeit genährt und vermehrt;
und wenn auch Kirchen und Clöster wieder einen
grossen Theil ihrer Einkünfte auf Allmosen ver=
wendeten, so wurde dadurch nicht so wohl das
Elend des wahrhaftigen und unverschuldeten Ar=
men erleichtert, als vielmehr der Müssigang und
andere Laster von liederlichen Bettlern befördert.
Durch die Aufhebung von Clöstern und Stiftern
hörte der unnatürliche Zufluß von Schätzen aus
der erwerbenden Hand in die todte auf, und mil=
de Gaben und Stiftungen erreichten vielmehr,
als vormahls, den Zweck, welchen sie erfüllen
sollten. Unserm Jahrhundert aber gebührt fast
ganz allein die Ehre, daß Krankenhäuser, Wai=
sen= und Findelhäuser, daß Werk= und Zuchthäu=
ser, daß endlich das ganze Armen= und Medici=
nalwesen eine solche Einrichtung erhalten hat, daß
daburch

ſchlieſſung von Krieg und Frieden, und die Be=
willigung von Abgaben, oder andern öffentlichen
Leiſtungen ab.   Die Könige waren die oberſten
Anführer im Kriege, und die oberſten Richter im
Frieden.   Sie ertheilten alle hohe weltliche und
geiſtliche Würden, und ernannten alſo Biſchöfe,
Grafen und Herzöge.   Sie beſaſſen auſſer ſehr
groſſen Tafelgütern die Einkünfte von Zöllen, und
den Tribut der überwundenen Unterthanen.   Auch
erhielten ſie an den öffentlichen Zuſammenkünften
des Volks, in welchen ſie den Vorſitz führten,
beträchtliche freywillige Geſchenke.   Dieſe Periode
dauerte im Fränkiſchen Reiche ohngefähr bis in
die Mitte des neunten Jahrhunderts, und in dem
von Frankreich abgeſonderten Teutſchen Reiche bis
gegen das Ende des eilften, und in den Anfang
des zwölften Jahrhunderts fort.   Alle Reiche und
groſſe Fürſtenthümer, die nach der Unterdrückung
des Standes der Freyen geſtiftet wurden, erfuh=
ren die jetzt erwähnte Periode nicht.

In der zweiten Periode der Verfaſſungen der groſ=
ſen Europäiſchen Völker verſchwanden die Freyen oder
Gemeinen als ein beſonderer Stand, oder Hauptbe=
ſtandtheil der Nationen. Die Biſchöfe und Prälaten
wurden von den Capiteln, oder von den Päbſten
gewählt, und von der weltlichen Macht unabhängig.

Die

Die Würden und Besitzungen der Herzöge, Grafen, und anderer Vasallen waren, oder wurden
erblich, und mit diesen die Gerichtsbarkeit, die
Zölle, und andere Hoheitsrechte, welche sie sonst
im Nahmen der Könige geübt hatten. Die Versammlungen der Geistlichkeit und des hohen Adels
traten in die Stelle oder Rechte der ehemahligen
Versammlungen des ganzen Volks ein: doch nahmen allmählich die Deputirten der beiden höhern
Stände die Abgeordneten der Städte als einen Mit-
stand unter sich auf. Die Könige blieben zwar
allenthalben Oberlehnsherren; allein Gerichtsbarkeit, Zölle und andere Einkünfte, Ernennung von
Magistratspersonen, und das Recht der Aufge-
bots behielten sie nur in den Städten und Ländern,
welche sie selbst oder ihre Vorfahren nicht als erb-
liche Lehen verschenkt hatten. Sehr oft waren
einzelne Vasallen mächtiger, als die Könige. Den
vereinigten Vasallen, oder hohen Baronen konnte
kein König widerstehen. Die Uebermacht des weltlichen Adels drückte Könige, Geistlichkeit, und
das übrige Volk nieder, und würde ohne den kräftigen Wiederstand der allenthalben aufblühenden
Städte den grösten Theil von Europa zu einer Einöde gemacht haben. Die Nachfolger **Wilhelms
des Eroberers** hatten im eilften und zwölften
Jahr-

Jahrhundert eine viel gröſſere Macht, als andere Könige unſers Erdtheils. Im drehzehnten und vierzehnten Jahrhundert aber wurden die Könige von England ihren übrigen königlichen Brüdern gleich. Weil Teutſchland unter den groſſen Reichen allein ein Wahlreich blieb; ſo nahm die Macht der Teutſchen Kaiſer noch immer ab, während daß die Macht der übrigen Könige allmählig wieder zu wachſen anfing.

Die dritte Periode umfaßt diejenigen Zeitalter, in welchen die Könige und groſſen Fürſten eine beynahe unumſchränkte Macht erhielten, nachdem ſie zuerſt den Adel durch die Städte, und dann die Städte durch den Adel geſchwächt hatten. Dieſe Periode fing in den meiſten Reichen und Fürſtenthümern ſchon im funfzehnten Jahrhundert an. Im Anfange dieſer Periode des Despotismus der Könige und groſſen Fürſten erkannte man es noch an, daß Könige und Fürſten kein Recht hätten, willkührlich Auflagen zu machen, und Krieg oder Frieden zu beſchlieſſen. Schon im ſechszehnten Jahrhundert aber wurde die Lehre von unbedingtem Gehorſam, dem göttlichen Urſprunge der königlichen Würde, und der Ungebundenheit der königlichen Gewalt ein allgemeiner Glaubensartikel, und Zwehfel dagegen todes-

tobeswürdige Kezerey. Ungeachtet die Macht der
Könige und Fürsten im sechszehnten, siebenzehnten,
und selbst in dem achtzehnten Jahrhundert durch=
gehends, England ausgenommen, zunahm; so
nahm doch der Mißbrauch dieser Gewalt in dem
vergangenen und gegenwärtigen Jahrhundert all=
mählich ab, und die unumschränktesten Könige der
letztern Jahrhunderte wagten nicht, was ihre viel
mehr gebundenen Vorfahren gewagt hatten.

So verschieden in den verschiedenen Jahr=
hunderten des Mittelalters die Rechte und Ge=
walt der Fürsten, der Völker und der verschiede=
nen Stände waren; so herrschten doch fast durch
das ganze Mittelalter dieselben verderblichen Miß=
bräuche, und der Zustand der Nationen war bey=
nahe immer derselbe, ausgenommen, daß vom
zehnten und eilften Jahrhunderte an, nachdem die
Einfälle der Ungarn, der Sarazenen, der Wenden
und der Normänner aufgehört hatten, in allen
von teutschen Völkern bewohnten, oder besetzten
Reichen Ackerbau, Gewerbe, Handel, und selbst
Künste und Wissenschaften allmählich in den einen
schneller, und stärker, in den andern langsamer
und schwächer vermehrt wurden: welches man ganz
allein den grossen Städten, diesen Zufluchtsörtern
gegen fürstlichen und aristrokratischen Despotismus

Y ver

verdanken muß. Sonst aber dauerte durch das
ganze Mittelalter der Kampf der geistlichen und
weltlichen Macht, so wie der Kampf der Fürsten,
der Geistlichkeit, des Adels, und der Städte
mit einander fort. Alle Reiche, Länder und Städte
waren durch wüthende Factionen zerrissen, unter
welchen die triumphirenden stets ihren Sieg mit
Feuer und Schwert verfolgten. Jahrhunderte
lang suchte Teutschland, Italien, England Frank=
reich, Frankreich Italien, und die ganze Christen=
heit das gelobte Land zu unterjochen: durch welche
unsinnige Eroberungskriege Millionen von Geld,
und Millionen von Menschen verlohren gingen,
und die blühendsten Länder verwüstet wurden. In
allen Jahrhunderten blieben die Unwissenheit,
Schwäche, oder Gewaltthätigkeit der Fürsten,
die Raubgier ihrer Finanzbedienten, die Bestech=
lichkeit ihrer Richter, und die Erpressungen ihrer
Heerführer und Söldner dieselben, und eben so un=
veränderlich und unausrottlich waren die Schaaren
von Räubern, die in Bergfesten und Wäldern, auf
Meeren und Flüssen, und selbst in den grossen Städ=
ten dem Leben und Eigenthum anderer nachstellten.
Aus diesen Kriegen aller Völker und Stände gegen
einander, und den damit verbundenen Erwürgun=
gen, Mordbrennereyen, und Verheerungen von
Fel=

dern, Gärten und Weinbergen entstanden aufſer
den fürchterlichſten Verſchwörungen und Revolu=
tionen häufige Hungersnöthe und Seuchen, wo=
durch die Unglücklichen, welche fremde oder ein=
heimiſche Gewaltthätigkeiten und Kriege übrig ge=
laſſen hatten, bey Hunderttauſenden weggerafft
wurden. Die wichtigſten unter den angeführten
Merkmahlen der Veſſaſſungen des Mittelalters
verdienen eine genauere Erläuterung. Wenn man
bey der Schilderung der Verfaſſung des Mittelal=
ters nicht die Geſchichtſchreiber faſt aller Europäi=
ſchen Völker in einen mühſeligen, und doch un=
intereſſanten Auszug bringen will; ſo muß man
nothwendig die ſorgfältigſte Auswahl von Datis
treffen: und bey einer ſolchen Auswahl, die ein
jeder nur nach Maaßgabe ſeiner Lectür und ſei=
ner Unterſuchungen machen kann, darf man es
daher nicht als Unvollſtändigkeit anſehen, wenn
man nicht alles findet, was ein jeder Leſer hinein
gewünſcht, oder hinein gebracht hätte.

Zu den vornehmſten Urhebern der Verwirrung,
und des Elendes der Nationen des Mittelalters
gehören die Könige und großen Fürſten. Man
würde den Beherrſchern des Mittelalters Unrecht
thun, wenn man ſagen wollte, daß es ihnen im
Durchſchnitte an den Fähigkeiten und Kenntniſſen

ge

fehlt habe, die zu guten und groſſen Regenten
erforderlich ſind. Wenn diejenigen den Nahmen
von groſſen Männern verdienen, die mit unge-
wöhnlichen angebohrnen und erworbenen Vor-
zügen des Körpers einen durchdringenden Verſtand,
einen auſſerordentlichen Muth, und eine gleiche
ausdauernde Beharrlichkeit in ihren Entwürfen
verbinden; ſo glaube ich, daß die Jahrhunderte
des Mittelalters unter den Königen und Fürſten
viel mehr groſſe Männer hervorgebracht haben,
als wir in einem gleichen Zeitraum, von dem Anfange des ſechszehnten Jahrhunderts angerechnet,
zählen oder erwarten können. Die Könige und
Fürſten des Mittelalters wußten es auch ſehr gut,
daß es Unrecht ſey, über das Leben, die Freyheit,
die Ehre und das Vermögen ihrer Unterthanen
willkührlich zu ſchalten; und wenn ihre Lehrer und
Erzieher, oder ihr eigener Verſtand es ihnen auch
nicht geſagt hätten, ſo würden es ihnen die Ca-
pitulationen, welche ſie beſchwören, die Privilegien von Landſchaften, Städten und Ständen,
welche ſie erneuern und beſtätigen, und die lauten
Klagen der Stände, welche ſie anhören mußten,
hinlänglich bekannt gemacht haben. Nichts deſto
weniger machten geſetzwidrige Verurtheilungen, unerlaubte Erpreſſungen, ſchändliche Verfälſchungen
von

von Münzen, und der verderbliche Verkauf von
Aemtern oder Monopolien und Privilegien die
Grundzüge der Regierung faſt aller Fürſten des
Mittelalters aus, und man kann vielleicht in dem
ganzen Jahrtauſende, welches das Mittelalter in ſich
begreift, nicht ſo viele oder nicht viel mehr wahrhaftig gute Regenten, als Jahrhunderte zählen: das
heißt ſolche Regenten, welche aus innerer Ueberzeugung, und aus angebohrner Güte des Herzens
die einfachen Grundſätze ſtandhaft ausgeübt hätten,
worauf von jeher die Verfaſſungen aller Germaniſchen Völker gegründet waren. Ueppigkeit,
Schwelgerey, Prachtliebe, Verſchwendung, Habſucht, oder ungemeſſene Eroberungsſucht machten faſt
alle Könige zu Tyrannen, oder zu Werkzeugen der
Tyranney derjenigen, von welchen ſie umgeben, und
regiert wurden. Nur einige wenige bekannten und
handelten nach dem Bekenntniſſe: daß die Völker
nicht zur Befriedigung königlicher Lüſte und Laſter,
ſondern die Könige zur Wohlfahrt der Völker be-
ſtimmt ſeyen: daß ſie alſo als Väter des Volks
Recht und Gerechtigkeit handhaben, das Leben und
Eigenthum von Unſchuldigen ſchonen, und Ackerbau, Gewerbe, Handel, und nützliche Kenntniſſe
befördern müßten, ohne einzelne Perſonen und
Stände auf Unkoſten der Uebrigen zu begünſtigen.

Y 3   Schon

Schon die erſten Merovingiſchen Könige maaß=
-ten ſich das Recht an, Hohe und Niedrige ohne
Verhör einkerkern, foltern, verſtümmeln, und
hinrichten zu laſſen, nicht nur ihren Lehnsleuten,
ſondern auch den Angeſehenſten ihrer Unterthanen
Söhne und Töchter zu rauben, willführliche Ab=
gaben und Dienſte ſelbſt von den freyen Franken
zu fordern, und wenn ſie es gut fänden, den Layen
wie der Kirche ihre Güter zu nehmen. Dieſelben
Anmaaßungen machten die Königinnen, die König=
lichen Hofleute, die Grafen und Herzöge, die
Biſchöfe und alle übrige Mächtige, indem jeder,
welcher Gewalt in Händen hatte, eben das thun
zu dürfen glaubte, was die Könige ſich erlaubten.
Bey einer ſo groſſen Menge von Tyrannen und
Räubern waren weder Franken, noch Römer ihres
Lebens, ihres Eigenthums, ihrer Freyheit und
ihrer Kinder ſicher. Gregor von Tours beweißt
es auf allen Seiten, daß die Anarchie, oder der
Krieg Aller gegen Alle, und die daher entſtehende
Unſicherheit, die das ganze Mittelalter durch fort=
dauerte, ſchon unter den Söhnen und Enkeln von
Chlodewig anfingen.

Dieſe Fränkiſchen Könige übten nicht bloß
das tyranniſche Recht, einen Jeden, welchen ſie
wollten, ohne Verhör hinrichten zu laſſen, ſondern
die

die Gesetze eigneten ihnen sogar dies gefährliche
Recht ausdrücklich zu, und nach eben diesen Gesetzen waren diejenigen, welche sich auf königlichen
Befehl zu Henkern hatten brauchen lassen, von
aller Verantwortung und Strafe frey t). Dies
Tyrannenrecht brauchten alle Merovingischen Könige,
so lange sie noch nicht dem Majordomus unterworfen
waren, häufig, und zwar die guten und frommen,
oder dafür gehaltenen eben sowohl, als die von ihren Zeitgenossen gefürchteten und verabscheueten Könige u). Wenn **Chilperich** es nicht der Mühe
werth fand, Personen, welche ihm zu mißfallen das
Unglück hatten, am Leben zu strafen; so ließ er
sie blenden, und er schrieb daher stets an seine
Grafen nnd Richter: wenn jemand meinen Befehlen
nicht gehorcht, so will ich, daß dem Widerspen-
stigen die Augen ausgerissen werden v). Unter
Childebert wurde ein Thürhüter, oder Cämmerer,
den er sehr liebte, auf die einseitige Anklage eines
Neiders ergriffen, und auf das grausamste gefoltert w). Eben dieser König ließ das Haus eines

Y 4   Vor:

t) Lex Bajoar. II. c. 8. Capitul. V. c. 367. du Bos
III. 536. 537.

u) Beyspiele von **Chilperich** Greg. Tur VI. 46. von
Childebert VIII. II. 36. IX. 39. von **Gunthram**
X. 10. **Childerich** X. 21.

v) VI. 46.   w) VIII. II.

Vornehmen, der ihm verhaßt war, von seinen
Trabanten umzingeln, den Besitzer kurz und gut ab:
thun, und sein Vermögen einziehen. x). Derselbige
König schickte einem vornehmen Franken **Magno:**
valdus den Befehl, daß er unverzüglich an den Hof
kommen solle. Der Franke gehorchte und fand den
König in Metz, als er gerade einem Thiergefechte
zusah. **Magnovaldus** lachte aus vollem Halse
über den Kampf der Thiere, als der Henker des
Königs herzu trat, und ihn mit einer Streitart
zu Boden schlug. y). Man warf den Erschlagenen
zum Fenster hinaus. Sein Vermögen wurde ge:
plündert, und in den königlichen Fiskus gezogen.
Man erfuhr, sagt **Gregor,** die Ursache des
Todes nicht. Einige glaubten, daß **Magnoval-**
dus vielleicht deswegen gestraft worden sey, weil er
seine erste Frau gemartert und getödtet, und sich dann
die Frau des Bruders beygelegt habe. Die übri:
gen Beyspiele von despotischer Eigenmacht im
Stafen kann man an den angeführten Stellen nach:
lesen. Keiner wird an dem Willen, und der Macht
von Königen zweifeln, wenn er liest, was Köni:
ginnen, Herzöge, Grafen, Marschälle, Kämmerer,
und noch geringere Bedienten von Königen oder
Königinnen, ja was selbst Bischöfe gewagt haben.

Der

x) ib.   y) VIII. 36.

Der Königinn **Fredegunde** war es nicht genug, die Kinder ihres Gemahls **Chilperich** aus
der Welt zu schaffen. Sie ließ auch alle Diener,
Anhänger, und andere Personen, die demselben
theuer gewesen waren, entweder rädern, oder
spießen, oder verbrennen, oder auf andere grausame Arten hinrichten; und mehrerern von diesen
Unglücklichen wurden vor dem Tode Hände und
Füße, Nasen und Ohren abgehauen, oder abge-
schnitten z). **Chilperich** begnadigte einen vornehmen Franken, **Leudastis,** warnte ihn aber zu
gleicher Zeit, daß er sich vor seiner Gemahlinn in
Acht nehmen müsse, weil diese noch sehr wider
ihn aufgebracht sey. Als **Leudast** sich der **Fredegunde** zu Füßen warf, brach diese in Thränen
der Wuth aus, und ließ ihn gleich nachher von
ihren Trabanten verfolgen, von welchen er auch
schwer verwundet zurückgebracht wurde. Der König befahl, daß **Leudast** von seinen Wunden ge-
heilt werden sollte. Da aber **Fredegunde** fürchtete,
daß der Gefangene an den Wunden sterben möchte, so ließ sie dem todtkranken Mann einen ungeheuren Kloß a) auf den Hals setzen, und durch
Schläge auf diesen Kloß vom Leben bringen.

Y 5   Nach

z) Gregor. Turon. V. 18. 39.

a) positoque ad cervicem ejus vecte immenso, Greg.
Tur. VI. 32.

Nach dem Tode eines geliebten Kindes hörte die
Königinn, und fing an zu glauben, daß das
Kind durch allerley Zauberwerk getödtet worden,
und daß der Präfectus **Mummolus**, welchem
sie schon lange nicht gewogen war, Theil an dieser Missethat gehabt habe. Um auf den Grund
der Sache zu kommen, ließ sie viele Weiber in
Paris auf das schrecklichste foltern, und diejenigen, welche gestanden, daß sie dem **Mummolus**
Zaubertränke gegeben hätten, rädern oder verbrennen und spießen. Von allen diesen blutigen
Hinrichtungen, und den Aussagen der Gemarter-
ten erfuhr der König nicht eher etwas, als da
Fredegunde mit ihm in Compiegne anlangte.
Hier klagte die Königinn den **Mummolus** wegen
verübter Zauberey an. **Mummolus** wurde ergriffen, und wie der gemeinste Missethäter gefoltert b). Er gestand weiter nichts, als daß er sich
Tränke habe geben lassen, um die Gnade des Königs und der Königinn zu erhalten. **Chilperich**
schenkte ihm das Leben, da der Würger der Königinn das Schwert schon aufgehoben hatte.
Selbst **Chilperich** nahm aber dem unschuldigen
Mann sein ganzes Vermögen, und ließ ihn auf
einem schlechten Karren in seinen Geburtsort zu-
rück-

b) Die umständliche Beschreibung dieser Folter ist
merkwürdig. VI. 35.

rückbringen, wo er bald an den Folgen der aus=
gestandenen Marter seinen Geist aufgab.

Zur Zeit der Königinn **Fredegunde** entstand
in Tournay eine Fehde zwischen den in dieser
Stadt wohnenden vornehmen Franken, von denen,
nach **Gregors** Ausdrucke, keiner übrig blieb, für
welchen man einen Mörder hatte finden können.
Die Königinn gab sich alle ersinnliche Mühe, die
streitenden Parteyen mit einander auszusöhnen.
Da alle ihre Versuche fruchtlos waren, so nahm
sie ihre Zuflucht zur Streitaxt. Sie ließ die
Häupter der Factionen in ihren Pallast einladen,
gab ihnen ein prächtiges Mahl, und bestellte Hen=
ker, welche die berauschten Rädelsführer an ihrer
eigenen Tafel niederhauen musten c).

Die Grafen und Hofleute der Merovingischen
Könige traten in die Fußstapfen ihrer Beherrscher
und Beherrscherinnen. Nach einigen Unruhen,
die durch neue und unmäßige Auflagen veranlaßt
worden waren, schickte **Chilperich** Personen von
seiner Seite in die Provinzen, um die Empörer
zu züchtigen. Diese Abgeordneten thaten den
Einwohnern nach **Gregor's** Zeugniß unermeßli=
chen Schaden. Sie ließen nach Gutdünken rau=
ben, foltern, und hinrichten. Selbst Priester
und

c) ib. X. 26.

und Aebte wurden nicht verschont. Man band
sie an Pfähle, und marterte sie, weil sie das
Volk sollten aufgewiegelt haben d).

Unter der Regierung eben dieses Königs such=
te ein Graf Nantinus den Tod seines Oheims
zu rächen, der seine gräfliche Würde gegen ein
Bisthum vertauscht hatte, und als Bischof von
seinen Feinden vergiftet worden war. Nachdem
Nantinus schon mehrere verdächtige Personen
von weltlichem Stande hingerichtet hatte; so fing
er an, die Güter des Nachfolgers seines Oheims
zu verheeren, und die Geistlichen desselben zu be=
kriegen. Unter andern ließ er einen Geistlichen
an einen Pfahl binden, und durchbohrte ihn, da
er nicht bekennen wollte, mit einer Lanze, daß
er auf der Stelle starb. Dem Mörder geschah
nichts, da er sich vor dem Bischofe demüthigte,
und den angethanen Schaden zu vergüten ver=
sprach. e).

Bischöfe, Aebte, und andere geistliche Perso=
nen waren unter den Merovingischen Königen fast
die einzigen, über welche auch die eigenmächtigsten
Despoten ordentliches Gericht halten, und welche
sie von ihres Gleichen nach den Gesetzen verur=
theilen, oder freysprechen ließen. f). Die Grafen
hin=

d) V. c. 28.　　　e) ib. V. 36.
f) Man sehe Gregor. V. 49. VIII. 20. X. 15. 18.

hingegen kehrten sich an diese Mäßigung oder
Gerechtigkeit der Könige nicht. Vielmehr griffen
sie Geistliche und Layen ohne Unterschied an. Ein
Graf **Innocentius** klagte den Abt **Lugentius**
vor der Königinn **Brunehild** an, daß er schänd=
liche Dinge von derselben gesagt habe. Der Abt
wurde vorgefordert, scharf untersucht, und frey
gesprochen, da man die vorgebrachten Beschuldi=
gungen nicht hatte beweisen können. Dies ver=
droß den Grafen so sehr, daß er den Abt ver=
folgte, und als einen Missethäter folterte. Nach
der Folter entließ er seinen Widersacher, fand aber
bald nachher seine Rache unbefriedigt, holte ihn
nochmals ein, und tödtete ihn. Der in einem
Sack gesteckte Kopf, und der mit einem Stein
eingesenkte Leichnam wurden auf eine wunderbare
Art wiedergefunden. **Gregor** sagt nichts davon,
daß der Frevel des Grafen bestraft worden. g).
Grafen und andere königliche Bediente brachten
unschuldige Personen so häufig und ungestraft um,
daß **Gregor** solche Missethaten entweder als ge=
wöhnliche Begebenheiten erzählt, die gar keinen
Eindruck auf ihn und seine Zeitgenossen machten,
oder es auch nicht der Mühe werth findet, davon
zu

g) VI. 36.

zu reden, weil es zu langweilig seyn würde. h).

Den Häuptern des Volks waren die Häupter der Kirche ähnlich. Bischöfe und Aebte mordeten und folterten gleich den Königen und Grafen. Ein Bischof **Cautinus** ließ einen Presbyter **Ana-staſius** in ein mit einem verweſenden Leichname angefülltes Grabmahl einſchlieſſen, weil er ihm ein gewiſſes Gut nicht abtreten wollte; und die Trunkenheit der Wächter war allein Urſache, daß der Presbyter dem ſchrecklichſten Hungertode ent-ging. i). Ein Abt **Dagulphus** verübte viele Räubereyen und Todtſchläge, und wälzte ſich überdem in Ehebrüchen umher. Einer ſeiner Nachbaren, deſſen Weib er verführt hatte, warnte ihn, ſich in Acht zu nehmen, weil er ihn ſonſt abſtrafen werde. Der Abt ſuchte den beſchwerli-chen Ehemann in ſein Kloſter zu locken, und um-zubringen. Dieſer hütete ſich aber vor den Nach-ſtellungen des Geiſtlichen, und traf ihn endlich in ſeinem eigenen Hauſe auf friſcher Miſſethat an. Der Abt und die Ehebrecherinn hatten ſich beide berauſcht, und ruhten unbekümmert auf demſelbi-gen Lager, als der Herr des Hauſes heimlich her-zukam,

h) Man ſehe z. B. X. 8. wo er von den Morden eines Grafen Eulalius redet. Et alia multa mala fecit, quae enarrare perlongum eſt.

i) IV. 12.

zufam, und beide mit einer Streitart tödtete k).
Ein würdiger Bruder dieses Abts war der Bischof
Badegifilus. Es verging nach **Gregors** Er=
zählung fast kein Augenblick, in welchem er nicht
andere Menschen ausplünderte, oder mißhandelte,
oder gewaffnet und gerüstet auszog, um Nahe
und Ferne zu befehden. Wenn er andere nieder=
trat, oder umbringen wollte; so sagte er: sollte
ich denn deswegen nicht mein Recht vertheidigen,
oder das mir angethane Unrecht ahnden, weil ich
ein Geistlicher bin? In diesen Gewaltthätigkeiten
wurde er durch sein böses Weib bestärkt. Dies
Ungeheuer entmannte oft Männer, oder schnitt
ihnen den Bauch auf, und Weibern stieß sie durch
die Schaam glühende Eisen in den Leib l).

Wo Könige und andere Mächtige das Recht
zu besitzen glauben, ihren Unterthanen nach Gut=
dünken das Leben zu nehmen; da müssen sie sich
auch fast einbilden, daß sie Herren der Freyheit
und des Vermögens der Unterthanen seyen. Der
König **Chram** raubte den vornehmsten Bewohnern

der

k) VIII. 19. Dies dient den Geistlichen, sagt Gre=
gor, zur Warnung, daß sie sich nicht mit frem=
den Weibern beflecken, sondern sich mit solchen be=
gnügen, deren Umgang ihnen nicht zum Ver=
brechen angerechnet werden kann.

l) VIII. 39. Auch hier setzt Gregor hinzu: sed et
multa alia inique gessit, quae tacere melius putavi.

der Städte ihre Kinder, und verkaufte sie an Seeräuber oder Sclavenhändler. m). Als Chilperich seine Tochter nach Spanien schicken wollte, ließ er von den königlichen Lehngütern oder Krongütern viele Familien oder einzelne Personen mit Gewalt wegschleppen, damit sie seine Tochter begleiten möchten; und diese zusammengeraubten Menschen wurden bis zur Abreise der königlichen Braut in Gefängnisse eingesperrt. n). Eben dieser König schrieb neue und unerhörte Schaßungen durch sein ganzes Reich aus. Jeder Eigenthümer sollte von einem Morgen Rebenland einen Eimer Weins entrichten, und überdem noch von andern Ländereyen, so wie von Sclaven Abgaben zahlen, die ganz unerschwinglich waren. o). Er sowohl, als die übrigen Nachkommen Chlodewigs jagten Grafen und Vasallen nicht bloß von ihren Würden, sondern auch von ihren Gütern weg, und eben deßwegen drangen die Franken so früh darauf, daß einem Jeden das Seinige gelassen, und wieder erstattet werden solle. p). Chilperich vergriff sich an den Gütern der Kirche eben so oft, als an denen der Layen. Er warf die Testamente, die zum Besten der Geistlichkeit geschrieben waren, gewöhnlich über den Haufen, und zog
die

m) IV. 13.   n) VI. 451.   o) V. c. 28.   p) IX. 20.

die Legate ein, welche Stiftern und Kirchen bestimmt waren q).

Auch in diesen Gewaltthätigen ahmten die
geistlichen und weltlichen Grossen den Königen
treulich nach. Ein Liebling der Königinn **Frede-
gunde** zwang in Verbindung mit dem Präfectus
Mummolus freye Franken, daß sie gleich den
Unterthanen Schatzung bezahlen musten. Diese
Erpressungen rächten die freyen Franken nach dem
Tode des Königs **Chilperich** mit dem größten
Muth. Sie zündeten die Häuser ihres bisherigen
Bedrückers an, plünderten alle seine Habe, und
würden ihn selbst getödtet haben, wenn er sich
nicht mit der Königinn in eine Kirche geflüchtet
hätte r). Auch gegen die übrigen Günstlinge des
Königs **Chilperich** entstand nach dem Tode des
letztern ein lautes Geschrey. Von Einigen forderte
man Landgüter, von Andern andere Schätze und
Kostbarkeiten zurück, deren man ungerechter Weise
beraubt worden war s). Ein gewisser **Eberul-
phus** hatte in seinen Mißhandlungen, Erwür-
gungen, und Beraubungen von Weltlichen und
Geistlichen alles Ziel und Maaß überschritten.
Unter andern Gewaltthätigkeiten war es ihm ge-
wöhn:

q) VI. 42.   r) VII. 15.   s) ib. c. 19.

Z

wöhnlich gewesen, seine Pferde und Heerden in
die Saaten und Weinberge von Geringen treiben,
und diejenigen, die sich dagegen setzten, wie Knech=
te prügeln, oder verstümmeln zu lassen t). Bo=
bolenus, ein Referendar der Königinn Frede=
gunde nahm gerade zu von Weinbergen Besitz,
die einer vornehmen Wittwe, Dannola gehörten.
Als diese betheuerte, daß sie die Weinberge von
ihrem Vater, dem Bischofe Victorinus geerbt
habe, nnd sich aus ihrem Erbtheil nicht geduldig
verdrängen lassen wollte; so fiel der Räuber mit
bewaffneter Hand über die rechtmässige Eigenthü=
merinn her, und erschlug sie, und den größten
Theil ihrer Bedienten oder Hausgenossen u). Zu
den Zeiten des Bischofs Gregor raubte und würgte
ein gewisser Pelagius in der Stadt Tours Alles,
was ihm in die Augen, oder Hände fiel; und es
war ihm gleichgültig, ob die Güter und Personen,
welche er anpackte, weltliche oder geistliche waren.
Er fürchtete sich vor keiner Obrigkeit, weil die
königlichen Gestüte und Marställe unter seiner Auf=
sicht waren v). Um dieselbige Zeit brach der Her=
zog Beppolenus in Anjou die Thüren und Häu=
ser aller Einwohner auf, und nahm Wein, Ge=
traide,

t). VII. 22.   u) VIII. 32.

v) pro eo, quod jumentorum fiscalium cuſtodes ſub
ejus poteſtate conſiſterent. VIII. 40.

traide, Heu, und was er sonst vorfand, mit Gewalt weg w). Ein Graf **Antestius** nahm den
Bischof **Nonnichius** unter dem Vorwande gefangen, daß sein Sohn in einen Todtschlag verwickelt
gewesen sey, und ließ ihn nicht eher frey, als
bis der Bischof versprach, dem Grafen ein gewis-
ses Gut um einen gewissen Preis zu verkaufen x).
Ein gewisser **Rachingus** raubte so große Reichthümer zusammen, daß man nach seiner Hinrichtung auf seinen verschiedenen Gütern viel mehr
Gold und andere Kostbarkeiten fand, als in dem
öffentlichen Schatze enthalten waren y). Eben
dieser **Rachingus** ließ seine Edelknaben, und
andere Hausgenossen, auf die ausgesuchteste Art
foltern, oder lebendig begraben, wenn sie das
geringste gegen seine Befehle oder Wünsche gethan, oder unterlassen hatten z). **Cuppa**,
vormahliger Marschall des Königs **Chilperich** fing
selbst nach dem Tode seines Herrn an, die Einwohner von Tours zu befehden. Er trieb ihre
Heerden weg, und plünderte ihr Gebiet; wurde
aber von den Bürgern eingeholt, und mit Verlust
zurückgeschlagen. **Childebert** befahl, daß man
ihm den **Cuppa** todt oder lebendig liefern solle.

Z 2 Der

w) VIII. 42.　　x) VIII. 43.　　y) IX. 9.
z) V. 3.

Der Straſſenräuber wurde in's Gefängniß geſteckt,
allein nach einiger Zeit wieder entlaſſen. Bald
nach ſeiner Befreyung rottete er ſich von neuem
mit einigen Spießgeſellen zuſammen, um die Toch=
ter des Biſchofs **Badegiſilus** zu entführen. Auch
dieſer Verſuch mißlang, weil die Mutter der Jung=
frau ſich auf den Anfall des Räubers vorbereitet
hatte a). Mädchenraub war unter den Merovin=
gern eben ſo häufig, als Straſſenraub. Ein Her=
zog **Amalo** verliebte ſich in eine freygeborne Jung=
frau, und ſchickte während des nächſten Rauſches
Einige von ſeinen Edelknechten aus, um das Mäd=
chen zu hohlen. Da ſich die Jungfrau ſträubte,
ſo wurde ſie von den Dienern des Herzogs ſo ge=
mißhandelt, daß ihr die Näſe ! und das Geſicht
bluteten. Weil ſie in ihrer Widerſpenſtigkeit be=
harrte, als man ſie in das Gemach des Herzogs
gebracht hatte; ſo ahmte der Herzog ſeinen Die=
nern nach, ſchlug und ſtieß die Jungfrau ſo lange,
bis ſie ermattete, und fiel dann gleich an ihrer Seite
in einen betäubenden Schlaf. Das gemißhandelte
Mädchen entdeckte ein Schwerdt über dem Haupte des
Schänders ihrer Ehre, ergriff es, und gab dem Herzog
einen tödlichen Hieb. Auf das Geſchrey des Herrn
eilten die Bedienten des Herzogs herbey, und woll=

ten

a) X. 6.

ten die Thäterinn umbringen, als der sterbende
Mädchenräuber befahl, daß man der Jungfrau
schonen sollte, weil sie ihre Keuschheit vertheidigt
habe b). Nonnen waren wegen ihrer Keuschheit
eben so wenig, als die Kirchen wegen ihrer Güter
sicher c).

Schon unter den ersten Nachfolgern also des
Chlodewig durchbrachen die Laster der Könige und
Grossen alle Gesetze der Gerechtigkeit und Billig=
keit, lösten alle Bande einer gutgeordneten bür=
gerlichen Gesellschaft auf, und vernichteten die ersten
und wesentlichsten Wohlthaten gesellschaftlicher Ver=
bindungen: Sicherheit des Lebens, der Freyheit
und des Eigenthums. Wenn auch **Carl der
Grosse** und dessen Vorfahren nicht selbst würgten,
raubten, und unterdrückten; so fuhren doch die
Herzöge, Grafen, Bischöfe und andere Mächtige
in ihren Gewaltthätigkeiten, wie in ihren Lastern
fort. Die Gesetze **Carls des Grossen**, und **Lu=
dewigs des Frommen** beweisen, wie die gleich=
zeitigen Geschichtschreiber, daß unter diesen beiden
Regenten unzählige Personen ihres Lebens, ihrer
Freyheit, und ihrer Güter beraubt worden; und
daß geistliche Herren sich eben so oft, als die welt=

Z 3   lichen

b) IX. c. 28.
c) X. 8.

lichen dieser Verbrechen schuldig machte. d). Un=
ter den schwachen Nachkommen **Ludewigs des
Frommen** nahmen dieselbigen Missethaten noch
immer zu, und daher kam es, daß alle Theile
des zerrütteten Fränkischen Reichs von Normän=
nern, Ungaren, Wenden, und Saracenen verwü=
stet: daß alle Berge und Hügel mit Raubschlössern
bebaut: daß die königliche Gewalt größtentheils,
und der Stand der Freyen ganz vernichtet: daß
endlich eine ganz neue Verfassung gegründet wurde,
die mit dem Freyheitssinn der Teutschen Völker
durchaus streitend war, und eben deßwegen un=
möglich lange bestehen konnte.

Die ersten Capetinger hatten weder den Muth,
noch die Macht, sich dem furchtbaren Adel zu
widersetzen. Als aber die Creußzüge und das all=
mähliche Emporkommen der Städte den Adel ge=
schwächt, und die königliche Gewalt verstärkt hat=
ten; so entwickelten sich aus den Lastern der Könige
und ihrer Diener alle Keime des willkührlichen
Regiments, und man erfand und übte alle böse
Künste der Tyranney, welche die Merovinger geübt
hatten. Wenn man vom Anfange des dreyzehnten
Jahrhunderts an bis gegen das Ende des sechs=
zehn=

d) Geschichte der Ungleichheit der Stände 150. u.
f. S.

zehnten die Regierungen **Ludewigs** IX. und **Lu=
dewigs** XII. höchstens auch die von **Carl** V. e)
ausnimmt; so war das Verfahren der übrigen
Fränkischen Könige im Grunde immer daſſelbige,
und nur um einige Grade des Böſen von einander
verſchieden. Man erpreßte vom Volke die härte=
ſten Abgaben, und betrog es zugleich durch falſche,
oder verringerte Münzen. Die Rathgeber und
Werkzeuge dieſer Erpreſſungen und Betrügereyen
waren Juden, oder Lombarden, oder andere Eben=
theurer, die eben ſo wenig Ehre, als Rechtſchaf=
fenheit beſaſſen. So lange man die Uebermacht
in Händen hatte, ſo lange brauchte man gegen
Widerſpenſtige Folter, oder **Gefängniß** und Todes=
ſtrafen. Wenn man die Rache des Volks fürch=
tete, ſo verjagte und plünderte man die Juden
und Lombarden, folterte oder würgte die Finanz=
bedienten, oder gab ſie auch der Wuth des Pöbels

3 4 Preis.

e) Von **Carl** V. ſagt **Bodin** VI. p. 1058. Nam qui
literis prodiderunt, Carolum V. regem Francorum
amplius quinquies millies LLS in aerario reli-
quiſſe, non intelligunt, regem afflictas opes regni,
et aerarium vacuum offendiſſe, rei publicae de-
bita exſolviſſe, praedia publica redemiſſe, bella
maxima geſſiſſe, Anglos regno exterminaſſe, An-
tiſſiodorenſem provinciam et Eboracenſem coe-
miſſe: reges Caſtiliae ac Scotiae imperio ſpoliatos
ſuis opibus reſtituiſſe, nec tamen plus quam an-
nos ſeptemdecim imperaſſe: quibus temporibus
vix ac ne vix quidem centies LLS, id eſt 457500.
LL. Tur. ex omni pecunia publica quotannis
aerario illatum ex rationibus publicis videmus etc.

Preis. Nichtsdestoweniger wurden die vertriebenen und beraubten Juden und Lombarden immer zurückgerufen: die Münzen aller königlichen Versprechungen ungeachtet, stets von neuem verfälscht f), und eben so gierige und harte Einnehmer und Schaßmeister gegen das Volk losgelassen, als man vorher abgestraft hatte. Wenn der thörigte Ehrgeiß von Königen auch keine auswärtige Kriege veranlaßte; so wurde doch das Reich unaufhörlich von Factionen, Empörungen, Theurung, Hungersnoth und Seuchen verwüstet, und oft traffen alle diese physische und moralische Uebel zum Verderben des Volks zusammen.

Philipp II. war gegen den Ausgang des zwölften, und den Anfang des dreyzehnten Jahrhunderts der erste König in Frankreich, der beständig Söldner unterhielt, der deßwegen gegen sein Volk, und gegen die Kirche die härtesten Erpressungen übte, und der sich bey diesen Gewaltthätigkeiten der Juden bediente g). Nach dem Interdict,

---

f) Auch im Verfälschen der Münzen waren die Italiäner die ersten Muster und Lehrer. Der König Rogerius richtete dadurch 1140. fast sein ganzes Reich zu Grunde. f. Falcon. Beneventani Chr. V. p. 131. . . . . de quibus horribilibus monetis totus Italicus populus paupertati et miseriae positus est, et oppressus, et de regis illius actibus mortiferis, mortem ejus et depositionem regni optabat.

g) Mezer. III. 158. . . . . les Juifs, qui sont les originaux de l'usure et de la maltote.

dict, welches der päbstliche Legat auf ganz Frank=
reich gelegt hatte, rächte sich **Philipp** II. zuerst
an der Geistlichkeit. Er vertrieb Bischöfe, Dom=
herren, und Pfarrer von ihren Sitzen, Pfründen
und Sprengeln, und riß die Güter der Vertriebe=
nen an sich. Ungeachtet der König den übrigen
Ständen nicht die Vorwürfe machen konnte, welche
ihn gegen die Geistlichkeit aufbrachten; so schonte
er doch der Bürger, und des Adels eben so wenig,
als der Priester und Mönche. Er quälte die Bür=
ger durch unerhörte Exactionen, und forderte von
den Edelleuten den dritten Theil aller ihrer Ein=
künfte. Die Zurückrufung und Begünstigung der
Juden war für das Volk keine geringere Plage,
als Hungersnoth und Pestilenz, indem sie nicht
bloß den verderblichsten Wucher trieben, sondern
auch die Erfinder und Pächter aller Arten von
Auflagen wurden, und sich gleichsam mit dem
Mark der Armen, und den Flüchen aller gutden=
kenden Leute mästeten h).

Was **Philipp der** II. angefangen hatte, das
setzte **Philipp der vierte**, oder **der Schöne** fort,
und fast kann man sagen, das vollendete er. Die
Juden, so erzählt **Mezeray**, waren noch immer
der Abscheu der Christen, vorzüglich des Volks,

B 5

das

h) III. 170.

das sie durch den grausamsten Wucher, und durch das Anrathen und Eintreiben ungerechter Auflagen aussogen. Dagegen waren die Juden auch allen Arten von Mißhandlungen ausgesetzt. Bey jedem Aufstande, jedem Creutzzuge fiel man über sie her. Bald klagte man sie an, daß sie das Allerheiligste beschimpft, bald daß sie am Charfreytage Christenkinder geschlachtet, bald daß sie ein Heiligenbild entweiht hätten. Wenn sie sich aus den Händen der Richter herauszogen, so waren sie deßwegen noch nicht vor der Wuth des Volks, und der Habsucht der Könige sicher, die, wenn sie sich dieser vermaledeyten Werkzeuge eine Zeitlang bedient hatten, die räuberischen Wucherer ausplünderten, und aus dem Lande jagten, damit sie sich mit grossen Summen wieder hinein kaufen möchten. Im J. 1308. wurden alle Juden in Frankreich in Verhaft genommen, und aus dem Reiche verbannt, nachdem man vorher ihr Vermögen eingezogen hatte. Geschah dieses, frägt **Mezeray** aus Geiz, oder aus Religionseifer? Man kann bey der Beantwortung dieser Frage keinen Augenblick zweyfelhaft seyn, da **Philipp der Schöne** auch die Lombarden, die Tempelherren, und am meisten sein Volk beraubte.

Das

Das arme Volk gewann durch die Judenver=
folgung gar nichts. **Philipp IV.**, der sich gern
den **furchtbarsten** nennen ließ i), hatte Minister
die eben so hart, und habsüchtig, als er selbst
waren k). Diese hoben bald den hundertsten, bald
den funfzigsten Pfenning von Allem, was verkauft
wurde, und bald den fünften Theil aller bewegli=
chen und unbeweglichen Güter sowohl der Geistli=
chen, als der Layen mit unerbittlicher Strenge ein,
und theilten dann den Raub mit dem Könige.
Es folgte immer eine noch stärkere Auflage der
andern l), und doch glich der Schatz des Königs
stets einem bodenlosen Fasse, das niemals voll
wurde, so viel man auch hineinschüttete. Die
Verschlechterungen der Münze waren eben so häu=
fig, als die Steuern, und aus beiden entstanden
gefährliche Meutereyen und Verschwörungen, nach
welchen gewöhnlich eine grosse Menge von unschul=
digen Menschen gehenkt wurde m). Ein kleiner,
wenn

i) metuendissimum. Histoire des Templiers II. 139.
Die Universität Paris nannte noch im Anfange
des 15. Jahrh. den Dauphin Carls VI. son très
redouté Seigneur. Crevier IV. p. 10.
k) Mezeray l. c. l) III. 566.
m) ib. 548. 566. Bodin. VI. c. 2. p. 1064. Quanquam principi non magis licet improba numismata cudere, quam occidere, quam grassari: neo
a jure gentium, quo quidem auri et argenti pre-
tium constitutum est, discedere; nisi regis nomen
ao

wenn gleich trauriger Troſt für die Beraubten war
es, daß die ſchuldigſten unter den Finanzbedienten
unter der folgenden Regierung gefoltert, beraubt,
und gehenkt wurden n). Eben dieſes Schickſal
hatten die Schatzmeiſter **Ludewigs** X. unter
Carl IV. o) der aber dennoch ſein Volk nicht
weniger drückte, als ſein Vater und Bruder gethan hatten p).

Die Franzöſiſchen Stände wiederholten im J.
1338. unter **Philipp dem** VI. , dem erſten Könige
aus dem Hauſe **Valois** den Schluß, welchen ſie
ſchon unter **Ludewig** X. abgefaßt hatten: daß
in Zukunft keine Abgabe ohne ihre Einwilligung,
und ohne die bringendſten Noth gehoben werden
ſolle q). Dieſes Schluſſes ungeachtet legte **Philipp** VI. im J. 1344. eine ganz neue Auflage
auf das Salz, weßwegen ihn **Eduard** von England den Urheber des Saliſchen Geſetzes nannte.

Dieſe

ac ſplendorem amittere, ac falſae monetae fabri-
cator, quam princeps appellari malit: quod a
Dante poeta Philippo Bello regi Francorum probro datum eſt, quod primus inter principes no-
ſtros, quantnm quidem intelligo, numismata cor-
rupiſſet, ac dimidiam aeris partem argento mis-
cuiſſet; unde frequenter in tota Gallia tumultus:
cujus facti cum regem ſero poenituiſſet, ac num-
mos priſtinae bonitati reſtituiſſet, Ludovicum
filium admonuit, ne deinceps adulterari numismata pateretur.

n) ib. p. 608.　　　o) ib. p. 649.
p) ib. 664.　　　q) ib. IV. 36.

Diese Auflage war eine Jüdische Erfindung, wie das Wort Gabelle zeigt, welches aus dem Hebräischen herkommt. Die Gabelle war anfangs gering, und sollte nur so lange, als der Krieg dauern, in welchem sie eingeführt wurde. Man machte sie aber bald zu einer stehenden Abgabe, und erhöhete sie von Zeit zu Zeit so sehr, daß sie jetzt, sagt **Mezeray**, eine der reichsten Quellen der öffentlichen Einkünfte ausmacht r). Weder die neuen, noch die erhöhten alten Steuern waren hinreichend, die Bedürfnisse des Hofes zu befriedigen. Man preßte also die Schatzmeister, und deren Gehülfen aus, vertrieb die Lombarden, zog die 400000. Livres Capital, welche sie mitgebracht hatten, zum Besten des Königs ein, und schenkte den Schuldnern die Zinsen, die sich auf zwey Millionen beliefen s).

Im J. 1356. bewilligten die Stände dem Könige Johann I. mehrere Auflagen, aber mit der ausdrücklichen Bedingung, daß der König die Münzen nicht verändern, und güte prägen lassen solle t). Die Auflagen waren so schwer, daß in mehreren Gegenden Aufrühre entstanden. Noch härter wurden sie durch die Erpressungen der Einnehmer, welche sehr viele Familien zum Auswandern

dern

r) ib. p. 52.   t) ib. p. 74.
s) IV. 94.

dern zwangen u). Um diesen Räubereyen zu
steuern, drangen die Stände während der Gefan=
genschaft des Königs darauf, daß die bewilligten
Abgaben von ständischen Bedienten gehoben, und
verwaltet würden. Die Erfahrung lehrte bald,
daß die Stände eben so schlecht gewählt hatten,
oder höchst verdorbene Menschen eben so wenig bes=
sern konnten, als der Hof, oder der König. Räu=
ber traten an die Stellen von andern Räubern,
und die Untreue und Gewaltthätigkeiten der stän=
dischen Bedienten setzten die Stände selbst in so
schlechten Ruf, daß die Nation fast von der Mitte
des vierzehnten Jahrhunderts sich nicht mehr nach
denselben sehnte. Seit dem J. 1348., sagt Me=
zeray, sind keine wahre Stände mehr gewesen,
und von dieser Zeit an ist die Gewalt, Auflagen
zu machen, in den Händen des Königs geblieben,
ohne daß dieser sein Volk deßwegen fragen darf v).

Unter Carl VI. und Carl VII. kehrten im=
mer dieselbigen Scenen von Elend und Frevelthaten
zurück: unmässige Auflagen, und Erpressungen,
Aufrühre und Plünderungen oder Hinrichtungen
der Empörer, Aufopferungen von Finanzbedienten,

und

---

u) La vexation fut si horrible, qu'une infinité de
familles quitterent la France, et allerent chercher
ailleurs une meilleure patrie. IV. 138.

v) ib. 119. 120.

und augenblickliche Befriedigungen des verzweifeln=
den Volks, an welchem man sich bald nachher auf
das grausamste rächte. Am schrecklichsten war der
Zustand des Französischen Reichs während der Re=
gierung Carls VI. Die Prinzen des königlichen
Hauses, deren einem, oder dem andern der Adel
anhing, stritten um die Macht, alle Provinzen im
Nahmen des wahnwitzigen Königs ausplündern zu
können, worüber die blutigsten bürgerlichen Kriege
entstanden. Jede siegende Partey brauchte die
kühnsten, und verschmiztesten Wucherer, Räuber,
und falschen Münzer w): erlaubte ihren Söldnern
und deren Anführern eine jede Gewaltthätigkeit:
und verkaufte alle Ehrenstellen, welche man nicht
an unentbehrliche Werkzeuge der Tyranney verschen=
ken muste, an die unwürdigsten Menschen selbst
aus dem niedrigsten Pöbel x): welche Verkäuflich=
keit aller Würden nothwendig eine allgemeine Feil=
heit von Recht und Unrecht, von Belohnungen und
Strafen hervorbringen muste y). Die ungeheuern

Ab=

w) Nic. de Clem. p. 52. qnod per affentatores, et
    nummularios omnia reguntur etc.
x) Itaque videas fartores et cerdones, et ignaros
    quosque artifices in praefecturis, aliisque judicia-
    riis magiftratibus vulgo conftitui. ib.
y) Denique quid eft juftitiam vendere, non juftitiam
    hominibus miniftrare? Neceffe quippe eft, ut illi,
    qui tanta licitatione pretiique fuper alios excre-
    fcentia officia redimunt, a fubjectis per omne nefas
                                                    pro

Abgaben, und die noch ungeheurern Erpreſſungen
derer, welche ſie hoben, die Ungerechtigkeiten der
geiſtlichen und weltlichen Richter, und die beynahe
allen Glauben überſteigenden Gewaltthätigkeiten
der Söldner richteten den Ackerbau faſt durch das
ganze Reich zu Grunde, und zwangen den Land:
mann entweder auszuwandern, oder in die Wälder
zu entfliehen, oder ſich zu den ungeſtraft herum:
ſtreifenden Räubern zu geſellen z). Auſſer der

Ver:

pro pretii confectione extorqueant: ſicque pro juſtitiae debito injuſtitiam ſaepe miniſtrent. Quid
quod omnia maleficia pecunia mulctant, quae aliis
ſaepius eſſent plectenda ſuppliciis? Quidquod ma-
los et pernicioſos illos oportet eſſe juſtitiae mini-
ſtros, qui nullo omnino ducuntur zelo juſtitiae,
ſed peccatis potius ac flagitiis hominum delectan-
tur etc. p. 53. et Epiſt. p. 192. Cum paene cuncta
venalia ſint judicia, cum praefecturae ipſae, caeteraque judicialia officia, maxima ubique licita-
tione palam veneant, paſſimque humilibus perſonis,
quaeſtuoſis ac imperitis absque ullo idoneitatis aut
ſufficientiae delectu, annua penſione tribuantur, etc.
Die freye Wahl alſo der vornehmſten Staatsbedien-
ten unter Carl VI. war nur ſcheinbar. Sibert.
III. 305.

z) l. c. p. 48. Agreſtes autem pauperculi omnibus
exuti ſubſtantiis, ad ſylvatum latibula confugiunt,
ab hominumque, ſi homines dici merentur, ad
ferarum habitacula, atque conſortia demigrant:
illic vitam ſylvis inter deſerta ferarum luſtra,
domosque trahunt: victum infelicem
baccas, lapidoſaque corna
dant rami, et vulſis paſcunt radicibus herbas.
Quibus niſi ſuſtentarentur alimentis, fame erant,
atque inedia perituri. — p 49. Laeduntur ineffa-
biliter innocentes viri agrorum cultores, qui omnibus omnino nudantur facultatibus.

Vernichtung des Ackerbaus wurde die häufige Ver=
schlechterung der Münze die Ursache des Untergangs
des Handels, so wie der Schmälerung der öffent=
lichen Einkünfte, welche letztere stets neue Erpref=
sungen nothwendig machte a). Unser Vaterland,
sagt **Nicolaus von Clemanges**, ist auf eine
bejammernswürdige Art in eine Einöde verwandelt,
die fast nur von Räubern betreten, und bewohnt
wird b). Der Landmann wagt es nicht in seiner
Hütte zu bleiben, oder auf seinen Acker zu ziehen.
Einheimische und auswärtige Kaufleute haben nicht
das Herz, ihre Waaren von einem Orte zum an=
dern bringen zu lassen. Keiner darf die Mauern
und Thore der Städte verlassen, ohne von gierigen
Räubern überfallen, oder gar getödtet zu werden.
Auf dem Lande fehlt es an Anbauern, und in den
Städten an Nahrungs= und Erwerbmitteln. Die
Schul=

a) l. c. Laeditur praeterea non mediocriter tota
respublica in numismate: quod tale est, ut per
ipsum omnem communionem mercimoniorum et
commutativae justitiae cum vicinis regionibus
prorsus amiserimus, sine quo nulla diu potest re_
gio consistere. etc.

b) Licet ergo patriam universam aspicere lamenta-
biliter desertam, in solitudinemque redactam,
quam nemo omnino calcat, nisi latrones, ac prae-
dones domestici: quibus toti agri pleni sunt, et
qui illam pro arbitrio absque ulla resistentia pa-
cifice tenent atque prosternunt, et deterius illam
affligunt, quam ab ullis unquam hostibus fuerit
afflicta. p. 48.

A a

Schuldigen bleiben ungeſtraft, und die Unſchuldigen werden gemißhandelt. Diebe und Meuchelmörder herrſchen durch das ganze Reich, und diejenigen, welche es vertheidigen ſollen, wenden die Waffen allein gegen ihre Mitbürger. Ordnung, Geſetze, und Gerechtigkeit ſind entflohen, und der ganze Staat iſt ſeiner Auflöſung nahe c). Aehnliche Klagen über das unſägliche Elend ſeines Vaterlan= des wiederholt derſelbige Schriftſteller in einem Brie= fe an einen Freund d). Ich ſehe in unſerm Reich das gemeine Weſen gänzlich vernichtet, den öffentli= chen Schatz, und die Quellen deſſelben zerſtört, keine Sorgfalt für die Befeſtigung oder Nahrung von Städten, keine Kriegszucht, ſondern vielmehr die äuſſerſte Zügelloſigkeit aller derer, welche das Vaterland beſchützen ſollten. Die trauernden Ae= cker liegen ungebaut. Man ſäet und erndtet nicht, und diejenigen, welche hin und wieder ein kleines Feld bearbeiten, können dieſes nicht anders, als heimlich, und unter beſtändigen Lebensgefahren thun. Alles Vieh und alles Geräth, welches zum Ackerbau erfordert wird, iſt getödtet, und zerbro=
chen,

c) p. 44... in qua nulla lex, nullus ordo, nulla juſtitiae ſcintilla viget, in qua denique et totum prope jam periit; et nihil aliunde per mercimo= nia, propter rapinas et numisma, et furorem belli civilis introferri poteſt?

d) Epiſt. 67. p. 191.

chen, und wenn der Landmann also auch gern mit
Lebensgefahren seine Felder bestellen möchte, so
müste er sie mit seinen eigenen Händen und Nä=
geln umwühlen e).

Alle Aeusserungen von despotischer Gewalt,
welche die vorhergehenden Könige sich entweder nur
sprungweise, oder unter heftigen Widerspruch und
Gegensatz erlaubt hatten, willkührliche Verhaf=
tungen und Hinrichtungen, willkührliche Auflagen
auf das ganze Volk, oder Schatzungen von einzel=
nen Personen verwandelte der harte, und ehrgei=
zige, aber sparsame, und thätige **Ludewig** XI.
in Grundsätze der Regierung, oder in Vorrechte
der Crone, und gewöhnte das Volk durch die Furcht
vor seinen Söldnern an unbedingten Gehorsam.
Gleich im Anfange seiner Regierung zwang er alle
diejenigen, welche öffentliche Bedienungen hatten,
zu Anleihen, die dem Ertrage der Stellen anges
messen waren: aus welchen erzwungenen Anleihen
in der Folge die Verkäuflichkeit der Stellen ent=
stand f). Wer dem Könige nicht so viel borgen
wollte, als er verlangte, der wurde abgesetzt.
Diese Absetzungen veranlaßten eine heftige Gäh=
rung, besonders in Paris, und der König machte

A a 2

daher

---

e) Man sehe auch noch Mezeray IV. 234. 250. 254.
311. 337. 524. 42.   f) ib. p. 573.

beliebte?... Unſer König **Carl** V. ſagte nie: ich
nehme, was mir gut dünkt, und habe das Recht
dazu. Dies Recht muß ich zu behaupten ſu‐
chen. — Auch habe ich dieſes von keinem andern
Könige, ſondern nur von einigen ihrer Diener be‐
haupten hören, die ſich ihren Herren dadurch empfeh‐
len wollten, aber ſich eben dadurch ſchwer an ihnen
verſündigten. — Unter **Ludewig dem** XI. er‐
trug das Reich über zwanzig Jahre und darüber
die ſchrecklichſten Auflagen 1), und es war zum
Erbarmen, die Armuth des erſchöpften Volks zu
ſehen. **Ludewig der** XI. wandte freylich mehr,
als irgend einer ſeiner Vorgänger, auf die Er‐
bauung und Erweiterung von Feſtungen, und auf
die Vertheidigung des Reichs. Er hatte auch das
Gute, daß er keine todte Schätze ſammelte, ſon‐
dern alles ausgab, wie er es einnahm; allein beſſer
wäre es doch geweſen, wenn er nicht den Armen
das Ihrige genommen, und es denen hingegeben
hätte, die es nicht brauchten. Nach **Ludewigs**
Tode wurden die gehäſſigſten unter denen, welche
er, oder welche ſich ſelbſt unter ſeiner Regierung
bereichert hatten, gehenkt, und gebrandmarkt m);
und ſelbſt **Ludewig** XII. muſte eine ähnliche
Stren‐

1) des grandes et horribles tailles l. c.

m) Mezeray V. 7.

Strenge gegen diejenigen üben, welche durch ihre
Veruntreuungen die Unternehmung gegen Neapel
vereitelt hatten n).

Um die Treue und Ergebenheit der Franzosen
gegen ihre Könige zu beweisen, fährt Comines
an der angeführten Stelle fort, darf man sich nur
aus unsern Zeiten auf das Beyspiel der Stände-
versammlung berufen, die im Jahre 1483. nach
dem Tode Ludewigs XI. zu Tours gehalten wurde. Ein jeder glaubte, daß diese Versammlung
leicht gefährlich werden könne. Es gab kleine elende Seelen, welche äusserten, daß es ein Verbrechen der beleidigten Majestät sey, der Zusammen-
berufung der Stände zu erwähnen, weil dadurch
das Ansehen des Königs vermindert werde. Gerade diese Elenden aber sind es, die dies Verbrechen
gegen Gott, gegen den König, und gegen die
Nation begehen, und die sich vor allen grossen
Versammlungen fürchten, weil sie vermuthen, daß
ihre Werke der Finsterniß möchten hervorgezogen,
und gestraft werden. Diese Feinde des Königs
und des Volks wurden durch das Betragen der
Stände im höchsten Grade beschämt. Wo zeigte
sich im ganzen Reiche, das durch so vielfache Bedrückungen äusserst entkräftet war, irgend ein Auf-

A a 4　　　　stand

n) ib. V. 163.

stand gegen den Thronerben? Sezten sich die Prin=
zen und Unterthanen irgendwo gegen ihren jungen
König in Waffen? Hatten sie die Absicht, ihn zu
verdrängen, oder so zu beschränken, daß er sein
königliches Ansehen nicht zum Wohl des Reichs
anwenden könne? Nein! im geringsten nicht. Sie
thaten von alle diesem gerade das Gegentheil. Prin=
zen, Herren, und die Abgeordneten der guten Städ=
te huldigten dem Könige mit der größten Bereit=
willigkeit, und verwilligten ihm zwey und eine
halbe Millionen an Steuern, welche man im Nah=
men des Königs als nothwendig zum Dienste des
Staates forderte. Sie baten nur, daß der König
sie nach zwey Jahren wieder versammlen, und daß
sie alsdann gern Alles, was er nöthig habe, be=
willigen wollten. Wenn ein auswärtiger oder ein=
heimischer Feind ihren jungen König anfallen sollte;
so seyen sie bereit, Leib und Leben für ihren Mo=
narchen zu wagen. — Sind nun solche Untertha=
nen, so frägt **Comines**, die so gern geben, werth,
daß man gegen sie ein vermeyntliches Recht anführe,
willkührlich nehmen zu dürfen, was man wolle?
Ist es nicht vor Gott und vor der Welt gerechter,
mit ihrem guten Willen, als durch despotische Ei=
genmacht Abgaben zu heben? denn ich habe schon
erinnert, daß kein Fürst anders, als mit der sträf=
lich=

ften Tyranney sein Volk mit Steuern belegen könne.
Leider giebt es unter den Fürsten so dumme, die
nicht einmahl wissen, was sie in diesem Stück zu
thun, oder zu lassen haben p).

Wenn **Carl VIII.** länger gelebt, und Stärke
der Seele genug gehabt hätte, seine guten Vorsä=
tze auszuführen: so würde schon er seinem Volke
die Erleichterung verschafft haben, die nach ihm
Ludewig XII. wiewohl auch noch unvollständig
bewirkte. **Carl VIII** hatte die Absicht, nach der
Weise der alten Könige bloß von den Einkünften
seiner Domänen zu leben, welche Domänen mit
Einschluß der aides und gabelles wenigstens eine
Million Franken eintrugen; und zur Vertheidigung
des Reichs wollte er von den Ständen nicht mehr,
als 1200000 Franken verlangen, an statt daß bey
seinem Absterben über drittehalb Millionen gehoben
wurden q).

Franz der erste führte fort, was **Lude=
wig XI.** gegründet hatte. Eine solche romanhafte
Ruhmbegierde, eine solche ausschweifende Pracht=
liebe, und Ueppigkeit, als **Franz der erste** be=
saß, konnten nicht ohne die Zwangsmittel einer

des=

---

p) mais il en est bien d'assez bestes pour ne sçavoir
  ce qu'ils peuvent faire où laisser en cet endroict.
  P. 336.

q) Comines VIII. ch. 25 p. 591.

despotischen Gewalt befriedigt werden; und das
verabscheuungswürdige Werkzeug dieser tyrannischen
Gewalt war der Canzler **du Prat**. Dieser flößte
dem verschwenderischen und stets bedürftigen jungen
König den Gedanken ein, die Verwaltung der Ge=
rechtigkeit zu verkaufen, indem er in dem Parlement
zu Paris allein eine neue Cammer von zwanzig
Räthen stiftete. Er bewies dem jungen Könige
ferner, daß dieser die Macht habe, ohne Einwil=
ligung der Stände so viele Abgaben auszuschreiben,
als er wolle r); und daß er die Domänen der
Crone, welche man in Frankreich stets als ein
unveräusserliches Eigenthum der Nation ansah s),
wie freye selbst erworbene Güter verkaufen könne t).
Er war es, welcher durch die Aufhebung der Prag=
matischen Sanction, und die Einführung des Con=
cordats die Freyheiten der Gallicanischen Kirche
vernichtete, und die Gewalt des Königs eben so
sehr erweiterte, indem er dem Könige die Verthei=
lung aller geistlichen Stellen und Pfründen ver=
schaffte u). **Du Prat** war es endlich, der
den König und das Interesse des Königs von dem
Volk,

r) Mezeray V. 236.

s) Mezeray VI. 393. Bodin. VI. c. 2. p. 1000. Die
   Nachfolger wirthschafteten noch unverantwortlicher
   ib. p. 1004.

t) ib. V. 314.   u) ib. V. p. 240.

Volk, und der Wohlfahrt des Volks trennte, der das Parlement, und das königliche Conseil gegen einander aufbrachte, und der die falsche, und verderbliche Maxime geltend machte: Qu'il n'est point de terre sans seigneur v). Auf sei= nem langwierigen und scheußlichen Krankenlager bejammerte es der Canzler du Prat zu spät, daß er während seines Lebens auf nichts, als auf seine eigenen Vortheile, und auf die Leidenschaften sei= nes Herrn gesehen habe w).

Franz der erste wurde in den zehn letzten Jahren seiner Regierung gemässigter und sparsamer, als er bis dahin gewesen war; und ungeachtet er auch gegen das Ende seines Lebens mit königlicher Frey= gebigkeit kaufte, und baute, und mit königlicher Freygebigkeit Künstler, Gelehrte, und andere ver= diente Männer belohnte; so hinterließ er doch die Domänen unverschuldet, und einen für jene Zeiten beträchtlichen Schatz x). Heinrich der zweite hingegen erhöhte die Auflagen noch um ein Drittel, schuf und verkaufte eine grosse Menge von neuen Stellen, gab Niemanden etwas ausser seinen Günst= lingen, und hatte doch ein und vierzig Millionen Schulden, als er nach einer Regierung von drey= zehn

v) ib. p. 446.
w) ib.
x) XV. 551. Bodin. V. c. 4. p. 864.

zehn Jahren starb y). Wenn die unersättlichen
Minister dieses Königs gar nicht wusten, woher
sie Geld nehmen sollten; so schickten sie reichen und
angesehenen Personen falsche Ankläger auf den Hals,
um ihr Vermögen einziehen, oder wenigstens be=
trächtliche Summen von ihnen erpressen zu kön=
nen z).

Ueber den grausamen und räuberischen Des=
potismus Carls IX. und seiner Mutter habe ich
nach dem, was ich in dem vorhergehenden Abschnitt
gesagt habe, nur noch zwey Umstände hinzuzuset=
zen. Im J. 1561. fand es Catharine von Me=
dicis nöthig, die Stände zusammenzuberufen. Um
sie aber desto eher bestechen, oder in Schrecken set=
zen zu können, ließ der Hof bekannt machen, daß
sich aus jedem Gouvernement nur zwey Mitglieder
einfinden sollten a). Je seltener die Stände zu=
sammenkamen, und je unbedeutender sie wurden;
desto wichtiger machte sich das Parlement in Pa=
ris; das sich als den Stellvertreter der Reichsstän=
de, als die Versammlung der Pairs, und als den

erlauch=

y) Mez. et Bodin. II. cc. bef. der letztere VI. c. 2.
    p. 1042. 43. 44. aerarii vero tanta fuit inopia,
    ut Henricus moriens plura deberet, quam sui ma=
    jores annis quadraginta a subditis exegissent: id=
    que aes alienum annis XII. quibus imperavit,
    pene totum usuris contractum est. etc.

z) p. 561.   a) Mezeray VI. p. 70.

rlauchteſten Siß der Könige zu betrachten anfing
Carl IX. hingegen kündigte dem Parlement an,
da es Schwierigkeiten machte, gewiſſe Edicte zu re=
giſtriren: daß die Mitglieder dieſes Gerichtshofes den
alten Irrthum ablegen möchten, als wenn ſie die
Vormünder des Königs, die Vertheidiger des Kö=
nigreichs, und die Beſchüßer der Stadt Paris
ſeyen b).

In eben dem Grade, in welchem die Laſter
Heinrichs des dritten, und ſeiner Günſtlinge
die Laſter ſeines Bruders und Vaters übertraffen;
in eben dem Grade nahmen auch die Gewaltthä=
tigkeiten des Despotismus, und die Unverſchämt=
heit willkührlicher Erpreſſungen zu. Seine ruch=
loſen Lieblinge überredeten ihn, daß er ſich den
Unterthanen nicht, wie ſeine Vorgänger mitthei=
len, ſondern ſich nach der Weiſe der Morgenlän=
diſchen Könige mehr zurückziehen: daß er ſich nicht
anders, als mit groſſem Pomp, und unbedingten
Befehlen umgeben zeigen: daß er die Franzoſen
entwöhnen müſſe, ihm Gegenvorſtellungen zu
machen, und hingegen daran gewöhnen, kein an=
deres Geſeß, als ſeinen Willen zu erkennen. **Hein=
rich der dritte** befolgte dieſe verderblichen Rath=
ſchläge, vorzüglich aber den, daß er unumſchränkt
gebie=

b) ib. VI. 144.

gebieten, und über das Vermögen, das Leben und die Freyheit seiner Unterthanen schalten könne. Die Mignons machten bisweilen zwey und zwanzig Steueredicte in zwey Monaten, und wiesen ihre Schneider und Kaufleute auf den Ertrag derselben mit der größten Dreistigkeit an c). Ungeachtet der Präsident des Parlements die Registrirung der Edicte mit den Worten abschlug: daß nach dem Grundgesetze des Reichs, welches die öffentliche Wohlfahrt sey, die Registrirung weder geschehen könne, noch solle d); so fuhr man doch fort, die neuen nicht anerkannten Auflagen einzutreiben dd). Die Lieblinge mißbrauchten die Schwäche des Königs so sehr, daß von funfzig Millionen, die man dem Volke aufgelegt hatte, nicht zwey in die Schatzcam= mer des Königs kamen e). Als endlich das Murren des Volks, und die Partey der Guisen so mäch= tig wurden, daß selbst der verblendete König, und dessen sinnlose Lieblinge sanftere Maaßregeln ergrei= fen zu müssen glaubten; so hob der König auf einmahl sechs und sechszig Steueredicte auf, die vom Parlement waren registrirt worden, und ver= minderte die Taille um 700000. Livres f). Nach= dem die Ligue gegen **Heinrich den dritten** sich

durch

c) VI. 446. 447. d) VI. 447. dd) ib. 477.
e) ib. p. 497. f) ib.

durch das ganze Reich verbreitet, und dem Kö
nige einen offenbaren Krieg angekündigt hatte, den
selbst die Sorbonne für gerecht erklärte g); so
wollten die Häupter der Empörung eine demokra=
tische Regierungsform einführen, und das ganze
Volk wünschte wenigstens, daß man dem Nachfol=
ger Heinrichs III. solche Fesseln anlegen möchte,
daß er es sich nicht einfallen lassen könnte, Erpressun=
gen auszuüben, dergleichen die Nation seit dem
Tode Ludewigs XII. geduldet habe. Die ver=
dorbenen Sitten der Franzosen, sagt Mezeray,
stimmten nicht mit ihren Wünschen überein, und
sie verlangten vergebens, was sie nicht verdienten h).
Mit Heinrich dem dritten, so urtheilt derselbige
Geschichtschreiber, starb im J. 1589. der Zweig
der Valois aus, der hundert und ein und sechszig
Jahre über Frankreich regiert hatte. Die Könige
aus diesem Hause machten sich durch die Vergröße=
rung des Reichs, durch die gänzliche Austreibung
der Engländer, und durch die Beförderung von
Künsten und Wissenschaften um das Volk verdient.
Zugleich aber kann man nicht läugnen, daß sie vorzüg=
lich angefangen haben, die Nation mit einer Men=
ge von Auflagen zu belasten, die man vorher nur

selten

g) ib. 578. 592. 598. 602.
h) l. c. p. 578.

ſelten in groſſen Nothfällen und mit Einwilligung
der Stände forderte. Eben dieſe Valois veräuſſer-
ten zuerſt die heiligen Domänen der Crone, hoben
die Canoniſche Wahl und Vergebung von geiſtlichen
Perſonen und Würden auf, führten die Verkäuflichkeit des Adels, und der Gerichtsſtellen ein,
vermehrten die Diener der Gerechtigkeit und des
Schatzes, und dadurch Schicanen und Erpreſſungen, veränderten die alte Art zu kriegen, er-
richteten ſtehende Heere, verminderten die Macht
der groſſen Baronen, und brachten Weiber, Spiel,
Pracht, und koſtbare Vergnügungen an den Hof i).

Heinrich IV. der erſte der **Bourboniden** war
nicht weniger willführlich, und habſüchtig, als
die Könige aus dem Hauſe Valois. Weil er im
J. 1596. Geld brauchte, daß er bey der Erſchöp-
fung des Reichs ſonſt nicht aufzutreiben wuſte; ſo
rief er nicht die Stände, ſondern die Notables des
Reichs zuſammen; denn, ſagt **Mezeray**, ſo ſehr
die weiſeſten Staatsmänner der vorigen Zeiten die
Verſammlungen der Stände liebten; ſo ſehr fürchteten ſich die Könige in dieſen letzten Zeiten vor denſelben k). Einige Jahre nachher erhöhte Heinrich IV.
den Werth der Münzen l), und kehrte ſich an die
Vorſtellungen nicht, welche das Parlement gegen
dieſen

i) VI. 631. k) Mezeray VII. 285. l) VIII. 410.

biefen Schritt machte. Das Parlement durfte feine
Gegenvorstellungen nicht einmahl mündlich, sondern
nur schriftlich vorbringen m). Neue Auflagen
kosteten **Heinrich** IV. eben so wenig Ueberwindung,
als drückende Monopole, wodurch Günstlinge bereichert, und das Volk zu Grunde gerichtet wurde n). Auch bekümmerte er sich wenig um die
Ungerechtigkeiten, deren sich die Diener der Gerechtigkeit schuldig machten, wenn sie sich nur nicht
seinem unumschränkten Willen, und der Bestätigung seiner Edicte widersetzten o).

Nachdem ich die Methode untersucht habe, womit die Französischen Könige der zweyten, und des
Anfangs der dritten Periode die Schätze des Reichs,
und das Vermögen der Unterthanen verwalteten;
so ist es Zeit, einen Blick auf die Art zu werfen,
wie sie die Gerechtigkeit handhabten, oder handhaben ließen, und in wie ferne ihnen das Leben
und die Freyheit der Bürger heilig waren.

Auch von dieser Seite sind von dem Tode **Carls**
des Grossen an bis gegen das siebenzehnte Jahrhundert **Ludewig** IX. und **Ludewig** XII. fast
die einzigen unsträflichen Könige. Der größte Theil
der übrigen Regenten sah die oberstrichterliche Gewalt als das mächtigste Werkzeug des Despotismus,
und

m) ib.   n) VIII. 540. 560.   o) ib. p. 688.

und ihre Richter nicht als Diener der Gerechtigkeit,
sondern ihrer Leidenschaften an. Das schrecklichste
Beyspiel dieser Denkungsart der Könige ist die Verschwörung **Philipps** IV. von Frankreich, und des
von ihm geschaffenen Pabstes **Benedicts** XI. wider
die Tempelherren, und die Verfolgung, welche
diese beiden Wüteriche gegen den eben genannten
reichen Ritterorden in allen Ländern Europens veranlaßten.

In dem Proceß gegen die Tempelherren, wie
er in Frankreich und den meisten übrigen Europäischen Reichen getrieben wurde, erschöpfte man alle
böse Künste der Ungerechtigkeit, womit man jemahls die leidende Unschuld unterdrückt, und vernichtet hat. Die niedergesetzten Richter nahmen
nicht nur falsche, sondern durchaus unglaubliche,
und sich selbst widerlegende Klagen an. Die Tempelherren sollten eine alte Haut als ihren höchsten
Gott angebetet p): sollten den heiligen **Ludewig**,
und die Stadt Acre, die nie waren verrathen
worden, an die Ungläubigen übergeben: sollten
insgesammt unter einander unnatürliche Lüste geübt:
die Kinder, welche sie selbst mit Jungfrauen gezeugt,
gebraten: und mit dem Fett derselben ihr Götzen-
bild

p) Histoire de l'ordre des chevaliers du Temple de
Jerusalem par feu le R. P. M. J. à Paris 1789.
2 Bände in 4. im 2 B. S. 160. u. f.

bild beſtrichen haben. Um dieſe und andere Be=
ſchuldigungen zu beweiſen, brauchte man keine un=
verdächtige Zeugen, oder Denkmähler, ſondern
man ſpannte die edelſten, tapferſten und ehrwür=
digſten Männer auf die Folter, und marterte ſie
ſo unmenſchlich, daß manche auf der Folter ſtar=
ben q). Ungeachtet man den größten Theil der Ritter
auch durch die fürchterlichſten Quaalen nicht dahin
bringen konnte, die Wahrheit und ihren Orden
zu verrathen; und ungeachtet die Meiſten von de=
nen, welche ſich durch die Folter falſche Bekennt=
niſſe hatten entreiſſen laſſen, das Ausgeſagte wider=
riefen; ſo nahm man doch die Verläumdungen von
einigen Veräthern und Widerſachern, und die Aus=
ſagen von einigen Gefolterten als reine und bewie=
ſene Wahrheit auf. Der Pabſt und der König
kehrten ſich an die Forderungen der aus allen Rei=
then Europens zu Vienne verſammelten Häupter
der Kirche nicht r): daß man die Tempel=
herren, wie ſich's gebühre, hören, und dann un=
parteyiſch richten ſolle. Unter dem Vorwande,
daß die Ritter Ketzer, oder der Ketzerey verdächtig
ſeyen, geſtattete man ihnen weder Rathgeber und

Bb 2

An=

q) ib. 170. 287.

r) Nur vier Geiſtliche wichen von den Uebrigen ab,
ib. p. 288.

Anwälde, noch ordentliches Verhör s). Ja man
verfälschte sogar die Protocolle, in welchen die
Aussagen der Beklagten enthalten waren, und spot=
tete des Großmeisters, als er voll Unwillens die
drey Cardinäle, die sich dieses Verbrechens schuldig
gemacht hatten, als gewissenlose Falsarien angab t).
Man verbrannte zu verschiedenen Zeiten ganze
Haufen von Rittern an einem langsamen Feuer,
und Philipp IV. war grausam genug, die Thrä=
nen des Volks, das diesen tyrannischen Hinrich=
tungen zusah, und das Geschrey der Sterbenden,
die bis auf den letzten Augenblick ihre und ihrer
Brüder Unschuld betheuerten, anzusehen und anzu=
hören u). Es gereicht der Teutschen Nation zur
unvergänglichen Ehre, daß sie gegen die Mitglieder
des aufgehobenen Ordens die wenigsten Ungerech=
tigkeiten und Grausamkeiten ausgeübt hat.

Die Könige aus dem Hause Valois hielten
sich, den einzigen Ludewig XII. ausgenommen,
für eben so unumschränkte Herren des Lebens, und
der Freyheit, als des Vermögens ihrer Untertha=
nen. Ausser dem eben genannten Ludewig XII.
ließen die übrigen Regenten aus diesem Hause ins=

gesammt

s) p. 220.　　　t) ib. p. 220.

u) l. c. II. 255. 314. 315. auch Mezeray VII. 552.
564.

gesammt die Vornehmsten ihres Reichs willkührlich
hinrichten; und sie waren es auch, die neue und
unerhörte Arten von Martern, scheußliche und
schimpfliche Todesarten, und schreckliche Gefängnisse
erfanden, in welchen der Aufenthalt eine viel härtere Strafe, als der Tod selbst war. **Philipp
der sechste** ließ 1344. den **Olivier de Clisson**,
und zehn bis zwölf andere Vornehme von Normän-
nischem Adel gefangen nehmen, und wegen des Verdachts eines Verständnisses mit den Engländern hinrichten, zum größten Erstaunen des ganzen Reichs, und
zur höchsten Erbitterung des ganzen Adels, dessen Blut
bis dahin nur in Schlachten vergossen worden war v).
Johann der I. ahmte seinem Vater gleich bey
dem Antritt seiner Regierung nach, indem er den
Grafen von **Eu**, und **Guines**, Connetables von
Frankreich ohne gerichtliche Untersuchung wegen des
Verdachts einer Verbindung mit den Engländern
heimlich abthun ließ w). Bald nachher nahm er
selbst den König **von Navarre**, den Grafen **von
Harcourt**, und mehrere andere von Adel gefangen; und befahl, daß sie so gleich, den König
ausgenommen, ohne Verhör, und ordentliches Urtheil hinausgeführt, und geköpft, ihre Köpfe auf
Pfähle gesteckt, und ihre Leiber in Galgen aufge-

Bb 3   henkt

v) Mezeray III. 50. 51.   w) ib. p. 84.

henkt würden x). Unter **Carl** VII. hatte der Connetable **de Cliſſon** die Verwegenheit, einen Günſtling des Königs ſelbſt gefangen zu nehmen, und ihm nach einem kurzen Scheinproceß den Kopf abſchlagen zu laſſen. Eben dieſer Connetable gab bald nachher dem Marſchall **von Boulac** den Auftrag, daß er einen **Canins de Beaulieu**, der dem hingerichteten Günſtling gefolgt war, auf öffentlicher Straſſe, und unter den Augen des Königs umbringen muſte y); und einige Jahre ſpäter überfiel er einen Herrn von **Trimouille** in ſeinem eigenen Hauſe, verwundete ihn gefährlich, und warf ihn dann in das Gefängniß, aus welchem ſich der Gefangene durch die Uebergabe der Stadt Tours loskaufen muſte z).

Als Würger übertraf **Ludewig** XI. alle ſeine Vorgänger und Nachfolger. Man rechnete, daß er während ſeiner Regierung wenigſtens viertauſend Menſchen durch allerley Arten von Todesſtrafen aus der Welt geſchaft habe. Einige ließ er erdroſſeln, andere in's Waſſer werfen, oder in Verlieſſe fallen, in welchen ſie durch ſchneidende, oder mit Zacken beſetzte Räder und Triebwerke zerſtückelt wurden a). Die meiſten wurden heimlich, und ohne alle

---

x) ib. p. 95. und Froiſſart l. c. 156. p. 181.

y) ib. p. 460. z) ib. p. 479. a) Mezeray IV. 671.

alle Form des Proceſſes abgethan; und er, ſein
Gevatter **Triſtan**, und ſein Hofprofoß waren gewöhnlich die Richter, die Zeugen, und Vollſtre-
cker von Todesurtheilen b). Wenn **Ludewig** XI.
auch das Aeuſſere einer gerichtlichen Unterſuchung
beobachtete; ſo waren ſeine und ſeiner Richter Aus-
ſprüche gegen alle diejenigen, an welchen er ſich
rächen wollte, nicht weniger willkührlich, als wenn
er die Verurtheilung der Unglücklichen geradezu befohlen hätte. Seit dem ſo genannten Kriege des
gemeinen Wohls (guerre du bien public) hatte der
König einen unauslöſchlichen Haß gegen **Jacques
d'Armagnac**, Herzog **von Nemours** gefaßt c).
Er gab daher Befehl, daß man ſich dieſes Prinzen
bemächtigen, und ihn in ſeinem Schloſſe Carlat
in Auvergne belagern ſolle. **Pierre de Bourbon-
Beaujeu**, der den Auftrag erhielt, brauchte Liſt
ſtatt Gewalt, verſicherte dem Grafen **von Armagnac**, daß ihm kein Leid wiederfahren ſolle,
und brachte ihn auf dieſe Art nach Paris in die
Baſtille. Hier ließ **Ludewig** XI. den erlauchten
Gefangenen in eine der berüchtigten cages de fer
ſetzen, und befahl dem Gouverneur der Baſtille,
daß man den Grafen nie aus dieſem Käfig heraus-

Bb 4 　　　　nehmen

b) ib.
c) IV. p. 645.

nehmen solle, als um ihn zu foltern d). Nach
einer Gefangenschaft von sieben bis acht Monathen
erhielt das Parlement den Auftrag, dem Grafen
den Prozeß zu machen. Da das Parlement den
Grafen nicht schuldig genug fand, um ihn zum
Tode zu verurtheilen; so entbot der König den
ganzen Gerichtshof nach Noyon, setzte die Mit=
glieder ab, die sich in die blutigen Absichten ihres
Königs nicht fügen wollten, und ergänzte sie mit
solchen Räthen, welche geschmeidiger waren. Das
jetzt gestimmte Parlement that den Ausspruch, daß
der Graf **von Armagnac** enthauptet werden sol=
le e): welches Urtheil noch an demselbigen Tage
vollzogen wurde. Die beiden Söhne des Grafen
mußten unter dem Blutgerüste stehen, damit sie
von dem Blute ihres Vaters beträufelt würden f).

Die cages de fer hatten acht Fuß in's Gevierte,
und bestanden entweder aus dicken eisernen Stan=
gen, oder aus starken Bohlen, die mit dickem Eisen
belegt, und mit ungeheuren Schlössern und Riegeln
verwahrt waren g). Der Erfinder derselben war
ein

d) gardez bien, qu'il ne bouge plus de sa cage.
. . . et que l'on ne le motte jamais dehors, si
ce n'est pour le gehenner, et que l'on le gene
dans sa chambre. *Lettre de Louis* XI. in der Vor=
rede von Comines p. 73.

e) Mezeray l. c.   f) ib.

g) Comines VI. ch. 12. p. 404. 6.

ein Bifchof von Verdun, welcher Bifchof zuerft
in einen folchen Käfig hineingefetzt, und zwölf Jah=
re darin gefangen gehalten wurde. Ludewig XI.
ließ von Teutfchen Arbeitern ungeheure Ketten mit
künftlichen Schlöffern machen, an deren Ende fchwe=
re Kugeln befeftigt waren; und diefe Ketten wurden
les fillettes du roi genannt h). Gegen das Ende
feines Lebens verwandelte Ludewig XI. fein Schloß
zu Pleffis=les=Tours in ein fo graüfenvolles Ge=
fängniß, als worein er irgend Jemanden eingefperrt
hatte i); und diefes Gefängniß, in welches er fich
felbft einfchloß, diente, fagt Comines, gewiß zum
Heil feiner Seelen, indem es fchon auf diefer Er=
de einen Theil feines Fegefeuers ausmachte. — Ue=
brigens kann man Ludewig XI. den Ruhm nicht
verfagen, daß er, die Fälle ausgenommen, wo er
felbft Rache übte, Recht und Gerechtigkeit ftrenge
handhaben ließ, und den Grund zu dem außeror=
dentlichen Anfehen legte, welches das Parlement
in Paris gegen das Ende des funfzehnten Jahr=
hunderts erhielt k).

Bb 5　　　　Von

h) ib.　　　i) ib. p. 404. 5.

k) Mezeray ib. et V. 89. Selbft Ludewig XI.
fand bisweilen im Parlement zu Paris einen un=
überwindlichen Widerftand. Er fchickte einft mehrere
Edicte, welche das Parlement beftätigen follte.
Das Parlement weigerte fich, und da der König bey
Androhung von Lebensftrafe auf feiner Forderung be=
ftand;

Von den Meuchelmorden und blutigen Hinrich=
tungen unter **Heinrich** II. **Carl** IX., und **Hein:**
rich III. habe ich schon in dem vorhergehenden Ab=
schnitt das Nöthige beygebracht. Ich erinnere hier
nur noch an das fürchterliche Blutbad, welches im
J. 1560. unter **Franz** II. in Amboise gehalten
wurde. Man richtete auf einmahl gegen 1200.
Personen hin, von welchen man vorgab, daß sie
sich gegen den König verschworen hätten. Als die
Vornehmsten der Gefangenen abgethan werden soll=
ten, so verfügte sich die Königinnmutter, ihre drey
jungen Söhne, und alle Damen des Hofes an die
Fenster, um die Hinrichtungen, wie irgend ein
ergötzendes Schauspiel anzusehen 1).

Der Despotismus der Könige und ihrer Günst=
linge, die Uebermacht des Adels und der Geistlich=
keit, der Krieg dieser beiden Stände mit der
königlichen Gewalt, und der Druck der einen und
der andern auf das unterjochte Volk, die Verzweif=
lung und das Elend der Unterdrückten, und die
daher entstehenden Landplagen, Aufruhr, Hungers=

noth

stand; so kam das ganze Parlement unter Anführung
des Präsidenten an den Hof, und bat um den Tod,
indem Alle erklärten, daß sie lieber sterben, als
die Bekanntmachung der neuen Gesetze dulden woll=
ten. Hierauf ließ der König die gehässigen Edicte
in Gegenwart des Parlements zerreissen. Bodi=
nus do republ. III. c. 4. p. 468.
1) Mezeray VI. 38.

noth, Pest und Verödung des Landes waren von
dem eilften Jahrhundert an bis gegen die Mitte
des sechszehnten in England eben so, oder in noch
höheren Graden vorhanden, als in Frankreich.
Beyde Länder unterschieden sich bloß darin,
daß der fortgesetzte, und durch Fortsetzung oder
Verjährung in vermeyntliches Recht verwandelte
Mißbrauch der königlichen Gewalt in beiden Reichen nicht um dieselbige Zeit anfing, nnd nicht in
dieselbigen Perioden fiel. Der hohe Geist, und
die unerbittliche Strenge, womit der Normännische
Wilhelm die Eroberung von England anfing, und
vollendete: die ungeheuren Crongüter, welche er
vermöge des Rechts der Eroberung für sich, und
seine Nachkommen behielt m): die Willkühr, womit
er das Uebrige des eroberten Landes an die Gehülfen
seines Sieges als Lehen, und als Geschenke seiner
Gnade (beneficia) austheilte: die oberstrichterliche
Gewalt, die er als Eroberer, und gleichsam als
Eigenthumsherr über alle Theile des von ihm ge-
wonnenen Reichs ausbreitete n); die grossen Fähigkeiten und Tugenden **Heinrichs des ersten,**
Heinrichs des zweyten, und **Richards des**
ersten

m) Hume I. p. 363. bef. Wilb. Malm. de gest. reg.
   Angl. III. p. 107.
n) ib. II. 84. Matthaeus Paris I. p. 6. bef. Wilh.
   Malm. l. c. p. III.

erſten gaben den Königen von England im eilf=
ten und zwölften Jahrhundert ein entſchiedenes
Uebergewicht über alle andere Stände, und mach=
ten beſonders den hohen Adel, der alles, was er
beſaß, durch die Freygebigkeit der Könige erlangt
hatte, von dem Throne unendlich abhängiger, als
der Adel in Frankreich und andern Europäiſchen
Ländern war, wo der gröſte Theil der Beſitzungen
aus Stammgütern beſtand, und ſelbſt die Lehne
nicht aus der Hand der regierenden königlichen
Geſchlechter gekommen waren. Die Schwäche des
Königs Johann, und anderer ihm ähnlichen Kö=
nige, die zwar Laſter genug hatten, um ihre Ge=
walt zu mißbrauchen, aber nicht Kraft genug, um
ihre aus Gewalt entſprungenen Rechte und An=
ſehen mit Nachdruck zu behaupten: noch mehr aber
die Streitigkeiten der Häuſer Lancaſter und York,
und die Unſicherheit oder Grundloſigkeit der An=
ſprüche der Lancaſteriſchen Könige auf die Cro=
ne, wurden die Urſachen, daß die beiden höheren
Stände ſich oft mit dem gröſten Glück gegen ihre
Tyrannen verbanden: daß ſie die Tyrannen ſelbſt,
oder deren Günſtlinge verjagten, oder hinrichteten:
daß ſelbſt der Stand der Gemeinen allmählich em=
por kam: und daß die Engliſchen Könige gerade
im funfzehnten Jahrhundert, in welchem Carl VII.
und

und **Ludewig** XI. ihre despotische Gewalt in Frank=
reich befestigten, es am wenigsten wagten, sich eine
willführliche Gewalt über das Vermögen ihrer
Unterthanen anzumaaßen.   Sobald aber mit der
Thronbesteigung **Heinrichs** VII. die Furcht vor
Nebenbuhlern, und den Wirkungen von Usurpation
verschwand, welche die Englischen Könige bis da=
hin in Schranken gehalten hatte; so brachen auch
gleich die despotischen Anmaaßungen und Gewalt=
thätigkeiten der Könige hervor, und **Heinrich** VII.
und **Heinrich** VIII. herrschten noch unumschränk=
ter, als **Ludewig** XI. **Carl** VIII. und **Franz der
erste** in Frankreich herrschten.

Die Normännischen Könige beraubten, oder
schätzten ihr Volk nach Willkühr o), und behandelten
den ganzen Adel, wie man in andern Ländern Eu=
ropens höchstens die Dienstleute, oder Ministeriales,
und auch diese nicht alle behandelte p). Nach dem
Tode eines Grafen, Barons, oder andern Vasallen
erhielt dessen Erbe das väterliche Lehen nicht eher,
als bis er willführliche Summen in den königli=
chen Schatz bezahlt hatte.   Wenn die Kinder von
Vasallen minderjährig waren; so übernahm der Kö=
nig

o) Ueber Wilhelm den zweyten, Wilm. Malm. IV.
123. 124. 125. Der König Stephan verdarb schon
die Münzen. Hist. nov. II. p. 185.

p) Hume II. p. 8. 10.

nig die Vormundschaft gegen den Nießbrauch der Lehngüter des Verstorbenen, oder verkaufte auch die eine, und den andern um hohe Preise. Einen gleichen Handel trieben die Könige mit den Erb= töchtern von Baronen, und mit der Erlaubniß, um welche alle Lehnleute bey der Verheirathung von Töchtern, oder Verwandtinnen bitten musten. Auch bemächtigten sie sich aller beweglichen Habe von Vasallen, die ohne Testament gestorben waren, und legten nach Gutdünken Taxen auf alle Vasallen und Lehngüter, selbst auf solche Güter, welche die Baronen, und andere Vasallen in ihren eignen Händen behielten. **Heinrich der erste** versprach in königlichen Briefen, wovon Copeyen in alle Grafschaften und Abteyen geschickt wurden, daß er die jetzt erwähnten Erpressungen abstellen wolle q). Er hielt aber seine Verheissungen eben so wenig, als der König **Stephan** r), und schon unter dem Könige **Johann** hatte sich das Andenken der von **Heinrich dem ersten** ausgestellten Urkunde so sehr verlohren, daß man im ganzen Reich nur mit genauer Noth eine Abschrift auftreiben konnte. Die Exactionen, denen **Heinrich der erste** ent= sagte, um sich beliebt zu machen, dauerten noch unter vielen folgenden Regierungen fort.

Weil

q) Mathaeus Paris ad a. 1100. p. 38.
r) id. p. 51. ad a. 1135.

Weil **Heinrich** II. fand, daß er mit den Heeren seiner Lehnleute nicht viel ausrichten könne; so erließ er den Grafen, Baronen und andern Vasallen ihre Ritterdienste, und forderte statt derselben Kriegssteuern, mit deren Ertrage er Söldner miethete s). **Richard der erste** unterdrückte nicht blos das ganze Volk durch schwere, und allgemeine Steuern, sondern er zwang auch die Reichen und Vornehmen, daß sie ihm beträchtliche Summen vorstrecken mußten, von welchen er wohl wußte, daß er sie nie würde wieder bezahlen können t). Wenn er diese beiden Mittel nicht brauchen mochte, oder konnte; so befahl er, daß alle diejenigen, welche Gnadenbriefe von ihm hätten, diese Urkunden erneuern lassen sollten; und solche Erneuerungen mußten sehr theuer erkauft werden u). Noch stolzer und räuberischer, als **Richard** selbst, war **Longchamp**, den er während seines Creußzuges als Reichsverweser bestellte v).

Der Nachfolger **Richards** I. schonte keinen Stand, keine Rechte, und keine Vorurtheile, sie mochten so heilig und mächtig seyn, als sie wollten. Nachdem der König **Johann** sich mit dem päbstlichen Stuhle überworfen, und den größten Theil der Geistlichkeit gegen sich empört hatte; so tastete

er

s) Hume II. p. 209.　　t) ib. p. 219.
u) ib. p. 258.　　v) ib. p. 235.

er auch mit gleicher Sinnlosigkeit den Adel, oder den einzigen Stand an, der ihn' gegen seine übrigen Feinde noch hätte schützen können. Er schändete edle Familien durch seine wilden Lüfte, untersagte dem Adel die Jagd von gefiedertem Wilde, und ließ die Zäune seiner Wildbahnen niederreißen, damit das eingeschlossene Wild ungehindert die Felder der Unterthanen verwüsten könne. Weil er sich des allgemeinen Hasses wohl bewußt war, so zwang er die vornehmsten Grafen und Baronen, daß sie ihm ihre Kinder und Weiber als Geissel geben mußten w). Das tyrannische Verfahren des schwachen Königs erregte endlich einen allgemeinen Aufstand, und veranlaßte im J. 1215. die magna charta, oder den grossen Freyheitsbrief der Brittischen Nation, worin Johann allen den Gewaltthätigkeiten und Erpressungen entsagte, auf welche schon Heinrich der erste freywillig Verzicht gethan hatte x).

Heinrich der dritte beschwor die magna charta, welche man von seinem Vorgänger erzwungen hatte, und übertrat sie gleich so muthwillig, als wenn dergleichen nie vorhanden, und bestätigt worden wäre y). Wenn man ihm solche Ver

w) ib. p. 296.   x) ib. p. 323. 325.

y) l. c. p. 422. bef. Matth. Parif. ad a. 1240. p. 574. ad a. 1255. p. 579.

Verletzungen des Freyheitsbriefes vorhielt; so sagte
er, daß weder der Adel, noch die Geistlichkeit ihn
erfülle, und daß also auch er nicht daran gebunden
sey: worauf man richtig erwiederte, daß es dem
Könige gebühre, ein gutes Beyspiel zu geben z).
Im J. 1256. weigerten sich die Stände schlechterdings, dem Könige die verlangten Subsidien zu
bewilligen, wenn er nicht die magna charta auf
eine feierlichere Art. bestätige, als bisher geschehen
sey a). Man las also die magna charta in Gegenwart des Königs, des hohen Adels, und der
hohen Geistlichkeit vor: man sprach den Fluch über
denjenigen aus, welcher in's künftige das Grund-
gesetz der Nation verletzen würde, und nach diesem
Fluch warfen die Geistlichen die brennenden Kerzen,
welche sie in der Hand hielten, mit den Worten
auf den Boden: möge die Seele desjenigen, der
diesen Bannfluch verdient, eben so in der Hölle
verderben und stinken. Der König setzte hinzu b):
So wahr mir Gott helfe, will ich alle diese Artikel unverbrüchlich halten, in so ferne ich ein
Mann, ein Christ, ein Ritter, und ein gecrönter
und gesalbter König bin. Diese grausenvolle Ce-
remonie

z) Matth. Par. p. 609. ad a. 1255.
a) l. c. p. 445.
b) Matth. Par. p. 580. ad a. 1253.

C c

remonie war kaum vorüber, als der von feinen
Günstlingen mißgeleitete König eben so willkührlich
und den Grundsätzen zuwider regierte, als vorher c).

Der

c) Im J. 1252. sagte eine junge Gräfinn Arundel
zu Heinrich III. Tu chartam, quam confecit pater
tuus, et tu eam conceſſiſti, et juraſti obſervare
fideliter et irrefragabiliter et multoties ut eam
obſervares a fidelibus tuis pecuniam de libertatibus
obſervandis eorum extorſiſti, ſed tu ſemper im-
pudens transgreſſor eis fuiſti. Unde fidei laeſor
enormis et ſacramenti transgreſſor manifeſtus eſſe
comprobaris. Ubi libertates Angliae toties in
ſcripta redactae, toties conceſſae, totiesque redemp-
tae? *Matth.* Par. p. 451. ad a. 1252. Ohngefähr
um dieselbige Zeit sagte der König zu dem Hoſpita-
litermeiſter in England: Nonne dominus papa
quandoque, imo multoties factum ſuum revocat?
nonne appoſito hoc repagulo, *non obſtante,* chartas caſſat praeconceſſas? Sic et ego infringam hanc
et alias chartas, quas praedeceſſores mei, et ego
temere conceſſimus. Hierauf antwortete der geiſtliche Ritter kühn: Abiit, ut in ore tuo recitetur
hoc verbum illepidum et abſurdum. Quam diu
juſtitiam obſervas, rex eſſe poteris; et quam cito
hanc infregeris, rex eſſe deſines. Ad quod rex
nimis circumſpecto reſpondit: O quid ſibi vult
iſtud, vos Anglici, vultisne me, ſicut quondam
patrem meum, a regno praecipitare, atque necare
praecipitatum? Als Heinrich III. einſt dem Grafen
Marſchall unverdiente Vorwürfe machte; antwortete dieſer höchſt aufgebracht: mentiris. P. 616. ad
a. 1255. Wenn Heinrich III. in Nöthen war, ſo
wurde er gerade zu Räuber, und ließ Reichen und
Armen Geld, Vieh, Waaren u. ſ. w. mit offenbarer
Gewalt wegnehmen. Die Vorwände waren bald
unrichtiges Maaß und Gewicht, bald Verletzung der
Forſten, und Jagd, u. ſ. w. Man leſe die Klagen
des Matthäus von Paris. p. 578. Unter den Engliſchen Königen, heißt es, waren ſchon viele Räuber,
allein keiner war es ſo ſehr, u. ſ. w. ad a. 1253.
auch p. 618. cum aeditui regii . . . vina eorum,
ut conſueverant, ſine ſolutione violenter diriperent.

beſ.

Der Nachfolger **Heinrichs des dritten**, näm=
lich **Eduard der erste**, war, seiner zügellosen
Jugend ungeachtet d), einer der besten und größ=
ten Könige, welche England gehabt hat. Er sorgte
dafür, daß keiner seiner Unterthanen dem Andern
ungestraft Unrecht thun könnte; er selbst aber
wollte immer freye Hände behalten. Er gestattete
den Kaufleuten nur eine gewisse Quantität von
Wolle auszuführen, und auf diese Wolle legte er
einen Zoll, der dem dritten Theil des Werths der
Waare gleich kam. Alle übrige Wolle, so wie
alles Leder im Königreich nahm er gewaltsam zu
sich, und verkaufte beide für seine Rechnung. Er
entriß der Geistlichkeit alles goldene und silberne
Geräth, und den übrigen Unterthanen ließ er Vieh
oder andere Nothwendigkeiten rauben, die er für
seine Heere brauchte e): nicht einmahl gerechnet,

Cc 2

daß

bes. 631. Unter unzähligen Beyspielen der Unge=
rechtigkeit und Gewaltthätigkeit, welche die Richter
und übrigen Beamten Heinrichs III. ausübten, ist
besonders eins merkwürdig, welches Matthäus von
Paris S. 627. 628. erzählt: ad a. 1256. Heinrich III.
schonte die Kirche nicht mehr, als das Volk. Man
sehe die Gravamina der Englischen Geistlichkeit in
addit. Matthaei Parif. p. 129. Er, oder seine Diener
ließen häufig Geistliche henken, und den Gehenkten
den ganzen Kopf scheeren, damit man sie nicht als
Geistliche erkennen möchte: ib. p. 130.

d) Matthaei Par. p. 632. ad a. 1251.

e) ib. III. 75. 80. 82. 117.

remonie war kaum vorüber, als der
Günstlingen mißgeleitete König eben
und den Grundsätzen zuwider regier

c) Im J. 1252. sagte eine
zu Heinrich III. Tu chart
tuus, et tu eam concel
fideliter et irrefragabi
observares a fidelibus
observandis eorum
pudens transgreſſor
enormis et ſackan
comprobaris. U
ſcripta redactae.
tac? Matth.
um dieſelbige
litermeiſter
quandoque
nonne ap
tas caſſa
et alia
temen
liche
ho
jr

         auf eine

     (c f). Wenn

    er einer jeden neuen

    s oft beſtätigt wurden; ſo

    un ſie zu beobachten nicht ver-

  der zweyte war nicht gewaltthätiger,
nur weniger ſtark, als ſein Vater, und er
e nicht ſowohl ſeine beyſpielloſe Tyranney, als
eine Schwäche mit dem Verluſt des Throns und
des Lebens büſſen h). Sehr richtig ſagt der größte
unter den Engliſchen Geſchichtſchreibern: eine Verfaſſung, die ſo ſehr von dem perſönlichen Character
des Regenten abhing, muſte nothwendig ein willführliches, nicht aber geſetzmäſſiges Regiment her-
                 vor-

f) III. 84.   g) Hume III. 354.
h) im J. 1327. Hume III. p. 168. 169.

Eduard der dritte regierte we=
_lich, als der zweyte, und weder
Grossen wagten es, nur zu
_tiger Geist alle Widersetz=
_edanken niederdrückte.
_ard dem dritten
_em seiner Vor=
_yer, als seine Vor=
_yen auf das Volk k).
_zwang er einzelne Personen,
_strecken, oder Recruten, Waffen,
_n zur Armee zu schicken. Nicht we=
_llkührlich dehnte er seine Wälder aus,
_nte den Lauf der Gerechtigkeit, errichtete Mo=
nopolien, und warf Parlementsglieder in das Ge=
fängniß, weil sie zu frey geredet hatten.

Als die willkührliche königliche Macht abermals
in schwache Hände, in die Hände **Richards** II.
kam, da schlug gleich wieder das stets lodernde
Feuer des Aufruhrs in helle Flammen aus. **Ri=
chard der zweyte** wurde entthront, und auf eine
höchst schreckliche Weise umgebracht l). Sein Blut
war der Keim der wildesten Bürgerkriege, wodurch
England beynahe ein ganzes Jahrhundert zerrissen
wurde. Die Könige aus dem Hause **Lancaster**

Cc 3   haben

i) ib.   k) ib. p. _6. 327.   l) III. 440. 41.

daß er die Juden auf die gewaltthätigste Art ver⸗
jagte, und ausplünderte. Die Stände nöthigten
ihn im J. 1297. die magna charta abermahls zu
bestätigen, und dem Recht, willkührlich Taxen zu
heben, feierlich zu entsagen: welchem Versprechen
er aber dadurch auswich, daß er sich vom päbstli⸗
chen Stuhle eine Befreiung von allen seinen Ei⸗
den und Verbindlichkeiten bewirkte. Man rechnet,
daß die magna charta von verschiedenen Königen
dreyßigmahl bestätigt, und eben so oft auf eine
gröbliche Art gebrochen worden ist f). Wenn
Rechte und Urkunden nicht unter einer jeden neuen
Regierung, oder wenigstens oft bestätigt wurden; so
dachte man, daß man sie zu beobachten nicht ver⸗
bunden sey g).

Eduard der zweyte war nicht gewaltthätiger,
sondern nur weniger stark, als sein Vater, und er
muste nicht sowohl seine beyspiellose Tyranney, als
seine Schwäche mit dem Verlust des Throns und
des Lebens büssen h). Sehr richtig sagt der gröste
unter den Englischen Geschichtschreibern: eine Ver⸗
fassung, die so sehr von dem persönlichen Character
des Regenten abhing, muste nothwendig ein will⸗
kührliches, nicht aber gesetzmässiges Regiment her⸗
vor⸗

f) III. 84.　　g) Hume III. 554.
h) im J. 1327. Hume III. p. 168. 169.

vorbringen i). **Eduard der dritte** regierte we=
nigstens so willkührlich, als der zweyte, und weder
das Volk, noch die Grossen wagten es, nur zu
murren, weil sein mächtiger Geist alle Widerset=
lichkeiten in Thaten und Gedanken niederdrückte.
Das Parlement bewilligte **Eduard dem dritten**
grössere Summen, als irgend einem seiner Vor=
gänger, und doch legte er häufiger, als seine Vor=
fahren willkührliche Auflagen auf das Volk k).
Eben so willkührlich zwang er einzelne Personen,
ihm Gelder vorzustrecken, oder Recruten, Waffen,
und Munition zur Armee zu schicken. Nicht we=
niger willkührlich dehnte er seine Wälder aus,
hemmte den Lauf der Gerechtigkeit, errichtete Mo=
nopolien, und warf Parlementsglieder in das Ge=
fängniß, weil sie zu frey geredet hatten.

Als die willkührliche königliche Macht abermals
in schwache Hände, in die Hände **Richards** II.
kam, da schlug gleich wieder das stets lodernde
Feuer des Aufruhrs in helle Flammen aus. **Ri=
chard der zweyte** wurde entthront, und auf eine
höchst schreckliche Weise umgebracht l). Sein Blut
war der Keim der wildesten Bürgerkriege, wodurch
England beynahe ein ganzes Jahrhundert zerrissen
wurde. Die Könige aus dem Hause **Lancaster**

Cc 3   haben

i) ib.   k) ib. p. 326. 327.   l) III. 440. 41.

hoben zwar keine willkührliche Abgaben m). Sonst
aber übten sie eine jede Art von Despotismus
aus, welches das Parlement duldete, oder wozu es
gar mitwirkte n). Als **Heinrich der siebente**
den letzten **Plantagenet** ohne ordentliches Verhör
hingerichtet, und alle Ansprüche auf die Crone in
seiner und seiner Gemahlin Person vereinigt hat=
te; so wurde er bald der einzige Unterdrücker des
Volks o); und das Volk ertrug diesen Druck,
weil es wenigstens durch ihn von der Tyranney
des Adels befreyt wurde. **Empson,** und **Dudley**
waren die beiden Hauptdiener des Despotismus
und des Geizes des Königs. Anfangs beobachte=
ten diese Minister noch einen Schein von Recht,
indem sie wenigstens gegen die Personen, welche
sie berauben wollten, eine Klage erhoben, und sie
in das Gefängniß werfen liessen: wo man sie
dann so lange unverhört liegen ließ, bis sie sich
loskauften. Allmählich setzte man sich über alle
gerichtliche Formen weg. Man forderte unschuldige
Personen gerade zu vor eine königliche Commission,
von welcher sie auf eine summarische Art vernom=
men, und zu Geldstrafen verurtheilt wurden.
Wenn die Angeklagten auch von Jurys gerichtet
zu werden verlangten; so gewannen sie dadurch
nichts,

m) IV. 80.   n) IV. 260.   o) Hume IV. 391.

nichts, weil man die Jurys so lange bedrohete, oder mißhandelte, bis sie sich willig finden ließen, so zu sprechen, wie man ihnen vorschrieb p). Das ganze Reich war mit Spionen und Inquisitoren angefüllt, die einen jeden Schein von Schuld aufsuchten, und nußten, um einen Raub für den König zu erhaschen. Durch solche Künste sammelte **Heinrich** VII. aus dem durch langwierige Kriege und Unterdrückungen verarmten Reich einen Schatz, der auf drey Millionen Pfund Sterling nach jetziger Währung geschätzt wird q).

Heinrich VIII. setzte fort, was **Heinrich** VII. angefangen hatte. Er meldete den Reichsten der Nation, wie viel er von ihnen zu entlehnen wünschte, und forderte selbst von der ganzen Nation eine allgemeine Steuer unter dem Nahmen eines Darlehns r). Bald nachher hielt er es nicht einmahl mehr für nöthig, seine willführlichen Erpressungen mit dem Nahmen von Darlehen zu bedecken. Er schrieb eine allgemeine Schatzung durch alle Gräfschaften aus, und bestimmte, wie viel Schillinge vom Pfunde die Geistlichkeit, und wie viel die Layen zu entrichten hätten s). Diese eigenmächtigen Auflagen erregten in mehrern Gegenden

C c 4

p) l. c. p. 419. 20.   q) ib. p. 421.
r) Hume V. 105.   s) l. c. p. 124. 125.

genden bedenkliche Aufstände, die man nur mit genauer Noth besänftigte, und deren Urheber der zum
Strafen so geneigte König nicht zu bestrafen wagte.
Er erklärte zwar, daß er von dem Volke keine andere als freywillige Beyträge verlange; (by way
of benevolence). Zugleich aber äusserte er, daß
ein rechtmässiger und absoluter König, dergleichen
er selbst sey, von Rechtswegen nicht nöthig habe,
sich um die Gunst eines unwissenden Pöbels zu
bewerben t): in welchen Anmaassungen er von den
Mitgliedern des geheimen Raths, und den königlichen Richtern unterstützt wurde. Geldsachen waren die einzigen, in welchen Heinrich VIII. und
der Cardinal Wolsey das Parlement nicht so nach-
giebig fanden, als sie es wünschten: wiewohl es
dem Könige in der Folge auch die Güter der hohen
und niedrigen Geistlichkeit zuerkannte u). Sonst
aber machte das Parlement Heinrich den achten
zu einem so unumschränkten König, als um dieselbige Zeit kein anderer in dem aufgeklärten Europa
war. Man gab und wiederholte eine Acte, wodurch die Proclamationen des Königs die Kraft
oder Gültigkeit von Statuten erhielten v). Diesem
Gesetz widersprach allein Lord Monntjoy, und
dies ist das erste und einzige Beyspiel einer Pro-
testa-

t) p. 125.   u) ib. p. 237. 278.   v) p. 221. 350.

testation unter der Regierung **Heinrich** VIII. w).
Man ertheilte dem Könige nicht bloß die Macht,
nach Belieben über die Crone, oder über die Erbfolge zu schalten, sondern man erklärte sogar, daß
man den Glauben annehmen wolle, den **Heinrich**
VIII. und seine geistlichen Räthe als den besten
vorschreiben würden x). Man erkannte es für
Hochverrath, wenn Jemand an der höchsten geistlichen Gerichtsbarkeit des Königs zweyfle y); und
außer diesem Zweyfel machte man noch so viele andere Handlungen zu Majestätsverbrechen, daß die
Gesetze mit sich selbst widersprechend wurden z).
Der König hatte die Gewalt, einen Jeden willkührlich in das Gefängniß zu werfen, oder zu
zwingen, an jedem Orte und in jedem Amte zu
dienen, welchen oder welches er Einem anweisen
würde a). Wer die neue Art das Griechische aus-
zusprechen annahm, der wurde entsetzt, ausgepeitscht
und verjagt b). **Heinrichs** VII. und **Heinrichs**
VIII. willkührliches Regiment verbreitete in der
ersten Hälfte des sechszehnten Jahrhunderts die
gegründete Meynung: daß die Englischen Könige
die unumschränktesten in ganz Europa seyen c).

Cc 5

Hein-

---

w) ib.   x) p. 254. 55. 297. 330.

y) p. 221.   z) p. 389.

a) p. 358.   b) p. 404.   c) Hume VI. 69.

Heinrich der achte hatte die Engländer so
sehr an unbedingten Gehorsam, und an Ehrfurcht
gegen die Vorrechte der Crone gewöhnt, daß sie
viele und grobe Verletzungen der Volksrechte er-
trugen, deren sich der Protector Sommerset unter
Eduard VI. d) und noch mehr die Königinn
Maria schuldig machten e). Elisabeth war
weniger hart, und blutdürstig, aber nicht weniger
despotisch, als ihr Vater. Sie untersagte alle
freye Reden im Parlement auf das strengste, und
strafte es mit Gefängniß, oder gar mit dem Tode f).
Sie ließ das Parlement in den härtesten Ausdrücken wissen, daß es sich weder mit Staats-
noch mit kirchlichen Angelegenheiten abgeben solle,
als welche weit über den Verstand desselben erha-
ben seyen g). Auch seyen die Vorrechte der Crone
so heilig und göttlich, daß man sie nicht allein
nicht einschränken, sondern nicht einmahl bezwey-
feln, oder zur Frage bringen dürfe h). Unumschränkte Könige, als wofür man die Könige von
England halten müsse, sagten die Diener des Hofes im Parlement selbst, seyen eine Art von Gottheit, welche eine bindende, und lösende Gewalt
habe; und es sey also unnöthig, die Königinn

durch

d) VI. 9. 101.   e) VI. 159. 184. 196.
f) VII. 35. 39. 42. 108. 411.
g) p. 43. 281.   h) p. 45. 377.

durch Gesetze binden zu wollen, da sie sich selbst
von solchen Gesetzen vermöge ihrer lösenden Ge=
walt (dispensing power) befreyen könne i). Zu
den Vorrechten der Krone rechnete man auch die
Macht, den ganzen auswärtigen und innern Han=
del zu ordnen, und unbedingt Monopolien zu er=
richten k). Es war fast keine Waare, deren Ver=
kauf man nicht einer ausschliessenden Gesellschaft
gegeben hatte; und da einst das Verzeichniß der
in Monopolien verwandelten Handlungsartikel im
Parlement vorgelesen wurde; so rief ein Mitglied
aus: ist nicht auch das Brod darunter? worauf
man erwiederte, daß, wenn es so fortgehe, in der
nächsten Parlementssitzung auch das Brod mono=
polisirt werden würde. Ungeachtet durch diese
Monopolien der ganze Handel eingeschränkt, die
Preise der Dinge oft verzehnfacht, und unzählige
gehässige Inquisitionen und willkührliche Bestra=
fungen von Defraudanten veranlaßt wurden; so
hielt man es doch für äusserst strafbar, der König=
inn über ein Vorrecht der Crone Vorstellungen zu
machen l). Monopolien waren eine der schädlich=
sten, aber lange nicht die einzige willkührliche
Auflage während der Regierung der Königinn
Elisabeth. Erzwungene Darlehne, so genannte
freы=

i) ib.　k) VI. 414. VII. 42. 45. 375.　l) ib.

freywillige Geschenke, Zölle und Schiffgelder, Vor-
mundschaften über minderjährige Kinder grosser
Familien, der Verkauf von gewissen Dingen in
bestimmten Gegenden, und die Freyheit, manche
Bedürfnisse ohne Bezahlung nehmen zu dürfen,
wurden unter der Königinn **Elisabeth** in eben
der Ausdehnung, wie unter einer jeden andern
vorhergehenden Regierung gebraucht m). Die Gerichte der Königinn verfuhren nicht weniger willkührlich, als **Elisabeth** regierte n). Königliche
Verordnungen hatten die Kraft von Gesetzen, und
königliche Befehle störten den Gang der Gerechtigkeit o). Angesehene Personen durften weder reisen,
noch handeln, oder sich verheirathen, ohne die Erlaubniß der Königinn zu haben p). Die Hof-
etiquette entsprach dem Geiste der Regierung, indem
beide gleich morgenländisch waren q). Unter dieser
willkührlichen, aber sonst glorreichen Regierung der
Elisabeth ging in den Geistern und Gemüthern
der Engländer die allmählige und allgemeine Veränderung vor, welche sie ungeneigt machte, von
den Nachfolgern zu dulden, was sie unter den
Vorgängern ertragen hatten.

Alle

m) p. 400. et seq.
n) VII. p. 148. 149. 393 -397.
o) p. 406. 407.   p) l. c.   q) VII. 579.

Alle Könige, oder siegende Parteyen in England, welche mit räuberischer Faust das Eigenthum
anderer an sich rissen, tasteten auch die Ehre, die
Freyheit und das Leben von Unterthanen, oder
Widersachern an. Besonders kann man von dem
Anfange des vierzehnten Jahrhunderts bis gegen
das Ende des siebzehnten fast kein Menschenalter
in England nennen, in welchem man nicht Unschuldige hingerichtet, oder Schuldige auf eine un-
gesetzmässige Art verurtheilt hätte. Man gab sich
meistens nicht einmahl die Mühe, auch solche, die
den Tod verdient hatten, von unparteyischen Richtern verhören, und dann nach den Gesetzen verurtheilen zu lassen; sondern man schritt zur Strafe,
ohne vorher untersucht, oder ordentlich untersucht
zu haben. Wenn man Richter oder Geschworne
ernannte, so waren diese entweder so knechtisch,
oder so verblendet, oder wurden so in Furcht gesetzt, daß sie auf Tod und Marter sprachen, wie
ihnen von ihrem Parteygeist, oder ihren Despoten
eingegeben wurde. Man hatte so wenig Achtung
für die Meynung des Publicums, daß man nicht
selten die Richter unter den tödtlichsten Feinden
der Beklagten aussuchte. Meistens wurden die
Todesstrafen auch der vornehmsten Personen durch
die Folter, oder durch Verstümmelungen, oder
durch

durch ſchmachvolle Beſchimpfungen erhöht. Fol=
gende Beyſpiele werden einen Jeden überzeugen,
daß Laſter und Tyranney in England nicht weniger,
als in Frankreich die Gerichte ſo wie einen jeden
andern Theil der öffentlichen Verwaltung ſchän=
deten.

Unter **Eduard dem zweyten** wurde im J.
1322. der Graf **von Lancaſter** als ein offenbarer
Rebell mit den Waffen in der Hand ergriffen.
Anſtatt ihn nach den Geſetzen des Landes, welche
ihn zum Tode verdammten, richten zu laſſen, ur=
theilte man über ihn nach Kriegsrecht, und ließ ihn
in einem verächtlichem Aufzuge auf den Gerichts=
platz führen, wo er enthauptet wurde r).

Einige Jahre nachher übten glückliche Empörer
das Wiedervergeltungsrecht an dem Könige, und
an ſeinen Lieblingen den **Spenſers** aus. Der
ältere **Spenſer**, ein ehrwürdiger Greis von neun=
zig Jahren wurde ohne Urtheil und Recht gehenkt,
ſein Cörper zerſtückelt, und den Hunden hinge=
worfen. Der jüngere **Spenſer**, und andere Per=
ſonen des höchſten Adels hatten bald darauf ein
ähnliches Schickſal s).

Im Anfange der Regierung **Eduards** III.

ver=

r) Hume III. 151. 152.
s) p. 162. Froiſſart l. c. 14. p. 11.

verleitete der verschmitzte, und gewaltthätige Mor=
timer den Grafen von Kent zu dem thörichten
Anschlage, Edward den zweyten, der nicht mehr
lebte, deſſen Leben man aber vorgegeben hatte, zu
befreyen, und wieder auf den Thron zu ſetzen.
Unter dieſen falſchen Lockungen nahm Mortimer
den Grafen gefangen, klagte ihn vor dem Parle=
ment an, und die eben ſo knechtiſchen als un=
ruhigen Baronen verurtheilten den Grafen zum
Verluſte des Lebens und Vermögens. Man be=
ſchleunigte die Hinrichtung ſo viel man konnte,
weil man ſich vor der Begnadigung des Königs,
und der Liebe des Volks fürchtete. Man hatte
Peers genug gefunden, um den Grafen zu ver=
urtheilen, und kaum konnte man einen Henker
auftreiben, der den ungerechten Ausſpruch vollzie=
hen wollte t).

Schon im folgenden Jahre im J. 1331. muſte
Mortimer für das büſſen, was er an dem Gra=
fen von Kent und an vielen andern verſchuldet
hatte. Das Parlement verurtheilte ihn wegen der
vorausgeſetzten Notorietät ſeiner Verbrechen zum
Tode, ohne ihn verhört, ohne Zeugen gefragt, und
ohne ſeine Vertheidigung vernommen zu haben.
Zwanzig Jahre nachher wurde dies Urtheil zu
Gun=

t) ib. p. 190. 191.

Gunſten des Sohns vernichtet. Die Grundſätze
der Gerechtigkeit, merkt Hume an, waren damahls
in England noch nicht genug gegründet, um eine
Perſon zu ſchützen, welche die herrſchende Partey
aus dem Wege räumen wollte. Höchſtens waren
ſie ſtark genug, um bey der Rückkehr des Anſehens
der Nachgelaſſenen ein ungerechtes Urtheil widerrufen zu machen u).

Im J. 1388. traten der Herzog von Gloce-
ſter, Oheim des regierenden Königs Richard II.,
die Grafen von Derby, von Arundel, von
Warwic, und von Nottingham, deren verei-
nigter Macht der König zu widerſtehen viel zu
ſchwach war, vor dem Parlement auf, und klagten
die bisherigen Miniſter, oder Rathgeber des Königs als Feinde und Verräther des Landes an.
Das Parlement, welches unbefangener Richter hätte
ſeyn ſollen, ſchämte ſich nicht, von allen ſeinen
Mitgliedern den Eid zu fordern, daß man mit den
klagenden Lords Leib, Leben und Gut wagen wolle.
Das übrige Verfahren des Parlements war der
Gewaltthätigkeit und Ungerechtigkeit der Zeiten
vollkommen angemeſſen. Man verurtheilte die
Angeklagten, ohne einen einzigen Artikel der Anklage gehörig unterſucht, und ohne einen Zeugen
ver-

---

u) ib. p. 193.

verhört zu haben, nach einer kurzen Zwischenzeit zum Tode, und ließ diejenigen unter den Ministern, deren man habhaft geworden war, ohne Verzug auf das Blutgerüst führen, ungeachtet gerade diese nicht von den Peers hätten hingerichtet werden sollen v).

Gleiche Ungerechtigkeiten oder Unregelmäßigkeiten dauerten durch das funfzehnte Jahrhundert fort. Unter **Heinrich dem V.** verschwor sich der Graf **von Cambridge** mit einigen andern Baronen w), um dem Grafen **la Marche**, seinem Schwiegervater das Recht auf die Crone von England wieder zu verschaffen. Die Verschwörer bekannten ihre Schuld, sobald man sie entdeckt und ergriffen hatte; und auf dieses Bekenntniß schritt man kurz und gut zu ihrer Verurtheilung und Hinrichtung. "Das Aeusserste x), was man in „diesen Zeiten von dem besten Könige erwarten „konnte, war, daß er wenigstens das Wesentliche „der Gerechtigkeit so weit beobachtete, um nicht „einen ganz Unschuldigen aufzuopfern. Das For= „melle hingegen, welches sehr oft eben so wichtig, „als das Wesentliche der Gerechtigkeit selbst ist, „setzte man ohne das geringste Bedenken aus den „Augen." Man versammelte zuerst ein Gericht von

v) ib. p. 407.   w) IV. 47.   x) Hume IV. 48.

D d

von Jurys, die aus den Gemeinen erwählt waren.
Diese Jurys verurtheilten den **Thomas Grey**
auf das bloße Zeugniß des Castellans von Sout=
hampton, welcher aussagte, daß die Schuldigen
ihm ihr Verbrechen bekannt hätten, zum Tode.
Weil der Graf von **Cambridge,** und Lord **Scro=**
pe sich auf ihre Peerschaft beriefen; so setzte der
König ein Gericht von achtzehn Baronen nieder.
Vor diesem Gericht der Peers wurde die Aussage
abgelesen, welche der Castellan von Southampton
vor den Jurys aus den Gemeinen gethan hatte.
Die Lords begnügten sich mit diesem Beweise.
Man forderte die Gefangenen nicht vor, und hör=
te ihre Vertheidigung nicht, ungeachtet einer der=
selben ein Prinz von Geblüt war, sondern man
sprach gleich das Todesurtheil aus, welches auch
unverzüglich vollstreckt wurde.

Ich übergehe die Fälle, wo das Parlement
unter **Eduard** IV. und **Heinrich** VII. eine große
Menge von vornehmen Personen verurtheilte, und
ihres Vaterlandes und Vermögens beraubte, weil
sie regierenden, von der ganzen Nation, und auch
von dem Parlement anerkannten Königen ange=
hangen hatten y). Wichtiger aber für die Ge=
schichte der Verfassung und Verwaltung von Eng=
land

y) IV. p. 208. 331.

land ift es, daß die Könige im funfzehnten und
fechszehnten Jahrhundert die Freyheit hatten, einen
Jeden, welcher des Hochverraths verdächtig war,
nicht von den ordentlichen Gerichten, und nach
den Gefeßen des Landes, fondern fummarifch von
ihrem Connetable und nach Kriegsrecht verurtheilen
zu laffen. Auf diefe Art wurden 1461. unter
Eduard IV. viele Vornehme von Adel gerich=
tet z), und der Connetable erhielt in feiner In=
ftruction die Gewalt und Anweifung, daß er
fummarie et de plano, fine ftrepitu et figura
juftitiae fola facti veritate infpecta verfahren
fönne a): welcher Gebrauch des martial law erft
unter **Carl** I. aufgehoben wurde b). Diefes fum=
marifchen und willführlichen Hofgerichts hätten
die Könige entbehren fönnen, da die ordentlichen
Richter und Gefchwornen fich faft nie weigerten,
diejenigen fchuldig zu finden, welche der Hof ver=
nichten wollte. Im Jahre 1477. jagte **Eduard**
IV. in dem Park eines Edelmanns, **Thomas
Burdet** von **Arrow**, und erlegte einen weiffen
Rehbock, welcher der Liebling feines Befißers war.
Den Edelmann fchmerzte der Tod diefes Thiers fo
fehr, daß er im erften Anfall des Aergers fagte:
er wolle, daß die Hörner des Rehbocks demjenigen

Dd 2 in

z) l. c. IV. 209.　　a) p. 445. 446.　　b) p. 446.

in den Leib führen, der dem Könige den Rath
gegeben hätte, ihm eine solche Schmach anzuthun.
Diese Aeußerung wurde dadurch zum Todesverbre-
chen, daß die Person, welcher sie entfahren war,
ein warmer Freund und Verehrer des Herzogs
von Clarence war. Der Edelmann wurde als
ein Verbrecher der beleidigten Majestät eingezogen,
von Richtern und Geschwornen schuldig befunden,
und zu Kyburn wirklich enthauptet c).

Eben so willig, als unter **Eduard IV.**, waren Richter und Geschworne unter **Heinrich dem
VII. Heinrich VIII.**, und deren Nachfolgern bis
gegen das Ende des letzten Jahrhunderts. Durch
falsche Ankläger, und feile, oder furchtsame Richter
plünderte **Heinrich VII.** das ganze Königreich
aus, und nahm dem Grafen **von Warwic**, dem
letzten **Plantagenet** das Leben d). Unter **Heinrich VIII.** waren Gerichte, sie mochten aus **Peers**,
oder Gemeinen bestehen, bloße Farcen, oder For-
malitäten e). Die entferntesten, die zweydeutig-
sten, und unzuverlässigsten Argwöhne, und die
unwahrscheinlichsten Beschuldigungen waren hinreichend, um die erlauchtesten, ehrwürdigsten, und
un-

c) Hume IV. 258.   d) ib. p. 414.
e) Trials were mere formalities during this reign.
V. p. 225. Hume sagt dieses bey Gelegenheit der
Hinrichtung von **Thomas More.**

unschuldigsten Personen zum Tode verdammen zu machen f). Die tyrannische Blutgier Heinrichs VIII. schien fast in eben dem Grade zuzunehmen, in welchem er selbst dem Tode, und dem unbestechlichen grossen Richter entgegen eilte, vor welchem kein Ansehen der Person mehr gilt. Nachdem er den Sohn des Herzogs von Norfolk auf den grundlosesten Verdacht hin hatte morden lassen; so wollte er auch noch den Vater aus dem Wege räumen. Er rief "das sicherste und kürzeste Werkzeug seiner Tyranney" ein Parlement zusammen, und dies Parlement fand den Herzog des Todes schuldig, ungeachtet man selbst mit Hülfe seines verrätherischen Weibes, und seiner verrätherischen Mätresse nichts weiter gegen ihn aufbringen konnte, als daß er gesagt hatte: der König sey kränklich, und könne es nicht lange mehr aushalten g). Heinrich VIII. konnte mit aller seiner despotischen Hastigkeit die Verurtheilung des Herzogs nicht so schnell betreiben, daß er selbst nicht noch eher vom Tode überrascht worden wäre, als das ungerechte Urtheil vollzogen wurde. Keiner wagte es, den

Dd 3 Ty=

f) Man sehe bes. das Urtheil der Königinn Anne, V. 249. der Gräfinn von Salisbury, p. 299. des Grafen von Surrey, p 382. und des Herzogs von Norfolk p. 383.

g) Hume V. p. 385.

Tyrannen auf den gefährlichen Zustand seiner Gesundheit aufmerksam zu machen, weil er viele Personen als Hochverräther hatte hinrichten lassen, die
von seinem baldigen Ende gesprochen, oder es vor-
hergesagt hatten h). Einige Jahre nach **Heinrichs**
Tode wurde der Protector **Sommerset** von einem
Gerichte von Peers verurtheilt, unter welchen sich
Viele von seinen Todfeinden fanden i).

Selbst im letzten Jahrhundert schützten die
besten Gesetze, und die beste Gerichtsverfassung
Unschuld und Tugend nicht, und die Ungerechtigkeiten, welche bald die Könige, und deren Diener,
bald das Volk und Parlement begingen, sind ein
Beweis der grossen Wahrheit: daß gute Gesetze
ohne gute Sitten nichts helfen. Höchst unregel-
mässig war zuerst das Verfahren des Parlements
gegen **Straffort**. Die Volkspartey, oder das Parlement rechnete diesem grossen Mann das Bestreben,
die Grundgesetze des Landes umzuwerfen, als Hochverrath an, ungeachtet ein solches Bestreben in
allen Statuten über high-treason nicht erwähnt
worden war k). Da man gar keine klare Beweise
gegen den Grafen vorbringen konnte; so erfand man
eine anhäufende, oder sammelnde Evidenz, vermöge
deren man verdrehbare Worte, oder schriftliche Aeusserungen

h) ib.   i) VI. 92.   k) IX. 165.

ſerungen zu einem einzigen genugthuenden Beweiſe erhöhte.l). Als der ſolicitor-general die Anklage gegen **Straffort** in das Haus der Lords brachte, ſo ſagte er, daß, wenn gleich die Beweiſe gegen den Grafen nicht überzeugend ſeyen, bey der Ver-urtheilung dieſes Mannes das Gewiſſen eines Jeden, oder das Bewuſtſeyn ſeiner Schuld hin-reiche, und daß der Graf die Wohlthaten des Ge-ſetzes nicht anſprechen könne, da er alle Geſetze gebrochen habe. Es iſt wahr, ſetzte er hinzu, wir geben Geſetze für Haaſen und anderes Wild; denn ſie ſind Jagdwildprett. Allein nie hat man es für unrecht gehalten, Füchſe und Wölfe zu vernichten, wo man ſie findet, weil ſie Raubthiere ſind m). „Der Graf wurde zum Tode verurtheilt, und die-„ſes Urtheil war eine viel ungerechtere Gewalt-„thätigkeit, als alle diejenigen, welche die Feinde „des Grafen mit einer ſo grauſamen Heftigkeit „verfolgten" n). Mit einer gleichen Wuth nahm man nachher dem Erzbiſchof **Laud** das Leben o). Weil man auch nicht den geringſten Scheinbe-weis gegen dieſen vornehmen Geiſtlichen auftreiben konnte; ſo bediente ſich das Parlement ſeiner höch-ſten geſetzgebenden Gewalt, um ihn als einen

D d 4 gefähr-

l) ib. et 173.   m) p. 178. 179.

n) ib. p. 184.   o) ib. p. 398. 400.

gefährlichen Mann zu vernichten, und veranlaßte Pöbelgeschrey und Auflauf, um die Lords zur Bestätigung des Todesurtheils zu zwingen.

In den Jahren 1678. und 1679. kostete der Wahn einer papistischen Verschwörung, welcher die ganze Nation wie ein hitziges Fieber ergriff, vielen unschuldigen Menschen das Leben. Man nahm nicht nur die unglaublichsten, widersprechendsten, und durch unverwerfliche Zeugen und Urkunden widerlegten Aussagen von verdächtigen und ehrlosen Menschen an, sondern man belohnte so gar falsche Zeugnisse und Anklagen als Beweise des lautersten und heldenmüthigsten Patriotismus p); und nicht bloß der Pöbel, uud das Unterhaus, sondern auch die Lords waren verblendet, und ungerecht genug, um gegen die augenscheinlichsten Beweise einen unschuldigen Greis aus ihrer Mitte, den Viscount Stafford zum Tode zu verurtheilen. Als die Hofpartey bald nachher wieder die Oberhand gewann; so brauchte man eben die ehrlosen und falschen Zeugen und Angeber, welche Stafforden und andere Unschuldige auf das Blutgerüst gebracht hatten, gegen die eifrigsten Verfolger derselben, und diese fielen also durch dieselbigen Künste, und dieselbige Rachbegierde, wodurch ihre Feinde gestürzt worden wa-

p) XI. 326. 329. 353. 392.

waren q). Einige Jahre später übte **Jefferies**
unter **Jacob dem zweyten** mit dem ganzen
äussern Pomp der Gerechtigkeit in allen Theilen
von England eine so räuberische und blutige Ty=
rannengewalt aus, als kaum jemahls in diesem
Königreiche erhört worden war. Er plünderte,
oder tödtete viele hundert unschuldige Personen,
weil er die Geschwornen in ein solches Schrecken
setzte, daß sie alle diejenigen schuldig fanden, wel=
chen er Leben oder Vermögen nehmen wollte r).

Ueber die Verfassung der Italiänischen Staaten
in den Jahrhunderten des Mittelalters brauchte
ich nach dem, was ich in dem vorhergehenden Ab=
schnitt gesagt habe, weiter nichts hinzuzufügen.
Man hat aus den Zeugnissen gleichzeitiger Schrift=
steller gesehen, daß die grössern Städte sich gegen
die kleineren, welche sie unterdrückten, und die
Parteyen in den Städten gegen einander eben die
Gewaltthätigkeiten erlaubten, welche die grossen
und kleinen Tyrannen gegen ihre Vasallen und
übrigen Unterthanen ausübten. Falsche Angebe=
reyen und Anklagen, ungerechte Verurtheilungen,
willkührliche Beraubungen, Hinrichtungen und Ver=
weisungen waren in allen Italiänischen Staaten

Dd 5 noch

q) ib. p. 413. 414. auch XII. 12. 17. 27,
r) XII. 92-95.

noch allgemeiner, als in Frankreich und England.
Die grösseren und kleinern Fürsten des vierzehnten,
funfzehnten, und sechszehnten Jahrhunderts waren
im Durchschnitt viel räuberischer, schwelgerischer
und üppiger, als **Machiavell** will, daß Fürsten
seyn sollen. Um desto mehr kann man aus dem
Muster eines Fürsten, was **Machiavell** aufstellt,
abnehmen, wie die wirklichen, oder die bösen Fürsten zu den Zeiten dieses Schriftstellers in Italien
beschaffen gewesen seyen. Einige Urtheile aus dem
berüchtigten Principe des **Machiavell** scheinen
mir hinreichend, um die Staatskunst, und Verwaltung in Italien so weit zu schildern, als es
zu meinem Zweck nöthig ist.

Der größte Theil der Schrift enthält Rath-
schläge für neue Fürsten, und man kann leicht
denken, wie ein Land regiert worden sey, in welchem
die meisten Fürsten Abentheurer waren, welche
sich bloß durch Ränke und Morde emporgeschwungen
hatten. Solchen neuen Fürsten wuste **Machiavell** kein höheres Ideal vorzustellen, und zur Nachahmung zu empfehlen, als das verabscheuungswür-
digste unter allen tyrannischen Ungeheuern der
neuern Zeit, den **Cäsar Borgia**. **Machiavell**
lobt und bewundert die List und Grausamkeit, womit
Cäsar Borgia alle Herren in Romagna, und zuletzt

letzt die **Orsinis** in's Garn gelockt, und aus der
Welt geschafft hatte s). Man hielt freylich, sagt
Machiavell t), den **Cäsar Borgia** für grausam;
allein gerade durch diese Grausamkeit hatte er
ganz Romagna gesäubert, und sich unterwürfig
gemacht. Es ist gut, zugleich geliebt und gefürchtet zu werden. Da es aber schwer ist, beides mit-
einander zu verbinden; so halte ich es für viel
sicherer, sich fürchten, als lieben zu machen; und
zwar so fürchten zu machen, daß man nicht zugleich
gehaßt wird. Haß entspringt am meisten aus den
Beraubungen der Unterthanen, oder aus den Ent-
ehrungen ihrer Weiber und Töchter; und vor diesen
muß sich also ein jeder Fürst mehr, als vor willführlichen Hinrichtungen hüten; denn die meisten
Menschen verzeihen es eher, daß man ihre Väter
umgebracht, als daß man ihnen das Ihrige genommen hat u). Es ist allerdings lobenswürdig
in einem Fürsten, wenn er aufrichtig und treu in
seinem ganzen Betragen, und vorzüglich in dem
Halten von Versprechungen und Bündnissen ist v).

Nichts-

---

s) c. 7. p. 36. 40. T. III. Opere Ediz. di Londra.
Raccolte dunque tutte queste azzioni del Duca,
non saprei riprenderlo; anzi mi pare (come' io
ho fatto) di proporlo ad imitar' a tutti coloro,
che fer fortuna et con l'armi d'altri sono saliti
all' imperio.

t) c. 17. p. 90.   u) p. 92. 93.
v) c. 18. p. 95. et sq.

Nichtsdestoweniger hat die Erfahrung in unsern
Zeiten gelehrt, daß diejenigen Fürsten die grösten
Dinge verrichtet, welche sich um Treu und Glauben wenig bekümmert, und andere Menschen am
geschicktesten zu berücken gewußt haben. Ein jeder
Fürst muß nothwendig zu verschiedenen Zeiten zwey
verschiedene Personen gut vorzustellen wissen: bald
die eines Gerechtigkeit liebenden Menschen, und
bald die eines reissenden Thiers. In der letztern
Gestalt muß er wieder bald Löwe, und bald Fuchs
seyn, denn der Löwe nimmt sich nicht vor Netzen
in Acht, und der Fuchs kann sich nicht gegen Wölfe
wehren. Kein Fürst muß sein gegebenes Wort
halten, wenn ihm dieses nachtheilig wird. Ein
solcher Rath wäre verderblich, wenn alle Menschen
gut wären. Leider aber sind die meisten so beschaffen, daß sie ihr Wort nicht halten würden,
wenn man ihnen auch das Ihrige hielte; und
einem Fürsten kann es nie an Beschönigungen feh-
len, wenn es ihm gut dünkt, seinem Worte untreu
zu werden. Man könnte unzählige Beyspiele anführen, daß Friedensschlüsse und Versprechungen
von Fürsten nicht gehalten worden sind, und daß
derjenige immer das beste Glück hatte, welcher
den Fuchs am besten zu spielen wußte. Die Menschen sind so einfältig, und stehen so sehr unter
dem

dem Einfluſſe gegenwärtiger dringender Umſtände, daß einer, der betrügen will, immer Leute findet, welche ſich betrügen laſſen. Es iſt ſehr gut, menſch= lich, fromm, treu, und aufrichtig zu ſcheinen, aber nicht gut, es immer zu ſeyn. Um ſich ſelbſt zu erhalten, muß ein Fürſt oft Religion, Menſchlich= keit, Treu und Glauben mit Füſſen treten. Ein Fürſt denke alſo ſtets daran, ſich ſelbſt und ſeine Würde zu behaupten. Die Mittel, die er wählt, werden als ehrenvoll und lobenswürdig angeſehen werden, wenn er ſeine Abſicht erreicht. Der groſſe Haufe der Menſchen hält es immer mit den Glück= lichen, oder Obſiegenden, und beurtheilt alle Dinge nach dem Ausgange. Und wie wenige Menſchen bleiben übrig, die in dieſem Stücke nicht zu dem groſſen Haufen gehörten?

Die Teutſchen Könige und Kaiſer waren bis auf **Heinrich** IV. zu groß, und Gerechtigkeitlie= bend, und nach **Heinrich** IV. zu eingeſchränkt, als daß ſie willführliche Beraubungen, Beſchim= pfungen, Einſperrungen, und Hinrichtungen ihrer Unterthanen gewagt hätten, oder hätten wagen dürfen. Unter allen Teutſchen Kaiſern waren **Heinrich** IV. und **Wenzel** die einzigen, welche nach Art der übrigen Europäiſchen Könige eine tyranniſche Gewalt übten, und auch dieſe tyran=
niſche

nische Gewalt übte **Wenzel** mehr als König von
Böhmen, denn als Kaiser der Teutschen. Ungeachtet aber die Teutschen Könige und Kaiser von
Heinrich I. an bis auf **Carl** V. nicht so viel
Böses thun wollten, oder konnten, als andere
gleichzeitige Beherrscher; so wurden doch auch die
beschränkteren Teutschen Regenten Ursachen von
unsäglicher Verwirrung, durch das Gestatten von
Zöllen, Stapel = und Marktgerechtigkeiten, und
andern Privilegien und Rechten, welche sie bald
einer Stadt zum Schaden von andern Städten,
bald den Städten zum Schaden des Landes, und
bald den Fürsten sowohl zum Schaden der Städte,
als der übrigen Unterthanen verliehen. Man kann
daher kaum etwas widersprechenderes, und widersinnigeres erdenken, als sehr viele derjenigen Privilegien sind, welche von **Friederich** I. bis auf
den Kaiser **Maximilian** ertheilt wurden. Man
schwächte die Macht der Kaiser so sehr, daß sie
wenig Gutes thun konnten, und brauchte sie sehr
oft nur als Werkzeuge der Beeinträchtigung von
Nachbaren, Mitbürgern, oder Unterthanen. Die
Beschränkung, und die daher entstehende Sorglo-
sigkeit und Nachgiebigkeit der Teutschen Kaiser
wurden eine Quelle eben der Uebel, die anderswo
aus der willführlichen Gewalt der Regenten entstanden;

ſtanden; und Ehre und Freyheit, Eigenthum und
Leben wurden in Teutſchland eben ſo unverſchämt
verletzt, als in den benachbarten Reichen. Selbſt
die geiſtvollen und mannhaften Sächſiſchen Kaiſer
konnten ihre Vögte, oder Richter, und andere
Stellvertreter eben ſo wenig, als Carl der Groſſe
im Zaum halten; und man klagte daher auch unter
ihren Regierungen laut, daß Recht und Gerechtigkeit mit Füſſen getreten, und daß Kirchen, Clöſter,
Arme, Witwen und Waiſen von den kaiſerlichen
Beamten wie von Hunden zerriſſen würden w).
Im eilften Jahrhundert plünderten, verjagten,
folterten, und mordeten die Vögte der geiſtlichen
und weltlichen Herren eben ſo zügellos, als die
Befehlshaber und Diener Heinrichs IV. x). Im
zwölften Jahrhundert wütheten die kaiſerlichen
Vögte in Teutſchland nicht weniger ſchrecklich y),
als die kaiſerlichen Poteſtaten in der Lombardey z).
Wegen der Gewaltthätigkeiten und Grauſamkeiten,
deren ſich die kaiſerlichen Vögte, oder die Burg-
grafen a) ſchuldig machten, ſuchten ſich Städte,
Stifter und Clöſter in den folgenden Jahrhunderten von dieſen unerbittlichen und unerſättlichen
Ty-

---

w) Witich. II. p. 24. **Schmidts Geſchichte der Teutſchen.** II. **Seite 413.**
x) Lamb. Schaff. p. 244. et ſq. Adam. Brem. IV. c. 22.
y) Abb. Urſp. p. 238.
z) Mor. Res. Laud. ap. Leibnit. Script. rer. Brunſv.
p. 841.
a) Chron. Gottw. p. 593. 427.

Tyrannen loszumachen, oder mit Gelde loszukaufen.
Im zwölften, dreyzehnten, und dem Anfange des
vierzehnten Jahrhunderts waren selbst die grossen
Städte des südlichen Teutschlandes ein Raub weniger edlen oder reichen Geschlechter, welche sich als
die gebohrnen Herren ihrer geringern Mitbürger
ansahen, und diese nach Belieben beraubten, ein-
sperrten, oder umbrachten b).   Im vierzehnten
Jahrhundert wurden die Ungerechtigkeiten und Habsucht der Oesterreichischen Landvögte die Ursachen
der Empörung, und der endlichen Befreyung der
Schweizer.   Im funfzehnten Jahrhundert fingen
auch die Teutschen Fürsten an, ihre Unterthanen
durch willkührliche Auflagen auszupressen, und ihre
Gerichtsbarkeit, oder die Fülle ihrer landesherr-
lichen Macht als Instrumente ihrer Ueppigkeit,
ihrer Raubsucht, oder ihrer Rache zu brauchen c).
Selbst **Luthers** Zeugnisse beweisen, daß die Erpressungen der Teutschen Fürsten, und andere
Aeusserungen einer willkührlichen Gewalt im sechszehnten Jahrhundert eher abgenommen, als zugenommen hatten.   Die unübersehliche Menge von
Teutschen Fürsten, und Regierungen verbietet es
aber, in ein solches Detail einzugehen, als bey
Frankreich und England möglich war.

Wenn

b) Meine Geschichte der Ungleichheit der Stände im
 fünften Abschnitt.
c) Man sehe die im vorhergeh. Capit. mitgetheilte
 Schilderung der Höfe und Fürsten nach dem Aeneas
 Sylvius.

Wenn die Könige und Fürsten des Mittelalters auch gut und sorgfältig genug gewesen wären, um sich selbst von allen ungerechten Angriffen auf das Leben und Eigenthum anderer zu enthalten, und diejenigen, welchen sie die Hebung ihrer Einkünfte, oder die Verwaltung der Gerechtigkeit anvertraut hatten, zu einer ähnlichen Enthaltung zu nöthigen, so waren sie doch viel zu ohnmächtig, als daß sie die grossen Frevler ihres Volks, oder ihre Söldner, oder fremde Seeräuber in gehörige Schranken hätten einschliessen können. Räuber und Söldner richteten in allen Europäischen Ländern diejenigen zu Grunde, oder machten wenigstens das Leben, Vermögen und die Freyheit derer unsicher, die den Klauen der Fürsten selbst, und ihrer Diener entgangen waren.

Die Fürsten des Mittelalters waren im Durchschnitt stark und wacker zum Rauben und Morden, aber schwach und träge, wenn sie ihre Völker schützen sollten. So wenig die Römer und Merovinger sich der Sächsischen Seeräuber erwehren konnten; so wenig waren die Carolinger, und die Angelsächsischen Könige im Stande, die Normännischen Schaaren abzuhalten. Als die alten Sachsen und Normänner nicht mehr mit grossen Heerszügen, oder mit vielen Hunderten von Schiffen, oder Tausenden von Kriegern über die verschiedenen Länder von Europa herfielen; so waren dennoch

E e   noch

noch die Anwohner der Meere und Flüsse nicht gegen die Angriffe von Seeräubern sicher. Vielmehr schwärmten Seeräuber, die sehr oft von Fürsten, oder von mächtigen Edlen, oder von einzelnen Städten gehegt wurden, bis in das sechszehnte Jahrhundert auf allen Europäischen Meeren, und grossen Flüssen umher; und erst in dem letzten Jahrhundert wurden die Gewässer unsers Erdtheils von Seeräubern rein.

Strassenraub, und Fehden, sammt den damit verbundenen Plünderungen, Todtschlägen, Mordbrennereyen und Verheerungen waren so alt, als die Teutschen Völker selbst, und hörten auch nach ihren auswärtigen Eroberungen nicht auf. Alle diese Uebel nahmen freilich unter den schwachen Nachfolgern **Carls des Grossen** um viele Grade zu; allein sie entstanden nicht erst unter **Ludewig dem Frommen**, und dessen Nachkommen. Vielmehr sieht man aus der Geschichte des **Gregor von Tours**, das Strassenraub und Befehdungen unter den Söhnen und Enkeln des grossen **Chlodewig** sehr häufig waren. Nach **Chilperichs** Tode verbanden sich die Einwohner von Orleans mit denen von Blois, und fielen unvermuthet über eine benachbarte Stadt her d). Sie zerstörten Häuser und Scheuren, trieben oder schleppten die Heerden und andere Sachen von Werth weg,

und

d) super Dunenses. VII. 2.

und verbrannten alles Uebrige, was sie nicht mit=
nehmen konnten. Die Ueberfallenen rotteten sich
wieder mit andern Nachbaren zusammen, und mach=
ten es ihren Feinden eben so, wie ihnen geschehen
war. Mit genauer Noth brachten es die Grafen,
die in diesen Städten saßen, dahin, daß die Städ=
te, welche sich befehdet hatten, ihr Recht, und
ihre Rache dem Ausspruche von Schiedsrichtern
überließen.

Fast um dieselbige Zeit wurde **Lupus**, Her=
zog von Champagne von mehrern mächtigen Fein=
den befehdet. Die unversöhnlichsten und stärksten
dieser Feinde waren **Ursio** und **Bertefried**. Diese
beiden Männer vereinigten endlich ihre Macht, um
den Herzog **Lupus** ganz zu Böden zu treten.
Als die erstern mit dem letztern handgemein wer=
den wollten, stürzte sich die verwittwete Königinn
Brunehild zwischen die wilden Schaaren, und
bat den **Ursio** und **Bertefried**, daß sie doch nicht
um eines Mannes willen ein grosses Blutvergiessen
anrichten, und das Land verheeren möchten. Hier=
auf antwortete **Ursio**: weiche von uns Weib,
damit wir dich nicht von unsern Pferden zertreten
lassen. Begnüge dich damit, daß du den Ver=
räther geschützt hast, so lange dein Gemahl lebte.
Jetzt regiert dein Sohn, und regiert nicht durch
dich, sondern durch unsere Hülfe. **Ursio** und
Bertefried griffen zwar den Herzog **Lupus** nicht

Ee 2   an.

an. Allein sie droheten ihm das Leben zu nehmen, und plünderten alle seine Güter in der Nachbarschaft aus. Sie stellten sich, als wenn sie die Beute in den königlichen Schatz bringen wollten. Man hörte aber bald, daß sie alles, was sie gewonnen, sich selbst zugeeignet hatten e).

Zu den Zeiten des Königs **Gunthram** trieben die Söhne eines edlen hingerichteten Franken, **Waddo**, lange Zeit in **Poitu** Straßenräuberey. Der Graf war nicht im Stande, diesen mächtigen Räubern Einhalt zu thun, und er reiste daher an den Hof, um die Thäter bey dem Könige anzuklagen, und sich Hülfe von demselben auszubitten. Als **Waddo's** Söhne dieses hörten, waren sie unverschämt genug, sich selbst dem Könige darzustellen, und ihm als ein Lösegeld für ihre begangenen Verbrechen mehrere kostbare Kleinodien anzubieten. **Gunthram** ließ sich durch diese Geschenke nicht blenden. Im Gegentheil befahl er, daß man die Räuber foltern, und von ihnen das Bekenntniß herauspressen sollte: wo ihre und ihres Vaters Schätze verborgen seyen. Der ältere wurde hingerichtet, und der jüngere aus dem Reiche verbannt. Um dieselbige Zeit ließ der König einen mächtigen Straßenräuber, und edlen Sachsen **Childerich** umbringen f); und nicht lange vorher hatte man einen gewissen **Rachingus** auf eben die Art und aus eben den Ursachen getödtet g).

Daß

e) VI. 3.   f) X. c. 20. 21.   g) IX. 19.

Daß zu den Zeiten **Ludewigs des from-**
men und seiner Söhne Fehden und Strassenraub
unter den Franken allgemein waren: daß selbst
die Richter schwören musten, sich nicht mit Räubern zu verbinden und sie zu hegen: und daß
die grosse Menge von Räubern die Kaufleute im
Fränkischen Reiche zwang, nur in grossen und
bewaffneten Karavanen zu reisen, ist so bekannt,
daß es kaum erwähnt zu werden verdient h).
Fehden und Strassenraub nahmen bald so sehr
überhand, daß der Adel die Freyheit, die einen
führen und den andern üben zu dürfen als Vorrechte seines Standes anzusehen anfing. Da die
Könige, Herzöge und Grafen so schwach, oder so
verdorben waren, daß sie das unaufhörliche Sen-
gen, Morden, und Plündern nicht aufhalten konnten, oder wollten; so ermannte sich die Geistlichkeit, um dem wachsenden Verderben doch einige Gränzen zu setzen. Mehrere Kirchenversammlungen gegen das Ende des zehnten Jahrhunderts
sprachen über alle diejenigen den Bann aus, welche andere muthwillig befehden würden i). Auch
diese Bannflüche halfen wenig oder gar nichts.
Endlich gab im J. 1032. ein Bischof von Aqui-

E e 3

taine

h) Man sehe unter andern Robertf. Hift. of Charles V. T. I. p. 397. 98. Schmidt II. S. 278.
i) Robertf. I. 335. et fq. Mezeray III. 116. 117.

taine vor, daß ein Engel vom Himmel ihm erschienen sey, und einen schriftlichen Befehl über-
bracht habe: daß alle Menschen die Waffen nie-
derlegen, und sich mit einander aussöhnen sollten.
Diese himmlische Botschaft fiel gerade in eine Zeit,
wo die Gemüther der Menschen durch mancherley
Landplagen zu frommen Entschliessungen gestimmt
worden waren. Es erfolgte sieben Jahre lang
ein allgemeiner Friede, welchen man, weil er durch
ein Wunder Gottes bewirkt schien, den Gottesfrieden nannte. Man machte das Gesetz, daß auch
in's künftige keiner den andern in den Zeiten der
hohen Feste, und in jeder Woche vom Freytage
bis zum nächsten Montage angreifen solle, weil
unser Heiland in den letzten Tagen der Woche für
das ganze menschliche Geschlecht gelitten habe. Dieser Gottesfriede wurde von dem Pabste bestätigt,
und von der ganzen Christenheit angenommen, aber
auch in der ganzen Christenheit bald wieder gebrochen. Man erneuerte den Gottesfrieden mehrmahl, und legte ein Interdict auf solche Gegenden,
in welchen man ihn verletzt hatte. Alle diese
Maaßregeln und Strafen behielten nur eine kurze
Zeit ihre Kraft. Gegen das Ende des zwölften
Jahrhunderts veranlaßte eine angebliche Erscheinung,
welche ein Zimmermann in Guienne gehabt hatte,

unter

unter der Geiſtlichkeit und dem Adel eine Brüder=
ſchaft Gottes, deren Mitglieder ſich nicht nur unter
einander Friede gelobten, ſondern auch die Störer
des Friedens zu verfolgen beſchworen. Auch dieſe
Verbindungen wurden bald fruchtlos. Von der
Mitte des dreyzehnten Jahrhunderts an vereinigten
die Franzöſiſchen Könige ihre Bemühungen mit
denen der Geiſtlichkeit, und verkündigten faſt unter
jeder Regierung den ſo genannten Königsfrieden,
vermöge deſſen keiner bey Strafe des Hochverraths
ſeinen Beleidiger eher, als vierzig Tage nach dem
empfangenen Unrecht eigenmächtig anfallen ſollte.
Dieſer Königsfriede wurde eben ſo wenig, als der
Gottesfriede beobachtet, weil entweder die Könige
zu ſchwach, oder zu ſorglos waren. Unter meh=
reren Königen drang der Adel darauf, daß man
ihm ſeine alte Freyheit, ſich ſelbſt Recht verſchaffen
zu dürfen, wiederherſtellen ſolle. Die Fehden und
Räubereyen, die im vierzehnten Jahrhundert
Bauernaufſtände, Hungersnoth, Seuchen, und
gänzlichen Verfall des Ackerbaus verurſachten k),
dauerten aller Verordnungen der Könige ungeachtet
bis unter Carl VII. fort l), und man wird ſich
aus dem vorhergehenden Abſchnitt erinnern, daß

Ee 4 noch

k) Mezeray IV. 97. et ſq.
l) Mezeray T. IV. ad a. 1426. 27.

noch das ganze sechszehnte Jahrhundert durch
Straßenraub und Mord von dem Französischen
Adel geübt wurde.

Robertson m) giebt zu, daß vor der An:
kunft **Wilhelms des Eroberers** in England die:
selbigen Unordnungen, wie in Frankreich geherrscht,
und daß man ähnliche Mittel dagegen gebraucht
habe. Nach der Eroberung aber des Normännischen
Wilhelm seyen, glaubt er, die Fehden und Räu:
bereyen seltener in England, als in andern Euro:
päischen Reichen gewesen, wovon der Grund in
der größern Gewalt der Könige, und dem größern
Ansehen ihrer Gerichte gesucht werden müsse. Diese
Bemerkung wird durch die Englische Geschichte,
wie **Hume** sie geschrieben hat, nicht ganz bestätigt.
Die Englischen Könige brauchten mehr und früher
Ernst gegen Räuber, und Störer der öffentlichen
Ruhe, als die Könige in Frankreich. Nur konn:
ten sie Fehden und Raub eben so wenig, als diese
zurückhalten. **Heinrich der** II. zerstörte alle Raub:
schlösser, aus welchen die öffentliche Sicherheit ver:
ſetzt wurde n); und dennoch waren unter **Hein:
rich** III. die Straßen durch die Räubereyen des
Adels, und selbst der königlichen Hofleute ganz
un:

m) l. c. p. 343.
n) Hume II. 186.

unficher o). **Eduard der erfte** errichtete wan=
delnde Gerichte gegen Räuber p), und doch brauchte
der Adel um dieſelbige Zeit bisweilen den Vor=
wand von Turnieren, um Meſſen und Kaufleute
überfallen und ausplündern zu können q). Im
J. 1331. zwang **Eduard III.** die Baronen ſeines
Reichs zu dem Verſprechen, daß ſie alle Gemein=
ſchaft mit Mördern, Räubern, und andern Ver=
brechen aufgeben wollten r). Der Erfolg zeigte,
daß ein Verſprechen, das auf dieſe Art erzwungen s)
werden muſte, nicht gehalten wurde, indem die
Vornehmſten des Reichs immer fortfuhren, Mör=

Ee 5

der

o) II. 509. 510. Erant autem, ſagt **Matthäus von
Paris**, (p. 207. ad annum 1217.) his diebus multi
in Anglia, quibus tempore belli praeteriti dulciſſi=
mum fuerat de rapinis vixiſſe: unde poſt pacem
denunciatam, et omnibus conceſſam non potuerunt
prurientes manus a praeda cohibere. Horum au=
tem principales fuerunt incentores Willielmus
comes Albemarliae, Falcaſius cum ſuis Caſtellanis,
Robertus de veteri ponte, Brihennus de Inſula,
Hugo de Bailleul, Philippus Marc, et Robertus
de Gaugi cum multis aliis etc. Im J. 1249. ließ
der König alle Richter der Grafſchaft Southampton
zuſammenkommen, und ſagte ihnen mit groſſem
Ernſt: Non eſt adeo infamis comitatus, vel patria
in totius Angliae latitudine, vel tot facinoribus
maculata. Ubi enim praeſens ſum in ipſa civitate,
vel ſuburbio, vel in locis conterminis, fiunt depraе=
dationes, et homicidia. Nec haec mala ſufficiunt.
Quin imo ab ipſis malefactoribus, exinde cachin=
nantibus et inebriatis, vina mea propria a bigis
captis diripiuntur, et praedae patent, ac rapinae.

p) III. 6.   q) III. 17.
r) III. 194.   s) III. 194.

der und Räuber zu hegen, oder ihr Hofgesinde
(retainers) auf Mord und Raub auszuschicken t).
Unter Richard II. hieß es im J. 1399. im Ein:
gange eines Gesetzes: da manche Personen, die
nur wenig Land und andere Güter besitzen, dennoch
grosse Gefolge so wohl von Edelleuten, als von
andern unterhalten, damit sie ihnen in allen ge:
rechten und ungerechten Fehden dienen mögen, und
daraus ein grosses Elend und Unterdrückung des
Volks entsteht; so u. s. w. u). Fehden und
Räubereyen nahmen während der bürgerlichen
Kriege im funfzehnten Jahrhundert eher zu, als
ab v). Die erstern hörten unter den Regierun:
gen Heinrichs VII., und Heinrichs VIII. auf.
Schon oben aber habe ich bemerkt, wie groß die
Zahl von Räubern, Dieben und Mordbrennern
selbst noch zu den Zeiten der Königinn Elisabeth
gewesen sey.

Durch Fehden und Raub litt Teutschland
mehr, als irgend ein anderes grosses Europäisches
Reich, weil die Macht der Kaiser vom zwölften
Jahrhundert an noch viel geringer, als die der
übrigen Könige, und die Fürsten und der Adel
viel mächtiger, und zahlreicher, als in den übrigen
Län:

t) ib. p. 341.   u) ib. p. 456.
v) Man sehe unter andern Hume IV. 196.

Ländern Europens waren. Unter **Ludewig dem Teutschen** muste **Adalbert** von Bamberg sterben, weil er einen grossen Theil von Teutschland durch seine Ueberfälle und Räubereyen verheert und unsicher gemacht hatte w). **Heinrich** I. fand in Sachsen und Thüringen eine so grosse Menge von Räubern, Dieben und Mordbrennern vor, daß er allein aus denen, welche Teutschen Ursprungs waren, eine ganze Schaar von tapfern Kriegern errichten konnte x). Todtschläge, Verheerungen und Mordbrennereyen waren unter **Otto** I. eben so häufig, als falsche Eide und Zeugnisse y); und diese Unordnungen nahmen im eilften Jahrhundert stets zu, ungeachtet **Heinrich** II. alle Strassenräuber, sie mochten so vornehm seyn, als sie wollten, henken ließ z), und auch **Heinrich** IV. eine Zeitlang mit Nachdruck Frieden gebot a). Der Gottesfriede verschaffte im eilften Jahrhundert nur eine geringe Erleichterung. Kräftiger wirkten die so genannten Landfrieden, von welchen man schon unter **Heinrich** V. einige Proben antrifft b). Als der Kaiser Con=

w) Lintpr. II. 3. Regino p. 75.
x) Legio latronum. Wittich. II. p. 22.
y) ib. p. 24. z) Ditmar VI. 66. VI. 98.
a) Vita Henr. IV. p. 65. Ueber die Fehden zu Ditmars Zeiten sehe man diesen Geschichtschreiber. VII. p. 98. 111. Selbst ein Markgraf Gunzelin übte die unerhörtesten Räubereyen aus. VI. p. 72.
b) Schmidts Gesch. d. Teutsch. III. S. 207.

Conrad, und der Herzog **Friederich von Schwaben** ihren Creußzug im J. 1146. antraten; so kam
eine unglaubliche Menge von Dieben und Räubern
zusammen, um Theil daran zu nehmen c). **Friederich der erste** ließ sehr viele Raubschlösser zerstören, und die Bewohner derselben hinrichten d); in
Ansehung der Fehden konnte er aber nicht mehr
erhalten, als daß man Niemanden überfallen solle,
welchem man nicht die Fehde drey Tage vorher an-
gesagt hätte e). **Friederich der** II. verordnete bey
seiner Crönung zu Rom, daß man bey den Fehden
die Landleute, und das Vieh und Geräth derselben
schonen solle f). Wie wenig aber dieses Geseß beobachtet worden sey, lehrt eine jede Chronik des
Mittelalters, indem in den Fehden der Fürsten und
Edelleute unter einander, und der Städte gegen
ihre Bischöfe, oder gegen Fürsten oder Benachbarte
von Adel das Verbrennen und Plündern der Dörfer das erste war, womit man anfing. **Kaiser Rudolph** riß, oder ließ eine große Menge von Raubschlössern in verschiedenen Gegenden von Teutschland
niederreissen g); und noch mehrere zerstörten in
den folgenden Zeiten die Städte des Hanseatischen,

des

---

c) Otto Fr. de Geſt. Fr. I. I. 40.
d) Otto Friſ. de Geſt. Frid. I. II. 28.
e) **Schmidts** Geſch. der Teutſch. IV. 572.
f) ib. p. 395.
g) Cont. Lamb. Schaff. p. 260.

des Rheinischen und Schwäbischen Bundes. Nichts=
destoweniger dauerten die Räubereyen, wie die Feh=
den bis gegen das Ende des funfzehnten und in
den Anfang des sechszehnten h) Jahrhunderts in
Teutschland allgemeiner, als in andern Ländern fort.
Eben daher führte **Aenenas Sylvius** Fehden und
Räubereyen als die einzigen Ueberbleibsel der alten
Barbarey an, und ein anderer Zeitgenoß dieses
Schriftstellers schilderte Teutschland als eine einzige
grosse Räuberhöhle i). Geistliche Churfürsten be=
günstigten noch um diese Zeit Räuber auf ihren
eigenen Schlössern k), und Domherren musten
durch Reichsgesetze ermahnt werden l), daß sie nicht
mehr vom Stegreif leben, oder durch ihre Knechte
Räuberey treiben lassen sollten. Die Chroniken
von Strasburg, Speier, Lübeck, Wirzburg und an=
dern beträchtlichen Städten sind voll von Beyspielen
von Räubereyen, und voll von Klagen über die
Schäden, welche ihren Bürgern und ihrem Handel
durch die Unsicherheit der Meere und Strassen zuge=
fügt worden. Wenn man auch in den zerstörten
Raub=

h) J. Boemus de rit. gentium III. p. 248. Incredibile
est, quantum (nobilitas) miseros et infelices homines vexet, quantum exfugat. Esset Germania nostra
ter quaterque felix, si Centauri isti, Dionysii et
Phalarides aut ejicerentur, aut saltem ipsorum ty-
rannide refraenata etc.
i) Schmidt VII. 124.
k) ib. 127.   l) ib. VIII. S. 270.

Raubſchlöſſern, und in den weggenommenen Raub:
ſchiffen einen Theil der verlohrnen Güter wieder:
erhielt; ſo waren ſelbſt dieſe Unternehmungen, und
die Nothwendigkeit, ſtets bewaffnet zu ſeyn, mit
einem groſſen Aufwande von Blut und Gelde ver:
bunden.

Von dem Ende des zwölften Jahrhunderts an
wurden die Söldner, welche die Könige und Für:
ſten auf eine beſtimmte Zeit in ihre Dienſte nah:
men, nicht nur die Haupturſache ungerechter, und
immer ſich vermehrender Erpreſſungen von Seiten
der Regenten, ſondern auch eine Haupturſache der
verheerendſten Gewaltthätigkeiten, und der blutig:
ſten Grauſamkeiten während eines Zeitraums von
mehr, als vier Jahrhunderten. Gewöhnlich konn:
ten die Fürſten ihre Söldner entweder gar nicht,
oder wenigſtens nicht zur rechten Zeit bezahlen, und
alsdann ſuchten ſich dieſe durch Rauben und Plün:
dern zu entſchädigen. Wenn man aber auch die
Söldner ganz befriedigt hatte; ſo blieben ſie doch
unter ihren Hauptleuten zuſammen, durchzogen eine
Provinz nach der andern, plünderten das platte Land,
eroberten oder brandſchatzten die Städte, und ſetz:
ten ſich, wenn ſie ſich gleich theilten, ſo lange ſie
konnten, in unbezwinglichen Schlöſſern feſt; aus
welchen ſie alle umliegende Gegenden überfielen, oder
auch

auch nöthigten, Geleitsbriefe, oder Schußbriefe um
hohe Summen zu kaufen.   Kein anderes Reich litt
durch solche Ebentheurer und Bösewichter so sehr,
als Frankreich, das im vierzehnten und funfzehnten
Jahrhundert dadurch seinem gänzlichen Untergange
nahe gebracht wurde m).   Der gänzliche Verfall der
Kriegszucht, sagt Nicolaus von Clemanges n),
ist eine Haupturfache der unerträglichen Uebel, von
welchen unser Vaterland niedergedrückt wird.   An
statt daß unsere Krieger die Kirche und den Staat
vertheidigen sollten, wüthen sie allenthalben wie
auf feindlichem Boden mit Feuer und Schwerdt.
Am unversöhnlichsten berauben und verheeren sie
die Angehörigen und Güter der Kirche.   Wenn sie
irgendwo hinkommen o), so ist ihre erste Frage:
welche Dörfer, oder Häuser und Ländereyen Clöstern, oder Stiftern gehören?   Sobald sie dieses
erfahren haben, so fallen sie, wie reissende Wölfe,
über das Eigenthum der Kirche her, und verzehren
oder nehmen nicht bloß, was sie brauchen, sondern
zerstören auch sehr vieles, was sie gar nicht nutzen
können.   Kein Huhn, oder Hahn, kein Kalb, oder
Lamm, oder Rind, oder anderes Stück Vieh bleibt
un-

m) Man sehe das 6. Cap. der Gesch. der Ungleichheit
der Stände.
n) de lapsu Just. o. 18. in Op. p. 56.
o) Epist. ad Johannem de Gersonio Ep. 59. p. 161.
et sq.

unverſchont. Der arme Bauer wäre noch glücklich,
wenn die Räuber ſich mit dem begnügten, was ſie
in ſeiner Hütte, oder ſeinem Stall vorfänden.
Sie zwingen ihn aber noch überdem durch die
ſchrecklichſten Mißhandlungen, daß er in die Stadt
gehen, und ſeinen Gäſten Gewürze, fremde Weine,
Schuhe, Stiefel und Kleider kaufen muß, wenn
er gleich nicht ſo viel hat, daß er ſich ſelbſt, ſein
Weib und ſeine Kinder erhalten nnd bedecken kann.
Neben der Zuſammenſchleppung von Eßwaaren iſt
die erſte Arbeit von Kriegern, die wie ein Don=
nerwetter in ein Dorf einbrechen, daß ſie alle
Schränke und Kiſten, alle Zimmer, Keller und
Winkel mit Gewalt öffnen, und auf das genauſte
durchſuchen, um Sachen von Werth, welche ſie
finden, mit gieriger Fauſt an ſich zu reiſſen. Sie
führen daher gewöhnlich Wägen bey ſich, auf
welche ſie ihren Raub packen, und ich ſelbſt habe
oft geſehen, daß ſie ganze Dörfer ſo rein ausge=
plündert hatten, daß auch nicht einmahl ein Salz=
faß, oder eine Lampe, ja daß im härteſten Winter
den Einwohnern nicht einmahl der grobe Sack
übrig geblieben war, in welchen ſie ihre Leiber
eingewickelt hatten p). Alles Hausgeräth, alle
Frucht,

p) ib. it. in Op. p. 154. Nam de veſtitu quidem
quid loqui attinet, cum ſaccos, quibus jam vulgo
induuntur, niſi nimia ſint veſtutato conſumti, in
media etiam hyeme auferant.

Frucht, und alles Vieh, was die Räuber nicht
mitnehmen können; oder wollen, müssen die Be=
sitzer um willkührliche Preise lösen, oder man
vernichtet das eine und die andere auf die muth=
willigste Art. Vor dem Aufbruche ist nichts ge=
wöhnlicher, als daß sie Männer, Weiber und
Kinder nackt aus ihrem Lager hervorziehen, und
mit dem Degen in der Faust so lange bedrohen,
oder so lange martern, bis diese zuletzt auch ihr
Leben gekauft, oder kleine Schätze, welche sie ver=
borgen hatten, entdeckt haben. Da diese Unge=
heuer selbst Closterjungfrauen entehren, so kann
man leicht denken, mit welchem Frevel sie die
Weiber und Töchter des wehrlosen Landmanns
schänden. Der gröste Theil dieser Wütheriche
rühmt sich zwar, von Adel zu seyn; allein es
finden sich nur wenige Edelleute unter ihnen. Die
meisten bestehen aus entlaufenen Knechten, oder
aus verdorbenen Handwerkern, oder aus Vertrie=
benen, oder aus Dieben, Räubern und andern
Verbrechern q). So bald irgend ein Kriegszug
anges

q) Rara illic nobilitas est, quanquam sese plerique
nobilitate jactent. Armorum sentina illa partim
ex servis fugitivis, hominibusque apostatis, par=
tim ex desidiosis, ignavisque artificibus, sua odio
artificia habentibus, atque in luxu et otio suam
fovere inertiam quaerentibus, partim ex lenonum
gregibus, cum suis pariter scortis, partim vere ex
exu-

F f

angekündigt wird, so laufen aus den Städten alle
böse Schuldner, alle Hurer, Spieler, und andere
nichtswürdige Menschen, und alle Mörder und
Räuber aus ihren Schlupfwinkeln zusammen, um
ihre Dienste anzubieten. Gleich nachdem sie sich
gemeldet haben, kündigen sie dem Bürger und
Landmann, den Witwen und Waisen, den Clöstern und Kirchen den Krieg an: und nun wagt
es keine obrigkeitliche Person mehr, ihre Gewaltthätigkeiten zu bestrafen, oder zurück zu halten.
So furchtbar das lose Gesindel den Mitbürgern
ist; so verächtlich ist es dem Feinde. Der eine
trägt einen halbverrosteten Degen: der andere eine
zerbrochene Lanze, oder eine alte Armbrust, oder
einen schlechten Bogen und Pfeile; und ihre Pferde
nehmen sie, wo sie können, vom Pfluge weg. —
Von allen diesen Drangsalen werden wir, so schließt
Nicolaus von Clemanges, nicht eher befreyt
werden, als bis man befiehlt, und mit der größten
Strenge auf den Befehl hält: daß außer dem
Könige keine als mächtige, und vornehme Männer
Krieger anwerben dürfen, und daß auch diese eidlich

ver-

exulibus, et omni genere latorum, sceleratorum-
que hominum collecta. . . . Quae cum ita sint,
quis miretur, servos hoc tempore tam paucos in-
veniri, aut inventos tam caro conduci, cum omnes
hanc castrensem petant praeclaram ac pulcherrimam
disciplinam. l. c. p. 162.

verſprechen, ihren angeworbenen Kriegern richtig
den Sold zu reichen: und bis der König ſelbſt
die Söldner, welche er in ſeinem Dienſte hat,
pünctlich bezahlen läßt. Alsdann wird es mög=
lich ſeyn, eine ſtrenge Kriegszucht einzuführen,
und alle von den Kriegern begangene Verbrechen
und Vergehungen nach der Vorſchrift der Geſetze
zu ſtrafen. Die Ausgelaſſenheit der Söldner hör=
te in Frankreich eben ſo wenig, als in andern
Ländern mit der Errichtung von ſtehenden Heeren
auf. Die Söldner ſetzten unter **Carl** VII. **Lu=**
dewig XI. und den folgenden Königen ihre Plün=
derungen, Folterungen, und Morde, wie vorher,
fort, weil entweder der Sold von den Königen
nicht ausgezahlt, oder von den Hauptleuten un=
tergeſchlagen wurde r); und alle dieſe Plagen

Ff 2   ver=

r) Bondin. de rep. V. c. 5. p. 875. Milites ſummae
laudi ac voluptati ducunt, agros vaſtare, agrico-
las ſpoliare, vicos incendere, urbes obſidere, ob-
ſeſſas expugnare, expugnatas diripere, direptas
inflammare, ſtupra caedibus, caedes ſtupris cu-
mulare; omnia denique humana divina miſcere.
Hae ſunt utilitates, hi militiae fructus bonis omnibus deteſtabiles, militibus tamen ſuaves ac jucundi.
Quid enim exemplis in re tam perſpicua opus eſt,
aut quis ea recordari ſine horrore, vel audire ſine
gemitu poſſit? Quis etiamnum agricolarum vulnera
neſcit? quis non videt calamitates? quis querimo-
nias non audit? Certe quidem omnes omnium agros,
pecora, fruges, quibus ſpiritum ducimus, haec
inquam omnia ſunt in poteſtate militum, id eſt,
ut plerique omnes interpretantur, praedonum:
quos vel avaritia ab hoſtibus ad praedam; vel li-
bido

verſchwanden erſt unter **Ludewig** XIII., nachdem **Richelieu** anfing, den Soldaten ihre Löhnung und übrigen Bedürfniſſe auf das genaueſte reichen zu laſſen, und eben deßwegen auf ſtrenge Kriegs: zucht zu dringen. s). Nach Frankreich duldete Italien von der Mitte des vierzehnten bis in die Mitte des ſechszehnten Jahrhunderts am meiſten von den Schaaren einheimiſcher und auswärtiger Söldner t), und alle Italiäniſche Schriftſteller des funfzehnten und ſechszehnten Jahrhunderts ſtimmen darin überein, daß die Feigheit der Söld: ner gegen den Feind, die Treuloſigkeit ihrer Füh: rer, und die Raubſucht der Hauptleute ſowohl als der Gemeinen der vornehmſte Grund des Ver: falls dieſes ſchönen Landes geworden ſeyen. Die Söldner der Teutſchen Kaiſer und Fürſten raub: ten, und mordeten in Teutſchland eben ſo früh, als in andern Ländern. Das Uebel wurde aber

nicht

bido ad voluptatem: vel crapula ad ingluviem: vel furor ad crudelitatem revocare confueverunt. Ebenderſ. VI. c. 2. p. 1047. Latrociniorum vero culpam in principes regerunt, quod fine ſtipendiis militare cogantur; quanquam nec inviti militai coguntur, nec ſtipendia, fi rex velit, fibi dari cupiant, ut liberius praedari liceat. Una igitur eſt tuendae civitatis ac diſciplinae militaris, quam nullam habemus, reſtituendae, tum etiam latrociniorum coërcendorum ratio, fi militibus ſtipendia dentur.

s) Aubery Vie do Richelieu. II. 564. 65.
t) Geſchichte der Ungleichh. der Stände. Cap. 5.

nicht eher, als unter dem Kaiser **Max** so groß,
daß es allgemeine und laute Klagen erregt hätte.
Von dieser Zeit an werden die Landsknechte bis
gegen die Mitte des letzten Jahrhunderts zu den
schrecklichsten Landplagen unsers Vaterlandes gerech=
net u). Wenn Teutschland das Glück hatte, daß
es von Söldnern in den frühern Jahrhunderten
weniger, als andere Europäische Länder heimgesucht
wurde; so hatte es dagegen auch das Unglück,
daß einheimische und fremde zügellose Rotten das.
mächtigste und bevölkertste aller Reiche im letzten
Jahrhundert länger, als ein jedes andere Land
zertraten. Kein Patriotischer Teutscher kann ohne
die innigste Wehmuth, und den feurigsten Abscheu
alle die unnatürlichen Greuel und Frevel lesen,
welche die unbändigen Landsknechte im dreyßigjäh=
rigen Kriege an den Einwohnern der Städte, und
des platten Landes ausübten, und welche keiner
besser, als **Philander von Sittewald** in meh=
reren seiner Gesichte geschildert hat.

Da nun Fürsten, und Günstlinge von Fürsten,
Adel und Geistlichkeit, Richter, und Verwalter
der öffentlichen Einkünfte, Strassenräuber, See=
räuber und Söldner unaufhörlich, und oft mit ver=
einter Wuth an dem Mark der Völker des Mittel=

F f 3   alters

u) **Schmidts** Gesch. der Teutschen. VII. 243. u. f. S.

alters nagten; war es da zu verwundern, daß
Theurung, Hungersnoth, und ansteckende Seuchen
in den Jahrhunderten des Mittelalters häufiger,
als in den letzten Zeiten waren? Ich habe mir
die Mühe gegeben, aus dem **Gregor von Tours**,
dem **Lambert von Aschaffenburg**, aus der
Limburgischen, Frankfurtischen v), und Speierschen
Chronik, aus der Chronik von **Königshofen**, aus
Mezeray's Geschichte von Frankreich, und einem
grossen Theil der **Humischen** Geschichte die Jahre
auszuzeichnen, in welchen Hungersnoth, oder Seuchen in Frankreich, Teutschland, und England
herrschten; und ich kann nach diesen Datis versichern, daß vom eilften Jahrhundert an meistens
kein Jahrzehend, und nie ein Menschenalter verfloß,
wo nicht in allen diesen Ländern Hungersnoth, und
Seuchen ausbrachen; und bald den zehnten, bisweilen den vierten oder dritten Theil der Einwohner von ganzen Reichen oder Provinzen wegrafften.
Die meisten Menschen waren im Mittelalter ia
eben dem Fall, worin der Verfasser der Limburgischen Chronik war, welcher von sich erzählt,
daß er wenigstens viermahl grosses Sterben und
Pestilenz erlebt habe w). Wenn also Jemand auch

das

---

v) Man sehe bes. Lersner 1r B. 2 Th. S. 37. u. 2 B.
   4 Th. S. 45. wo man bemerken kann, wann die häufige und grosse Sterblichkeit aufgehört hat.
w) S. 117.

das Glück hatte, sich und die Seinigen der Gewalt der Fürsten und ihrer Diener, oder den Nachstellungen von Räubern und Söldnern zu entzie-
hen; so muste er doch alle zehn, oder funfzehn
Jahre befürchten, daß irgend eine ansteckende gefährliche Krankheit, oder gar der schreckliche Hun-
gertod ihm selbst Leben oder Gesundheit, oder auch
die theursten Personen entreissen würde; und Hungersnoth gehört daher, wie Pestartige Krankheiten
zu den allgemeinen Uebeln, die aus den schlechten
Verfassungen des Mittelalters entstanden, und entstehen musten. Die Regenten waren zu unwissend,
zu nachlässig, und zu ohnmächtig, als daß sie kräftige Anstalten gegen Theurung, Hungersnoth und
ansteckende Krankheiten hätten machen können x).
Man brauchte, wie schon Möhsen richtig bemerkte,
gegen Landplagen entweder gar keine, oder nur
geistliche Mittel, weil man sie als göttliche Strafen ansah; und eben diese geistlichen Mittel, unter
welchen Processionen und Andachtsübungen in

Ff 4   den

---

x) Senebier Hist. litt. de Génève. I. 70. Auſſi l'on
ne connoit plus ces maladies contagieuſes, qui rem-
pliſſoient les maiſons d'effroi et de deuil. La vie
elle-même eſt plus longue et plus ſûre, qu'elle ne
l'étoit dans ces tems malheureux; il paroit par le
depouillement des régiſtres mortuaires, que la pro-
babilité de la vie d'un enfant, qui venoit de naitre,
au tems de la reformation étoit à celle d'un enfant,
qui nait aujourdhui, comme 6 à 28.

den Kirchen die gewöhnlichsten waren, trugen
am allermeisten zur Fortpflanzung oder Verlänge-
rung von Seuchen bey. Faſt alle wirkſame Vorkehrungen gegen Hungersnoth, und beſonders gegen die Ausbreitung oder zur Milderung von peſtartigen und andern gefährlichen Seuchen ſind erſt
in unſerm jetzigen Jahrhundert erfunden, oder glücklich angewendet worden.

Keiner meiner Leſer wird, hoffe ich, mehr
zweyfeln, daß Leben und Geſundheit, Ehre, Freyheit und Eigenthum gegen die Anfälle von Fürſten,
und Fürſtendienern, von Kriegern, und Räubern,
von Hungersnoth und peſtartigen Seuchen in un-
ſern gegenwärtigen Verfaſſungen unendlich mehr
geſchützt ſind, als ſie in vorigen Zeiten waren. Und
eben ſo wenig wird irgend ein nachdenkender Leſer
zweyfeln, wo man die Urſache der größern Mäſſigung der Fürſten, der Gerechtigkeitsliebe der Richter, der Treue und Sorgfalt der Einnehmer, und
Verwalter der öffentlichen Einkünfte, und des gänzlichen, oder faſt gänzlichen Aufhörens der übrigen
allgemeinen entweder moraliſchen, oder phyſiſchen
Uebel des Mittelalters zu ſuchen habe. Vielmehr
werden alle mit mir in dem Bekenntniſſe überein
ſtimmen, daß der einzige Grund der durchgehends
verbeſſerten Staatsverwaltung der neuern Zeit in
der groſſen Vermehrung, und Ausbreitung nützlicher

Kennt-

Kenntniſſe, und in der dadurch bewirkten Verbeſſerung
der Sitten aller Stände, Geſchlechter und Alter
liege. Meine Leſer werden erlauben, daß ich ihnen
über dieſen Gegeuſtand nur noch einige wenige Be=
trachtungen vorlegen darf.

Die Engliſche Nation war das erſte groſſe
Europäiſche Volk, welches ſeine Verfaſſung freylich
unter den heftigſten Erſchütterungen verbeſſerte.
Die Petition of right, welche ſchon Carl I. im J.
1628. beſtätigte y): die habeas corpus Acte, die
1679 unter Carl II. zu Stande kam z); und
endlich die declaration of rights, welche man dem
Könige Wilhelm vorlegte, verbunden mit der
Preßfreyheit, welche man im J. 1694. erlangte a),
wurden die Grundpfeiler der Freyheit und Glück=
ſeligkeit der Britten. Wenn die erhabenen Grund=
ſätze, auf welchen die Engliſche Verfaſſung erbaut
wurde, von mehreren groſſen Nationen Europens
ohne blutige Umwälzungen hätten angenommen,
und ausgeführt werden können: ſo würde ich die
Wahrheiten, welche die Schöpfer der Engliſchen
Freyheit in heilige Volksgeſetze verwandelten, für
viel wichtigere, und dem ganzen menſchlichen Ge=
ſchlechte erſprießlichere Entdeckungen halten, als wo=
mit das von der Freyheit beflügelte Genie New=

Ff 5   tons,

y) Hume VIII. 313. 26.   z) XI. 347. 348.   a) XII. 217.

ton's, und feiner Zeitgenoffen die Gränzen des
menfchlichen Wiffens fo fehr erweiterten. Allein
auffer den Einwohnern der vereinigten Peovinzen
waren die übrigen Europäifchen Völker für ein fol=
ches Licht, als in England aufgegangen, und eine
folche Freißeit, als in England errungen worden
war, noch nicht empfänglich genug. In dem ver=
ödeten Teutfchland bluteten noch lange die Wunden,
welche der dreyßigjährige Krieg gefchlagen hatte.
Spanien lag an einer faft tödtlichen Entkräftung
darnieder, welche der Ehrgeiß, und die Raubfucht
von Königen, und Miniftern erzeugt hatten, und
noch immer vermehrten. Frankreich war uoch kin=
difch genug, fich des eiteln Prunks, und der
eiteln Siege feines Königs zu freuen, und zur Be=
friedigung der Eroberungsfucht und Eitelkeit deffel=
ben, das Leben und Vermögen feiner Söhne mit
unbedingtem Gehorfam herzugeben. Unterdeffen blieb
das fchreckliche Beyfpiel des Verfalls der Spani=
fchen Monarchie, der Verftümmelung und Verwü=
ftung der Spanifchen Niederlande, und noch mehr
die Beyfpiele der erftaunlichen Macht und Gröffe
der vereinigten Niederlande und des befreyten Eng=
lands nicht ohne fegenvolle Wirkungen. Ungeach=
tet kein anderes Volk den Holländern und Eng=
ländern geradezu nachahmte; fo wurden doch
die Gefeße und Einrichtungen der leßtern all=

mählig

mählig die Muster der übrigen Nationen, und ein
Theil des Lichts und der Freyheit, die in Holland
und England herrschten, floß auch in die dunkelsten
Winkel unsers Erdtheils hinein. Sully, Colbert,
und mehrere grosse und edelgesinnte Teutsche Fürsten
erkannten, daß selbst Könige und Fürsten um desto
mächtiger würden, je glücklicher ihre Völker seyen:
daß Völker nie glücklich und mächtig werden könnten,
wenn nicht Ackerbau, Gewerbe und Handel unter ih=
nen blühten: und daß diese wiederum nie aufblühen
könnten, wenn nicht das Leben, das Eigenthum, und
die Freyheit der Bürger gegen alle willführliche Ge=
walt geschützt wären. Die Pracht, die Eroberungen,
und der Despotismus Ludewigs des vierzehn=
ten reitzten freylich Viele seiner fürstlichen Zeitge=
nossen zur Nachäffung. Zugleich aber machten diese
Pracht, und Eroberungen die Regenten aufmerksam
auf die gute Verwaltung einiger Französischen Mi=
nister, ohne welche Ludewig XIV. weder so hätte
glänzen, noch lärmen können, als er wirklich that.
Die übrigen Fürsten wetteiferten mit Ludewig
XIV. in der Ermunterung von Künsten, Wissen=
schaften, Manufacturen und Handel. Die Unter=
nehmungen, zu welchen Colberts Verwaltung Lu=
dewig XIV. fähig machte, und die Ohnmacht und
Erniedrigung, in welche dieser König gegen das
Ende seiner Regierung fiel, trieben nachdenkende
Für=

Fürſten gleich ſtark an, ihre Finanzen in Ordnung
zu bringen, oder zu erhalten; und die geordneten
Finanzen ſchützten die Unterthanen gegen verderbliche und willführliche Erpreſſungen. Man wählte
die Miniſter, und beſetzte die Richterſtühle ſorgfäl-
tiger, als vormahls: und je gröſſer und aufgeklärter die Miniſter, und Richter waren, oder wurden,
deſto mehr verſchwand willführliches Regiment. —
Unſtreitig alſo waren die wachſende Aufklärung,
und Sittenbeſſerung die einzige Urſachen, daß entweder die Grundverfaſſungen, oder die Verwaltung
der Europäiſchen Staaten in dem letzten und gegenwärtigen Jahrhundert ſo ſehr verbeſſert wurden,
und daß die Verwaltung und der davon abhangende
Zuſtand der Völker einander viel ähnlicher ſind,
als ihre Conſtitutionen, indem die Fürſten und ihre
Miniſter im Durchſchnitt nicht mehr für die Befriedigung ihrer Leidenſchaften und Lüſte, ſondern
für das Wohl ihrer Unterthanen ſorgen, und meiſtens ſo handeln, als wenn ſie denen, über welche
ſie herrſchen, in jedem Augenblick verantwortlich
wären b). Wir dürfen hoffen, endlich dahin zu
kom-

b) So dachte Leopold, als Großherzog von Toscana.
  Möchten doch alle Fürſten im Stande ſeyn, am
  Ende ihrer Regierung von ihrem Thun und Laſſen
  eine ſolche Rechenſchaft abzulegen, als der unver-
  geßliche Wohlthäter ſeines Volks in dem Governo
  della Toscana ſotto il regno di ſua Maeſtà il re
  Leopoldo II. Firenzo 1791. 4. ablegte!

kommen, daß nicht die wenigsten, sondern die meisten Regenten einsehen, daß nur derjenige Fürst wahrhaftig groß sey, dessen Unterthanen einen eben so hohen Sinn haben, als er selbst c).

Sechster Abschnitt.

Ueber die Gerichtsverfassung, und Gesetzgebung der Völker des Mittelalters.

In den vorhergehenden Abschnitten schilderte ich die Sitten, und das Verfahren der Fürsten, und Richter, wodurch auch die besten Gesetze, wenn man dergleichen gehabt hätte, vereitelt worden wären. Jetzt untersuche ich die Gerichtsverfassung, und die Gesetze des Mittelalters, die beide im Durchschnitt so beschaffen waren, daß dadurch auch unter den unbestechlichsten Richtern sehr oft Ungerechtigkeiten aller Art veranlaßt werden musten. Die Gerichtsverfassung, und Gesetze des Mittelalters beweisen es noch einleuchtender, als die Sitten und Regierungsformen, wie unbeschreiblich grosse Wohlthaten wir der Aufklärung zu verdanken haben. Ich werde mich bei allen den Puncten sehr kurz fassen können, wo ich die Facta sebst in unterrichteten Lesern als bekannt voraussetzen kann.

Unter:

c) Dalrympl. I. 15. few Princes are wise enough to know, that no king can be truly great, the minds of whose subjects are not as high, as his own.

Unterſcheidende Merkmahle der Gerichtsverfaſſung, und der Geſetze des Mittelalters ſind Ver-
ſchiedenheiten und Widerſprüche der Rechte in denſelbigen Reichen, Gegenſatz von Gerichtsbarkeit, und
Richterſtühlen, Befreyungen und Privilegien von
gewiſſen Ständen, oder Gegenden, Städten, und
politiſchen Cörpern zum Schaden der übrigen Mitbürger, gerichtliche Beweiſe, bey welchen Unſchuldige leicht unterdrückt, und Schuldige leicht losgeſpro-
chen werden konnten, Strafen, die entweder durch
ihre Gelindigkeit, oder durch ihre Härte unzweckmäſ-
ſig waren, und endlich Geſetze, wodurch Ehen und
der Handel geſtört, oder erſchwert, und Fremdlinge und Unglücklihe als Feinde behandelt wurden.

So wie die Teutſchen Völker von jeher den
Grundſatz hatten, daß ein Jeder von ſeines Glei-
chen gerichtet werden müſſe; ſo ließen ſie nach den
Eroberungen von fremden Ländern den Einwohnern
die Freyheit, daß ein Jeder nach den Geſetzen
ſeines Volks leben, und ſich richten laſſen könne.
Eine nothwendige Folge dieſer Teutſchen Milde
war, daß nicht ſelten ſechs und noch mehrere Per-
ſonen, die in dem Bezirk deſſelbigen Grafen, oder
Richters wohnten, nach eben ſo vielen verſchiedenen
Geſetzen, nach Saliſchen, Ripuariſchen, Römiſchen,
Burgundiſchen, Longabardiſchen, Allemanniſchen,
Bairiſchen, und Sächſiſchen Geſetzen lebten, und

ſich

sich richten laſſen wollten d). Die hieraus ent=
ſtehende Verwirrung muſte um deſto gröſſer ſeyn,
da die Richter und deren Schöpfen, oder Beyſitzer
gewöhnlich keine gelehrte, oder ſorgfältig gebildete
Männer, und die Geſetze der meiſten Teutſchen
Völker entweder gar nicht, oder wenigſtens nicht
vollſtändig geſammelt wären. Unter den älteſten
Teutſchen Geſetzſammlungen hatten nur die der
Weſtgothen, und Longobarden eine gewiſſe Voll=
ſtändigkeit. Die erſten Geſetzbücher der Franken
hingegen, der Sachſen, der Baiern und Allemannen
waren äußerſt dürftig und unzulänglich. Die
vollſtändigeren Sammlungen der Sächſiſchen und
Schwäbiſchen Geſetze, und der meiſten Land= und
Stadtrechte ſo wohl in Teutſchland, als in andern
Europäiſchen Reichen fielen erſt in das dreyzehnte,
oder vierzehnte Jahrhundert; und man kann höch=
ſtens ein und das andere Beyſpiel von früheren
Sammlungen anführen. So lange die Rechte
und Gewohnheiten der Europäiſchen Länder und
Städte noch ungeſchrieben waren, ſo lange geſchah
es ſehr oft, daß die Richter und Schöpfen nicht
wuſten, wie ſie gewiſſe Fälle entſcheiden ſollten.
Unter ſolchen Umſtänden rief man, wenn man das
Recht ernſtlich ſuchte, eine gewiſſe Zahl von alten
und

d) Schmidt II. 175.

und erfahrnen Männern zusammen, und fragte
diese, was die Gewohnheit des Landes und der
Stadt mit sich bringe, und wie man sonst in den
streitigen Fällen gesprochen habe e).

Als im neunten, und zehnten Jahrhundert
die Franken, Burgunder und Römer allmählich in
ein Volk zusammenschmolzen; so hörte freylich in
dem heutigen Frankreich die grosse Mannigfaltig=
keit von Teutschen Rechten auf, allein der Unter=
schied des Römischen und Fränkischen Rechts
dauerte, wie die Landrechte und Stadtrechte ver=
schiedener Provinzen, Districte und Städte fort.
Lange nach der Niederlassung der Franken, und
anderer Teutschen Völker in den Römischen Pro=
vinzen bestand die Geistlichkeit, besonders die
geringere Geistlichkeit, nicht aus Teutschen, son=
dern aus den so genannten Römern, oder den
Ueberwundenen. Diese größtentheils aus Römern
bestehende Geistlichkeit lebte nach Römischen Ge=
setzen, und behielt auch meistens Sammlungen,
oder Auszüge aus den Römischen Gesetzen bey f).
Daher geschah es, daß selbst Franken und Longo=
barden, welche Geistliche wurden, ihrem bisherigen
Recht entsagen musten: daß die Geistlichkeit das
ganze

e) du Cange im Worte Turba.
f) du Bos III. 395. und Hervé matières feodales
l. 313. 314.

ganze Mittelalter durch fortfuhr, nach Römischen
Gesetzen zu richten: und daß nicht bloß das geistliche Recht fast ganz aus dem Römischen entstand,
sondern daß auch lange vor der Wiederfindung der
Pandecten, und der Errichtung der hohen Schule
zu Bologna das ursprüngliche Germanische Recht in
allen Theilen von Teutschland durch das Römische
Recht auf mannigfaltige Art abgeändert wurde g).

Das Teutsche und Römische Recht war kaum
so sehr mit einander streitend, als die geistliche und
weltliche Gerichtsbarkeit. Die Geistlichkeit be-
gnügte sich von der Mitte des neunten Jahrhunderts an nicht mit den grossen Vorrechten: daß
ihre Personen, ihre Güter, und Unterthanen von
aller fremden, oder weltlichen Gerichtsbarkeit befreyt waren. Sie trachtete auch darnach, wie sie
allmählich die weltlichen Stände, und selbst die
Könige und Fürsten, unter ihren Gerichtszwang,
oder ihre Bothmässigkeit bringen könnte. Was
die Päbste gegen Kaiser und Könige wagten, das
wagten die bischöflichen und andere geistliche Gerichte gegen Grafen, Herren, und Gemeine. So
wie jene sich in die Wahlen, in die Kriege, uns
Regierungsgeschäffte der Könige und Fürsten mischten; so mischten diese sich in alle Angelegenheiten
des

g) ib.

G g

des bürgerlichen Lebens, und zogen nicht bloß Ehesachen, oder Glaubenssachen, sondern alle Handlungen, die etwas sündhaftes enthielten, vor ihre
Gerichte h). Die heuchelnde Geistlichkeit, sagte
der Französische Adel im J. 1247, wo er sich zur
Vertheidigung seiner Rechte gegen die Clerisey verschwor, die heuchelnde Geistlichkeit bedenkt nicht, i)
daß das Französische Reich durch das Blut und
die Waffen unserer Vorfahren erobert, und zum
wahren Glauben bekehrt worden. Mit füchsischer
List lockte sie uns allmählich unsere Güter ab, und
brauchte diese dann dazu, um uns von sich abhängig zu machen. Söhne von Knechten üben über
uns Freye und unsere Kinder Gerichtsbarkeit aus,
die wir nach den Gesetzen der ersten Sieger ihre
Richter seyn sollten k). Wir Edle des Reichs
verbinden uns daher einmüthig mit einem heiligen
Eide, und verordnen: daß, da das Reich der Franken nicht durch geschriebene Gesetze, und nicht durch

den

h) Mezeray IV. 415. 416. und Bodin. de rep. Lib.
III. 3. p. 443. Cum autem jurisjurandi et numinis
violati specie omnem pontifices apud nos omnium
pene rerum cognitionem ad se pertraxissent; etc.
Sibert Variat. de la Monarch. Franç. II. 302.
i) Matth. Paris. p. 483.
k) Jurisdictionem saecularium principum sic absor-
bent, ut filii servorum secundum suas leges judi-
cent liberos, et filios liberorum, quamvis secundum leges priorum triumphatorum deberent a nobis
potius judicari etc.

den Stolz der Geistlichen, sondern durch das Blut
von Kriegern erworben worden l), kein Geistlicher,
oder Laye sich fernerhin unterstehen soll, Jemanden
vor ein geistliches Gericht zu ziehen: ausgenommen
in Ehesachen, und bey Klagen von Ketzerey und
Wucher. Wer diese Verabredung übertritt, der
soll unwiederbringlich sein ganzes Vermögen, und
ein Glied seines Cörpers verlieren: zur Vollziehung
von welchen Strafen wir gewisse Personen bestellt
haben. Wir hoffen auf diese Art, wieder zu un=
sern Gerechtsamen und Besitzungen zu gelangen,
und die übermüthige Geistlichkeit in den Zustand
der ersten Kirche zurückzubringen, wo sie uns gött=
liche Wunder zeigen wird, die schon lange von der
Erde verschwunden sind. — Diese Wünsche, und
Bemühungen blieben noch lange eben so fruchtlos,
als ähnliche Statuten, die man bald nachher in
England machte m). Durch die vollkommne Un=
abhängigkeit von aller fremden Gewalt wurde die
Geistlichkeit durchgehends ein Staat im Staat,
welches in mancher Rücksicht um desto gefährlicher
war, da sie sich selbst wieder in mehrere von ein=
ander unabhängige, und entgegengesetzte Cörper
theilte.

G g 2

l) quod regnum non per jus scriptum, nec per cleri-
corum arrogantiam, sed per sudores bellicos fuerit
acquisitum.

m) ib. p. 488.

theilte. Die Ordensgeistlichen wurden der Gewalt der Bischöfe, die Bischöfe immer mehr und mehr der Gewalt der Erzbischöfe entzogen; und die Privilegien, welche die verschiedenen Orden erhielten, machten sie insgesammt zu Feinden von einander, so wie sie gemeinschaftliche Feinde des übrigen Volks waren. Wenn geistliche Personen, oder solche, die unter dem Schutze der Geistlichkeit standen, der grösten Verbrechen schuldig wurden; so war in den meisten Fällen die Macht keines Königs und Fürsten groß genug, um die Misse-thäter zur verdienten Strafe zu ziehen. Hatte man hingegen die Geistlichkeit beleidigt; so schleu-derte diese gleich Interdicte und Bannstrahlen ab, vor welchen Jahrhunderte lang alle Könige und Fürsten unsers Erdtheils zitterten. Der Miß-brauch dieser geistlichen Strafmittel nahm denselben freylich auf die Länge einen grossen Theil ihres Ansehens; allein das Concilium in Basel muste es noch im J. 1435. verbieten, daß man nicht ganze Städte um der Schulden eines, oder einiger Bürger willen in den Bann thun solle n). An

statt

n) Crevier Hist. de l'Univers. de Paris. IV. 90. Bodin. VI. 994. 995. bes. Nicolaus de Clemanges de corrupt. eccles. statu c. 8. Sed hodiernis diebus adeo invaluerunt, (suspensiones, interdictiones, ana-themata —) ut passim pro levissimo quasi delicto saepe etiam pro nullo inferantur. Sicque in nullum amorem, in extremum pervenerunt contemptum.

ſtatt daß man Biſchöfe, Aebte, und geiſtliche Corpora nur bey dem Papſte, oder deſſen Abgeordneten be-
langen konnte; ſo machten die geiſtlichen Gerichte auf
das Recht Anſpruch, daß Perſonen, die unter ganz andern Richtern ſtanden, aus den entfernteſten Gegenden vor ihnen erſcheinen, und ihr Urtheil vernehmen
ſollten. Schon in der Mitte des dreyzehnten
Jahrhunderts forderten die Angehörigen der hohen
Schule zu Paris Perſonen aus allen Theilen von
Frankreich vor das Tribunal der Univerſität, und
zwangen ſie durch die Furcht vor den Koſten und
Gefahren, welche die Reiſe, und der Aufenthalt
in Paris nach ſich ziehen würden, die ungerechten Anmaaſſungen zu erfüllen, welche man an ſie
machte o). Ungeachtet die Univerſität ſich ſelbſt
als die älteſte Tochter der Könige von Frankreich
anſah; ſo erkannte ſie das Anſehen der Könige
nicht allein nicht an, ſondern beklagte ſich über
die Könige bey den Päbſten, und mißhandelte die
königlichen Richter als nichtswürdige Buben p).

G g 3   Die

o) ib. II. 8.
p) Crevier ib. II. 27. 149. Jm J. 1304. ließ Pierre
 Jumel, Prevot von Paris, einen Studierenden
 henken, ungeachtet dieſer die Privilegien der Geiſtlichkeit reclamirt, und von einem geiſtlichen Tribunal gerichtet zu werden verlangt hatte. Wegen
 dieſer Verletzung der geiſtlichen Immunität machte
 der Official von Paris folgenden Beſcheid bekannt:
 „Der Official von Paris allen Erzprieſtern, Prie-
 „ſtern, Pfarrern, Caplanen, und allen andern Vor-
       „ſtehern

Die Mißbräuche in den geistlichen Cörpern und
geistlichen Gerichten mochten so groß seyn als sie
wollten; so hatte man bis in das vierzehnte Jahr=
hundert hinein kein Mittel, sie abzuschaffen, weil
die Geistlichkeit ihren Orden, ihre Rechte und
Freyheiten für so göttlich und unverletzlich hielt,
daß weder die Völker, noch die Fürsten das Ge=
ringste darin verändern, oder davon wegnehmen
dürften. Eine der ersten Anwendungen, welche die
Könige von ihrer wachsenden Gewalt machten, war
diese, daß sie die Rechte, Freyheiten, und besonders
die Gerichtsbarkeit der Geistlichkeit einschränkten,
und daß sie die Personen sowohl, als die Güter
der Geistlichen ihres Gebiets mehr oder weniger

von

„stehern von Kirchen, u. s. w. Wir befehlen euch
„allen und Jeden, vermöge des heiligen Gehorsams,
„den ihr schuldig seyd, und bey Strafe der Sus=
„pension, und des Banns, wenn ihr diesem Befehl
„nicht gehorchen solltet, daß, wenn ihr Morgen
„Früh den Gottesdienst geendigt habt, ihr euch mit
„eurem Volk, unter Vortragung des Creutzes und
„des Weihwassers, in feierlicher Procession in die
„Kirche des heiligen Bartholomäus zu Paris be=
„gebt, und von da gegen das Haus hinzieht, wel=
„ches der Prevost von Paris bewohnt. Wenn ihr
„bey diesem Hause angekommen seyd, so sollt ihr,
„und alle diejenigen, die euch begleiten, gegen das
„Haus des Prevost Steine werfen, und mit lauter
„Stimme rufen: fliehe, fliehe, verfluchter Satan!
„erkenne deine Bosheit, und ehre unsere Mutter,
„die heilige Kirche, welche du, so viel an dir ist,
„entehrt, und in ihren Freyheiten gekränkt hast.
„Wenn du es nicht thust, so mögest du mit Da=
„than und Abiran, welche die Erde lebendig ver=
„schlang, dahin fahren. — Gegeben im J. 1304.“

von ſich abhängig machten q). Dies wurde den
weltlichen Herren um deſto leichter, da die meiſten
geiſtlichen Gerichte gegen das Ende des vierzehnten,
und im Anfange des funfzehnten Jahrhunderts in
gleichem Grade verhaßt, und verächtlich geworden
waren r). Die Biſchöfe verkauften Recht und
Unrecht, wie die von ihnen abhangenden Beneficien
eben ſo unverſchämt, als die Päbſte. Ihre promotores, oder Inquiſitoren ſuchten Verbrechen und
Vergehungen, oder wenigſtens den Schein davon
auf dem Lande, wie in den Städten, und ſelbſt
in den niedrigſten Hütten der Armen auf. Wenn
dieſe wirkliche, oder Scheinſchuldige aufgeſpürt
hatten, ſo drohten ſie zuerſt, um den Beklagten
hohe Löſegelder abzuzwingen s). Solche, die ſich
nicht ſchrecken lieſſen, wurden vor Gericht gefordert.

Gg 4

Er-

q) Bodin. de rep. VI. c. 2. 996. Sibert III. 46.
 Philipp der Lange ſchloß 1319. die Biſchöfe vom
 Parlement aus. Im Anfange des 15. Jahrhunderts war der Sieg der weltlichen Gerichtsbarkeit
 über die geiſtliche in Frankreich ſchon ganz ent-
 ſchieden. III. 51. 52.
r) Nicol. de Clemangiis de corrupto eccleſ. ſtatu
 c. 16. in Op. p. 15.
s) Dici non poteſt, quanta mala faciant illi ſcelerati
 exploratores criminum, quos Promotores appellant.
 Simplices et pauperculos agreſtes vitam ſatis inno-
 cuam in ſuis tuguriis agentes et fraudis urbanae
 neſcios in jus ſaepe pro nihilo vocant. Cauſas et
 crimina contra eos ſedulo confingunt, vexant, ter-
 rent, minitantur: ſicquo eos per talia componere,
 et paciſci cogunt.

Erschienen sie nicht auf die erste Einladung; so
warf man sie gleich in den Bann. Stellten sie
sich aber vor Gericht, so ermüdete man sie durch
alle Arten von Chicanen so sehr, daß auch die
Muthigsten und Standhaftesten sich endlich loszu=
kaufen genöthigt wurden t).

Die hohen weltlichen Gerichte stimmten lange
eben so wenig zusammen, als die weltlichen und
geistlichen. Viele hohe Baronen versagten alle
Appellationen von ihren Gerichten, oder machten
sie so schwer, und gefahrvoll, daß es fast eben so
gut war, als wenn sie dieselben ganz verboten
hätten. Wenn auch Appellationen in Fällen der
verweigerten Gerechtigkeit gestattet, oder von den
Unterdrückten gewagt wurden; so hatte man Jahr=
hunderte lang wenig Hoffnung, vor den königlichen
Gerichten Recht zu erhalten. Ursprünglich gab es
keine andere königliche Gerichte, als an den Höfen
der Könige selbst. Die Richter, oder Beysitzer in
diesen königlichen Gerichten waren die vornehmsten
Hofbedienten, und andere Vornehme, die an den
Höfen gegenwärtig waren; und die Vorsitzer dieser
Gerichte waren sehr oft die Könige selbst, oder Hof=
richter, welche sie als ihre Sellvertreter ernannt hat=
ten. Da nun die Könige stets im Lande umherzogen,
so

t) ib.

so muſten diejenigen, welche Recht ſuchten, mei=
ſtens lange umherreiſen, ehe ſie den Hof fanden,
und wenn ſie denſelben gefunden hatten, lange
warten, und ſich bewerben, bis ihnen Gehör ge=
ſtattet wurde. Eben daher verlangte die Engliſche
Nation ſchon im J. 1215. von den Könige Johann
daß die königlichen Gerichte nicht mehr, wie bisher
wandelnd, ſondern unbeweglich an gewiſſen Orten
ſitzend ſeyn ſollten u). In Frankreich war das
Parlement in Paris der erſte beſtändige Gerichts=
hof, und die meiſten übrigen Parlementer wurden
erſt unter Ludewig XI. und deſſen Nachfolgern
errichtet. In Teutſchland dauerte es viel länger,
als in Frankreich und England, daß beſtändige
höchſte Gerichte für das ganze Reich errichtet wurden,
ungeachtet es in Teutſchland wegen der häufigen und
langen Abweſenheiten der Kaiſer, wegen der gröſſern
Gewalt der Fürſten, und der unſäglichen Fehden zwi=
ſchen allen höheren und niederen Ständen nothwendi=
ger, als irgendwo geweſen wäre. Als Maximilian I.
im J. 1512. nach dem Cammergericht auch den Hof=
rath errichtete; ſo that er es, wie er ſelbſt ſagt,
vorzüglich deßwegen, damit er in's künftige des
ungeſtümen Nachlaufens, wodurch er in vielen wich=
tigen Geſchäften gehindert worden, überhoben, und

Gg 5   die

u) Hume II. 525.

die Unterthanen von den schweren Köſten des Nach:
reiſens befreyt würden v). Erſt nach der Entſte:
hung der Reichsgerichte wurden in allen Teutſchen
Fürſtenthümern ähnliche Tribunale geſtiftet.

Die Beſtechlichkeit, und Kraftloſigkeit der geiſt:
lichen und weltlichen Gerichte, und die daher ent:
ſpringende Ungeſtraftheit und Aufmunterung zu
den gröſten Verbrechen veranlaßten im 13. Jahr:
hundert in mehrern Europäiſchen Reichen wan-
delnde, oder geheime Gerichte, wodurch man die
ſonſt unbezähmbaren Frevler auszurotten ſuchte.
Die Muſter dieſer heimlichen Gerichte ſcheinen die
Inquiſitoren geweſen zu ſeyn, welche die Päbſte
in der erſten Hälfte des dreyzehnten Jahrhunderts
in alle Lande ausſandten, um die Ketzer und Ketzereyen zu vertilgen w). Eduard der erſte wuſte
ſein von Räubern, Mördern, Mordbrennern und
andern Verbrechern angefülltes Reich nicht anders
zu ſäubern, als daß er im Jahr 1275. Richter
mit unumſchränkter Gewalt ernannte, die in allen
Theilen von England umherreiſen, und alle Miſſe:
thäter, welche ſie vorfänden, ohne förmlichen Proceß abthun ſollten. Bey einer ſolchen Gewalt,
                                                    als

---

v) Pütters Grundriß der Reichsgeſch. S. 384.
w) Unter dieſen Inquiſitoren wurde Conrad von
    Marburg zur Warnung für ſeine Nachfolger im
    J. 1233. in Teutſchland erſchlagen. Chronic. Er-
    ford. in Schannats Vind. litt. p. 93.

als **Eduards** Richter erhielten, war es in solchen
Zeiten nicht anders möglich, als daß Unschuldige
mit den Schuldigen ergriffen, und auf den geringsten Verdacht hin am Vermögen, oder an Leib
und Leben gestraft wurden. Unterdessen erreichte
der König den Zweck, den er sich vorgesetzt hatte.
Seine Blutrichter setzten die Schuldigen mit den
Unschuldigen in Schrecken, und zerstreuten die erstern wenigstens eine Zeitlang. Nach dieser Wirkung hob **Eduard** I. seine Blutgerichte wieder auf.
Glücklich, wenn man dieses auch in andern Ländern, vorzüglich in Teutschland gethan hätte!

Heimliche, oder wenigstens unumschränkte und
ausserordentliche Gerichte entstanden in Spanien
noch früher, als in England. Im J. 1260. vereinigten sich zuerst die Städte in Arragon, und
bald nachher die in Castilien zur Errichtung einer
so genannten heiligen Brüderschaft, deren Haupt-
absicht war, Räuber, Mörder, und andere Frie-
densstörer in beiden Reichen zu verfolgen, und sie
zur verdienten Strafe zu ziehen. Man hob zu
diesem Zweck von allen verbündeten Städten eine
verhältnißmässige Steuer, versammelte eine hin-
längliche Anzahl von Truppen, und ernannte Richter, welche die Urheber von ungesetzlicher Gewalt
allenthalben aufsuchen, und richten konnten. Der
hohe Adel, welcher Raub übte, oder wenigstens
Räu-

Räuber ſchützte, und die Gewalt der neuen Friedensrichter für einen unverzeihlichen Eingriff in
ſeine Privilegien hielt, drang mit dem größten
Ernſt auf die Abſtellung der heiligen Brüderſchaft,
und ihrer Gerichtsbarkeit; allein die Könige ſchüz-
ten den Bund und die Gerichtsbarkeit der Städte,
wodurch Ruhe und Sicherheit befördert, und die
Macht des hohen Adels geſchwächt wurde x).

Wahrſcheinlich um dieſelbige Zeit entſtanden
in Teutſchland die ſo genannten Weſtphäliſchen,
oder heimlichen, oder Vehmgerichte; und ſolche
Gerichte hatte in der Mitte und in der letzten Hälfte des dreyzehnten Jahrhunderts kein Land mehr
nöthig, als das Teutſche Reich, weil es von dem
Tode **Friederichs des zweyten** an bis auf **Rudol-
phen von Habsburg** gar kein Oberhaupt hatte,
das Kraft genug beſeſſen hätte, Recht und Gerechtigkeit zu handhaben, und Gewaltthätigkeiten und
Frevler zu ſtrafen. Man kann es als faſt gewiß
annehmen, daß der Urſprung der heimlichen Gerichte über den Anfang des vierzehnten Jahrhunderts
hinausgeht, weil der Stadt Dortmund, und dem
Biſchofe zu Minden ſchon im J. 1332. das Recht
Freyſtühle zu errichten, und Freygrafen zu ernen-
nen, als ein althergebrachtes Recht von dem Kaiſer

Lu-

x) Robertſ. Hiſt. of Charles V. I. 195.

Ludewig dem Baiern beſtätigt wurde y), und in den folgenden Zeiten ſtets die Meynung herrſchend blieb; daß die heimlichen Gerichte von **Carl dem Groſſen** geſtiftet worden, um das Heidenthum unter den Sachſen gänzlich auszurotten, und um Abgötterey und Unglauben mit unerbittlicher Stren- ge zu ſtrafen. Wahrſcheinlich vereinigten ſich die geiſtlichen Fürſten, und die Städte in Weſtphalen während des ſo genannten Zwiſchenreichs, wie die Städte und der König in Spanien gethan hatten, zur Errichtung von Gerichten, vor welchen diejeni- gen, die ſonſt kein Recht erlangen konnten, klagen, und welche alle groſſe Verbrecher, die man ſonſt nicht ſchrecken und überwältigen konnte, verfolgen, und ſtrafen ſollten. Alle Urkunden des funfzehn- ten, und ſechszehnten Jahrhunderts, in welchen der Weſtphäliſchen Gerichte erwähnt wird, beweiſen, daß urſprünglich nur Klagen über verſagte Gerech- tigkeit, und über groſſe und öffentliche Verbrechen, über Mord, Straſſenraub, Schändung von Frauen und Jungfrauen, Beraubung von Kirchen, Mord- brennerey und gefährliche Ketzerey vor dieſe Ge- richte gehörten z). Als im funfzehnten und ſechs- Jahrhundert alle Städte und Fürſten ſich wider die heimlichen Gerichte vereinigten, und bey Kaiſer

und

y) Datt de pace publ. p. 733. 734.
z) Datt l. c. p. 732. 751. 774.

und Reich sich darüber beklagten; so gab man doch immer noch zu, daß diejenigen, welchen Recht verweigert worden wäre, sich an die heimlichen Gerichte wenden dürften a). Allem Ansehen nach erfüllten die Vehmgerichte von ihrer Entstehung an bis in den Anfang des funfzehnten Jahrhunderts einen nicht geringen Theil der wohlthätigen Zwecke, um welcher willen sie gegründet worden waren: denn die ersten Klagen wider diese Gerichte wurden nicht früher, als unter der Regierung des Kaisers Sigismund gehört. Vor ihrer Ausartung wurden die Freystühle nur von den Fürsten, und vielleicht noch von den grossen Städten in Westphalen errichtet, und also auch nur von diesen die Freygrafen ernannt b). Die Schöpfen oder Beysitzer bestanden so wohl aus ritterbürtigen, oder zum Schilde gebohrnen Personen, als aus Gemeinen, oder freyen ächten Schöpfen. Beide wurden mit der grösten Sorgfalt gewählt, und konnten nur auf rother Erde, das heißt in Westphalen erkohren werden c). Wenn anderswo gewählte Schöpfen nach Westphalen kamen; so wurden sie ohne Gnade gehenkt. Bastarde, Leibeigene, und anrüchtige Personen konnten niemals Wissende, oder Theilnehmer der heimlichen Gerichte werden.

So:

a) p. 757. 758.   b) Datt p. 732. et sq.
c) p. 779.

Sowohl die Oerter, wo die Vehmgerichte gehalten wurden, als die Freygrafen und Schöpfen waren alle, oder meistens bekannt: wenigstens machten die Freygrafen und Schöpfen der Vehmgerichte kein grosses Geheimniß daraus, daß sie Wissende seyen. Die Beklagten wurden zu drey verschiedenen Mahlen vorgeladen, und die Sachen eben so verhandelt, wie bey den übrigen Sächsischen Gerichten d). Geheim hielt man bloß die Strafen, welche man auf verschiedene Verbrechen gesetzt, und die peinlichen Urtheilssprüche, welche man gegen überführte Verbrecher gefällt hatte; und die letztern musten nothwendig geheim gehalten werden, weil die Freystühle keine Heersmacht besaßen, um angesehener Verbrecher mit offenbarer Gewalt habhaft werden zu können. Die Schöpfen des heimlichen Gerichts, denen die Vollstreckung von Todesurtheilen aufgetragen wurde, gingen dem Verfeimbten so lange nach, bis sie ihn irgendwo unbegleitet antrafen, wo sie ihn alsdann an den ersten den besten Baum henkten. Wenn Schöpfen, die mit Vollmachten eines Freygrafen versehen waren, die Hülfe anderer Wissenden ansprachen, und diese solchen Aufforderungen nicht folgten; so waren sie des Todes schuldig gleich denen, welche gefällte Todesurtheile ver=

d) Dies erhellt aus allen Urtheilssprüchen von Freygrafen, welche Datt angeführt hat.

verrathen hatten. Nur in einem Fall konnten die Freyschöpfen Missethäter ohne vorhergegangenes Urtheil und ohne besondere Erlaubniß abthun: wenn sie nämlich Jemanden auf frischer That oder wie es in der Sprache der heimlichen Gerichte hieß', mit bebender Hand, und gichtigem Munde antrafen e). Wer übrigens einmahl verfeimbt war, der war verfeimbt, dem half es nichts, daß er ein **fromm Mann** sey oder heisse; denn die Verfeimung beweise schon hinlänglich, daß er böse sey, und daß er als ein böser Mann hingerichtet werden müsse f).

Die Vehmgerichte blieben lange auf Westphalen eingeschränkt, oder in Westphalen eingeschlossen. In das obere Teutschland breiteten sie sich erst im Anfange des funfzehnten Jahrhunderts aus, denn der Rath der Stadt Ulm schrieb im J. 1427, daß man seit einiger Zeit mehrere Personen vor die Vehmgerichte gefordert habe, welches sonst nicht erhört worden sey g). Nachdem sie sich aber einmahl in das südliche Teutschland verpflanzt hatten; so dehnten sie sich sehr schnell aus. Im J. 1442. fanden sich schon Wissende in den Städten Ulm, Augsburg, Strasburg, Basel, u. s. w., und vor die Wissenden der Räthe in diesen Städten

e) ib.   f) ib.   g) Datt p. 733.

ten wurden manche wichtige Sachen gewiesen h).
Zur Zeit ihrer Ausbreitung waren die Vehmge=
richte entweder schon ausgeartet, oder arteten sehr
bald aus. Die ersten öffentlichen Klagen über die
gefährlichen Mißbräuche der Vehmgerichte erschollen
im J. 1437. und auf diese Klagen gab der Kaiser
Sigismund dem Erzbischofe **Dieterich** von Cölln
den Auftrag, als Herzog von Westphalen die heim=
lichen Gerichte zu reformiren, welches auch im
J. 1439. wenigstens in Worten, oder durch Vor=
schriften geschah i). Der Erzbischof verordnete,
daß man keine andere, als solche Sachen annehmen
solle, die von Alters her vor die heimlichen Ge=
richte gehört hätten: daß man nicht mehr, wie
bisher, uneheliche, ehrlose, oder leibeigene Leute,
und noch weniger Geistliche, die nach der alten
Einrichtung eben so wenig Schöpfen werden, als
vor die heimlichen Gerichte gezogen werden konnten,
zu Schöpfen wählen: und daß Freygrafen sich nicht
mehr unterstehen sollten, zu gleicher Zeit Partey,
Richter, und Gerichtsschreiber zu seyn, oder den
Schöpfen vorher zu sagen, und sie durch Beste=
chungen dahin zu bringen, daß sie gewisse Urtheile
aussprechen sollten k). Um dieselbige Zeit geschah
es häufig, daß schlechte Menschen, ohne Vollmacht
von

h) ib. p. 732. 758.   i) ib. p. 132.   k) ib. p. 732. 762.

Hh

von Freygrafen auf einen geringen Verdacht hin, oder aus Rache, und Eigennuß unschuldige Per=
sonen henkten, und andere schlechte Menschen, die gleichfalls Schöpfen waren, zu solchen Mordthaten als Gehülfen brauchten 1): oder daß unruhige Bürger die Obrigkeiten, oder gar alle mannbare Einwohner ihrer Vaterstädte vor die heimlichen Gerichte forderten m). Da die Klagen auf den Reichsversammlungen, und die von dem Erzbischofe von Cölln vorgenommene Reformation der Frey=
stühle wenig oder nichts halfen, sondern die heim=
lichen Gerichte vielmehr fortfuhren, mit zügelloser Frechheit in die Gerichtsbarkeit von Fürsten und Städten einzugreifen, und gleich Mördern im Fin=
stern zu schleichen und zu würgen; so vereinigten sich zuerst 1442. viele Städte, und 1461. viele Städte und Fürsten gegen die verderblichen Anmaas=
sungen und Gewaltthätigkeiten der Vehmgerichte n). Fürsten und Städte befahlen ihren Bürgern und Unterthanen bey Leib= und Lebensstrafe, Mitbür=
ger oder Mitunterthanen, entweder gar nicht, oder nur in dem Fall des verweigerten Rechts vor aus=
wärtige Vehmgerichte zu ziehen, und entweder gar nicht, oder nur mit ihrem Vorwissen Schöpfen der heimlichen Gerichte zu werden. Städte und
Für=

1) p. 738.   m) p. 730. et sq.   n) p. 732. 758.

Fürſten ließen Bürger und Unterthanen, die dieſen Befehl übertraten, ſo wie die Boten der heimlichen Gerichte am Leben ſtrafen o); und von dieſer Zeit an wagten ſich die Boten der Vehmgerichte nicht anders, als heimlich und bey Nacht an die Thore von Städten, oder Burgen, um die Citationen anzuſchlagen, oder anzuheften. Dieſer Vorkehrungen ungeachtet dauerten die Vehmgerichte bis gegen die Mitte des ſechszehnten Jahrhunderts fort. Die Churfürſten, oder auch alle Stände wiederhohlten 1512. und 1522. p) eben die Klagen, welche man ſchon beynahe ein ganzes Jahrhundert gegen die heimlichen Gerichte vorgebracht hatte; und auf dieſe dringenden Klagen nahm der Erzbiſchof von Cölln, der die gänzliche Aufhebung der Vehmgerichte hinderte, eine letzte, aber gleichfalls unwirkſame Verbeſſerung derſelben vor. Die Vehmgerichte verlohren ſich erſt gegen die Mitte des ſechszehnten Jahrhunderts, da alle Stände ihre Gerichtsverfaſſung immer beſſer einrichteten, ſich immer mehr und mehr mit Privilegien gegen die Appellationen an die Vehmgerichte verwahrten, und alle Theilnahme an denſelben, und alle Verſuche, Jemanden vor die heimlichen Gerichte zu bringen, an Leib und Leben ſtraften. Bey ſolchen Sitten, als im

H h 2   vier=

o) l. c. p. 750. 753.   p) p. 756. 751.

vierzehnten, und funfzehnten Jahrhundert herrsch=
ten, mußten nothwendig solche heimliche Gerichte,
als die Westphälischen Vehmgerichte waren, bald
nicht ein Gegenmittel, sondern eine neue Quelle
eben der Unordnungen und Unglücksfälle werden,
die man dadurch zu heben, oder zu vermindern
gesucht hatte.

Wenn die Richter des Mittelalters auch bes=
sere Sitten gehabt hätten, und die Gerichte weniger
mit einander streitend, weniger ohnmächtig, oder
willführlich gewesen wären, als sie waren; so hätte
dennoch das Verbrechen oft unbestraft bleiben, und
die Unschuld gekränkt, oder unterdrückt werden
müssen, weil man die einzigen rechten Mittel, die
Wahrheit von Factis, und die Gerechtigkeit von
Forderungen und Klagen zu erforschen, nicht anzu=
wenden verstand, und hingegen solche gerichtliche
Beweise und Gegenbeweise verlangte, oder gestat=
tete, bey welchen das Recht sehr oft in Unrecht,
und Unrecht in Recht verkehrt werden mußte. Schon
die ältesten Teutschen Gesetzbücher, und besonders
die Capitularien **Carls des Grossen** und **Lude=**
wigs des Frommen bestimmten vortrefflich, wie
die Zeugen und Zeugnisse beschaffen seyn müsten,
deren die Richter sich allein bedienen sollten, um
Recht oder Unrecht zu entdecken. Die Grafen und
übri=

übrigen Richter, sagten die Fränkischen Capitula=
rien, sollen Niemanden auf einen bloßen Verdacht
gefangen nehmen, oder strafen q), sondern sie sollen
vielmehr alles, was verborgen ist, Gott und seinem
Gerichte anheimstellen. Weder betrunkene, noch
ehrlose, oder anrüchtige Personen dürfen als Zeu=
gen zugelassen werden. Auch sollen die Zeugen
zuerst einzeln verhört, dann, wenn es nöthig ist,
mit einander verglichen, und nicht bloß von einer,
sondern von beiden Seiten zugelassen werden. —
Bey Briefen, oder schriftlichen Urkunden solle sorg=
fältig darauf gesehen werden, ob in ihnen etwas
ausgekratzt, oder ausgeschnitten, oder ausgestrichen,
oder sonst ein Zeichen von Untergeschobenheit, oder
Verfälschung vorhanden sey.

Alle diese trefflichen Regeln des gesunden Men=
schenverstandes wurden durch andere Gesetze über
Zeugen, über Eide, und Gottesurtheile unnütz ge=
macht. Die Zeugnisse der glaubwürdigsten Perso=
nen waren für sich fast nur alsdann gültig, wenn
Augenzeugen Schuldige auf frischer That ergriffen
hatten r). In allen übrigen Fällen schätzte man

H h 3   den

q) Die Stellen stehen bey Lehmann B. II. Cap.
27. S. 110. nnd in Corp. Jur. Germ. edit. Georg.
1138. 1151. 1191.

r) Schwabenspieg. C. 22. §. 4. Die Franken haben
das Recht, und schlahen sie einen zu todt, sie wer=
den

den Werth von Zeugniſſen nicht nach der Fähigkeit,
und Redlichkeit von Zeugen, ſondern nach ihrer
Zahl, oder höchſtens nach ihrem Stande. Bey
denſelbigen Klagen, oder Sachen muſten Landleute
mehr Zeugen beybringen, als Bürger, oder Freye,
und dieſe mehr, als Edle s). Auch mit der Wich=
tigkeit der Sachen ſtieg die Zahl von Zeugen, oder
Mitſchwörenden, die man verlangte; und ſolcher
Zeugen, oder Mitſchwörenden forderten die Geſetze
bald ſechs, bald 12, bald 24, bald 72, bis zu
300 t). Man mag das Anſehen des Eides ſo ge=
ringe, und Meineidigkeit ſo herrſchend annehmen,
als man will; ſo würde es doch immer unbe=
greiflich ſeyn, wie beide ſtreitende Parteyen eine
ſo groſſe Menge von Zeugen, oder Mitſchwören=
den hätten aufbringen können, als die Geſetze vor=
ſchrieben, wenn man nicht wüſte, daß die edlen
Geſchlechter ſo wohl, als die Gemeinen mit ein=
ander verbrüdert, oder in ſo genannte Klüfte ver=

bun=

ben dann an der That begriffen, daß man Ir Eyd
nemen muß, ob ſie ſchwehren wollen, daß ſie uns
ſchuldig ſeyen. Und werden ſie an der That begrif=
fen, ſo ſoll man Ires Eydes nicht nemen: ſo richt
man über ſie recht, alß über ander Leut. Man
ſehe auch Datt de pace publ. p. 732. 733.

s) Lex Rip. 151. 153. Ed. Georg. u. Scheidt in der
Mantiſſ docum. p. 290.

t) Lex Rip. 151. 153. Lex alemann. p. 206. Lex
Bavar p. 314. Sachſenſpiegel p. 229. Hume Hiſt.
of Engl. I. p. 293.

bunden waren, deren erſte Pflicht darin beſtand,
daß alle Mitglieder von ſolchen Klüften ſich gegen=
ſeitig in ihren Nöthen aushelfen, und für einan=
der ſchwören muſten u). Alle dieſe Zeugen und
Gegenzeugen muſten ſchwören, und wenn ſie ge=
ſchworen hatten, mit einander kämpfen. Von wel=
cher Seite die meiſten fielen, die behielt Unrecht,
und der Eid ſelbſt alſo wurde gewöhnlich nicht ſo
wohl als ein gerichtlicher Beweis, oder als eine
Erhöhung der Glaubwürdigkeit von Zeugniſſen, ſon=
dern als ein Gottesurtheil gebraucht, vermöge deſ=
ſen die Unſchuld von Perſonen, und die Gerech=
tigkeit von Sachen bald durch einen von der Gott=
heit verliehenen Sieg, und die Schuld des Mein=
eides bald durch die göttliche Strafe der Nieder=
lage bewieſen werden würde. Die Gewohnheit bei=
de Parteyen ſchwören zu laſſen, und Mitſchwören=
de, oder Eidshelfer vor Gericht zu bringen, dauer=
te ſelbſt in Frankreich und Teutſchland bis in das
ſechszehnte Jahrhundert fort v).

Alle Gottesurtheile, deren man ſich als der
bewährteſten gerichtlichen Beweiſe bediente, waren

H h 4 auſſer

u) Boltens Dithmarſiſche Geſchichte IV. 84. 85.

v) Oeuvres de Brantome I. 307. Grupens Abh. über
die Ordalien der Teutſch. Völker in ſeinen Obſer-
vationibus aus den Teutſchen und Römiſchen Rechten und Alterthümern p. 66.

auſſer der Probe des Creußes und des Zweykampfs
vor der Art, daß, wenn man keine Betrügereyen
brauchte, es bloß auf den Zufall ankam, ob der
Unſchuldige frey geſprochen, und der Schuldige ent=
deckt wurde, oder daß auch der Unſchuldige faſt
unfehlbar für ſchuldig erkannt werden muſte. Der
erſte dieſer beiden Fälle fand bey den Gottesproben
des Looſes, des Sarges w), des Brodes x), des
Abendmahls y), und beſonders bey der Probe des
kalten Waſſers Statt. Dieſes Gottesurtheil war
in verſchiedenen Jahrhunderten mit ſich ſelbſt ſtrei•
tend; denn in älteren Zeiten hielt man diejenigen
für unſchuldig, die oben ſchwammen, und in ſpä=
teren Zeiten ſolche, welche niederſanken z). In
beiden Fällen konnten Schuldige durch die ihnen
eigenthümliche Beſchaffenheit des Cörpers, welche
ſie oben ſchwimmen, oder ſinken machte, gerettet,
und Unſchuldige verurtheilt werden. Eben ſo un=
gerecht, oder parteyiſch muſte der Zufall oft bey
der Probe des Sarges ſeyu, wo man einen Er=
ſchlagenen auf einen Sarg legte, und dann alle
verdächtige Perſonen hinzutreten, und den Getöd=

teten

w) Grupen l. c. St. Foix Mem. ſur Paris I. 319.

x) Grupen p. 62.

y) ib. et Lamb. Schaſſ. 249. 250.

z) Grupen l. c. p. 60.

teten berühren ließ. Wenn während dieser Berüh=
rungen in dem Todten irgend etwas ungewöhnli=
ches bemerkt wurde, besonders wenn er zu bluten
anfing; so hielt man denjenigen, bey deſſen Berüh=
rung dieses geschehen war, für den Thäter. Bey
der Probe des Brödes, und des heiligen Abend=
mahls schworen diejenigen, welche das eine, oder
das andere nahmen, daß ſie daran erſticken, oder
in kurzer Zeit ſterben wollten, wenn ſie nicht un=
schuldig wären. Es konnte freylich manchmal Wir=
kung des Bewußtseyns der Schuld, sehr oft aber
auch bloßer Zufall seyn, daß denjenigen, welche
diese Proben gemacht hatten, bald nachher ein Un=
glück begegnete, und daß ſie dadurch Ankläger ih=
rer eigenen Schuld wurden. Vor der Probe des
heiligen Abendmahls scheinen sich diejenigen, wel=
che nicht ganz reinen, und zugleich nicht ganz ver=
härteten Herzens waren, mehr als vor allen übri=
gen gefürchtet zu haben. Nach der Aussöhnung
des Kaisers **Heinrich** IV. mit dem Pabſt **Hilde=**
brand führte dieser seinen ehemaligen gecrönten
Widersacher in die Kirche, und rief ihn, ſo wie
das übrige Volk, nach der Meſſe vor den groſſen
Altar hin, wo er den Kaiser auf folgende Art an=
redete: du, und deine Anhänger haben mich oft
beschuldigt, daß ich durch Simonie die päbſtliche

H h 5 Wür=

Würde erlangt, und daß ich auch nachher solche
Verbrechen begangen hätte, die mich nach den Gesetzen der Kirche aller geistlichen Aemter und Verrichtungen unwürdig machten. Ungeachtet ich diese
Vorwürfe durch die Zeugnisse aller derer, die mich
von meiner ersten Kindheit an gekannt, und die
mich zum ersten Bischofe erwählt haben, hinlänglich widerlegen könnte; so will ich dennoch, damit
es nicht scheine, als wenn ich mich mehr auf
menschliche, als göttliche Hülfe verlasse, heute
das heilge Abendmahl nehmen, damit Gott der
Herr, wenn ich unschuldig bin, meine Unschuld
bewähre, und wenn ich es nicht bin, mich durch
einen plötzlichen Tod strafen möge. Nachdem der
Pabst dieses gesagt, und die schrecklichsten Verwün-
schungen gegen sich selbst, im Fall er schuldig wäre,
ausgesprochen hatte; so nahm er einen Theil der
Hostie, und bot den Rest **Heinrich dem vierten**
mit dem Wunsche an: daß er eben das thun möge, was der Pabst gethan habe, wenn er sich von
allen den Verbrechen frey wisse, welche die Teutschen Fürsten und Völker gegen ihn vorgebracht
hätten. Der Kaiser wurde durch diese Zumuthung
im höchsten Grade betroffen. Er rathschlagte in's
Geheim mit seinen Begleitern, und erklärte endlich dem Pabst, daß er seine Rechtfertigung auf
eine

eine allgemeine Reichsverſammlung verſchieben wol=
le, wo alle Feinde des Kaiſers gegenwärtig wä=
ren, und wo er ſich zu jedem Beweiſe von Un=
ſchuld, den man von ihm verlangen könnte, willig
finden laſſen würde a).

Wenigſtens ſo allgemein, als die jetzt genann=
ten Gottesurtheile, war die Probe des ſiedenden,
oder wallenden Keſſels, welche man den Keſſelfang
nannte, und die Feuerprobe. Bey der erſtern mu=
ſte man den entblößten Arm in einen Keſſel voll
ſiedenden Waſſers, oder Oehls ſtecken, und bey
der andern entweder ein glühendes Eiſen bis auf
eine gewiſſe Weite tragen, oder mit nackten Füſſen
über glühende Kohlen hingehen b). Wenn man
die Proben gemacht hatte, ſo wurde die Hand,
oder der Arm, oder die Füſſe ſorgfältig eingewi=
ckelt, und verſiegelt, und dann nach einigen Tagen
unterſucht. Zeigte ſich gar keine Spur von Ver=
letzung; ſo erfolgte Losſprechung: im entgegenge=
ſetzten Fall aber Verurtheilung. Bey dieſen Proben,
beſonders der Feuerprobe konnte den Unſchuldigſten
ganz allein eine ungewöhnlich harte und dicke Haut,
oder die Parteylichkeit der Richter, oder der Ge=
brauch von gewiſſen jetzt nicht mehr bekannten
Mitteln retten, wodurch man die Hand, oder die
Füſſe

a) Lamb. Schaffn. l. c.　　b) ll. cc.

Füſſe gegen die Verletzung von glühenden Eiſen, oder Kohlen verwahrte. Bey keiner von dieſen Vorausſetzungen können die Proben des Feuers, und des ſiedenden Keſſels als nur einigermaaſſen ſichere Beweiſe von Schuld oder Unſchuld angeſehen werden.

Alle bisher angeführte Gottesproben wurden urſprünglich nur wehrloſen, oder nicht zu den Waffen gebohrnen Perſonen, Geiſtlichen, Weibern, und Knechten auferlegt. Eben dadurch wurden dieſe Gottesproben in der Folge auf eine gewiſſe Art ſchimpflich, und ſelbſt Weiber, Knechte, und Geiſtliche wählten lieber die Gottesproben des Zweykampfs, oder des Creutzes, bey welcher letztern Kläger und Beklagte, oder deren Stellvertreter die Arme ausſtreckten, und diejenigen unterlagen, die ihre Arme zuerſt ſinken ließen c). Bey dieſen Gottesurtheilen hing zwar Recht und Unrecht nicht ſo ſehr vom Zufall ab, als bey den übrigen; dagegen hatte es der ſtärkere, oder geübtere Schuldige in ſeiner Gewalt, ſeinem unſchuldigen Widerſacher nicht nur ſein Recht, ſondern mit dem Recht auch Leben und Ehre zu entreiſſen.

Faſt

---

c) St. Foix I. 216. Schmidts Geſch. der Teutſchen. II. 173. IV. 387. Baſnage ſur les duels p. 92. 93. Meine Geſch. der gerichtl. Zweykämpfe im 4 Bd. des hiſt. Mag. 28. u. ſ. S.

Faſt alle aufgeklärte Beherrſcher der Teutſchen Nationen, die ſich in den Römiſchen Provinzen nie-
derlieſſen, beſonders der oſtgothiſche König **Theo-**
derich der Groſſe, und die Longobardiſchen Könige **Rothar**, und **Luitprand** lernten es bald
von den Römiſchen Gelehrten, welche ſie an ihren
Höfen hatten, daß der Zweykampf und andere
Gottesurtheile ſehr unſichere Mittel ſeyen, die
Wahrheit zu erforſchen, und Recht und Unrecht
zu unterſcheiden d). Sie unterſagten daher den
Zweykampf entweder ganz, oder wenn ſie dieſes
wegen der unüberwindlichen Herzenshärtigkeit ihrer
Unterthanen nicht konnten, ſo ſchränkten ſie wenigſtens den Gebrauch und die nachtheiligen Folgen dieſes Gottesurtheils, ſo viel als möglich ein.
Die Teutſchen Kaiſer hingen dem Zweykampf als
einem untrüglichen Gottesurtheile bis in die Mitte
des zwölften Jahrhunderts an. Im dreyzehnten
Jahrhundert veranlaßte das verbreitete Studium
des Römiſchen Rechts eine faſt allgemeine Aufhebung oder Einſchränkung des Gebrauchs des Zweykampfs ſo wohl, als der übrigen Gottesurtheile

---

d) **Mascow's** Geſch. II. B. S. 101. und Hiſt. Mag.
IV. B. 66. u. f. S. Hier finden ſich einige Unrich-
tigkeiten, die durch die Nachrichten im I. B. des
neuen hiſt. Mag. 312. u. f. S. verbeſſert werden
müſſen.

le c). Diese Gesetze kamen entweder nie, oder blieben wenigstens nicht lange in Uebung. Zwey: kämpfe und die meisten übrigen Gottesurtheile dauerten, wiewohl unmerklich abnehmend, in allen Europäischen Ländern bis gegen das Ende des funf: zehnten, oder den Anfang des sechszehnten Jahr: hunderts fort f), weil selbst die Päbste sie billig: ten, und die geistlichen Gerichte sie zu brauchen fortfuhren. Da die Gottesurtheile, wie fast alle übrige grosse Mißbräuche des Mittelalters erst ge: gen das Ende des funfzehnten, oder im Anfange des sechszehnten Jahrhunderts verschwanden; so kann man sicher behaupten, daß nicht die Einfüh: rung des Römischen Rechts, welches viel früher gelehrt und angenommen wurde; sondern allein die wachsende allgemeine Aufklärung die wahre Ursache

der

e) Man sehe Friederichs II. Constit. Sicul. L. II. T. 31. 32. Heinrich III. in England hob bald nachher alle Gottesurtheile auf. Hume II. 512. In den Städten schränkte man den Gebrauch des Zweikampfs und der übrigen Gottesproben wenigstens so weit ein, daß man Niemanden wider seinen Willen da: zu zwingen konnte. Spittlers Gesch. des Fürsten: thums Calenberg I. S. 45. Robertt. Hift. of Char- les V. I. 304. In Frankreich schränkten Ludewig der Jüngere im zwölften, und Philipp der Schö: ne im 14. Jahrhundert den Gebrauch der Zwey: kämpfe ein. St. Foit II. 161. Colombiere Theatre d'honneur II. 26. 27.

f) Histor. Magaz. IV. 70. u. f. S. Lehmann S. 331. Schmidts Gesch. VII. S. 232.

der wirklichen Abschaffung der Gottesurtheile geworden sey. Die Gottesproben hörten auf, als
man allgemein einzusehen anfing, daß die Gottheit
nicht einem Jeden, der sie ohne Noth frage, durch
Wunder antworten könne, und als man fähig wurde, die Wahrheit durch eine sorgfältige Prüfung
von Zeugen und Urkunden, und durch die Aufsuchung anderer Wahrscheinlichkeitsgründe heraus-
zubringen.

Die Tortur wurde im Mittelalter nicht bloß
als ein gewaltsames Mittel betrachtet, das Ge-
ständniß der Wahrheit von verdächtigen, oder schuldigen Personen zu erzwingen, sondern man hielt
sie auch für ein Gottesurtheil, indem man sich
einbildete, daß Gott den Unschuldigen stärken,
und nur den Verbrecher durch die Unerträglichkeit
der Schmerzen zum Bekenntniß der Schuld treiben
werde. Nach den ältesten Gesetzen der freyen Teutschen Völker, so wie der freyen Griechen und Römer fand die Folter nur gegen Fremdlinge, gegen
Knechte, oder gefangene Feinde, nicht aber gegen
freye und edle Männer statt, vielleicht die Fälle
ausgenommen, wo jemand sich des Größten aller
Verbrechen, der Landesverrätherey, oder einer Verschwörung gegen die Freyheit des Volks im höchsten Grade verdächtig gemacht hatte. Bald aber
                                                    nach

nach den Auswanderungen unserer Vorfahren aus
dem freyen Vaterlande, und nach ihrer Bekannt-
schaft mit den Römischen Gesetzen, und der Römischen Gerichtsverfassung brauchten nicht bloß ei-
genmächtige Despoten die Tortur gegen Freye und
Edle g), sondern die Teutschen Völker selbst nahmen den Gebrauch der Tortur gegen freye und edle
Personen in ihre Gesetze, und in ihren peinlichen
Proceß auf. Wenn Jemand, heißt es in den
Westgothischen Gesetzen h), eine edelgeborne Person, oder einen Mann, welcher eine Stelle an dem
königlichen Hofe bekleidet, entweder wegen einer
Verschwörung gegen den König, oder wegen Landesverrätherey, oder wegen eines Mordes und Ehebruchs anklagt, und diese Beschuldigung mit drey
Zeugen beweisen kann; so soll der Beklagte, welcher das ihm vorgeworfene Verbrechen läugnet,
der Folter aber mit der Bedingung unterworfen
werden, daß, wenn er auf der Marterbank auf
seiner Unschuld beharrt, der falsche Ankläger ihm
sogleich als sein Knecht übergeben werde. Geringere aber freye Personen i) sollen bey Anklagen
des

g) Ich habe in dem letzten Abschnitt viele Beyspiele
aus dem Gregor von Tours angeführt.

h) Lib. VI. T. I. §. 2. p. 1017. 1018. Edit. Georg.

i) Inferiores vero, humilioresque, ingenuae tamen
personae etc.

des Diebſtahls, oder Todtſchlags, oder anderer
Verbrechen auch nach den Zeugniſſen von zwey Perſonen nicht eher gefoltert werden, als wenn die
Schuld die man ihnen vorwirft, ſo groß iſt, daß
ſie in den Geſetzen wenigſtens auf fünfhundert
Schillinge geſchätzt wird. Von den Zeiten der Carolinger an bis in das dreyzehnte Jahrhundert
ſcheint die Folter weniger, als in den vorhergehenden und nachfolgenden Zeiten gebraucht worden zu
ſeyn, weil man ein unbegränztes Zutrauen zu den
übrigen Gottesurtheilen hatte, und geringere Perſonen die Feuer = oder Waſſerprobe, Vornehmere
hingegen die Probe des Zweykampfs machen ließ.
Als aber das Studium des Römiſchen Rechts die
übrigen Gottesurtheile allmählig wieder aufzuheben, oder einzuſchränken anfing, und die immer
zunehmende Aufklärung ſie endlich ganz abſchaffte;
ſo nahm man wieder zur Folter ſeine Zuflucht,
weil man doch noch nicht gebildet genug war, durch
die einzig richtigen Beweismittel die Wahrheit an
den Tag zu bringen. In dem Gebrauch der Folter achtete man gar nicht auf den Stand, und
die Würden von Perſonen. Man folterte die
Tempelherren, und Männer von hohem Adel eben
ſo ſchrecklich, als Juden, oder Vagabonden k).

Ohne

k) Die Beyſpiele kommen im letzten Abſchnitt vor.

J i

Ohne die Quaalen der Folter würde sich der Glaube an die erdichteten Verbrechen, um welcher
Willen man die Juden und Aussätzigen verfolgte,
an Zauberey und Ketzerey nicht so lange erhalten
haben, als er sich erhielt. Man marterte die Beklagten so lange, bis sie alles gestanden, was man
wollte, daß sie gestehen sollten; und es half
den Unglücklichen nichts, daß sie nachher wider-
riefen, was sie ausgesagt hatten, weil sie
alsdann von neuem so lange gemartert wurden,
bis sie entweder während der Folter starben, oder
zu ihrer ersten Aussage zurückkehrten und aus
Furcht vor neuen Quaalen darauf beharrten l).
Der Mißbrauch der Folter dauere viel länger, als
der Gebrauch der übrigen Gottesurtheile fort; denn
er hielt unter den meisten Europäischen Völkern
bis in den Anfang unsers Zeitalters an. Im Königreiche Arragon hob man die Folter schon im J.
1335. auf m): welches Gesetz aber nicht bestehen
konnte, weil es viel besser war, als die Zeiten,
in welchen es gegeben wurde. Unter den grösseren

Völ-

---

1) Man sehe vorl. Königshofens Chronik 293. 16:3.
u. f. S. Möhsens Gesch. der Wissensch. in der
Mark. Brand. II. 516. u. f. S. Geschichte der Juden in der Mark Brand. 51. 71. u. f. S.

m) Robertf. Hist. of Charles V. I. 419.

Völkern war das Englische das erste, welches die Tortur 1628. auf ewige Zeiten abschaffte n). In unserm Jahrhundert war keine aufgeklärte Nation,
unter welcher man die Folter auf eine so leichtsin-
nige Art gebraucht, und durch die Folter so ungeheure Ungerechtigkeiten veranlaßt hätte, als
unter der Französischen. Ein noch unauslöschlicher
Schandfleck aber für die ehemalige Gerichtsverfassung
und Gerichtshöfe in Frankreich ist dieser, daß man
nicht bloß die Tortur, welche das Bekenntniß von
Verbrechen erzwingen soll, gemißbraucht, sondern
daß man die unvernünftige und teuflische question
extraordinaire eben so lange beybehalten hat.

Wenn man im Mittelalter auch im Stande
gewesen wäre, Schuld und Unschuld besser zu unterscheiden, und zu offenbaren, als man wirklich
konnte; so würde man dennoch entweder die Verbrecher nicht haben bezähmen, oder sich vor den
gröbsten Verletzungen der Menschlichkeit haben be-
wahren können, weil man den Werth und Un-
werth von Handlungen eben so wenig, als den
Werth von Beweisen, oder Kennzeichen zu prü-
fen wuste, und entweder zu gelinde, oder zu hart
strafte.

Strafen sind zu gelinde, wenn sie der Grösse

Ji 2   des

n) Hnm. VIII. 535.

des begangenen Frevels nicht angemeſſen ſind,
und von dem Frevel, den ſie zurückhalten ſollen,
nicht mächtig genug abſchrecken, ſondern vielmehr
dazu ermuntern. Dieſen Vorwurf kann man den
Wehrgeldern, oder Geldſtrafen der Völker des
Mittelalters machen. Vielleicht waren die Geld=
ſtrafen, womit die Germaniſchen Nationen alle
Verbrechen und Vergehungen, (Landesverrätherey,
Anfang von ſchimpflicher Flucht, unnatürliche Sün=
den, und bald nachher Verſchwörungen wider den
König ausgenommen,) belegten, in dem Zuſtande
von Armuth und Unſchuld, worin ſie vor ihren
auswärtigen Eroberungen lebten, die weiſeſten, wel=
che jemahls erfunden worden. Nie fand man die
Strafgeſetze verwandter Völker auf eine ſo bewun=
dernswürdige Art mit einander übereinſtimmend,
als es die älteſten Strafgeſetze der Germaniſchen
Nationen waren; und aus dieſer Harmonie kann
man ſicher ſchlieſſen, daß ſie der urſprünglichen
Lage unſerer Vorfahren entſprachen, und die Ab=
ſichten, um welcher willen man ſie gegeben hatte,
erfüllten. Beſonders hatten die Wehrgelder der
alten Teutſchen darin einen unterſcheidenden Vor=
zug vor allen übrigen Strafen, daß man die Buſſe
auf das allergenauſte der Gröſſe des Vergehens,
und des angerichteten Schadens anpaſſend machen
konnte.

konnte. — Alle Teutsche Völker straften Mord,
oder Todtschlag, den man verheimlicht, oder nach
geschehenen Aussöhnungen begangen hatte, höher,
als ein einfaches Hofmicidium; und den Mord
sowohl, als den Todtschlag höher oder niedriger
nach der Verschiedenheit des Standes, oder Geschlechts der getödteten Person. Der Todtschlag
eines Grafen wurde höher gebüßt, als der eines
Gemeinen, oder Edeln, der von Geistlichen höher,
als der von Layen, der von Weibern höher, als
der von Männern, der von fruchtbaren Weibern
höher, als der von solchen, die nicht mehr gebähren konnten, der von Edlen höher, als von Frey-
en, von Freyen höher, als von Uuterthanen, von
freyen Römern höher, als von Knechten. Alle
Teutsche Völker straften schimpffliche Mißhandlungen, und selbst grobe Beschimpfungen in Worten höher, als schmerzhafte Verwundungen, und
Verwundungen straften sie nach dem Verhältniß,
wie dadurch die Cörper von Kriegern verunstaltet,
und zu den Arbeiten des Krieges weniger tüchtig
gemacht wurden. Weil alle Teutsche Völker von
denselbigen Grundsätzen ausgingen; so traffen sie
auch in den letzten Resultaten, in der Würdigung
oder Schätzung von einzelnen Vergehungen, oder
Verbrechen fast durchgehends zusammen. Diese

J i 3
Stra-

Strafen waren aber nur für solche Sitten, und
eine solche Armuth oder Mittelmäßigkeit bestimmt,
als sich unter den Teutschen Völkern vor ihren Auswanderungen fanden; und sie mußten nothwendig
unzureichend werden, sobald in den Sitten oder
in dem Vermögenszustande eine große Veränderung
vorging. Solche Revolutionen in den Sitten sowohl, als in den Besitzungen von Privatpersonen
eräugneten sich unter den Teutschen Völkern bald
nach ihren Niederlassungen in den Römischen Provinzen. Mit der steigenden Sittenverderbniß vermehrten sich die Reize zu Gewaltthätigkeiten und
Verbrechen, und mit den wachsenden Reichthümern
die Mittel, die von den ältesten Gesetzen vorge-
schriebenen Strafen entrichten zu können. Man
muß sich nothwendig darüber wundern, daß weder
die Franken, noch andere Teutsche Völker, etwa
die Westgothen ausgenommen, auf den Gedanken
kamen, die ehemaligen Wehrgelder in dem Verhältnisse zu erhöhen, wie der Vermögenszustand
der Nation zugenommen hatte, und in's Künftige
zunehmen würde. Die Wehrgelder der später,
oder länger ausgewanderten Teutschen Völker blieben fast dieselbigen, welche die Salischen und Ri-
puarischen Franken festgesetzt hatten, und **Carl
der Große** und **Ludewig der Fromme** schrie-

ben

ben noch eben die Strafen und Buſſen vor, wel=
che die älteſten Vorfahren angenommen hatten.
Nichtsdeſtoweniger fühlte man bald die Unzuläng=
lichkeit der bisherigen Strafgeſetze, und eben deß=
wegen fing man auch bald an, nach Art der Rö=
mer an Leib und Leben, oder durch Verweiſung,
und den Verluſt aller Güter zu ſtrafen o). Im
eigentlichen Teutſchland ſtrafte man zuerſt Ver=
ſchwörung, oder Empörung gegen den König, und
dann Straſſenraub, und Diebſtahl mit dem Tode p).
Ueberhaupt aber ſchaffte man in Teutſchland, wie

Ji 4

in

o) Diebe wurden ſchon zu den Zeiten Gregors von
Tours gehenkt. VI. 8. Childebert befahl im J.
545. daß man vorſetzliche Mörder und Todtſchläger
ohne Gnade am Leben ſtrafen ſolle. Bouquet I. 441.
Wie häufig Todesſtrafen unter den Merovingiſchen
Königen geweſen ſeyen, hat der vorhergehende Ab=
ſchnitt gelehrt. Aehnliche Strafen wurden auch un=
ter den Longobarden, den Oſtgothen und Weſtgo=
then vollzogen. Corp. jur. Germ. p. 947. 2029.
2041-2045. Vor der Normänniſchen Eroberung
konnte man in England ſelbſt den Todtſchlag des
Königs abkaufen. Heinrich I. u. Heinrich II. hin=
gegen ſtraften Diebe, Mörder, Räuber, und fal=
ſche Münzer am Leben. Humo II. p. 50. et 184.
Carls des Groſſen harte Geſetze zur Ausrottung
der Abgötterey unter den Sachſen Corp. Jur. Germ.
p. 580. wurden wahrſcheinlich nie vollzogen. Es
ſcheint aber faſt, als wenn die Sachſen gewiſſe
Arten des Diebſtals, und beſonders Pferdediebſtal
von den älteſten Zeiten her mit dem Tode beſtraft
haben.

p) Die Beyſpiele kommen gegen das Ende des letzten
Abſchnitts vor.

in andern Europäischen Reichen Geldstrafen für
alle öffentliche Verbrechen eher in den Städten,
als auf dem Lande, ab, weil sie in den reichen und
verdorbenen Städten noch viel weniger anwendbar,
als auf dem Lande waren.   Die alten Teutschen
Strafgesetze erhielten sich vielleicht nirgends so lange,
als unter den Bewohnern von Altsachsen, den
Holsteinern und Ditmarsen.   Gegen das Ende des
vierzehnten, und im funfzehnten Jahrhundert erhöhten die Beherrscher dieser Länder, oder die Landleute selbst zu verschiedenen Zeiten die alten Geldstrafen, oder führten auch Lebensstrafen, oder die
Beraubungen der bürgerlichen Ehre und des Vermögens ein q).   Nichtsdestoweniger blieb es das
ganze funfzehnte Jahrhundert, und beynahe die
erste Hälfte des sechszehnten Jahrhunderts durch
bey der alten Regel: **de Süste heft, mag schla-**
en, de Geld heft, mag betaelen.

Als die Völker des Mittelalters im dreyzehnten
und vierzehnten Jahrhundert anfingen, die bisherigen Wehrgelder mit Leib = und Lebensstrafen zu
vertauschen; so gingen sie in der Härte der Strafen um eben so vieles zu weit, als sie bis dahin
durch unzweckmässige Gelindigkeit gefehlt hatten.

Es

q) **Boltens** Gesch. von **Dithmarsen.** IV. 108. 109.
   Dreyers vermischte Schriften. II. S. 1012 — 1014.
   1039.

Es wäre ungerecht, wenn man die Beyspiele von grausamer Rache, welche geistliche und weltliche Herren, oder deren Stellvertreter unter allen Europäischen Nationen und in allen Jahrhunderten des Mittelalters übten, als Beyspiele von gewöhnlichen Strafen anführen wollte r). Unwiderſprechlich aber erhellt die Grausamkeit des peinlichen Rechts der letzten Jahrhunderte des Mittelalters aus den Strafen, die in allen Land= und Stadt= rechten angenommen wurden. Man wählte un= menſchliche Strafen; langſames Rädern und Ver= brennen, lebendig begraben, in Oehl kochen, und

J i 5 ſchin=

r) Solche Beyſpiele von grausamer Rache waren im 13. Jahrhundert die Strafe des Grafen von Toulouſe Mezeray III. p. 195: im vierzehnten die Hinrichtungen der Tempelherren, der Mörder des Königs Albrecht von Oeſterreich, Chron. Argent. p. 114. und der Spenſer in England Froiſſart I. c. 14. p. 11: im funfzehnten die im letzten Abſchnitt erwähnten Hinrichtungen unter Ludewig XI.: im ſechszehnten die, welche Herzog Ulrich von Wirtemberg an einem ſeiner Räthe, Spittlers Geſchichte S. 112. ein Graf von Holſtein an dem ſo genannten Biſchofe Pellen, Boltens Geſch. von Dithmarſen II. S. 363. Herzog Auguſt an Grumbach, und ein Graf Truchſes an einem Aufrührer im Bauernkriege vollziehen ließen: Bodin. de rep. V. p. 787. Omitto . . . . Othonis Trucſeſii legati Caeſaris publicam vindictam de ſicario, qui praefectum urbis cujusdam bello ruſtico occiderat. Hunc enim lentis ignibus torreri juſſit, tam crudeli ſpectaculo, ut omnem humanitatem penitus exuiſſe videretur. Nec ita pridem Grumbacho, quem Auguſtus Saxoniae dux Gothanorum arce expugnata, cum Johanne Friderico ceperat, viſcera viventi detracta ſunt, deinde ora corde palpitanti diverberata ac ſanguine foedata.

schinden; nicht bloß für todeswürdige Verbrechen; sondern man setzte die unmenschlichsten Strafen auch auf Verbrechen, die des Todes nicht werth waren. Wer, hieß es im Speierischen Stadtrecht, und im Fränkischen Landrecht, den Pflug beraubt, der des Morgens auf den Acker fährt, oder des Abends wieder heimfährt; oder dem Bauern und dessen Gesinde etwas zu Leide thut, oder dreyer Pfenninge werth nimmt, den soll man radebrechen. Wer in den Mühlen stiehlt, was fünf Pfenninge werth ist, den soll man radebrechen. Wer von Jemanden sagt, er sey ein Sodomit, oder habe das Vieh verunreinigt, oder er sey ein Ketzer, und dieses nicht beweisen kann, den soll man radebrechen. Wer Jemanden in falschen oder nahmenlosen Briefen Dinge vorwirft, die an Leib und Ehre gehen s), den soll man radebrechen, und dem sollte man einen noch härtern Tod anthun, wenn man einen solchen erdenken könnte. Wer einem andern unter dem Schein von Freundschaft Dinge ablockt, die an Leib, oder Gut, oder Ehre gehen, den soll man radebrechen t). Falsche Münzer wurden noch im funfzehnten Jahrhundert in Lübeck u), in

Stras.

---

s) In Frankfurt stach man Verläumdern noch im Anf. des 16. Jahrh. die Augen aus. Lersner I. 493.

t) Lehmanns Speierische Chronik IV. C. 17. S. 331.

u) Beckers Gesch. I. S. 398.

Strasburg v), und wahrscheinlich in allen Teut=
schen Reichsstädten auf öffentlichem Markt in Oehl
gekocht. Die Personen, welche die Todesurtheile
vollzogen, verrathen die Rohheit der Zeiten eben so
sehr, als die Grausamkeit der Strafen. Die ge=
wöhnlichen Henker oder Nachrichter waren in den
Clöstern die jüngsten Layenbrüder, in den Städten
die jüngsten Rathsherren, auf dem Lande die jüng=
sten Schöpfen, oder auch die ganze umstehende
Gemeine, und nicht selten fanden selbst Fürsten
ein Vergnügen darin, an Dieben und Räubern
mit eigener hohen Hand die Gerechtigkeit zu voll=
ziehen w). In Frankreich war Carl VI. der erste,
der im J. 1396. einem zum Tode Verurtheilten
einen Beichtvater zugestand x).

Die peinlichen Gesetze gegen wirkliche Ver=
brechen waren nicht die einzigen harten, oder un=
vernünftigen Gesetze des Mittelalters. Eben so
hart, oder unvernünftig waren manche Gesetze
über Schuldsachen, die Ehegesetze, die Gesetze gegen
Frem=

v) Königshofens Chronik S. 276.

w) Keisleri Antiquit. Septentr. p. 167. Barthol. p. 55.
Dreyers Miscellaneen S. 80. Königshofen l. c.
Boltens Gesch. von Dithmarsen IV. 126.

x) IV. 294. Um dieselbige Zeit wurde das Henken
für eine so schimpfliche Todesstrafe gehalten, daß
man es in den Städten nicht erlaubte. ib.

Fremdlinge und Schiffbrüchige, am allermeisten die
über Ketzerey und Zauberey y).

Schon im Vorhergehenden bemerkte ich, daß
die geistlichen Herren und geistlichen Gerichte es
sich bis zum allgemeinen Aergerniß erlaubten, ganze
Oerter und Districte in den Bann zu thun, wenn
sie von einzelnen Einwohnern derselben Schuld-
forderungen eintreiben wollten. Ein ähnliches
Unrecht übten eine Zeitlang die Städte und weltlichen Fürsten gegen die Unterthanen von andern
aus. Im J. 1308. machten die Städte Speier,
Worms, und Mainz die Verabredung, daß sie ins
Künftige nicht mehr, wie bisher, Unschuldige für
Schuldige haften lassen, und sich nicht mehr der
Güter des ersten des besten Bürgers aus einer
Stadt bemächtigen wollten, wenn Einer ihrer Einwohner an einen andern Bürger einer verbündeten
Stadt etwas zu fordern habe z). Ohngefähr um
dieselbige Zeit ertheilte zwar Eduard I. von England den auswärtigen Kaufleuten allerley Vor-
rechte. Zugleich aber verlangte er, daß Alle für Ei-

nen,

y) Man kann hinzusetzen die Jagdgesetze. Selbst
Heinrich IV. setzte noch Todesstrafe auf wieder-
holten Wilddiebstahl in den königlichen Wäldern.
Ludewig XIV. hob diese Strafe gänzlich auf.
Grand d'Aussy Hist. de la vie privée des François
Prem. Part. T. I. p. 326.

z) Lehmanns Speierische Chronik VII. C. 8. S. 729.

nen, und Einer für Alle ſtehen und büſſen ſollten a). Nichts war auch in den folgenden Jahrhunderten gewöhnlicher, als daß man bey dem Anfange von Kriegen die Güter aller Kaufleute des Volks an ſich riß, welchem man den Krieg angekündigt hatte.

Nach dem geiſtlichen Recht war es allen Chriſten unterſagt, von ausgeliehenen Geldern Zinſen zu nehmen. Das, was den Chriſten verboten war, wurde den Juden erlaubt, und dieſe hatten daher lange Zeit gleichſam das Monopol des Wuchers, welches ſie zum Verderben aller Europäiſchen Völker nußten. Vom zwölften Jahrhundert an wurden die Lombarden b) in allen Reichen unſers Erdtheils die Nebenbuhler c) der Juden; und dieſe Lombarden, die man in England Caurſinos nannte, waren um deſto gefährlicher, da ſie vom päbſtlichen Hofe als Werkzeuge ſeiner Erpreſſungen gebraucht, und gegen geiſtliche und weltliche Strafen geſchüßt wur:

a) Humo III. 122.

b) Matth. Pariſ. ad a. 1197. p. 133. Iſtis diebus ſurrexit in Francia quidam praedicator egregius, per quem Dominus virtutes palam operari dignatus eſt, qui uſuram in Francia maxime conatus eſt extirpare, quae uſura in Francia ab Italia tranſiens nimis pullulaverat, et nobile regnum Francorum jam maculaverat etc.

c) ib. p. 286. ad a. 1255. Judaei quoque novum genus uſurae in Chriſtianis comperientes ſabbata noſtra non immerito deridebant.

fes; und der Italienischen Wucherer ist es beynahe unglaublich, daß rechtmäßige Zinsen von dar-
geliehenen Geldern von den höchsten geistlichen Ge-
setzgebern erst im Anfange des funfzehnten Jahrhunderts anerkannt wurden. Der Pabst Martin
der fünfte war im J. 1425. der erste, der sie erlaubte, nachdem er die vornehmsten Lehrer der
Rechte und Gottesgelahrtheit auf allen hohen
Schulen in Europa vorher über die Gesetzmäßig-
keit der Zinsen um Rath gefragt hatte g). Die
in Italien gestifteten Leihhäuser, oder monti di
pietà steuerten dem Wucher mehr, als alle Gesetze h).
Auch diese Anstalten aber waren lange nicht hinreichend, dies schreckliche Uebel mit der Wurzel
auszurotten. So wie die kanonischen Gesetze über
Wucher und Zinsen Denkmähler einer traurigen
Unwissenheit waren, so waren die geistlichen Ehegesetze eben so traurige Denkmähler von Aberglauben und Priesterlist. Unter allen Gebrechen der
päbstlichen Ehegesetze war wohl dieses das größte,
oder eins der größten, daß man Ehen zwischen

Per-

g) Fischer l. c. und Crevier IV. p. 54. In England
wurden noch 1509. unter Heinrich VII. und 1552.
unter Eduard VI. harte Gesetze gegen das Nehmen
von Zinsen gegeben, und diese Gesetze wurden erst im
12. Jahre der Regierung der Elisabeth aufgehoben.
Hume IV. 436. VI. 96.

h) Bodin. de rep. VI. c. 2. p. 1040.

Perſonen, die im ſiebenten Grade verwandt wa:
ren, unterſagte, und zugleich in ſolchen Graden
der Verwandſchaft dispenſirte, wo man um der
guten Sitten willen nie hätte dispenſiren ſollen.
Alle Jahrbücher der Europäiſchen Völker enthal:
ten viele Beyſpiele, daß man aus Aberglauben
glückliche Ehen ſelbſt von fürſtlichen und königlichen
Perſonen trennte, weil die Eheleute in entfernten,
aber verbotenen Graden verwandt waren i). Noch
viel häufiger waren die Beyſpiele, daß beſtechliche
geiſtliche Richter Ehen bloß unter dem Vorwande
trennten: daß die Eheleute mit einander in uner:
laubten Graden verwandt ſeyen. Weil die geiſt:
lichen Geſetze ſo entfernte Grade verboten hatten,
und die geiſtlichen Richter gegen gehörige Bezah:
lung die Beweiſe verbotener Grade ſo leicht mach:
ten; ſo wandten ſich beſonders vornehme Perſo:
nen, die ihrer Gatten los ſeyn wollten, nach Rom,
und

i) Quid eſt enim, ſagt **Bodin** de rep. VI. 994.
quamobrem Romanus pontifex Innocentius Ludo-
vico VII. Francorum regi toto triennio aqua et igni,
ſacrisque omnibus interdixit? quia ſcilicet conſo-
brinam procul a ſanguinis propinquitate remotam,
quamque divinis et humanis legibus ducere fas
eſſet, conjugio ſibi ſociarat; repudiavit tamen. Cur
item Philippum Auguſtum ejus filium eadem exſe.
cratione dignum putavit, niſi quod eam ipſam,
quam pontificis conſenſu duxerat, affinem judicaret.
Idem tamen cum ſumma omnium principum indig-
natione repudiare ab ipſo pontifice coactus eſt etc.

und konnten faſt untrüglich darauf rechnen, daß
ihre Klagen würden erhört werden. Durch die päbſt=
lichen Ehegeſetze, und die Beſtechlichkeit der geiſt=
lichen Richter wurden daher alle Ehen von vor=
nehmen und reichen Perſonen unſicher, und Ehe=
ſcheidungen auf die gewiſſenloſeſte Art vervielfältigt.
So bald der Wunſch nach einer allgemeinen und
gründlichen Reformation der Kirche in Haupt und
Gliedern allgemein wurde, ſo verbreitete ſich auch
der richtige Gedanke, daß man die entferntern Gra=
de der Verwandtſchaft entweder nicht verbieten,
oder wenn ſie wider die göttlichen Geſetze ſeyen,
nicht gegen Geld davon dispenſiren ſolle; und die
laute Rüge dieſer bisherigen Mißbräuche veranlaßte
dann endlich die Milderung der geiſtlichen Ehege=
ſetze, vermöge deren nur Ehen zwiſchen Perſonen,
die im vierten Grade verwandt ſeyen, verboten
wurden.

Es iſt bekannt, daß unter keinem andern Volk
Gaſtfreundſchaft auf eine edelmüthigere Art geübt
wurde, als unter den alten Teutſchen. Einige
Teutſche Völker machten ſo gar die Gaſtfreundſchaft
zu einer unfreywilligen Pflicht, und ſtraften
denjenigen, welcher einem Reiſenden Dach und
Fach verſagt hatte k). Alle Germaniſche Natio=

nen

k) Lex Burgund. T. 38. Quicunque hoſpiti revienti
   lectum aut focum negaverit, trium ſolidorum
   inlatione mulctetur. Corp. Jur. Germ. p. 364.

nen fahen aber nur Reifende, die von ihrem eige:
nen, oder von verbündeten Völkern waren, als
Gaftfreunde, oder als folche Perfonen an, welchen
fie die Pflichten der Gaftfreundfchaft fchuldig feyen.
Fremdlinge wurden in den älteften Teutfchen Ge:
fetzen als Wildfänge betrachtet, weil folche Fremd:
linge im Durchfchnitt Räuber, oder gefährliche
Landftreicher und entlaufene Knechte waren. Eben
die Burgundier, welche Gaftfreundfchaft gegen Rei:
fende bey nicht geringer Strafe anbefohlen, ver:
ordneten zu gleicher Zeit, daß man einen jeden
Fremdling, den man aufgenommen habe, dem
Richter des Orts, oder des Gaus anzeigen folle,
damit diefer, wenn es nöthig fey', felbft durch die
Folter heraus bringen könne, woher der Fremdling
komme, und welche Abfichten er habe l). Auf
diefe urfprüngliche Denkungsart, und auf die Lage
der Teutfchen Völker in der ältern und mittlern
Zeit gründeten fich die menfchenfeindlichen Gewohn:
heiten, die mit der Gemüthsart der Germanifchen
Nationen zu ftreiten fcheinen: daß ein jeder Fremd:
ling, der fich Jahr und Tag auf dem Gebiete
eines Herrn aufhielt, der Sclav diefes Herrn wurde:

Kk 2

daß

---

l) l. c. T. 39. p. 365. Qnicunque hominem extra-
neum cujuslibet nationis ad fe venientem fuscepe-
rit, difcutiendum judici prefentet, ut cujas fit,
tormentis adhibitis fateatur.

daß in der Folge, da dieses harte Gesetz aufgehoben
wurde, der Nachlaß eines jeden Fremdlings dem
Herrn des Landes, in welchem der Fremdling ge=
storben war), zufiel: und daß man sich nicht nur
der Güter von Schiffbrüchigen, sondern in ältern
Zeiten so gar ihrer Personen bemächtigte, und sie
zu Sclaven machte m). Die Gesetze gegen Schiff=
brüchige waren nicht härter, als die gegen Fremd=
linge überhaupt. In den Zeiten, in welchen man
das Strandrecht einführte, waren die Meere und
grossen Flüsse mehr mit Seeräubern, als mit
Kaufleuten bedeckt, und man sah daher Schiff=
brüchige mit eben dem Recht für Räuber, wie
Fremdlinge für Verbrecher oder Landstreicher an.
Als die Lage der Teutschen Völker sich veränderte,
und ein beträchtlicher Handel sowohl zu Lande,
als zu Wasser unter denselben entstand; so änder=
ten sich auch allmählich ihre Gesetze, doch nicht so
bald, und so allgemein, als man hätte wünschen
sollen. Unter den ausgewanderten Germanischen
Nationen waren die Westgothen, wo nicht die ein=
zige, wenigstens die erste, welche das Strandrecht
gänzlich aufhob n). Nach den Zeiten der Caro=
linger

m) Robertf. Hift. of Charles V. I. 395. 396.

n) Leg. Wif. Lib. VII. L. 18. p. 2057. Quidquid
de incendio, ruina, vel naufragio raptum fuerit,
et aliquis ex hoc quidquam ab alio fufceperit, vel
celaverit, in quadruplum reformare cogatur.

linger war, so viel ich weiß, **Heinrich** II. von
England der erste König, welcher das Strandrecht
abschaffte o), oder vielmehr abschaffen wollte; denn
es ist nicht wahrscheinlich, daß die Engländer, die
weder aufgeklärter, noch friedfertiger, als andere
Europäische Völker Teutschen Ursprungs waren,
das uralte Strandrecht zu üben aufgehört hätten p).
Die Teutsche Hanse suchte es bey allen Völkern
und Fürsten, deren Länder sie besuchte, oder zu
berühren gezwungen werden konnte, dahin zu bringen, daß das droit d'aubaine sowohl, als das
Strandrecht gegen ihre Bürger und Seefahrer
aufgehoben würde q). Durch alle ihre Bemühungen konnte sie es aber nicht einmal erlangen, daß
ihre nächsten Nachbaren, die Dithmarsen und Frie-
sen, die Schiffe und Schiffbrüchigen aus den Han-
seestädten geschont hätten. So wie man Frankreich
den Vorwurf gemacht hat r), daß es das barbari-
sche droit d'aubaine am längsten erhalten habe;

K k 3   so

o) Hume II. 208.

p) Die Uebung des Strandrechts wurde 1179. auf
    dem Lateranensischen Concilio verboten. Matthaeus
    Paris ad h. a. p. 95.

q) So auch die Italiänischen Städte. Allein Carl
    von Anjou, König von Sicilien, kehrte sich an
    solche Verträge nicht, und nahm die Güter einer
    schiffbrüchigen Genuesischen Flotte zu sich. Annal.
    Genuenf. ap. Murat. VI. 551.

r) Robertson I. 597.

so kann man mehrern Gegenden des nördlichen
Teutschlands mit Grunde vorwerfen, daß sie un=
ter allen cultivirten Ländern unsers Erdtheils auf
der Ausübung des Strandrechts am hartnäckigsten
beharrt haben. Noch in der letzten Hälfte des
sechszehnten Jahrhunderts wurden so wohl das
Strandrecht, als das Recht, fremde Schiffe ohne
ausdrückliche Erlaubniß des Landesherren weder in
den Häfen, noch an den Ufern dulden zu dürfen,
selbst am Französischen Hofe als Theile des allge=
meinen Völkerrechts angesehen s).

Noch härter und unvernünftiger, als die bis=
her getadelten Satzungen, waren die Strafen und
Strafgesetze gegen Ketzerey, Zauberey, und die
angeblichen Verbrechen, deren man die Juden und

Aus:

s) Bodin. de rep. Lib. I. cap. ult. p. 267. Sic tamen vivitur, ut, qui portus habent, eam crudelitatem tum in cives, tum in peregrinos exse-
quantur. Jus quaeris? error jus facit; at si non
peccatur errore, sed scientia, scelus est, quod er-
roris specie praetenditur. Cum enim legatus Cae-
saris coram Henrico II. Francorum rege questus
esset, duas naves ad littus ejectas, et ab Jordano
Ursino captas esse, easque restitui postularet, An-
nas Monmorantius magister equitum respondit,
ea, quae ad littus fuissent ejecta, gentium omnium jure ad principes, qui litoribus imperarent,
pertinere. Ita jus invaluit, ut ne Andreas quidem Doria questus sit de navibus in litus Celti-
cum ejectis, et a praefecto classis Celticae direp-
tis. At etiam ancoras alienis litoribus sine prin-
cipis concessu injicere non licet: quae tamen olim
juris gentium fuerunt.

Ausſätzigen beſchuldigte. Das einzige, was die
Völker des Mittelalters wegen der Verfolgungen,
und Hinrichtungen von angeblichen Ketzern und
Zauberern entſchuldigen kann, iſt dieſes, daß ſie
ähnliche Grauſamkeiten ſchon in den Geſetzen der
Römiſchen Kaiſer, und in der Geſchichte der er=
ſten herrſchenden, oder allgemeinen Chriſtlichen Kir=
che vorfanden. Unter den erſten Chriſtlichen Kai=
ſern, und den erſten Teutſchen Chriſtlichen Königen
waren einige, ſowohl rechtgläubige, als Arianer,
welche den Zumuthungen ihrer herrſchſüchtigen,
und blutdürſtigen Geiſtlichkeit widerſtanden, und
es durchaus nicht zugaben, daß man ihre anders=
denkenden Unterthanen verfolge, weil man den
Glauben weder mit Gewalt aufdringen, noch aus=
rotten könne t). Unter allen nachfolgenden Kai=
ſern, Königen und Fürſten aber, unter allen Päb=
ſten, ſelbſt unter den berühmteſten Gottesgelehrten
des Mittelalters fand ſich faſt keiner, der nicht
überzeugt geweſen wäre, daß man die wahre Re=
ligion den Heiden und Ungläubigen mit dem
Schwerdte predigen, daß man Irrlehren mit Feuer
und Schwerdt vertilgen, und die Urheber und Ver=
theidiger derſelben, wenn ſie ſich nicht bekehren und

Kk 4 wider=

t) Religionem, ſagt unter andern der groſſe Theo=
derich Var. Caſſiod. III. 36. imperare non poſſu=
mus, quia nemo cogitur, ut credat invitus.

widerrufen wollten, als erklärte Feinde Gottes mit
Feuer und Schwerdt von der Erde vertilgen dürfe.
Carl der Grosse verkündigte das Christenthum
den Sachsen, und die Sachsen verkündigten es wieder den Slawen mit dem Schwerdte.   In der
Mitte des eilften Jahrhunderts ließ der fromme
Erzbischof **Heribert** von Mailand einen Haufen
von Irrenden, welche über die Dreyeinigkeit, die
Sacramente, und das Oberhaupt der Christen anders dachten, als die Kirche, ergreifen, und da
sie von ihren Meynungen nicht abstehen wollten,
verbrennen u).   Im zwölften Jahrhundert verfolgte
man den **Abälard**, den **Arnold von Brescia**
und andere berühmte Männer v); und wenn man
sie auch nicht selbst verbrannte, so verbrannte man
doch ihre Schriften, zwang sie zu dem schimpflichsten Wiederruf, und legte ihnen die schimpflichsten
Bussen auf: ein Verfahren, welches man in allen
nachfolgenden Jahrhunderten bey den Furchtsamen,
welche ihr Leben mehr, als ihre Meinungen liebten, wiederhohlte.   Im dreyzehnten Jahrhundert
predigte man das Creuz gegen die Albigenser, und
erwürgte viele tausend unschuldige und gute Menschen,

u) Landulfi Sen. Hist: Mediol. L. II. c. 27. p. 89.
in T. IV. Murat. Antiq. Ital.

v) Man sehe unter andern Crevier I. p. 181. et sq.

ſchen, als Feinde Gottes, weil ſie behaupteten,
daß der Pabſt und die übrige Geiſtlichkeit nicht ſo
mächtig, ſo reich, und ſo laſterhaft ſeyn müſten,
als ſie wirklich waren w). Im eben dieſem Jahrhundert ſandten die Päbſte zuerſt inquiſitores hae-
riticae pravitatis aus, welche viele hundert Unglückliche den Flammen überlieferten, aber zum
Theil auch ſelbſt wieder erſchlagen wurden x). Könige, Herren und Ritter dachten und handelten
um dieſelbige Zeit eben ſo, als die Päbſte, und
deren Inquiſitoren. Unter **Ludewig dem Heiligen** diſputirten Chriſtliche Lehrer häufig mit
Jüdiſchen Rabbinen, in der Hoffnung, dieſe zu
bekehren y). Während eines ſolchen gelehrten Streits
fragte einſt ein Franzöſiſcher Ritter den Gelehrte-
ſten der gegenwärtigen Juden, ob er glaube, daß
Maria, die **Chriſtum** gebohren und auf ihren
Armen getragen habe, eine unbefleckte Jungfrau,
und die Mutter Gottes geweſen ſey. Als der Rabbi
antwortete, daß er von allen dieſen nichts glaube;
ſo ſchlug der Ritter den Ungläubigen zu Boden:
worauf die Juden ihren Meiſter ohnmächtig davon

Kk 5 tru-

---

w) Man ſehe vorzüglich das Leben von Innocenz
   dem III. und IV. in den Vitis Pontif. beym Mu-
   ratori Vol. III. Antiq. Ital.

x) ll. cc. u. Continuat. Lamb. Schaffn. p. 257.

y) Joinville Vie de St. Louis p. II.

trugen, und so geschwind sie konnten, entflohen.
Der heilige **Ludewig** erzählte diese Begebenheit
seinem Freunde **Joinville** mit grossem Wohlgefallen, und setzte hinzu: mit den Juden muß sich
keiner in einen Streit einlassen, der nicht ein
grosser Gelehrter, und vollkomner Theolog ist.
Wenn aber ein Laye auf den Christlichen Glauben
schmähen hört; so muß er die Sache Gottes nicht
bloß mit Worten, sondern mit dem Degen vertheidigen, und muß den Degen jedem Ungläubigen
so weit in den Leib stoßen, als er nur hineinge-
hen will z). Im vierzehnten Jahrhundert verfolgte man die **Wiclefiten**, und im funfzehnten die
Hussiten. Selbst das Concilium zu Costniß ent-
blödete sich nicht, das kaiserliche sichere Geleit,
welches **Sigismund** dem **Johann Huß** und **Hie-
ronymus von Prag** gegeben hatte, als ungültig aufzuheben, und diese beiden Männer zum
Scheiterhaufen zu verurtheilen, da sie nicht wieder-
rufen wollten. Einer der heftigsten Widersacher
dieser Märtyrer der Wahrheit war der berühmte
Johann Gerson, welchen man in ganz Europa

als

z) Mais doit l'homme lay, quand il oit mesdire de
la foy Chretienne, defendre la chose non pas
seulement de parolles, mais a bonne espee tran-
chant, et en frapper les mesdisans, et mescreans
à travers du corps, tant qu'elle y pourra entrer.
Joinville l. c.

als eins der glänzendsten Lichter, und als eine der stärk=
sten Stützen der Kirche verehrte. Gerson drückte
seine Gedanken über die Ausrottung von Ketzereyen
in einem Briefe aus, den er kurz vor der Zusam=
menberufung der Kirchenversammlung zu Costanz
an den Erzbischof von Prag schrieb a). Wenn ich
in die vorigen Zeiten zurückgehe, so redete der
berühmteste Gottesgelehrte des 14. und 15. Jahr=
hunderts; so finde ich, daß man das Unkraut
der Ketzerey auf verschiedene Arten aus dem Acker
der Kirche auszurotten gesucht hat. In den Zeiten
der Apostel geschah es durch Wunder, welche die
Göttlichkeit und Untrüglichkeit des wahren Glau=
bens bestätigten. In der Folge dämpfte man
Ketzereyen durch die Widerlegungen von einzelnen
Lehrern, oder durch das Ansehen von allgemeinen
Kirchenversammlungen, wenn die Gründe von ein=
zelnen Lehrern unwirksam blieben. Endlich brauchte
man, wie in verzweifelten Krankheiten das Beil
des weltlichen Arms, haute die Ketzereyen und
deren Urheber mit der Wurzel aus, und warf beide
in das Feuer. Durch diese Strenge, und wenn
man so reden darf, durch diese menschliche Grau=
samkeit hinderte man, daß gefährliche Meynungen
nicht wie ein unheilbarer Krebs zum Verderben ihrer

Urhe=

a) in Launnii Hist. Gymnas. Navar. P. I. p. 120. 121.

Ueheber und anderer Menschen weiter um sich griffen.
Es ist eine grosse Wohlthat, wenn man Ketzer nicht
lange frey handeln läßt, sondern an denselben bald
die verdiente Rache übt: denn kein Unglück ist
grösser, wie der heilige **Augustin** sagt, als die
Wohlfahrt der Sünder. Hieraus können Sie,
ehrwürdigster Vater, leicht abnehmen, was in dem
gegenwärtigen Fall zu thun sey. Wenn die Irr:
lehrer in ihren Gegenden Wunder verlangen, so
mögen sie wissen, daß Wunder genug geschehen
sind, aber schon lange aufgehört haben. Es wäre
höchst strafbar, wenn man Gott versuchen wollte,
unsere Religion als einen neuen Glauben noch durch
Wunder zu bestätigen. Die Irrlehrer haben nicht
bloß Mosen, und die Propheten, sondern auch
die Apostel, die Kirchenväter und heiligen Conci:
lien, endlich die neuen Lehrer auf den hohen Schu:
len, besonders auf der Mutter aller übrigen, der
hohen Schule zu Paris, die bisher von dem Un:
geheuer der Ketzerey frey geblieben ist, und mit
Gottes Hülfe auch in der Zukunft bleiben wird.
Dies alles haben sie, und sie mögen also auch
glauben. Sonst werden sie nicht glauben, wenn
Jemand gleich von den Todten auferstünde. Auch
würde des Streitens gar kein Ende seyn, wenn
man sich mit so hartnäckigen, und zuversichtlichen

Men:

Menſchen in eine freymüthige Unterſuchung einlaſ=
ſen wollte. Vielmehr wird durch zu vieles Strei=
ten, wie ſchon **Seneca** richtig bemerkte, die Wahr=
heit vernichtet, das Volk geärgert, und die Liebe
verletzt b). Auf ſolche halsſtarrige Irrende paßt
jener Gedanke eines Dichters: ſie werden ſelbſt
durch die Heilmittel noch kränker gemacht. Sie
alſo, ehrwürdigſter Vater, müſſen um des See=
lenheils aller derer willen, die ihnen anvertraut
ſind, den weltlichen Arm, ſobald als möglich,
zu Hülfe nehmen. —

In allen vorhergehenden Jahrhunderten waren
die Verfolgungen um der Religion willen nicht ſo
allgemein und blutig: in allen vorhergehenden
Jahrhunderten wurden nicht ſo viele Millionen
von Menſchen in Religionskriegen erſchlagen, und
unglücklich gemacht: ſo viele Tauſende um der Reli=
gion willen vertrieben, beraubt, gefoltert, und
durch die unmenſchlichſten Todesarten hingerichtet,
als im ſechszehnten, und in der erſten Hälfte, zum
Theil auch noch in der letzten Hälfte des ſieben=
zehnten Jahrhunderts. Zwar nicht verzeihlich,
aber begreiflich wäre es geweſen, wenn die Alt=
gläubigen die Neuerer nach der Weiſe der Vorfahren
mit

b) laedetur quoque ſumma caritas.

mit Feuer und Schwerdt zu vernichten getrachtet
hätten, weil diese den erstern mit den alten Lehren
auch das alte Ansehen, und die alten Reichthümer
zu entreissen drohten. Eine beinahe unglaubliche
Verblendung aber war es, daß alle, auch die gelehr=
testen und sanftesten Reformatoren gegen Irrlehrer
und Neuerer eben so. unduldsam waren, als die
alte Kirche, ungeachtet die Reformatoren bey den
gröſten, die Kirche und den Staat erschütternden,
oder umkehrenden Neuerungen Schutz und Dul=
dung verlangt hatten. Als **Calvin** erfuhr, daß
Servet c) die Beschreibungen des gelobten Landes
in der heiligen Schrift für unrichtig erklärt, die
heilige Dreyeinigkeit einen Cerberus mit drey Kö=
pfen genannt, und gesagt hatte: Gott sey alles,
und alles sey Gott; so schrieb er an einen Freund:
Kommt **Servet** hieher, so soll er, wenn anders
mein Ansehen etwas gilt, nicht wieder lebendig
wegkommen d). **Servet** entwich aus dem Ge=
fängniſſe in Vienne, wo er zum Scheiterhaufen
verurtheilt worden war, und flüchtete sich nach
Genf, in der Hoffnung, bey **Calvin**, mit welchem

er

c) **Servet** war duldsamer, als seine Gegner. Man
sehe einen Brief deſſelben in Epiſt. Reform. Helvet.
Tigur. 1742. p. 79.

d) Senebier hiſtoire litteraire de Geneve I. p. 207.
et ſq.

er in Briefwechſel geſtanden hatte, einen Schutzort
zu finden. **Calvin** veranlaßte, und betrieb die
Anklage des unglücklichen **Servet** mit dem heftig=
ſten Feuereifer, und brachte ihn wirklich auf den
Scheiterhaufen. Dieſer Eifer **Calvins**, und das
Verfahren der Obrigkeit in Genf wurde von allen
Reformatoren und proteſtantiſchen Regierungen
gebilligt. **Bucer** ſchrieb e), daß **Servet** noch
etwas ſchlimmeres, als den Tod verdient hätte.
Oecolampadius erklärte, daß **Servet** ihn ſeine
ganze Sanftmuth habe vergeſſen machen. **Me=
lanchton** und **Bullinger** f) behaupteten, daß die
Obrigkeit recht gethan habe, daß ſie den Gottes=
läſterlichen Menſchen habe hinrichten laſſen. **Farel**
ſagte laut, daß **Servet** des Todes ſchuldig geweſen
ſey, und **Beza** vertheidigte die Hinrichtung **Ser=
vets** in einer beſondern Schutzſchrift. **Calvin**
fragte alle reformirte Cantone in der Schweiz,
wie man den **Servet** ſtrafen ſolle; und Alle ant=
worteten einmüthig, daß man den böſen Menſchen
auſſer Stand ſetzen müſſe, ſeine Ketzereyen aus=
zubreiten g). Nach denſelbigen Grundſätzen ver=
fuhr man in der reformirten Schweiz h) und in
den übrigen proteſtantiſchen Ländern das ganze
ſechs=

e) l. c.　　　f) Epiſt. reform. p. 571.

g) l. c. p. 214.　　　h) l. c. p. 216. 220.

ſechszehnte, und einen groſſen Theil des ſieben-
zehnten Jahrhunderts durch. Doch hielten die
Helvetiſchen Reformatoren die Obrigkeiten öfter zurück, als ſie dieſelben anfeuerten i). Caſtalio
war der einzige Zeitgenoß Calvins, welcher die
Hinrichtung Servets öffentlich tadelte: wahrſcheinlich nicht aus ächter Duldſamkeit, ſondern um den
Calvin zu kränken, von welchem er ein erklärter
Feind war k). Unter den groſſen Gottesgelehrten
des ſechszehnten Jahrhunderts verdient Erasmus
allein das Lob einer vernünftigen Verträglichkeit l).
Unter den übrigen berühmten Männern des ſechszehnten Jahrhunderts dachten wenige ſo aufgeklärt,
und gemäſſigt, als Bodin m). Ich beſtimme
hier nicht, ſagt dieſer lehrreiche Schriftſteller, welche unter den vielen Volksreligionen, und Reli-
gionsſecten die beſte iſt. Wenn aber auch ein
Fürſt von der Wahrheit einer gewiſſen Religion
noch ſo feſt überzeugt iſt, und ſeine Unterthanen
zu dieſer ihm ſo ſcheinenden allein wahren Religion
herü-

i) Man ſehe Halleri Epiſt. in den angef. epiſt. Reformat. p. 97. u. p. 159.

k) l. c.

l) Melanchton mißbilligte die Verbindungen Teutſcher
Proteſtantiſcher Fürſten mir den Schweizern. Seckendorf Hiſtor. Luther. p. 576. 577.

m) de rep. IV. cap. ult. p. 755.

herüberbringen will; so muß er doch keine Gewalt
brauchen. Je härtere Strafen man Irrenden an=
droht, oder an denselben ausübt; desto weniger
richtet man aus, weil der menschliche Geist ein=
mahl so beschaffen ist, daß er zum Beyfall nicht
gezwungen, sondern nur hingeleitet werden will.
Dies sagte ich der Königinn **Elisabeth** von Eng=
land, und ihren Räthen, als man gegen die Je=
suiten und andere Katholiken peinliche Processe
angefangen hatte. **Bodin** führt das Betragen des
Kaisers **Theodosius** gegen die Arianer an, um
zu beweisen, daß man Ketzereyen durch Sanft=
muth und Duldung viel sicherer ausrotte, als durch
Strenge, und Strafen n).

Selbst nach der Reformation stimmten alle
Religionsparteyen darin überein, daß sie ihre eige=
nen Mitglieder, die von der reinen Lehre abwichen,
mit weit mehr Grausamkeit straften, als womit
sie die Anhänger von andern Parteyen verfolgten.
Fremden Religionsverwandten versagte man allen=
falls die Aufnahme, oder den vollen Genuß der
bürgerlichen Rechte. Unrechtgläubige Mitglieder
hingegen strafte eine jede herrschende Kirche ent=
weder mit dem Tode, oder mit Gefängniß, oder
mit

n) Alle Gründe für und wider Duldsamkeit, und Ver=
folgungen findet man kurz beysammen in **Humens**
Gesch. von England VI. p. 162. et sq. ad a. 1555.

mit schimpflicher Verweisung und Entsetzung o). Alle Religionsparteyen verfolgten im Durchschnitt diejenigen Secten, die ihnen am nächsten waren, viel heftiger, als solche, die weit mehr von ihnen abwichen. So verfolgten die Lutheraner die Reformirten feindseliger, als die Katholiken: die Mitglieder der bischöflichen Kirche in England die Puritaner: die Anhänger der Dordrechter Synode die Arminianer viel feindseliger p), als die Katholiken: und die Katholiken feindseliger, als die Juden, ungeachtet die theoretische und praktische Sittenlehre der letztern unendlich gefährlicher war, als ihre Abläugnung des Christenthums. Nachdem man die Anhänger von andern Secten und Parteyen zu verfolgen aufhörte; so dauerte dennoch die Unduldsamkeit gegen andersdenkende, oder heterodoxe Mitglieder der eigenen Kirche in allen Ländern noch immer fort, und man wollte Gleich-

för:

o) Selbst der weise und edelmüthige Thomas More ließ einen Unrechtgläubigen in seiner Gegenwart foltern. Hume V, 214. Wer unter Heinrich VIII. die Gegenwart Christi u. s. w. läugnete, wurde verbrannt V. 244. Jacob I. zwang die Staaten von Holland, daß sie den Vorstius, einen Schüler des Arminius, seines Amts berauben musten, und es überließ es ihnen, ob sie ihn verbrennen wollten: wenigstens habe kein Ketzer es mehr verdient. VIII. 75. Aehnliche Beyspiele kann man aus der Geschichte aller protestantischen Länder anführen.

p) de Witt Memoir. p. 302. 303.

förmigkeit des Glaubens unter seinen eigenen Glau=
bensgenossen erzwingen, da man schon auf die Gleich=
heit der Religion aller Einwohner des Landes, oder
aller Mitbürger Verzicht gethan hatte. Wenn Secten,
die in ihrem Vaterlande vergebens um Duldung
gefleht hatten, in andere Welttheile auswanderten;
so wurden sie gemeiniglich gleich aus Verfolgten
Verfolger, und thaten andern eben das, was sie
vorher, da man es an ihnen übte, als die gröste
Ungerechtigkeit verwünscht hatten q). So unna=
türlich es war, daß die Puritaner andere Secten
nicht weniger verfolgten, als die Anhänger der
bischöflichen Kirche; so merkwürdig ist es, daß
die Katholiken in Maryland von Anbeginn an gegen
andere Religionsverwandte Duldung übten r). Noch
merkwürdiger ist es, daß in Europa der Geist der
Duldung, wie der Freyheit aus der thörichtsten
Schwärmerey entsprang, und daß die Independen=
ten in England die erste unter allen Christlichen
Secten waren, die im Glück wie im Unglück sich
in ihren Grundsätzen der Duldung immer gleich
blieb s).   Unter den Europäischen Staaten gaben

L l 2   die

q) Ramsay's Hist. of the American revolution I. p.
   9. 11.
r) ib.
s) Hume IX. p. 375. ad a. 1644. Of all christian
   sects, this was the first, which, during its pros-
                                        perity

die vereinigten Provinzen das erste Beyspiel einer
allgemeinen Duldung, nicht aus den Gründen, und
in der Ausdehnung, welche die prüfende Vernunft
vorgeschrieben hätte, sondern, weil sie ohne Dul=
dung gar nicht bestehen konnten t).   Ohne einen
beständigen Zufluß von Fremden konnten weder die
Fischereyen, noch die Manufacturen, oder der Han=
del der vereinigten Provinzen fortdauern, und noch
viel weniger erweitert werden; und dieser Zufluß
von Fremden würde aufgehört haben, wenn man
ihnen keine freye Religionsübung zugestanden hät=
te u).   Auch bey dem beständigen Zufluß von Frem=
den mußten die Manufacturisten, und übrigen Ein=
wohner ihren Arbeitern und Bedienten einen so hohen
Lohn geben, daß den einen dadurch der größte Theil
des Gewinns entzogen, und die andern sehr dadurch
gedrückt wurden; und dieser Lohn würde, wie die

Red=

perity, as well as its adversity, always adopted
the principle of toleration: and, it is remarkable,
that so reasonable a doctrine owed its origin, not
to reasoning, but to the height of extravagance,
and fanaticism.

t) Man sehe bes. die Memoires de Jean de Witt ch.
9. und einen Auszug der Antwort des Pensionärs
Fagel auf dem Vorschlag Jacobs des zweiten von
England, eine unbeschränkte Duldung in England
einzuführen, beym Hume XII. p. 151. ad a. 1688.

u) Car sans l'accroissement des Etrangers nous ne
pourrons augmenter, ni conserver notre peche,
notre navigation, ni nos manufactures. de Witt
l. c.

Keckheit der Arbeiter und Bedienten noch um vieles gestiegen seyn, wenn man Fremdlinge durch
Unduldsamkeit, oder Verfolgungen abgeschreckt hätte.
Man sah es ein v), daß die Römischkatholischen
sich leicht wieder mit ihrem ehemaligen Herrn, dem
Könige von Spanien verbinden, und dadurch dem
gemeinen Wesen gefährlich werden könnten. Zugleich
aber erkannte man, daß, wenn man die Katholiken verfolgen wollte, man sehr viele Landleute, Edelleute, und besonders Rentenirer, die zu **de Witts**
Zeiten noch größtentheils der alten Religion anhin-
gen, zum unersetzlichen Schaden des ganzen Staats
vertreiben würde w). Die Katholiken konnten frey
ihre Religion üben, und Handel und Gewerbe treiben.
Allein sie waren von allen bürgerlichen Ehrenstellen
gänzlich ausgeschlossen, und wurden auch nur mit
grosser Vorsicht zu Officierstellen zugelassen x). Diese

L l 3   Vor-

---

v) de Witt l. c.

w) de Witt l. c. Auch um der Ruhe willen, sagt de
Witt, p. 302. 303. muß man Religionsfreyheit erlauben. Je mehr Secten unter uns geduldet wurden, besto weniger haben wir von Religionsstreitig-
keiten gehört. Voila pourquoi l'on doit s'attendre,
que nos sages Regens permettrons toujours le libre
exercice des autres religions, et qu'ils attireront
par tous les moyens possibles des peuples de toute
sorte de religion dans leur pays, et qu'ils conser-
veront notre Eglise de la maniere, qu'elle subsi-
ste à présent, sans consentir jamais à aucun pou-
voir episcopal, ni autre puissant chef d'eglise.

x) Fagel l. c.

Vorſicht war ſehr weiſe. Denn ſo wie der Geiſt
des Katholicismus noch im letzten Jahrhundert be=
ſchaffen war, ſo konnte man mit Recht ſagen, daß
die Jeſuitiſchpäbſtliche Partey eine Verſchwörung
gegen alle Religionen, und gegen alle Völker war y).

Aeuſſere Umſtände veranlaßten einzelne Secten
und Staaten, lange Dulbung gegen andere Re=
ligionsparteyen zu üben, bevor die Natur, die
Gerechtigkeit, und Nützlichkeit einer wahren und
allgemeinen Dulbung unterſucht, und erkannt
wurde. Es war nicht ſo wohl die Ueberzeugung
von der Gerechtigkeit und Nützlichkeit einer wahren
und allgemeinen Dulbung und Religionsfreyheit,
als die Hoffnung von Vortheilen, welche gegen
das Ende des letzten Jahrhunderts mehrere Teutſche
Fürſten bewegte, die Franzöſiſchen Flüchtlinge in
ihre Länder aufzunehmen, und denſelben eine freye
Religionsübung zu erlauben. Zu den erſten Pre=
digern der Toleranz gehörte **Locke**, deſſen Schrift
aber lange nicht den Eindruck machte, welchen
Voltärens Abhandlung über denſelbigen Gegen=
ſtand

y) Hume XI. p. 302. ad r. 1678. It is certain,
that the reſtleſs and enterpriſing ſpirit of the ca-
tholic church, particularly of the Jeſuits, merits
attention, and is, in ſome degree, dangerous
to every other communion. Such zeal of proſelytiſm
actuates that ſect, that its miſſionaries have pene-
trated into every nation, of the globe; and in one
ſenſe, there is a popiſh plot perpetually carrying
on againſt all ſtates, proteſtant, pagan, mahometan.

ſtand hervorgebracht hat. In der That iſt es eine ſehr beſchämende Erſcheinung, daß ein Schriftſteller unſers Zeitalters, der Duldung verkündigte, noch ſo viele Proſelyten machen konnte, und ſo viele übrig ließ, die vielleicht nie werden bekehrt werden. In unſerm Erdtheil iſt noch immer kein einziges Volk, welches wahre und allgemeine Duldung in einem ſolchen Umfange übte, als die freyen Staaten in America z). Ohne einen ſolchen Grad von Aufklärung, als die freyen Americaner beſißen, würden ſie nicht ſo dulbſam ſeyn, als ſie wirklich

Ll 4   ſind.

z) Ramſay Hiſt. of the Amer. Rev. II. p. 317. Re- ligious bigotry had broken in upon the peace of various ſects, before the American war. This was kept up by partial eſtablishments, and by a dread, that the church of England, through the power of the mother-country, would be ma- de to triumph over all other denominations. Theſe apprehenſions were done away by the revolution. The different ſects, having nothing to fear from each other, dismiſſed all religious controverſy. A pro- poſal for introducing biſhops into America before the war, had kindled a flame among the diſſen- ters; but the revolution was no ſooner accompli- ned, than a ſcheme for that purpoſe was per- fected, with the conſent, and approbation of all thoſe ſects, who had previouſly oppoſed it. Pul- pits which had formerly been ſhut to worthy men, becauſe their heads had not been conſecra- ted by the impoſition of the hands of a biſhop, or of a Presbytery, have ſince the Eſtablishment of independence, been reciprocally opened to each other, whenſoever the public convenience required it. The world will ſoon ſee the reſult of an expe- riment in politics, and be able to determine, whe- ther the happineſs of ſociety is increaſed by religious eſtabliſments, or diminiſhed by the want of them.

finb. Wenn aber eine folche Toleranz ganz allein
von diefem Grade der Aufklärung abhinge, fo
würde fie in Europa viel früher, als in America
entftanden feyn. Die ganze Verfaffung der Norb-
americanifchen Colonien, und die Lage der Norb-
americanifchen Pflanzer wirkte zu der bisher bey-
fpiellofen Toleranz, die durch das ganze freye
America herrfcht, eben fo fehr mit, als die allgemeine Ueberzeugung von der Nützlichkeit einer
unbefchränkten Duldung und Gewiffensfreyheit.
Das freye America kennt keine fymbolifche Bücher,
keine Confiftorien, oder geiftliche Räthe, die pflicht-
halber auf Reinigkeit des Glaubens halten, keine
Hierarchie, keine Cenfur- und Religionsedicte,
keine Liturgien, keine Normaldogmatiken, und Nor-
malkatechismen, keine Orthodoxen und Heterodoxen.
Und dennoch find die Sitten in keinem Europäifchen Lande fo unverdorben: nirgends in Europa
herrfcht fo wenig Unglaube und fchädliche Schwärmerey, nirgends mehr Liebe und Eintracht unter
den verfchiedenften Religionsparteyen, als in dem
freyen America, das von allen den Uebeln, die
man durch Gewiffenszwang zurückhalten will, eben
fo frey als vom Gewiffenszwange felbft ift a).

Unter

a) Man fehe die Briefe von St. John. La jeuneffe,
fagte Franklin in feinem Auffaße über die Aus-
wanderung nach America, (Memoires fec. Partie
P. 80.

Unter allen Arten von ketzerischer Bosheit
(haeretica pravitas) veranlaßte keine andere so
viele gehässige Inquisitionen, und so viele grau=
same Hinrichtungen unschuldiger Personen, als die
vermeyntliche Zauberey, besonders diejenige, welche
durch die Verbindung mit bösen Geistern getrieben
werden sollte. Es ist gar nicht zu verwundern,
daß die Völker des Mittelalters an Zauberey
glaubten, und Zauberey mit dem Tode straften.
Zu verwundern aber ist es, daß dieser Glaube an
Zauberey erst im funfzehnten Jahrhundert, wo an=
dere Vorurtheile zu verschwinden anfingen, recht
herrschend wurde, und daß er, so wie die Hinrich=
tungen von angeblichen Zauberern, und Zauberinnen

Ll 5 durch

p. 80. Paris 1791. 8.) y trouve rarement de mau-
vais exemples, ce qui doit être pour les parens
une reflexion bien consolante. Ajoutez à cela, que
la religion, quelque nom qu'elle porte, est non
seulement tolérée, mais respectée et pratiquée.
L'atheisme est inconnu; l'incredulité est rare, et
secrette. Des personnes sont parvenues à un grand
âge, sans que leur piété ait été blessée par la vue
d'un athée, ou d'un incredule. Il semble, que
l'Etre suprême ait voulu faire voir par les faveurs,
qu'il a rependues sur cette contrée, combien la
tolerance universelle, et la fraternité, qui règne
entre toutes les sectes, sont un présent agréable
à ses yeux etc. ꝛc. p. 116. S'il existoit un Athée
dans le reste de l'univers, il se convertiroit en
entrant dans une ville, où tout est si bien; (Phi-
ladelphie) et s'il y naissoit un paresseux, ayant
incessament sous les yeux trois aimables soeurs, la
richesse, la science, et la vertu, qui sont les filles
du travail, il prendroit bientot de l'amour pour
elles, et s'efforceroit de les obtenir de leur père.

durch das sechszehnte, und siebenzehnte Jahrhundert
fortdauerte. Die Griechen so wohl, als die Römer
straften schädliche Zauberey lange vor der Entstehung
oder allgemeinen Ausbreitung des Christenthums
mit dem Tode, und zwar die Griechen mit dem
Tode des Scheiterhaufens b). Diese Todesstrafe
bestätigten die Christlichen Griechischen Kaiser c),
so wie die Kirchenväter insgesammt an Beschwörun=
gen, Bezauberungen, und Weissagungen durch die
Hülfe von bösen Geistern glaubten. Der Glaube
an Zauberkünste war allen alten Teutschen Völkern
gemein. Nur unterschieden sie sich von den Griechen
und Römern dadurch, daß sie lange Zeit diese bösen
Künste nicht so hart, als die letztern straften. Die
Salischen Franken belegten Hexen, welche andern
Menschen das Herz verzehrt hätten d), mit einem
Wehrgelde von 8000 Pfenningen, das heißt, mit
dem Wehrgelde des Todtschlags. Die Westgothen
straften Wettermacher und andere Zauberer durch
200 Prügel, und durch Ehrlosigkeit, indem man
ihnen das Haupthaar abschor e). Der Ostgothische
König **Theoderich** strafte Zauberey an geringen
Personen mit dem Leben, und an Vornehmen mit
dem Verlust aller Güter, und mit ewiger Verwei=
sung

b) Lucian. II. 622. **Voyag. d'Anacharsis** II. p. 311.
c) Justinian. Instit. IV. 18. §. 5.
d) stria, quae hominem comederit. Lex Sal. p. 127
e) Leg. Wisig. p. 2026.

ſung f). Zugleich aber befahl er ſorgfältig zu un=
terſuchen, ob Perſonen, die man böſer Künſte wegen
anklage, ſolcher Verbrechen ſchuldig ſeyn g). In
einem Capitular vom J. 805. verordnete Carl der
Groſſe auf den Rath der verſammelten Biſchöfe,
daß die geiſtlichen und weltlichen Richter auf Wahr=
ſager, Beſchwörer, Wettermacher und andere Zau=
berer fleiſſig Achtung geben: daß ſie diejenigen,
die ſich ſolcher Verbrechen ſchuldig, oder verdächtig
machten, genau unterſuchen: daß ſie aber auch dieſe
Unterſuchungen mit einer ſolchen Mäſſigung anſtellen
ſollten, daß die Beklagten darüber nicht das Leben
verlöhren. Vielmehr befiehlt der Kaiſer auf den
Rath der verſammelten Biſchöfe, daß Wahrſager
und Zauberer ſo lange in gefänglicher Haft gehal=
ten werden ſollen, bis ſie aufrichtige Buſſe thun h).
Europa hätte ſich glücklich ſchätzen können, wenn
alle nachfolgende Päbſte und Regenten ſo milde ge=
weſen wären, als Carl der Groſſe, und die Biſchöfe
ſeiner Zeit waren. Carl der Groſſe ſelbſt glaubte
gegen die Sachſen ſtrenger ſeyn zu müſſen, als gegen
die Franken. Wer ſich vom Teufel ſo bethören läßt,
heißt es in der Capitulatio de partibus Saxoniae i)

f) Edict. Theoder. p. 2228. §. 108.   daß
g) Caſſiodor. Var IV. 64.
h) Sed tali moderatione fiat eadem diſtrictio, ne vitam
   perdant, ſed ut ſalventur in carcere afflicti usque
   dum Deo inſpirante ſpondeant emendationem peccatorum. Corp. Jur. Germanic. p. 702.
i) in Corp. Jur. Germ. c. 6. p. 579.

daß er nach der Weife der Heiden einen Mann,
oder eine Frau für eine Striga hält, welche Menfchen
verzehre; und wer deßwegen folche Perfonen ver‒
brennt, oder das Fleifch derfelben zu effen giebt,
der foll am Leben geftraft werden. Auch aus die‒
fer Stelle erhellt, daß fchon die älteften Sachfen
Zauberer und Zauberinnen verbrannt haben: welche
Strafe in fpätern Zeiten beybehalten wurde k).
Der Glaube an übernatürliche Künfte, und befon‒
ders an Teufelskünfte erhielt fich unter allen Völ‒
kern des Mittelalters, und man kann auch aus
allen Jahrhunderten Beyfpiele anführen, daß Per‒
fonen, die der Zauberey wegen verdächtig waren,
angeklagt, und felbft am Leben geftraft wurden l).
Allgemeine und förmliche Inquifitionen hingegen wider
Zauberey entftanden erft im funfzehnten Jahundert,
vorzüglich unter **Innocenz** dem VIII., der 148a
auf dem päbftlichen Thron erhoben wurde, und
durch feine ausgefandten Inquifitoren viele Hunderte
von unfchuldigen Menfchen in Italien fowohl, als
in Teutfchland zum Scheiterhaufen verdammen
ließ m). Diefe Hexenfucher und Hexenrichter hatten
den

k) Sachfenfpiegel S. 235.
l) Im J 1074. zum Beyfpiel ftürzte man in Cölln
   eine Frau von der Stadtmauer herunter, quod
   magicis artibus homines dementare infamata fuiffet.
   Lamb. Schaffnab. p. 208.
m) Man fehe das Schreiben diefes Pabftes an die
   Inquifitoren in Teutfchland im Malleus malefica‒
   rum II. p. 72. Bodin Demonomanie fol. 105. 171.
   Möhfens Gefch. der Wiffenfch. S. 435-37.

den schrecklichen Grundsatz: daß wenn unter zweyhundert verurtheilten Menschen sich auch nur ein
Schuldiger finde, es doch besser sey, daß die Unschuldigen mit dem Schuldigen verbrannt, als daß
ein einziger Schuldiger verschont würde. Der Glaube an Zauberey, und die Verbrennung der Hexen
hörten mit der Reformation nicht auf, indem **Lu-**
ther und die übrigen Reformatoren über die unaufhörlichen Wirkungen des Teufels, und die Verbindungen böser Menschen mit bösen Geistern eben so,
wie seine Gegner dachten n). Man verbrannte
Hexen in allen Gegenden von Europa bis in den
Anfang, und hin und wieder bis gegen die Mitte
unsers Jahrhunderts o). Schon im sechszehnten,
und noch mehr im siebenzehnten Jahrhundert erhoben sich muthige Freunde der Wahrheit gegen die
Hinrichtungen von Hexen. Ihre Stimme wurde
aber nicht gehört, oder ihre Gründe nicht befriedi-
gend gefunden. Man verfolgte den **Balthasar**
Becker gegen das Ende des letzten Jahrhunderts
als einen Ungläubigen, weil er die noch allgemein
geglaubten Wirkungen des Teufels, und die Wirk-
lichkeit von Teufelskünsten abläugnete. Erst im
Anfange des achtzehnten Jahrhunderts war das große
Pu-

a) Möhsen S. 499-506.
o) So wurden noch 1650. in Schottland viele Zauberer auf einmahl verbrannt. Hume X. 187.

blicum in Teutſchland genug vorbereitet, um ſich
durch die längſt vorgebrachten Beweiſe und Facta
wider die Realität von Teufelskünſten, und wider
die Gerechtigkeit von Hexenproceſſen überzeugen zu
laſſen p).

In den Geſetzen aller Völker des Mittelalters
waren, wie in den Geſetzen der Griechen und Rö:
mer, die Künſte von Giftmiſchern mit den Künſten
von Zauberern verbunden, und auf beide waren
dieſelben, oder ähnliche Strafen geſetzt. Der Wahn
von Vergiftungen von Brunnen, von den daher
entſtehenden Seuchen, von der Bereitung der Gifte
aus Menſchenblut, und geweihten Hoſtien, von der
Entweihung des Allerheiligſten, und der Ermordung
von Chriſtenkindern, die vor der Verfertigung von
kräftigen Giften hergingen, war viel älter, als die
allgemeine und fortdauernde Verfolgung von Zau:
berern und Zauberinnen. In Zeiten, wo man den
Bau des menſchlichen Cörpers eben ſo unvollſtän:
dig, als die Urſachen und Heilmittel von Krank:
heiten kannte, muſte der groſſe Haufe nothwendig

ge:

p) Ich berührte die Materie von der Zauberey hier
   nur, in ſo ferne ſie in das peinliche Recht des Mit:
   telalters gehört. In ſo ferne aber die weiſſe und ſchwarze
   Kunſt, oder die magia alba und nigra zu den Wiſ:
   ſenſchaften und gelehrten Beſchäftigungen des Mit:
   telalters gerechnet werden müſſen, werde ich davon
   in einem der folgenden Abſchnitte, nämlich in der
   Unterſuchung über die allmähligen Fortgänge der
   Aufklärung unter den Europäiſchen Völkern handeln

geneigt seyn, anstekende und verheerende Seuchen, deren Ursprung und Gegenmittel man nicht anzugeben wuste, nicht aus natürlichen Ursachen, sondern aus Zauberey oder Vergiftung abzuleiten; und der Verdacht von solchen Vergiftungen fiel zuerst auf die Juden, und bisweilen auf die Aussätzigen, weil die Juden nnd Aussätzigen Gegenstände des allgemeinen Hasses und Abscheus, und weil die erstern häufig Aerzte nnd Wundärzte waren, auch wahrscheinlich nicht selten als Verkäufer von Gift an solche Personen, und unter solchen Umständen befunden wurden, wo sie es hätten voraussehen können, oder sollen, daß man einen schädlichen Gebrauch von dem erhaltenen Gifte machen würde.

Im J. 1321. erhob man in Frankreich, England, und Teutschland, vorzüglich in dem erstern. Reiche eine allgemeine Verfolgung gegen die Aussätzigen, weil man sie beschuldigte, daß sie sich in ihren Zusammenkünften, welche sie Capitel nannten, mit einander verschworen hätten, durch die Vergiftung der Brunnen die Christen auszurotten, oder ihnen wenigstens den Aussatz zuzuziehen, und wenn sie die Christen ausgerottet, oder sich selbst gleich gemacht hätten, alsdann alle Güter zu theilen, und nach Herzenslust in den verödeten Ländern

dern zu leben q). Die gefangenen Ausſätzigen,
welche man gerichtlich, und wahrſcheinlich peinlich
befragte, geſtanden die wider ſie vorgebrachten
Beſchuldigungen ein, und wurden deßwegen ent=
weder verbrannt, oder ſo enge eingekerkert, daß ſie
nie wieder in's Freye kommen, und Männer und
Weiber auch keine Gemeinſchaft mit einander
erhalten konnten. Einige Ausſätzige ſagten aus,
daß ſie von reichen Juden zu der Vergiftung von
Brunnen wären verführt worden: welche Ausſagen
den Juden in mehrern Gegenden ähnliche Strafen,
wie den Ausſätzigen brachten. Die Verführung
durch Juden bezeugte unter andern ein magnus
leproſus, welchen ein Herr von **Pantenay** hatte
verhören laſſen. Eben dieſer geſtand, daß das Gift,
welches man in die Brunnen geworfen habe, aus
drey Kräutern, welche er entweder nicht kannte,
oder nicht ſagen wollte, aus Urin, aus Menſchen=
blut, und aus dem Leibe Chriſti verfertigt worden
ſey. Die gemeinſte Meynung war: daß der Sara=
ceniſche König von Granada, um ſich an den Chriſten
zu rächen, die Juden bewogen habe, die Brunnen
der Chriſten zu vergiften: daß die Juden ſich ge=
weigert hätten, es ſelbſt zu thun: daß ſie aber
die Ausſätzigen durch Beſtechungen dahin gebracht
hätten, den Chriſtlichen Glauben zu verläugnen, und
Werk=

q) Murat. antiquit. Ital. Vol. III. P. II. p. 486. 500.

Schulkämpfe waren ein Lieblingsschauspiel des Pöbels, und viele aus dem grossen Haufen bekannten, daß sie die Kämpfe der Gelehrten allen andern Schauspielen vorzögen g). Und in der That waren es die Schuldisputationen werth, daß sie vom Pöbel so besucht, und bewundert wurden. Man schrie, man spottete, man schimpfte, und drohte; und wenn man sich müde geschrieen, und geschimpft hatte, so schritt man zu Ohrfeigen, Faustschlägen, Prügeln, oder gar Dolchstichen, so, daß bisweilen einer, oder der andere Streiter auf dem Kampfplatze blieb h). Nichts glich dem Stolze derer, die als Sieger das Schlachtfeld verliessen: denn diese glaubten nicht bloß einen unwissenden Gegner, sondern die ganze Welt überwunden zu haben i). Solche Sieger hofften selbst den

g) Populus . . . hac velut pugnae specie mirifice delectatur. Ita ut sint imperitissimi homines permulti, et omnis literaturae penitus expertes, qui hanc spectaculi hujus voluptatem reliquis omnibus anteponant. l. c.

h) Clamores primum ad ravim, hinc improbitas, sannae, minae, convitia, dum luctantur, et alter alterum tentat prosternere: consumptis verbis, venitur ad pugnos, ad veram luctam ex ficta et simulata. Quin etiam quae contingunt in palaestra, illic non desunt, colaphi, alapae, consputio, calces, morsus, etiam quae jam supra leges palaestrae, fustes, ferrum, saucii multi, nonnunquam occisi. ib.

i) ib.

Zweiter Band.　　Mm

den Aristoteles, wenn er von den Todten aufer=
stünde, überwinden zu können: welches ich nicht
bloß glaube, sagt Vives, sondern in eurer Seele
beschwören wollte k). Damit die Disputationen ei=
nem Zweykampf um desto ähnlicher wurden, und im=
mer Stoß und Gegenstoß schnell auf einander folgen
möchten; so duldeten die Streiter keine lange Bewei=
se, oder Widerlegungen. Wenn Jemand zu lange
redete; so schrie der Gegner gleich: zur Sache, zur
Sache: antworte kategorisch l).

Sind diese Kämpfe, ruft Vives aus, Ue=
bungen der Weisheit, oder Beweise der Fortgänge in
ehrwürdigen Wissenschaften m)? Nein! Sitten und
Wissenschaften werden in gleichem Grade dadurch ver=
dorben. Die endlosen Disputationen entflammen die
Seelen der Lehrer und Lernenden zu Zorn, Rache,
Neid, unauslöschlichen Feindschaften, hartnäckiger
Rechthaberey, und gottloser Kühnheit im Bestreiten
der

k) p. 347. Quid dicitis Aristotelem vos disputan=
do victuros? Ne juretis ipsi, ego id pro vobis
dejurabo.

l) Si quid pauso pluribus verbis dicat sui expli=
candi gratia, clamant illico: ad rem, ad rem,
categorice respondere. l. c. p. 345.

m) ib.

der heiligsten Dinge. Viele sehen es ein, fährt Vives fort, daß die Kenntnisse, die man in den Schulen vorträgt, und die täglichen Streitigkeiten dem
Geiste keine heilsame Nahrung geben. Und dennoch
wollten sie dieselben beybehalten, weil die Köpfe von
jungen Leuten dadurch geübt würden. Wenn man dieses auch n) zugäbe, warum tragen denn Männer
andern Männern dieselbigen Dinge vor, warum legen
Greise andern Greisen dieselbigen Uebungen auf? Ich
kann es nicht verschweigen, daß diese Grübeleyen, und
Disputationen mit einem unbeschreiblichen Schaden
der Religion und der Seelen von Ordensgeistlichen in
den Clöstern getrieben werden, denen man sehr oft
das Studium weltlicher Wissenschaften verbietet. Einer von diesen Clostergelehrten hatte gehört, daß Augustin ein grosser Dialektiker gewesen sey, und er
las daher eine Schrift dieses Kirchenlehrers, die ihm
von ohngefähr in die Hände fiel, mit der größten Begierde: in der sichern Hoffnung, daß er irgend einen
neuen Fall, oder Einwurf darin finden werde o).
Wie groß war das Erstaunen des Closterweisen, als
er in Augustins Schrift nicht ein Wort von Eseln,
de instantiis, de casibus, de reduplicativis,
de exclusivis, u. s. w. antraf. Nicht weniger wunder-
te

n) In Pseudodial. p. 280.
o) l. c. ut aliquem inde casum, aliquam instan-
tiam arriperet.

Mm 2

te er ſich, daß ein ſo ſcharfſinniger Dialektiker und Diſpu-
tator in der Lehre von der Dreyeinigkeit gar nicht de di-
ſtributione completa et incompleta, de parti-
cularizatione, de ſingularizatione completa, et
incompleta, de ſuppoſitis mediatis et imme-
diatis, und andern herrlichen Diſtinctionen geredet
habe, ohne welche die Lehre von der Dreyeinigkeit
ſchon lange von den Ketzern würde über den Haufen
geworfen worden ſeyn. Endlich ſchien es ihm außer-
ordentlich befremdend, daß Auguſtin in dem Artikel von der Taufe folgender Fragen und Sätze nicht
erwähnt habe, die doch zu den wichtigſten Glaubens-
lehren gehörten: Aqua requiritur ad baptizandum, et ad baptizandum requiritur aqua.
An detur minima aqua, quae exigitur, minima, quae non exigitur, maxima, quae requiritur, maxima, quae non requiritur, maxima,
quae ſufficit, nec requiritur, maxima, quae
nec ſufficit, nec requiritur, minima, quae ſufficit, nec requiritur, minima, quae nec ſufficit, nec requiritur &c. Der Schulgelehrte löſte
ſich zuletzt ſeine Zweyfel über alles das, was er im
Auguſtin vermißte, dadurch auf, quod ille La-
tine ſcripſerit p).

De

p) p. 281.

Da man es für den grösten Ruhm hielt, neue
Fragen und Einwürfe zu entdecken, und für die gröste
Schande, in den unläugbarsten Wahrheiten und That-
sachen nicht Stoff zu Zweyfeln und Streitigkeiten zu
finden q); so trugen die Scholastiker die gefährlichsten, aller Religion und Sittenlehre widersprechenden
Irthümer, und die augenscheinlichsten Ungereimtheiten als Sätze vor, welche sie vertheidigen wollten,
oder die sich vertheidigen liessen. Dergleichen waren
zum Beyspiel folgende: Gottes Sohn ist nicht Gott;
der heilige Geist ist nicht das göttliche Wesen: Jeder
Sohn ist Vater, und jeder Sohn ist nicht Vater:
Gott ist nicht Vater: dies göttliche Wesen zeugt den
Sohn, und das göttliche Wesen zeugt Nichts: der
heilige Geist ist nicht heiliger Geist: Einer ist Gott
der Vater, jener ist sein Sohn, und ist nicht sein
Sohn. Sie behaupteten dem Nicäischen Concilio
zum Trotze drey Götter, drey Unerschaffene, eben so
viele Allmächtige, Schöpfer, Ewige, und Unendli-
che r). Neuere und ältere Lehrer des Unglaubens hatten keinen Irthum vorgetragen, den nicht die berühmtesten

q) De cauf. corr. art. Lib. I. 345. Puer ad scho-
lam deductus primo confestim die jubetur dis-
putare, et docetur jam rixari, qui fari nondum potest. — Miretur aliquis, qui possit in
rebus apertissimis, simplicissimis, primis? Nihil
est tam liquidum, tam clarum, quod quaestiun-
cula aliqua velut vento excitato non pertur-
betur. —

r) l. c. p. 280.

Mm 3

teſten Doctoren der Philoſophie und Gottesgelahrtheit
nach dem Licht der Vernunft vertheidigten und annahmen, und nach dem Lichte der Offenbarung beſtritten,
und verwarfen: gleich als wenn, ſagt Vives, das
Reich des Lichts ſich ſelbſt widerſprechen könnte s).
Wenn man die Vertheidiger von falſchen Meynungen
auch auf die gröſten Ungereimtheiten zurückbrachte; ſo
antworteten ſie keck: ich gebe es zu: es folgt aus
meinem Schluß: oder ich läugne es: beweiſe du: ich
will es meinem Satze gemäß vertheidigen t). Dahin
führte endlich die glorreiche Sophiſtik, die bloß aus

Schlin-

s) Lib. V. p. 409. Tranſeo eam ſtultitiam, quae
vel pueris vel vetulis videretur incredibilis, non
deeſſe magnos in ſcholis magiſtros, qui, quic-
quid fecerint, ſtatuerint, dixerint vel populi
gentiles, vel ſinguli hominum illorum, tanquam
verum, rectum, bonum accipiunt in luce naturae, et de eo diſputant, et tali: quod eſſe
inſaniſſimum nemo non videt, niſi qui ipſe
inſanit: verum in rebus humanis tolerabilis
forſan eſſet indocta haec cenſura. At omnium eſt graviſſimum in iis, quae pietatis ſunt.
Scinditur ilico velut regnum luminis: hoc verum in lumine naturae, illud in lumine fidei:
comprimite linguas blaſphemiae imperitas.

t) Lib. I. 345. Ita ut pro ſolutione fortiſſimorum
argumentorum, et quae adigerent eos ad res
abſurdiſſimas, ſatis haberent reſpondere, admit-
to, nam ſequitur ex concluſione mea: unde eſt
illud nego: nego, proba tu, defendam conſequenter. Nam qui conſequenter, ut ipſi dicunt, defenderit, quamlibet abſonis admiſſis et
conceſſis, pro erudito habetur, et diſputationi,
hoc eſt, apici ſcientiae totius aptiſſimo.

Schlingen, oder Fallstricken verdrehter Wortbedeutun-
gen zusammengewebt war u).

Je zänkischer, und schreyender die Meister der
Künste und Doctoren der Theologie in den Schulen
waren, desto stummer waren sie ausser denselben,
weil sie sich in eine ganz neue Welt versetzt fühlten,
wo ihnen alles fremd und unbekannt vorkam. Und
eben so waren die Schulweisen um desto untüchtiger
zu allen wichtigen häuslichen und öffentlichen Geschäf-
ten, je einen grössern Ruhm von Schulgelehrsamkeit
sie hatten, weil sie von alle dem nichts wußten, wodurch man Menschen gewinnen, leiten, und wichtige
Absichten durch dieselben erreichen kann x). Die
Schul-

u) l. c. p. 276. Quasi vero tota vestra sophistica
illa disciplina aliud quicquam sit, quam captio-
nes ex depravatis verborum significationibus?

x) Vives l. c. p. 282. Illi quidem etiam in ipso
scholarum fervore, ubi nihil potest ipsis clamo-
sius fieri, nihil loquacius, quos citius vita de-
ficiat, quam vox, cum ad conventum pruden-
tiorum hominum ex scholastico recte educun-
tur, ita stupent, ac si essent in sylvis educati.
Mira ibi, et insueta illis facies omnium rerum.
In alium quendam orbem perductos eos esse
credas, ita usum vitae, et communem sensum
ignorant. Ita impeditos, ita implicitos eos videas, sive quid agant, sive loquantur, ne illos
non

Schulweisheit wirkte eben so wenig auf das Herz,
als sie brauchbare Männer für das Leben bildete, und
es war daher unvermeidlich, daß die Sitten der Lehrer und Lernenden in gleichem Grade roh blieben,
oder verdorben wurden. Die Studirenden waren im
Durchschnitt so zügellos, daß man hätte glauben sollen: sie lernten in den Schulen nichts, als Böses
thun y). Wegen der eckelhaften Geistesnahrung, die
man Knaben und Jünglingen in den Schulen reichte,
sehnten sich die Guten und Schlechten gleich sehnlich
darnach, von den Fesseln, welche man ihnen anleg-
te, frey zu werden: die Einen, um nach ihrem Wohlgefallen nützliche Kenntnisse erwerben zu können: die
Andern, um so geschwind, als möglich, die nöthigen
Schulwissenschaften in abgekürzten Auszügen zu erlangen, mit diesen zu den gehofften Aemtern und
Würden fortzuschreiten, und dann auf ewig sich von
den

non homines effe jures, adeo ficut fermo, ita
et mores et actus omnes ab homine abhorrent,
ut nihil illis cum caeteris hominibus commune
praeter formam judices. Hinc quoque fit, ut
negotiis gerendis, legationibus obeundis, admi-
niftrandis rebus, aut publicis, aut privatis, tra-
ctandis populorum animis ineptiffimi fint, non
plus in ejusmodi rebus valeant, quam homines
foenei. Neque enim iis fefe artibus tradunt,
quibus haec omnia percipiuntur, quaeque et
animum, et vitam humanam inftituunt &c.

y) de cauf. corr. art. Lib. I. p. 349. fimul per li-
centiam ea defignant flagitia, et fcelera, ut
credas nihil eos in fcholis difcere aliud, quam
malefacere &c.

dem elenden Schulkram loszumachen z). Die Faculä-
täten versagten keinem den Titel eines Meisters der
freyen Künste, er mochte so unwissend, und lasterhaft
seyn, als er wollte, wenn er nur die vorgeschriebene
Zeit studirt hatte, und die in den Statuten festgesetz-
ten Summen bezahlen wollte. Man nenne mir, sagte Vives, nur Einen, den man seit zwey hundert
Jahren um seiner Unwissenheit, oder seines schlechten
Wandels willen abgewiesen hätte, und daher sieht
man auch in ganz Frankreich, Italien, und Teutschland so viele Köche, Schiffleute, und gemeine Handwerker, selbst so viele Diebe und Räuber, die mit
dem Titel eines Meisters der freyen Künste geziert
sind a).

So waren nun die Schulsprache, und Schul-
philosophie, die Lehrer und Schüler noch im Anfange
des sechszehnten Jahrhunderts beschaffen, und so wurden

z) ib. et p. 355.

a) ib. Nominent mihi vel unum iis ducentis annis rejectum, qui versatus praescripto tempore
in scholis, certam illam pecuniam dependerit,
quacunque aetate, conditione, ingenio, peritia,
moribus. Si quis non credit, inspiciat tot per
Galliam cerdones, sartores, coquos, rhedarios,
nautas, fabros, et pejores iis grassatores, latro-
nesque artium vel magistros, vel batalarios: nec
desunt in Germania, nec in Italia. Si quis alibi
non invenit, Romae quaerat. &c.

Mm 5

——————

Den sie am allermeisten dadurch, daß die Wissenschaften und Schulen fast ganz allein den Ordensgeistlichen, und besonders den Bettelmönchen übergeben
wurden. Wer hat nun das Herz zu behaupten, daß
das Licht, welches allmählich die Schulgelehrsamkeit,
und mit dieser die Unwissenheit, den Aberglauben,
und Unglauben, die in derselben vereinigt, so wie
den Glaubenszwang, den Verfolgungsgeist, und die
Sittenverderbniß, die damit verbrüdert oder verschwi-
stert waren, vernichtete, dem menschlichen Geschlechte
nicht heilsam gewesen sey? Wer die vorsetzlichen Verderber der Sprache, der Wissenschaften und Sitten
in Schutz nehmen wollte, der verdiente noch mehr
Verachtung, als diejenigen, welche er zu vertheidigen übernommen hätte. Ich nenne die Scholastiker
mit Fleiß vorsetzliche Verderber der Sprache und Wissenschaften. Weil sie gar keine nützliche Bücher lasen,
und keine nützliche Wissenschaften trieben, so war es
freylich sehr natürlich, was Baco und Andere schon
oft bemerkt haben, daß sie in unnütze und gefährliche
Grübeleyen verfielen b). Allein warum fuhren die

Bet-

b) Baco de augm. scient. I. p. 16. Hoc genus
doctrinae minus sanae, et se ipsum corrumpen-
tis invaluit apud multos praecipue ex scholasti-
cis, qui summo otio abundantes, atque ingenio acres, lectione autem impares (quippe quorum mentes conclusae essent in paucorum au-
thorum, praecipue Aristotelis, dictatoris sui scri-
ptis, non minus quam corpora ipsorum in coe-
nobiorum cellis) historiam vero et naturae et
temporis maxima ex parte ignorantes, ex non
magno

Bettelmönche nicht fort, die guten Schriften zu lesen, die man im eilften und zwölften Jahrhundert las,
und mit so vielem Eifer vervielfältigt hatte? Und
wenn die Werke und Kenntnisse des Alterthums auch
ohne ihre Schuld verlohren gegangen wären, warum
nahmen sie beide nicht an, als Petrarca und dessen Schüler und Nachfolger die Sprachen und Schätze
des Alterthums wieder an's Licht zogen? Warum
widersetzten sie sich vom vierzehnten Jahrhundert an
allen Anfängen und Erweiterungen der Aufklärung,
als todeswürdigen Ketzereyen, und warum stürzten
sie sich immer tiefer und tiefer in die Sümpfe der So-
phistik hinein, bis diese endlich wider ihren Willen
ausgefüllt, oder abgeleitet wurden?

magno materiae flamine, sed maxima spiritus
quasi radii agitatione, operosissimas telas, quae
in eorum libris extant, confecerunt. Etenim
mens humana si agat in materiam, naturam
rerum et opera dei contemplando pro modo
materiae operatur, atque ab eadem determina-
tur; sin ipsa in se vertatur, tanquam aranea te-
xens telam, tum demum indeterminata est, et
parit certe telas quasdam doctrinae, tenuitate
fili, operisque admirabiles, sed quoad usum
frivolas et inanes.